# 自然资源资本化的中国模式探索

国家社科基金重大项目成果
"我国自然资源资本化及对应市场建设研究"
**（批准号 15ZDB163）**

刘纪鹏 著

### 三、攻坚克难，完成结项

正式辞去商学院院长一职后，我便全力突击这一项目，历经 8 个月苦战，终于在 2021 年年底顺利完成全部结项工作。回溯起来，我是在 2021 年 5 月 20 日组织专家论证会重启课题的，此后研究工作便步入高速运转的收官阶段。

由于课题重、大、难之特点，8 个月的时间内共召开专家论证会议近 30 次，集中了学术界、政府部门、企业界相关领域的资深专家 20 多位。特别是组织了几次讨论热烈的专家论证会，既有土地、矿产、能源三大类典型资源的研讨，又聚焦煤炭、天然气、石油、电力等特定资源展开专题讨论。专家们展开头脑风暴、深入论证，为课题报告的撰写奠定了坚实的基础。当然，在课题收官之前，课题组也奔赴全国各省市开展了有针对性的实地调研，例如，辽宁宽甸"天桥沟"野山参产品提货权调研，北京环境交易所调研，中国林权产业交易所调研，北京潭柘寺镇乡村调研，广州南方电网、国家电网、中信信托等十多次专题调研。在课题研究期间我们形成了一些研究成果，至今共出版著作 10 部，发表论文 40 余篇，政策要报 2 篇。

最终结项成果，包含一个研究报告：《我国自然资源资本化及对应市场建设研究》，共 56 万字；一份书稿，共 30 万字，以及搭建了两个专题数据库。

### 四、写作本书的心路历程

自然资源资本化是一个对社会主义市场经济改革至关重要的课题，同时，管理、金融、法律交叉融合，恰恰也是我所擅长的领域。自然资源资本化，关键在于微观载体的构造和宏观运行机制的确立，前者是产权的清晰化，包括产权的独立性和人格化；后者是产权的流动性，即通过资本市场来实现要素的优化配置。正是因为我拥有跨三界的基本功，我既能够从微观的企业产权、企业组织的角度去研究课题，又能从金融的角度探索土地的证券化、农民的股东化，以及资本市场的股份制改造的相关问题，还能从法律规范的角度提出建立农民的特别股份等方案。

之所以我能够形成这样的优势，是因为我的工作和生活经历。

在读大学之前，我先当过三年的军人，之后又做过一年工人，恢复高考后考上大学。关于我的专业，最先接触的是公司，也就是企业管理。之后随着市场经济改革的深入，公司问题实际上既涉及产权的问题，又涉及中国企业制度改革，最终公认的合理模式是股份制。股份制拥有三要素：公司、股票、股票市场。从公司入手必然会涉及资本市场。因此我就从中国社会科学院工业经济研究所（以下简称"工经所"）专门研究公司制度，转到中信国际研究所去研究公司制度与国际市场对接的相关问题。

20世纪90年代，中国本来要建三个这样的研究所：第一个是改革所，以国家体改委的一些领导同志为主；第二个是发展所，以农研中心的杜润生同志为代表；第三个是中信国际所，中信国际所成立后，重点研究中国的开放问题。我有幸到中信国际所任公司制度室的主任。

在和国际市场对接的过程中我就发现，我们不仅要构造社会主义市场经济的微观载体——公司，还要打造一个适应公司成长、微观载体生存的市场经济宏观运行环境，而市场经济的高级形式就是资本市场。我有幸和从华尔街回来的一些青年人一同参与了中国股票交易所的筹备和建立。他们研究交易，我研究挂牌企业的制度，因此我开始涉足金融领域。在从事关于金融领域的研究中我又发现，深度的问题在于法治规范，由此我又参与了公司法、证券法、期货法、基金法以及国有资产法的制定。

在公司、金融、法律这三大领域的融会贯通中，再加上种种机遇，我深刻地感受到实践已经带给我足够的知识和方法论，由此我也明确地认识到什么对中国的未来是重要的。

我人生的方法论就是学什么一定要跟着实践走，这样效率最高。上大学时我学的工商管理印象中要学三十几门功课，而到今天真正对我有重要指导意义的可能只有三五门，我当时要学焊接、学电子、学机械制图，下了很多的功夫但都没用上。只有像管理学这样的课程对我有所帮助，对如何与人打交道、如何处理事物，在方法上有很大的指导意义；数学对培养我严谨的思维也很重要。关于为什么工作以后我效率这么高的问题，我认为答案就于我是带着问题学，问题导向，活学活用，立竿见影。所以遇到什么问题就去学习什么，这样就不会浪费精力和时间。

从我的经历来说，我认为带着问题学习，活学活用，理论联系实际，知行合一，对于一个人的成功来说是至关重要的。而我围绕着"公司"这一个点，连带股份制及相关的市场和法治建设，不断积累经验，不断学习，使我成为一个跨三界的大学教授。在改革的方法论上，我经手了300多个企业股改上市的案例，有丰富的实践经历，这些都是我承接这个课题的有利条件。

### 1. 管理学："老树发新枝"的启发

我在本书中关于农村土地资本化改革提出了一套思路，就是源自我参与股份制改造和城市企业改革的经验。

我在1992年参与了玉柴这家地方国企的股份制改造，当时存量股份作价1个亿，增量募集到8000万股，每股3元。第一轮融资之后存量股份中的国资从100%降到了57%，增量部分占到了43%。半年后，我们又给玉柴筹到了5000万美金，国有资本又从57%降到了28%。总结这些经验，简单来说，就是老树发新枝，老树的营养滋润新枝，新枝茁壮成长，最后实现全流通机制的建立。

那么这一套思路应该如何应用到农村土地资本化改革的方案中呢？

第一个思路是存量不变，增量募集。农民存量土地不变，以经营权出资换取一种特别股份，在转让时要作出限制性规定。要确保农民的饭碗，确保国家的土地不流失，根基就在这里。关于增量，就是把城里的资金引到农村，把科技、资本作为增量股份，形成一个农业产业化的股份公司，也就是"老树发新枝"的具体体现。

第二个思路是同步构造股份制和集团化。在玉柴的股份上，当时玉柴有两块牌子，一个叫玉林机械总厂，一个叫玉林机械总公司。为避免改革矛盾的扩大，需要抓住主要矛盾、集中优势兵力打歼灭战。我把玉林机械总厂改成玉柴机器股份公司，作为存量国有股；把玉林机械总公司改成玉柴机械集团公司，代表国有股股东。在此基础上，又给玉柴机器股份公司引入了300家法人股股东和外国股东。之所以股份制和集团化同时构造，是因为当时的国有企业是企业办社会，企业在股份制中要剥离很多非经营性资产，比如职工宿舍、幼儿园等。我到湖北二汽，发现这里只有两样东西没有，就是火葬场和法院。而一股脑儿把企业股改中的问题推向社会并不可行，因此通过构造集团公司，将没有放到股份公司的非经营性资产由集团公司代管，股份公司的股东由集团公司承担，分红也由集团公司来完成。这样事情就变得简便易行，企业也愿意接受。

那么关于农村改革，应该把存量股份界定给谁呢？我们设定了农村集体经济组织这样一个特别法人所持有的特别法人股（构造了"两个特别"），其本质是农民以土地经营权出资、作价后形成存量股份，由此农民的土地资产得以股份化并作为农村新型股份公司的存量股份，在此基础上引入科技、资本作为增量股份，让农民享受到分红——土地股份化带来的财产性收益。

**2. 金融学："资本灵魂附体"的启发**

在产权清晰化的基础上要实现产权流动就会涉及自然资源在资本化之后对应的市场研究问题。这部分的研究成果来自我多年参与中国股市建设的实践经验。早在20世纪90年代，我就提出：中国企业的股份公司化，必须把产权清晰和产权流动结合起来，把现代企业制度和资本市场结合起来，在资本市场中寻找建立现代企业制度的办法。改革必须把产权流动、资产重组和企业收购兼并的机制建立起来，在可能的条件下，建立两个资本市场体系，一是深沪两个证券交易所，二应包括以法人股流通为主的证券交易自动报价系统、地方的产权交易中心、证券交易中心和柜台交易等。

在几十年的理论研究与实践活动中，我总结出这样的经验：通过建设资本市场解决企业的"灵魂"和"躯体"关系问题，首先需要承认企业的资本灵魂附体，并明确其主体，明晰产权。其次是让企业的资本"灵魂出壳"，产权流动，优化配置，调动每一个资本所有人的积极性。灵魂在市场经济的空间中可以自由流动，但不会破坏或分割企业的"躯体"，并能够与社会化大生产相适应。

正是在企业股改和资本市场建设领域的相关经历，使我对解决自然资源资本化的对应市场如何建设这一问题感觉游刃有余。我认为，自然资源资本化对应的市场建设，核心包括四大类金融市场：一是产权交易市场，例如农村土地经营权、矿业权等的产权交易中心、自然资源特别股份转让的产权交易市场等。二是资源性股份公司融资并挂牌上市的股权（股票）市场，例如开辟以矿业、能源上市公司股权交易为代表的专板，此外还应考虑重点培育矿业、能源风险勘查投资基金。三是大宗商品期货市场，进一步发挥现有大连商品交易所、郑州商品交易所、上海期货交易所、上海国际能源交易中心等商品期货市场对自然资源资本化的支撑作用，既要通过风险管理和套期保值解决资源价格波动造成产业供能冲击的问题，又要利用期货市场的价格发现功能，逐步形成不同期货品种的统一基准价格，参与国际竞争。四是单独的电力期货交易所，其重要功能是为电力市场中的企业提供风险管理、为政府提供供求预测、为金融机构提供投资。

### 3. 法学：从"工者有其股"的经验到"耕者有其股"的诞生

至于本书所提出的运用法律手段解决自然资源资本化的方案，则是基于我参与公司法、证券法、期货法、基金法、国有资产法（国资法）这几部法律的起草和修订的工作经验。由于我是国资法起草组成员，在起草时就遇到一个关于立大法还是立小法的问题，当时有很大争论。国有资产从大法范围来讲包括四个：经营性国有资产，公益性国有资产，军工、国防资产，还有资源性资产。为了顺利推进，起草组是先从经营性国有资产这一主要矛盾入手的，这一做法给我带来很大的启示。无论遇到什么问题，首先要抓住主要因素和主要矛盾，假设其他变量不变。

如果开始就用辩证法，就无从下手了。

这本书与其说是一部学术著作，不如说是来自中国改革实践并对未来改革具有现实指导意义的著作。这本书的最大特点，是将过去 40 多年城市股份制改革实现"工者有其股"的经验总结，应用到未来农村改革中的方法指导，所以我提出了农村"四化"改革：农业产业化、农村公司化、农民股东化和土地股份化。中国未来的混合所有制改革内容将非常丰富，不仅仅是从所有制上体现为国有、集体、民营、外资的混合所有制经济，还有伴随产业融合缩小工农差别的内涵，所以这个课题研究意义重大。

### 五、本书的核心内容

我国自然资源资本化及建设对应市场，是实现社会主义市场经济资源优化配置的重要途径。我国自然资源天然具有国家资产的属性，当前企业经营性国有资产的资本化已经基本完成，现阶段的重要命题就是深入探索如何推进资源性国有资产的资本化改革。在自然资源的开发和运营中实现其资本化，面临着以产权变革为核心的所有制属性的转化。

自然资源资本化的实质，一是产权清晰化，既要体现国家作为自然资源初始所有者的权益，又要实现自然资源在市场经济中的优化配置。要实现这一目标，就必须完成公有制内部的产权多元化，完成自然资源产权从国家和集体让渡给股权多元化的公司法人的重大变革。二是产权流动性，资源以资本为载体，资本以资源为内涵，资源性资产借助资本纽带流动，使得价值与使用价值相分离，从而实现价值增值。

本书以市场经济改革为主线，以创新资本理论、发挥资本作为社会主义市场经济改革"做大蛋糕"（即创造价值）的生产要素的积极作用为目标，以土地资源、矿产资源和能源资源这三类自然资源为研究对象，通过自然资源的产权界定和资产负债表编制摸清自然资源的"家底"，通过构造以"农村集体经济组织——农村新型股份公司""中国矿产勘查集团公司——股权多元化的矿产资源开发公司"为基础的多层次组织模式和实现路径，形成与农村土地资源、矿产资源、能源资源资本化相对应的市场体系。具体内容如下所示。

一是农村土地资源的资本化。农村土地资源资本化是落实乡村振兴战略与实现共同富裕的有效途径。农村土地资源资本化旨在解决"一个矛盾"，即一家一户的生产资料占有与农业规模化、产业化、集约化之间的矛盾。我国在政策上已完成农村土地的"三权"分置改革，为土地资源资本化的实现奠定了制度基础。在此基础上提出"两个特别"，即农户将土地经营权作价入股到农村股份经济合作社（农村集体经济组织），形成"特别法人资产"；农村股份经济合作社将农村土地资产作为存量资本作价入股，形成"特别法人股"。在增量股份上引入货币资本和技术资本，共同构造农村新型股份公司。同时，本书创作团队提出"土地股份化、农民股东化、农村公司化、农业产业化"的"四化"探索改革思路。以土地股份化带动农民股东化，以农民股东化推动农村公司化，同时特别法人股的设置防止了可能导致的农民失地风险，最终实现农村土地资源资本化基础上的农业产业化。

二是矿产资源的资本化。矿产资源在维护产业链、价值链的战略制高点中发挥着重要的保障作用。矿产资源的资本化旨在完善战略性矿产资源储备制度，利用矿产资源储备灵活干预市场，把握重要矿产资源的国际定价权，确保国家矿产资源安全。在坚持矿产资源为国家所有的基础上，应完善探矿权和采矿权分离的矿业权体系。在勘探环节，将中国煤炭地质总局、中国冶金地质总局合二为一，在此基础上组建中国矿业勘探集团公司，履行国务院赋予矿产资源所有权，统一组织探矿和采矿权的协议转让与招拍挂的职责。在招拍挂这一过程中，部分回收资金上缴国家财政；另一部分通过矿业权协议转让作价入股，形成国有法人股，并通过混合所有制吸引民营资本、外资参与矿产资源勘探开发。同时，应实施对外资源投资战略，通过国资委牵头、财政部资金支持的形式成立矿业对外投资基金，通过资本运作用于境外开发项目、收购或参股项目，以获取国际产能储备。

三是能源资源的资本化。能源资源资本化是保障国家经济安全与实现"双碳"目标的关键环节，是大国崛起背景下能源安全和能源结构转型升级的重要抓手。应将可份额化、可仓储、可运输的能源资源进行能源商品化，通过可记账、可定价、可标准的方式实现商品资产化，通过权属的产生、权属的转让、权属的交易实现资产资本化，通过关键规则设计、类型产品设计、基本制度设计实现资本市场化，由此完成能源资源的资本化。提出以电碳交易引领能源资本市场转型升级，特别是建立电力期货市场，推进完善全国统一碳排放交易市场。针对煤炭资源，提出应健全因投资而活跃、因套利而平稳、因套保而存在的动力煤期货市场，通过市场供求完善自身的价格形成机制；针对天然气，提出应统筹兼顾打造中国的天然气供需监控网络，放宽勘探准入条件，引进民间资本，打造亚太天然气贸易中心，掌握定价权。

以支撑资源产业链实体经济发展的资本市场改革为视角，将自然资源市场体系建设从商品市场推进到资本化的金融市场，将资源的增值收益预期，通过交易投资转化成资本市场中流动的货币和资本，是自然资源资本化的必经之路。

本书为新时代中国特色社会主义市场经济改革进程中，将资源转变为能够为市场经济"做大蛋糕"创造价值的生产要素，将"死资源"变为"活资本"，通过自然资源资本化及其市场建设保障国家资源安全与经济高质量发展提供了理论依据，同时也为中国式现代化建设中的生态文明建设、乡村振兴、"双碳"目标实现、资源型企业"走出去"等国家重要战略提出了可供参考的政策建议。

# 目 录
CONTENTS

## 概论篇

**第一章 本书的亮点**

一、改革的方法论与方法论的改革 / 005

二、探索中国特色社会主义市场经济亟须创新资本认识论 / 010

三、增加农民财产性收入，实现共同富裕 / 014

四、资源向资本转化是探索社会主义市场经济道路的创新 / 021

**第二章 研究框架及意义**

第一节 研究的逻辑框架 / 031

一、阐释自然资源资本化与市场化的内涵 / 031

二、探索自然资源资本化及对应市场建设的一般规律及典型路径 / 033

第二节 研究意义 / 042

一、土地资源资本化是落实乡村振兴战略与实现共同富裕的有效途径 / 042

二、矿产资源资本化是抢占价值链制高点和国际市场定价权的必然选择 / 046

三、能源资源资本化是保障经济安全与实现"双碳"目标的重要举措 / 048

## 第三章　自然资源资本化及对应市场建设的理论体系

### 第一节　市场经济中的"自然资源—资产化—资本化" / 055
　　一、自然资源资产化 / 055
　　二、自然资源资本化 / 056

### 第二节　自然资源多元化多层次产权制度体系设计 / 059
　　一、产权的理论基础 / 060
　　二、自然资源产权体系构建思路 / 064

### 第三节　自然资源资产定价与资产负债表编制 / 067
　　一、自然资源资产的定价方法 / 067
　　二、自然资源资产负债表编制思路 / 069

### 第四节　自然资源资本化的实现路径 / 071
　　一、通过产权清晰化为产权流动奠定基础 / 071
　　二、构建自然资源资本化的组织载体 / 073
　　三、建立自然资源产权作价入股机制 / 077
　　四、完善自然资源证券市场和期货市场 / 079

### 第五节　自然资源资本化的市场体系建设 / 080
　　一、建设多层次的自然资源资本市场体系 / 081
　　二、推出多类别的自然资源资本化产品 / 082
　　三、吸引多元的自然资源资本市场参与者 / 083

## 第四章　自然资源资本化及对应市场建设的政策建议

### 第一节　健全自然资源资本化相关的法律法规体系 / 087
　　一、以物权效率原则构建统一的财产权 / 087
　　二、加快出台《农村集体经济组织法》/ 088
　　三、加快修订《矿产资源法》/ 088
　　四、通过《电力法》修订牵引能源法律法规保障体系的完善 / 089
　　五、通过行政法规的形式增设农村土地特别法人股为种类股 / 090

第二节　支撑大国崛起的资源安全顶层战略设计 / 091

　　一、按公益与经营属性分离矿产勘查的四个环节 / 091

　　二、建立战略性资源目录及其产能储备制度 / 092

　　三、强化废钢收购利用，突破铁矿石需求"瓶颈" / 093

　　四、通过海外矿产公司股权收购增强铁矿石的供应 / 094

　　五、用股份制集团化手段整合锂、钴、稀土等战略性矿产资源 / 094

　　六、通过煤电联营、期现结合实现煤炭保供稳价 / 095

　　七、加速推出天然气期货，牵头建立亚太天然气贸易中心 / 096

第三节　统筹推进自然资源资产产权制度改革 / 097

　　一、明确中央和地方关于自然资源的事权和财权 / 097

　　二、完善自然资源所有权和使用权二元产权体系 / 098

　　三、明确自然资源资产产权主体 / 099

　　四、促进自然资源资产产权流转 / 100

第四节　编制体现权属关系和环境负债的自然资源资产负债表 / 100

　　一、出台自然资源资产负债表编制方法 / 100

　　二、完善农村土地资源和矿产资源定价机制 / 101

第五节　探索资源性资产借助资本纽带流动并增值的实现路径 / 105

　　一、构造农村土地资源资本化的组织载体和权益机制 / 105

　　二、设立矿业对外投资基金，增强国际产能储备和定价权 / 107

　　三、以电、碳交易引领能源资本市场转型升级 / 108

第六节　构建多层次的自然资源资本化市场体系 / 111

　　一、整合区域性自然资源产权交易市场 / 112

　　二、完善资源性股份公司融资并挂牌上市的股票（股权）市场 / 113

　　三、加大资源性大宗商品期货市场建设力度 / 114

　　四、加快电力期货交易所的建设 / 115

# 农村土地资源篇

**第一章　农村土地资源的主要类型与现状**

　第一节　农村土地资源的主要类型 / 121

　第二节　不同类型农村土地资源的现状 / 123

　　一、耕地的现状 / 123

　　二、林地的现状 / 125

　　三、集体经营性建设用地的现状 / 127

　　四、"四荒"地的现状 / 128

**第二章　农村土地资源资本化中的产权分析**

　第一节　农村土地产权现状分析 / 133

　　一、农地产权 / 133

　　二、林地产权 / 137

　　三、集体经营性建设用地产权 / 138

　　四、四荒地产权 / 139

　第二节　农村土地产权的主要问题 / 139

　　一、集体经济组织的组织载体不明确 / 140

　　二、集体经济组织成员的股份界定不清晰 / 140

　　三、农户土地经营权入股的收益分配机制有待完善 / 142

　　四、土地经营权入股的风险保障机制不完善 / 143

　　五、土地经营权融资渠道不健全 / 143

　　六、集体经营性建设用地难以与国有建设用地同权同价 / 144

**第三章　农村土地资源资本化中的定价方法及应用**

　第一节　农村土地资源资产定价中的问题 / 147

　　一、农村土地资源资产定价中的一般性问题 / 147

　　二、不同类型农村土地资源资产定价中的具体问题 / 151

第二节　农村土地资源资本化中的定价方法　157

　　一、耕地资源资本化中的定价方法 / 157

　　二、林地资源资本化中的定价方法 / 158

　　三、集体经营性建设用地资源资本化中的定价方法 / 159

　　四、"四荒"地资源资本化中的定价方法 / 160

第四章　农村土地资源资本化中资产负债表的构建

第一节　农村土地资产负债表编制基础 / 165

　　一、编制农村土地资产负债表的意义和作用 / 165

　　二、编制的目标、原则及范围 / 166

　　三、农村土地资源的资产、负债和权益 / 167

第二节　农村土地资源报表科目的设置及编制 / 168

　　一、核算科目的设置 / 168

　　二、核算报表的编制 / 169

第五章　农村土地资源资本化的路径

第一节　农村土地资源"三农四化"改革的路径 / 175

　　一、以"三农四化"改革构建农村发展的共享基础 / 175

　　二、以"三农四化"改革推动实现共同富裕 / 176

第二节　"三农四化"改革 / 177

　　一、土地经营权股份化 / 178

　　二、农民股东化 / 179

　　三、农村公司化 / 181

　　四、农业产业化 / 184

第三节　农村土地经营权作价入股机制 / 187

　　一、土地经营权入股的估值 / 187

　　二、土地经营权入股的权益 / 190

　　三、土地经营权入股的退出 / 190

第四节　农村集体经济组织和新型股份公司资产负债表的编制 / 191

一、股份合作社资产负债表的编制 / 191

二、新型股份公司资产负债表的编制 / 194

三、两类法人组织资产负债表之间的关系说明 / 196

## 第六章　农村土地资源资本化中特别法人股的设置

第一节　保障农民土地权益的重要性 / 201

一、农村是中国走向现代化的稳定器 / 201

二、农民进城失败后有退路是较长时期内农村变革的底线 / 202

第二节　现行法律框架下的制度困境 / 203

一、优先股无法避免企业破产状态下的失地风险 / 203

二、"双重资本制"不符合《公司法》现行规定 / 204

三、"先租后股"不能解决土地经营权入股后的失地风险 / 204

第三节　特别法人股设立的必要性 / 205

一、土地经营权入股是法定的土地流转方式 / 205

二、土地经营权入股后将作为法人破产清算财产 / 206

三、特别法人股不进入破产清算有助于防范农民失地风险 / 206

第四节　特别法人股的界定与信息披露 / 207

一、特别法人股的"特别之处" / 207

二、特别法人股不是优先股 / 208

三、特别法人股不是债权 / 209

四、特别法人股需要在工商注册中特别标注 / 210

第五节　特别法人股的股东权利 / 211

一、优先分红和股息确定 / 211

二、优先破产清偿 / 212

三、土地经营权抵押和再流转事项需特别表决 / 212

第六节　特别法人股的风险防范功能 / 213

一、特别法人股股东享有约定股息的分红权 / 213

二、特别法人股股东对涉及农民失地等事项具有特别表决权 / 214

三、特别法人股股东入股的土地经营权不作为破产清算财产 / 214

## 第七章　农村土地资源资本化的对应市场建设

### 第一节　农村土地资源资本化的股权交易市场 / 217

一、农村新型股份公司的股权交易市场 / 217

二、集体经济组织内部的股权转让 / 218

### 第二节　农村土地资源资产证券化及产品交易市场 / 218

一、农村土地资源资产证券化的主要内容 / 218

二、推进农村土地资源资产证券化市场建设的关键 / 220

### 第三节　生态产品资本化交易市场 / 221

一、生态实物产品资本化交易市场 / 221

二、生态服务产品资本化交易市场 / 225

# 矿产资源篇

## 第一章　我国矿产资源现状、面临的挑战与开发思路

### 第一节　矿产资源的现状 / 233

一、矿产资源类型及储量分布 / 233

二、矿产资源开发利用 / 234

### 第二节　矿产资源面临的挑战 / 236

一、矿产资源需求旺盛，对外依存度高 / 236

二、矿产资源安全进一步凸显 / 236

三、矿产资源行业的寡头特征和金融属性日益增强 / 237

四、地缘政治博弈影响国际矿产资源市场 / 238

### 第三节　矿产资源开发的思路 / 238

一、以政策保障矿产资源开发健康、有序 / 238

二、多措并举，提高国内矿产资源供应能力 / 239

三、统筹规划，提升矿产资源管理能力 / 240

　　四、以资本化手段布局全球矿产资源 / 241

　　五、通过资本市场优化矿产资源配置 / 242

**第二章　矿产资源资本化中的产权制度分析**

　第一节　矿产资源产权由所有权和矿业权构成 / 247

　第二节　矿产资源所有权归国家所有 / 248

　第三节　矿业权的用益物权、行政许可权属性应进行"两权分置" / 249

**第三章　矿产资源资本化中的定价与资产负债表的编制**

　第一节　矿产资源的定价方法及应用 / 255

　　一、矿产资源的定价方法 / 255

　　二、矿产资源定价存在的问题 / 257

　　三、矿产资源定价的优化 / 258

　第二节　矿产资源资产负债表的编制 / 261

　　一、矿产资源资产的分类及其账户设置 / 261

　　二、矿产资源权益分类及其账户设置 / 262

　　三、矿产资源负债分类及其账户设置 / 262

　　四、我国矿产资源资产负债表的设计与试编 / 263

**第四章　矿产资源资本化路径及对应市场体系的构建**

　第一节　按公益与经营属性分离矿产勘查的四个环节 / 273

　　一、厘清矿产资源勘查组织管理体系 / 273

　　二、依托中国地质调查局统筹推进矿产勘查中的预查环节 / 273

　　三、组建中国矿产勘查集团公司统筹普查、详查和勘探环节 / 274

　第二节　矿产资源资本化对应市场分析 / 274

　第三节　矿业权招拍挂的产权交易市场 / 277

　　一、矿业权招拍挂依赖的产权交易市场的沿革与现状 / 277

二、矿产资源产权交易市场现存问题 / 281

　　三、完善矿产资源（矿业权）产权交易市场的对策 / 282

第四节　矿产企业进行股权交易的股票市场 / 284

　　一、股市中矿业企业股票现状 / 285

　　二、矿业企业股权交易市场现存问题 / 285

　　三、完善矿业企业股权交易市场的对策 / 287

第五节　矿产商品期货市场 / 288

　　一、矿产商品期货市场的发展与现状 / 288

　　二、矿产商品期货市场现存问题 / 291

　　三、完善矿产商品期货市场的对策 / 293

第六节　海外资本市场 / 296

　　一、鼓励矿业企业借力股票市场并"走出去" / 296

　　二、提高产业集中度，合力参与国际竞争 / 297

　　三、通过海外矿产公司股权收购增强铁矿石的供应 / 297

第七节　完善矿产资源资本化的对策建议 / 298

　　一、利用省级产权交易所整合现有矿业权交易机构 / 298

　　二、在京沪深三个股票交易所设立矿业板块 / 298

　　三、依托期货交易所上市新品种，增强大宗矿产品市场的主导权 / 299

　　四、组建矿业产业投资基金，开通风险勘查企业上市绿色通道 / 299

**第五章　矿产资源资本化及对应市场制度建设**

第一节　完善矿产资源相关法律制度 / 303

第二节　优化矿产资源管理体制 / 303

　　一、注重顶层设计，加强部门协调 / 303

　　二、明确中央和地方政府管理权限 / 304

第三节　逐步健全战略性资源储备制度 / 304

第四节　健全矿业权定价体系和信息披露制度 / 305

　　一、健全矿业权定价体系 / 305

二、完善中介服务体系 / 306

三、注重信息披露 / 306

# 能源资源篇

## 第一章 能源资源资本化及对应市场建设概论

第一节 能源资源的基本概念 / 313

一、能源、能源资源的内涵 / 313

二、能源资源的主要分类 / 313

三、能源资源的基本属性 / 315

第二节 当前我国能源市场的基本格局 / 316

一、我国能源资源需求与消费情况 / 316

二、我国能源资源开发利用所处的历史阶段 / 317

第三节 能源资源资本化的主要路径 / 318

一、推进能源资源资产负债表的编制 / 318

二、完善基础化石能源资本化市场体系 / 319

三、创新组建二次能源电力期货交易所 / 320

四、推进完善全国统一碳排放交易市场 / 320

## 第二章 石油资源资本化及对应市场建设

第一节 石油资源资产定价与产权改革 / 325

一、石油资源资产定价历史追溯 / 325

二、石油资源资产价值的构成 / 327

三、石油资源定价面临的主要压力 / 327

四、石油资源定价的发展方向 / 328

第二节 石油资源资本化的路径选择 / 330

一、石油资源资本化的内涵和定义 / 330

二、影响石油资源资本化进程的因素 / 331

三、推进市场建设，加速石油资源资本化进程 / 332

第三节　我国石油资源期货交易市场建设 / 333

一、石油期货产品与市场的基本情况 / 333

二、我国石油期货交易的历史沿革 / 334

三、发展石油期货市场的现实诉求 / 337

四、石油期货市场面临的主要问题 / 339

五、健全石油期货市场的举措 / 341

第四节　对策建议 / 341

一、保稳定、增产量，确保国内石油资源的"压舱石"地位 / 341

二、开辟油气资源，积极构建新领域"三驾马车" / 343

三、创新体制机制，整合独立的能源服务公司 / 344

四、松绑资本准入，鼓励多元的能源开发模式 / 345

## 第三章　煤炭资源资本化及对应市场建设

第一节　我国煤炭资源产权改革与资产转换 / 349

一、煤炭资源产权改革的主要阶段 / 349

二、产权改革中国有煤炭企业面临的突出问题 / 352

三、煤电联动改革的背景和历史进程 / 354

四、产权改革基础上的煤炭资源资本化 / 355

第二节　我国煤炭资源现货交易市场建设 / 358

一、煤炭资源现货价格评估 / 358

二、区域性煤炭电子交易市场 / 360

三、我国煤炭电子交易市场及存在问题 / 361

第三节　我国煤炭资源期货交易市场建设 / 362

一、煤炭期货市场的推出及意义 / 362

二、煤炭期货产品现状与分析 / 364

三、国际煤炭期货交易现状与启示 / 367

第四节　对策建议 / 370

一、多方发力联动推进煤炭电子交易市场建设 / 370

　　二、加快发展煤炭金融衍生品市场 / 372

　　三、以煤电联营推进能源体制改革 / 374

　　四、探索完善煤炭价格市场化机制 / 376

第四章　天然气资源资本化及对应市场建设
　第一节　我国天然气资源的产权改革 / 381
　　一、天然气产权即将从垄断走向逐步放开 / 381

　　二、天然气开发"全国一张网"基础上的自由流动性配置 / 382

　　三、天然气产权改革："管住中间，放开两端" / 384

　第二节　我国天然气资源的定价机制改革 / 384
　　一、国际通行的天然气定价机制 / 385

　　二、我国天然气的"双轨"定价模式 / 387

　　三、我国天然气价格机制改革态势 / 390

　第三节　国内外天然气资源交易市场 / 392
　　一、天然气现货市场快速发展 / 392

　　二、天然气期货市场呼之欲出 / 393

　　三、全球主要的天然气贸易中心 / 394

　第四节　对策建议 / 395
　　一、统筹兼顾科技优势，打造天然气供需监控网络 / 395

　　二、拓宽供给端资本渠道，适度放松勘探准入条件 / 397

　　三、推出天然气期货产品，加快天然气资本市场建设 / 397

　　四、共建亚太天然气贸易中心，在国际合作中掌握定价权 / 398

第五章　电力资本化与电力期货交易所设计
　第一节　电力交易的历史演进与主要模式 / 403
　　一、电力市场化改革的阶段与主要结构 / 403

　　二、我国电力交易的发展历程与格局 / 406

第二节　能源资本化与电力期货产品的推出 / 408

　　一、建立中国电力期货市场的必要性 / 408

　　二、电力期货产品推出的构成要件 / 409

　　三、电力期货市场发展的影响因素 / 410

第三节　国外电力期货市场开展情况及启示 / 411

　　一、全球电力交易市场的整体格局 / 411

　　二、不同国家的电力交易模式 / 412

　　三、国外电力交易市场建设的启示 / 414

第四节　对策建议 / 415

　　一、设计关键交易机制，关注地方诉求 / 415

　　二、考虑地方电力的基本保障预算 / 415

　　三、省内省际联立，探索电力市场交易制度 / 416

　　四、建立发电权转让交易市场 / 416

　　五、稳步推进全国电力市场建设 / 417


## 第六章　碳排放权及碳交易市场建设

第一节　碳交易、碳市场的概念和背景 / 421

　　一、碳交易和碳交易市场的概念 / 421

　　二、碳交易市场建设的国际背景 / 422

　　三、碳交易市场建设的国内背景 / 423

第二节　碳交易市场的参与主体与交易过程 / 424

　　一、碳交易市场的主要参与方 / 425

　　二、碳交易的主要过程 / 428

第三节　中国碳交易市场建设面临的难点 / 432

　　一、碳交易市场建立晚，整体法律保障欠缺 / 432

　　二、监管机制不健全，市场准入规则单一 / 432

　　三、碳交易产品类型单一，缺乏合理定价的机制 / 433

　　四、碳金融支持不足，碳交易相关人才匮乏 / 433

五、市场发展参差不齐，市场交易不活跃 / 434

　第四节　对策建议 / 434

　　一、完善碳交易法律法规体系 / 435

　　二、提升碳交易监督管理机制 / 435

　　三、引入更多参与者，激活流动性 / 436

　　四、扶持碳金融发展并加快人才培养 / 437

**参考文献** / 438

**后　记** / 442

概论篇

第一章

# 本书的亮点

## 一、改革的方法论与方法论的改革

自改革开放以来，我国的经济始终保持着高速增长，GDP已高居世界第二，人民的生活水平也大幅提高。"人类市场经济奇迹""世界经济领头羊"等都是国际社会给予我们的评价。

中国经济改革成功在哪儿？总结中国模式的成功经验，我认为不仅仅在于市场化方向的确立，更为关键的是改革的方法论。坚持稳定、渐变、尊重国情的改革思路，运用内部改革主体论的方法，将正确的改革认识论和方法论统一起来，稳步实现中国市场化、民主化的目标——这就是中国改革实践最宝贵的经验，也是未来仍需坚持的改革方法论。

面对百年未有之大变局，中国要实现民族复兴、构建人类命运共同体，就需要坚持正确的改革方法论。在中国改革的主导思想上，我们必须澄清，在宣传改革主导思想的同时，更要重视对改革方法论的认识。只要遵循正确的方法论，抓住难得的战略契机加快发展、推进改革，就是中国人民的福祉，也将给世界经济复苏带来福音。

中国经济改革成功的方法论，我认为包含以下四个核心特点。

### 1. 渐变稳定，摸着石头过河

回顾改革开放四十多年来的历程，中国之所以能够取得成功，绝不仅仅是因为确立了一个市场化发展方向。苏联改革的市场化比我们的更彻底，但为什么它没有取得被世界公认的成功？为什么回过头来它又向中国学习？

其实，关键在于改革路径的选择。那么，中国的改革路径是什么？答案是，在"摸着石头过河"的正确方法论的指导下实行的"渐变稳定、逐步转轨"的成功方法论。

探索中国企业改革所走过的道路，从总体看，应该划分为两个阶段。第一阶段是从1978年到1990年，大致经历了12年。这一阶段主要是围绕着企业经营权进行的改革，经历了对企业的放权让利、扩大企业经营自主权以及实行承包制、租赁制和资产经营责任制。第二阶段是1990年以后围绕企业所有权进行的改革。尽管企业改革的主体形式还是承包制和租赁制等，但是股份制的探讨开始起步。以1991年国家经济体制改革委员会（以下简称国家体改委）推行定向募集股份公司为标志，中国的企业改革进入了较大规模推进的股份制阶段。

中国股份制的发展经历了三个阶段：第一阶段是探索企业集体股基础上的股份制，第二阶段是建立在法人股基础上的定向募集股份制，第三阶段才是以公众公司和上市公司为特征的公募股份公司。这三个阶段我都亲身经历过。

研究中国改革成功在哪儿，股份制问题是绕不过去的。中国的股份制产生于20世纪90年代初期，那时我们要推进股份制和建立股市面临着诸多棘手的问题，如股份制是不是私有化、流动是不是流失？又如想要搞全流通模式但产权不清晰，流动之后的收益归谁？损失由谁负担？再者，国资管理体系、国有资本经营预算体系尚未形成，如果搞全流通，就会像苏联一样把财产给私人、政府分掉。在当时乃至今天，我们的宪法规定国有资产的唯一主体是中央，现实则通过中央到地方三级模式运行。所以说，这些问题不解决，是不能搞全流通的。

正是考虑到这些情况，我们根据"摸着石头过河"的方针，进行股份制改造时，将国有资产存量不变，界定为国家股或国有法人股，同时向社会募资扩股，实现增量扩充，将国有企业改组为股份公司。在国家体改委联合十五个部委共同出台的《股份有限公司规范意见》里，我们将股份划分为国家股、法人股、外资股和个人股4种。在设计A股市场时，则采取了"国有存量股份不动，增量股份募集转让"的股权分置暂行模式。在增量发行的股票上，既没有采用海外流行的公募，也没有采用私募的形式，而是创造了定向募集的概念，即增量发行的股票向企业内部职工募集，向社会法人募集。

然而，公有的股份也需要流动，流通是股份的天性。因此，我就在

STAQ 系统（全国证券交易自动报价系统）中建立国库券的市场承购包销模块，提议在这个系统里交易定向募集的法人股股份。所以，STAQ、NET（中国证券交易系统）系统和深、沪交易所形成了两所两网的格局。这就是中国改革和苏联改革的一个重大区别，我们遵循"老树发新芽"，也就是存量股份不变、增量股份募集加流通的方式。

在股份制改革的起步阶段，采用"老树"发"新芽"的方式，恰恰契合了渐进式改革的指导思想。存量是"老树"，增量是"新芽"，"老树"暂不流通，"新芽"先流通。

"老树"为什么不流通？因为产权流动的前提是产权清晰化，而在 20 世纪 90 年代之初，中央和地方之间，企业和国家之间，国有产权的分配问题尚未清晰，流通换回的现金也不知该如何分配，我们不可能等这一切难题都规范了、都解决了，再推出股份制和证券市场。而在这个时期推出股份市场，反而带动了中央和地方、国家和企业之间的产权关系变革，向前迈进了一大步。

存量最终也是要界定清晰的。自 2000 年股权分置改革后，或者说是自 2002 年党的十六大提出了新的国资体系后，我们才真正着手存量问题。但是我们并没有采取西方的外部私有化方式，而是先在公有制内部实现多元化。从一个中央所有，变成一个中央、300 多个地区所有，完成了从 1 到 300 的飞跃。2005 年以后，股权分置改革从市价减持转化为对价减持，取得了巨大的成功，国有股逐步获得流通权。

在转轨时期，渐变改革的思路使中国稳健持续地前行。如果说我国企业改革通过存量不变增量募集的方式，实现从以国家公有为主、多种所有并存到以企业公有为主、多种所有并存是成功方法论的第一个创新，那么在存量变革中采用内部多元化而非外部多元化的方式就是第二个创新。在构建多元化的企业主体时，我们优先进行公有制内部多元化而非外部多元化，构建了国有资产管理体系，实现了 1 到 300 的飞跃，避免了苏联的外部多元化模式带来的惨痛后果。

### 2. 从易到难，由浅入深的正确改革顺序

中国的改革从经济入手，市场建立起来之后，通过放权让利、承包租赁，把经营权交到了市场上的各种主体手上。市场搞活了、发展起来了，利用市场主体本身的强烈需求，再去推动产权改革。产权改革先解决的是增量上的多元化，存量先不分配，然后随着改革的推进、资本市场的形成，再逐步地对存量的所有制实现公有制内部的多元化。在这样一个过程中，所有制的变革是从企业经营权蔓延到所有者的，而国有企业的所有者是政府。此时我们再深入，就涉及政府组织体制和职能转变的问题了，进一步还会涉及民主制度的完善。这就是中国改革的顺序。

经济学家杰弗里·萨克斯（Jeffrey Sachs）、胡永泰和杨小凯在2003年共同发表了《经济改革和宪政转轨》。他们提出，落后国家模仿发达国家的技术容易，而模仿发达国家的制度难。后发国家应该由难而易，在进行较容易的技术模仿前，要先完成较困难的制度模仿，并且他们认为，后发国家在模仿完成先进国家的制度前是没有资格讲"制度创新"的；改革应当先难后易，即先政治体制改革，再谈经济体制改革。

我以为，这不但不符合中国国情，也失去了改革的真谛。在中国，采用由易到难、由浅入深的柔性的改革方式更能使我国稳健前行。柔性的改革，可以在遇到问题时，逐一突破，不断修正，臻于完善。看似没有一蹴而就，也被很多人批判为不彻底。但这就像摸着石头过河中的"跳墩"，我们前一步的改革总是在为后一步的改革创造更宽松的环境，因而每一步都走得平稳、走得扎实，坚定不移地向前迈进。

### 3. 尊重国情，批判地借鉴国际经验和规范

以中国改革开放四十多年的经验看，无论是强调稳定还是重视国情，都是中国改革得以成功的关键，其正确性已被迄今中国改革阶段性成功的实践所证明。其作为中国改革正确方法论的精髓，不仅要善待，还应认真提炼总结，有组织地宣传普及以让今天享受改革成果的国人和

公认中国改革成功的世人知道，中国改革成功在哪儿。

总结中国改革的经验教训，我们不难发现，中国改革阶段性成功的要诀并不单纯在于市场经济目标的确立，还在于正确的方法论。环视世界、回顾历史，我们会发现转型国家实现市场化和民主化的改革与发展路径多种多样：有在西方国家直接推动下的东欧、西亚、北非的"茉莉革命"，也有由美国经济学家全面为苏联改革制定的"休克疗法"式的系统改革方案，更有中国人自己主导的渐变、稳定、逐步推进的改革模式。事实证明，发生了"茉莉革命"的国家陷入动乱，而"休克疗法"也让苏联尝尽苦果，只有中国，在稳定、繁荣的四十多年中逐渐崛起。

今天，在改革的方法上，我们应该在强调稳定、尊重国情的基础上继续坚定不移地推进改革，避免在"普世价值"理论的鼓动下照搬某一外国模式。应当看到并正视中国的特殊国情，这是方法论范畴的重大命题。如果我们不顾及渐变改革的基本思路与中国的特殊国情，盲目照搬照抄西方国家"人权""法治"等所谓的人类共同理念，是会奢谈坏事、学者误国的。

**4. 以我为主，内部改革主体论**

改革的客体和主体是否可以统一？当一种体制已经不再适应经济发展和社会进步的要求时，这一体制的内部是否可以产生变革的力量，改变这一体制本身？我的答案是，当然可以！如前文所说，"老树"用自己的营养滋润"新芽"，"新芽"壮大，"老树"退出舞台，无论是从经济、政府体制，还是从政党的改革来看，这条路都是走得通的。

中国改革的成功经验之一，就是主体和客体相统一——以"老树"为主、自我为主的变革。无论是国有企业的变革、政府部门的变革，还是垄断行业的变革，都表明我们在坚定不移地前行。今天回头看，改革主体与客体相统一，不管是否能够成为未来30年的指导，至少迄今的实践证明是没有问题的。

依靠内部力量的改革，往往是内部妥协的结果，通过采用微调的方式，逐步推进，这对改革者来说会很痛苦。当然，这样的改革也由较大压力的外部环境推动。也正因如此，改革的进程更加平稳，不会出现"你死我活"的对决，社会成本较小。而依靠外部力量的变革，表面上看起来彻底解决了问题，但面对纷繁复杂的社会问题，就会顾此失彼，并且强力的手段带来的是同样强力的反抗，最终往往造成两败俱伤的局面。中国改革大势不可逆转，改革者必须有推进改革的决心与自我改革的勇气，否则只能被动接受外力推动的激烈变革。

中国的改革是渐变的，是内部主体推动的。我们应当看到，一方面，推进市场化的改革开放符合国家和人民的利益，得到了绝大多数人的拥护，是不可抗拒的历史潮流；另一方面，中国共产党通过对新中国成立以来的经验的总结，坚定不移地把市场化、民主化当作未来的发展方向。因此，我们应该相信，中国共产党有能力在公平和效率兼顾的条件下完善市场经济体制和产权制度，有勇气从政府职能转型和消除审批腐败入手稳步推进政治体制改革。

## 二、探索中国特色社会主义市场经济亟须创新资本认识论

### 1. 从为资本设置"红绿灯"谈重新认识资本的重要意义

改革开放四十多年来，中国特色社会主义市场经济走到今天，资本已经成为发展经济不可或缺的生产要素，无论是国有资本、民营资本还是外资资本，都发挥着重要作用。当前，我们提出构建人类命运共同体，同时，社会主义市场经济改革进入深水区，如何利用好资本是现阶段经济体制改革的核心命题。我认为，在实践中，亟须厘清对资本的认识问题，甚至可以说是亟须跳出对资本的认识误区。

2021年中央经济工作会议指出："要正确认识和把握资本的特性和行为规律。社会主义市场经济是一个伟大创造，社会主义市场经济中必然会有各种形态的资本，要发挥资本作为生产要素的积极作用，同时要有效控制其消极作用。要为资本设置'红绿灯'，依法加强对资本的有效监管，防止资本野蛮生长。要支持和引导资本规范健康发展，坚持和

完善社会主义基本经济制度，毫不动摇巩固和发展公有制经济，毫不动摇鼓励、支持、引导非公有制经济发展。"这在一定程度上承认了资本是能够为社会主义市场经济"做大蛋糕"创造利润的生产要素，是发展市场经济必不可少的组成部分。

在经济体制改革过程中，市场经济的边界在逐步扩大，从商品市场到劳动力、技术、资本等要素市场，资本作为一种生产要素，越来越成为市场经济的基础，特别是资本市场是市场经济发展高级阶段的产物，也是实现资源配置的最佳场所。因此，在探索中国特色社会主义市场经济道路的过程中，面临着一个核心命题：资本如何与中国模式相结合，如何体现公有制为主体、多种所有制经济共同发展的基本经济制度？探索社会主义市场经济的发展道路，不能照搬照抄西方所谓的成熟发达的市场经济对资本的定义，而亟须在理论上创新资本认识论。

在建立社会主义市场经济体制的目标下，探索自然资源资本化理论首先必须充分认识资本，结合我国经济体制改革和社会主义市场经济发展的现实需要，探索资本的定义和内涵，并充分阐释。

重新认识资本，探索中国道路背景下资本的定义和内涵，需要突破马克思主义政治经济学对资本的传统认识，在习近平新时代中国特色社会主义思想的引领下，结合中国国情创造性地发展资本认识论。尽管现实中"资本"及"资本运作"被人们普遍使用，国家的一些政策和文件中也越来越多地引用"资本"一词，但"资本"的概念却始终没有被正名。人们对资本的认识还普遍停留在马克思关于"资本就是能够带来剩余价值的价值"的定义上，但这一定义已不能适应我国经济体制改革和社会主义市场经济发展的现实需要，甚至一些人把资本妖魔化和主义化了。要知道，资本本来就是一个工具，发展市场经济显然离不开它，在新时代背景下应赋予其新的含义。

### 2. 资本仅仅能够创造剩余价值吗？

恩格斯曾总结马克思的一生，提出马克思主义的贡献主要体现在两方面：一是历史唯物主义学说，二是剩余价值学说。了解剩余价值学说，首先要理解剩余价值这一概念。所谓剩余价值，是指劳动者创造的价值与其劳动报酬之间的差额（又被称作"剩余劳动"），这部分价值被资产阶级无偿占有、剥夺了。其次，马克思说资本是一种物化劳动，或叫"死"劳动，这无疑是说其来源于劳动创造，而显然资本并非只有劳动创造一种形式。

那么，剩余价值和资本又是什么关系呢？传统马克思主义认为，"资本就是能够带来剩余价值的价值"。早期资本以货币形式出现，购买生产资料和招雇劳动力，但货币本身并非资本。被当作货币的货币同被当作资本的货币，属性上并不一样：被当作货币的货币是在简单商品流通中发挥作用，被当作资本的货币则是在创造剩余价值和资本流通中发挥作用，这就是马克思主义剩余价值学说对资本的描述，而资本的起源也正在于此。

然而，在市场经济条件下，资本不仅仅是能够带来剩余价值的货币，而且是能够为社会主义市场经济改革"做大蛋糕"创造利润的生产要素，是发展市场经济必不可少的组成部分。

**3. 资本是能够为社会主义国家和人民创造利润的生产要素**

那么在市场经济背景下，什么是能够创造利润的生产要素？答案是，不仅包括有形的货币、实物，还包括知识产权、商标、专利等无形资产，以及能够转化为资本的自然资源，涵盖土地资源、矿产资源（金属矿产、能源矿产）、待开发的可再生资源等。就社会主义国家国有资本来说，它是全体人民创造的，也为给人民提供更多更好的物质生活创造条件。因此，就我国的国有资本来说，应将其定义为能够为国家和人民创造利润的生产要素。

改革开放四十多年来，城市以企业股份化为核心的改革彰显了资本作为生产要素的重要作用。而在农村，资本从何来？如何发挥资本作为生产要素的关键作用？这就要将农村的土地资产资本化，以农民的土地作为股份的存量，带动城市的科技下乡、资本下乡。在此基础上，"老树"发"新芽"，构造混合所有制的农村新型股份公司。农村的土地经营权作为一种有期限的无形资产作价入股，完全符合资产负债表的入账要求，农民离土不离乡，不仅不会导致农民失去土地，还可以实现农民的财产性收入。从中国模式创新的角度，这也走出了一条新路径。

### 4. 要让资本为人民服务

中国式现代化离不开资本，要让资本为人民服务，要让人民成为资本的主人，资本是能够为人民服务的。资本是天使还是魔鬼，取决于被谁掌握，以及对资本的法律规范。政治制度、法律法规都会影响企业家预期、行为和资源配置，好的制度可以激励企业家创新发展。要正确认识公司和政府的关系、人民和资本的关系。无论是依托企业家的创新还是依托公司制度的创新，都应认识到人民不能跟资本对立，政府也不能跟公司对立，它们都是发展社会主义市场经济的主体。

从传统政商关系到"法商关系"，一是要进一步简政放权，建立法治政府；二是企业要制定现代的公司制度，一切透明，每一笔钱都需要披露。要靠制度解决政商环境中政府和企业的关系问题，解决裙带资本的问题。

可见，资本在创新发展、实现中国式现代化中具有重要地位，我们要让其在社会主义市场经济高质量的发展中实现平衡和发展、统一和规范。

综上，我们必须认识到资本是能够为社会主义国家和人民创造利润的生产要素的深层意义。无论是从发展马克思主义政治经济学的理论高度分析，还是从中国特色社会主义市场经济发展的战略高度分析，这一认识都具有重要意义。如何将自然资源转化为作为生产要素的资本，成为未来中国探索市场经济发展道路的重要使命。无论自然资源如何转化为资本，都必须坚持以国有资本为主体，包容其他多种资本共同开发和利用，也就坚持了资本的中性属性。无论是国有资本还是民营资本，我们都要认识到它们是能够为人民服务的。我们要创造一个国企敢干、民企敢闯、外企敢投的营商环境，鼓励资本积极进入到中国市场经济中来。从这个意义上说，探索我国自然资源资本化是社会主义市场经济中资本认识论的创新与应用，既是社会主义政治经济学理论的重大突破，也是社会主义市场经济实践的重要命题。

### 三、增加农民财产性收入，实现共同富裕

党的二十大擘画了以中国式现代化全面推进中华民族伟大复兴的宏伟蓝图，我们现在仍然面临着人民日益增长的美好生活需要和不平衡不充分的发展之间的矛盾，为此，让人民过上美好幸福的生活就是共产党人努力的方向。因此，我们一方面要"做大蛋糕"，另一方面也要公平地分配"蛋糕"。那么，物质前提就是提高人民的收入，最终要实现的是全体人民共同富裕。

实现中国式现代化，提高人民的收入，需要从具有资本属性的财产性收入着手。实际上党的十七大就明确提出，"创造条件让更多的群众拥有财产性收入"；十八大再次提出"多渠道增加居民财产性收入"；十九大则进一步提出"拓宽居民劳动收入和财产性收入渠道"；二十大提出"多渠道增加城乡居民财产性收入"。

随着中国的崛起、人民富裕程度的提高，当下的中国正在进行共同富裕的政策的讨论。正如法国经济学家托马斯·皮凯蒂在他的畅销著作《21 世纪资本论》中所作的统计和描述，全球资本主义仍在加剧着财富不平等，资本性收益的增长效率超过了整体经济增长的效率，这就导致没有获得资本收益的人无法平等享受到全球经济增长的红利。如何提高财产性收入，特别是低收入人群的财产性收入，成为共同富裕的关键。

**1. 共同富裕的关键是增量财富创造，而不是存量财富再分配**

共同富裕的关键，不是依靠以政府补贴、富人捐献为主的第三次分配的"输血"机制（转移性收入），而是要依靠增量财富创造的"造血"机制去完成（自主性收入）的。大家都知道，"输血"机制无法长久维

持，不如"造血"机制。所以说，共同富裕的关键在于增量财富的创造。在社会主义市场经济高速运转的今天，必须关注两个要点：第一，增量财富创造的手段有哪几种？第二，实现共同富裕，需要重点提高收入水平的人群为哪些？

就第一个问题而言，从居民收入性质来看，实现增量财富创造的手段主要有三种。第一是劳动性收入，主要体现为工资；第二是经营性收入，如个体户、互联网电商的经营所得、商业所得；第三就是财产性收入，主要是指在过去物化劳动基础上形成的财富，以物产或者金融性资产的再收入来创造。

当然，就第二个问题而言，今天中国要实现共同富裕，首先要解决的不是富裕人群财富的再增加，而是要以广大低收入人群为主、中等收入人群为辅实现收入增加和财富增值。今天低收入人群以及部分中等收入人群，主要是指以劳动收入为主的工人阶级和农民兄弟。一个普遍存在的现象，就是低收入人群基本上是以劳动性收入、工资性收入为唯一收入来源，或者是以劳动性、工资性收入为主要收入来源。

综合上述两条，要想提高以劳动性收入为主的低收入以及中等收入人群的收入水平，走向共同富裕，就必须对三种收入之间的关系以及对人们富裕程度的影响进行透彻的分析。

**2. 恩格尔定律与启示**

19世纪德国统计学家恩斯特·恩格尔（Ernst Engel）提出了"恩格尔定律"：一个家庭越贫穷，其家庭收支用来购买食物的支出所占的比例就越大；随着富裕程度的提高，这个比例则会下降。推而广之，这个定律对于一个国家也同样适用。

恩格尔研究了消费结构与富裕程度的关系，受此启发，我认为以目前的情况来看三种自主性收入和富裕程度之间也有一个普遍存在的现象还没有被揭示。这就是，在一个家庭、一个国家、一个集体等单位中，劳动性收入在收入中占的比例越高，这个家庭、这个国家、这个集体就越贫穷；反之，在这三种收入中，财产性收入占的比例越高，就越富裕。什么是财产性收入？主要是指我前面所说的资产和资本性的资产带来的收入，包括以房产、汽车等物业为主的固定资产，以及以储蓄、债券、基金等金融财产为主的资本性资产。

这条定律客观上是存在的，在人群中存在，在金融企业和实体企业中也存在，在整个市场经济中，无论是国际的市场经济分工，还是国内的市场经济竞争中都存在，在发达国家和发展中国家同样存在。

这条规律已经被中国目前14亿人口的实践所证明。我只不过发现并提出了这个规律。当然，提出的目的是要运用这个规律来解决中国的现实问题。如何增加中国人民的财产性收入，不仅仅是解决国内人民共同富裕的一个重要任务，而且是带动我们的劳动者阶层、我们的农民兄弟、我们的工人阶级实现多种收入的重要方式。

**3. 劳动者的收入不一定都是劳动收入**

我提出的这一条收入定律之所以没有被揭示和得到普遍的认识，实际上是因为存在一个认识上的误区，就是传统的分配理论和马克思主义学说，通常认为财产性收入是不劳而获的收入，劳动性收入才是正当的收入。

然而，今天我们要想在社会主义市场经济中实现共同富裕，我认为有必要将劳动性收入、经营性收入和财产性收入都视为合理、合法、正当的收入，而且要逐步地增加后两种收入，逐步地向经营性收入诞生中产，财产性收入诞生富裕群体的认识转变。

今天的劳动者——当前社会中的相对贫困人群——主要以工人阶级和农民兄弟为主，他们是中国实现共同富裕的主要群体。只有提高他们的富裕程度，全民的共同富裕才能实现。

劳动者的收入不应都是劳动的收入，劳动者同样可以拥有经营性收入和财产性收入，或者说，劳动者的收入也应该多渠道。三种收入之间不是完全对立的，而是对立统一，甚至互相融合的。一个家庭、一个集体完全可以同时拥有这三种收入，我想没有人会质疑这一点。

提高财产性收入是实现劳动人民共同富裕的关键。从提高财产性收入的实践来讲，尽管财产性收入不完全是资本性收入，如房屋的出租，但资本收入肯定是财产性收入的重要内容。"工者有其股、耕者有其田"，城里人有住房可以增值，农民也应"顶天立地"——如把农民的房顶拿出来参加光伏新能源建设就是获得财产性收入的渠道；而随着集体所有权立法的推动，还可以进一步深化农村的土地改革。

**4. 要让资本为人民服务**

在社会主义市场经济中，资本要为人民所用。人民对应的，是资本家利益集团，不是资本，劳动对应资本，都是生产要素。不要简单地将人民和资本对立起来，否则我们多种所有制并存怎么理解？这里需要注意的是，完整、准确地理解党的二十大精神十分重要。

我们需要继承捍卫、发展马克思主义，把资本这个定义在中国特色社会主义市场经济中进行更新，认识到它是能够为人民创造利润的生产要素。社会主义市场经济不是要消灭资本，而是包容资本。伟大的斗争不能简单地理解为对立，而是对立统一，要在斗争中找到前行的正确方向，为中国改革开放走出一条中国特色之路。

中国式现代化离不开资本，我们要创造一个国企敢干、民企敢闯、外企敢投的环境。人民不应该和资本对立，也不能和资本对立，而应鼓励资本投入，顶住经济下行的压力。

同样，劳动和资本也不是完全对立的关系。我们要带动工人阶级、农民兄弟实现共同富裕，就是要在增量财富的创造中增加他们的财产性收入，做到从工者有其股演变到耕者有其股，这才是让资本为人民服务应该努力的方向，资本为劳动人民服务也就落到了实处。

资本和人民、资本和劳动从简单的暴力革命式的对立走向对立统一，是在社会主义市场竞争中实现要素合理分工的方式，也是我们继承捍卫并发展马克思主义的必经之路，更是中国崛起、实现人民共同富裕的关键，或者说是一把钥匙。

这一理论如果能够得到证明，那么是否能用于实践？我认为完全可以。比如，在城市的国有工业企业中，通过混合所有制的方式逐步地转变为由经营者和劳动者持股。

要探索如何在农村实现资本为人民服务的命题，就要在自然资源资本化及对应市场研究这一课题中寻找解决方案。笔者认为，这既是社会主义市场经济的实践问题，又是重大的理论问题。

**5. 农村"四化"改革是一把提高农民财产性收入的金钥匙，其关键在于两个主体、三个确立**

中国14亿人口中有5亿多农民，他们的共同富裕也要通过增加财产性收入来实现。从现实来看，农民的财产在哪儿？答案就是他们的房屋和土地。要解决资产变资本、实现财产性收入的问题，就要进行资产的量化改革。在新能源光伏产业中，农民以其房屋、土地作为新能源的生产性财产的相关工作已经在广泛地推进，这是一个典型的农民增加财产性收入的案例。更重要的领域则是在农民的土地上，本书提出了中国农村改革的"四化"，即农业产业化、农村公司化、农民股东化和土地股份化的探索思路。

关于这部分内容，我曾经与温铁军教授展开过激烈的探讨，中国的农业可以产业化吗？土地可以资本化吗？就第一个问题而言，温铁军教授指出，中国的农业模式是东亚模式，不是教科书上讲的盎格鲁-撒克逊模式。资本下乡遭遇的最大困境，是与高度兼业的、预期不稳定的小农户之间存在着严重的信息不对称，会导致交易成本过高。此外，中国的地理气候资源环境条件的多样性也增加了农业产业化的难度。因此，现实中外部资本下不了乡。就第二个问题而言，温铁军教授认为，首先要明确农村土地是否可以资本化。资本化意味着土地要成为可以在资本市场上流通的资本品，这个资本品能够形成交易投资的前提是它要有增值预期。

资本化是资本投下去进行资本运作并形成资本收益的过程。所以，如何把农民的租权变股权，让农民从吃租变成吃利，是资本化一个非常关键的环节，现实中怎么可能真的让农民放弃租权？恐怕还需要进行深入的调研。

我则不像温铁军教授那样悲观。在我们的设计方案中，农业"四化"要以存量农民的土地作为股份的存量，带动城市的科技下乡、资本下乡。企业一旦下乡，资本必下乡。现在的资本已非昔日的"资本"，更多是在保值和避险，农业产业虽回报率不高，但风险也相对较低，更适合避险资本。因此，资本带动科技、人才下乡，推动农业规模化、产业化，应当成为我国当前农业产业转型升级的合理路径。在此基础上，"老树"发"新芽"，实现混合所有制，建立现代的农村公司制度，实现农业的产业化和土地的证券化，才能真正让农民兄弟股东化，增加财产性收入。

我想按照这一思路，温铁军教授提出的两个问题，在这个方案中也能够得到解决。首先，就如何解决资本下乡面临的交易费用困境，我提出了构造以农村股份经济合作社（农合社）、农村新型股份公司两个主体为核心的组织模式。在这一基础上，我们提出了"两个特别"——农户将土地经营权作价入股到农村股份经济合作社形成"特别法人资产"；农村股份经济合作社以农村土地资产作为存量资本，作价入股到农村新型股份公司，形成"特别法人股"。农村新型股份公司在增量股份上引入货币资本和技术资本，共同构造农村新型股份公司。其中，农村集体经济组织就起到了核心作用，是连接外部资本和农民、维护契约关系的桥梁。其次，就如何让农民的租权变股权的问题，归根结底还是农民让渡土地经营权时的风险问题。本书所提出的农合社特别法人股，实质上是一种优先股，能够保证农民权益不受损失。特别法人股一方面借鉴了优先股优先分红、优先清偿、特殊事项优先表决的特点，允许集体经济组织在让渡一般经营事项表决权的同时获得经济利益的优先性，通过固定股息的方式实现土地经营权出资后的保底收益，从而消减土地经营权入股过程中农民对于普通股股权有盈有亏、盈亏自负的担忧，保障企业盈利状态下农民的财产权益；另一方面，土地经营权不划入企业破产清算财产的范畴。

在上述农村"四化"的各环节中，特别需要强调"两个主体""三个确立"才是关键。"两个主体",就是农村股份经济合作社、农村新型股份公司;"三个确立",就是农户土地经营权股份的确立、农合社特别法人股的确立、以地区打造的五板市场的确立。

之所以强调"两个主体""三个确立",是由未来农村新的产业生态决定的,立体化经营、绿色、低碳等技术农业需要依托于产业农业的基础,只有形成规模化经营,才能为农业带来翻天覆地的产业升级。

为了保证农村土地不流失,农合社手里的优先股原则上不转让,即便今后农村新型股份公司在深交所、上交所上市,也不转让。这部分优先股要优先分利,约定股息。但是,最难协调的在于农合社和农户之间的关系。从农村股份经济合作社的资产构成来看,包括共同共有和按份共有两部分。共同共有很好理解,那什么是按份共有呢?举个例子,如果把一家一户承包的土地经营权集中起来形成连片土地,那么这部分土地经营形成的收益就应按份共有。农民将土地物权形态让渡给了农合社,同时农民就获得了股权。至于说农户的土地经营权股份如何作价,可以制定规则,各方务必遵守,并通过第三方的评估机构,按照土地产量、位置等因素综合评估,具体评估方法可以运用成本法、预期收益法等,执行时秉承客观、公正的原则,不偏不倚,这样就从技术上把城里的股改模式推进到了农村。

那么,农合社的股份解决了产权清晰化的问题之后,能不能流动?这是关键,我认为可以流动。比如,可以在广西玉林地区、辽宁朝阳市等以地区为单位建立五板市场,目的就是为本地区以土地经营权作价入股的农户提供场所,将资本市场打通。具体来说,可以按照以下思路制订规范。首先,买卖股票仅限于本地区内的农户,防止非农人口买卖、农民流离失所等问题。其次,这种经营权转让行为只在国家法律规定的土地承包期(30年)之内有效。例如,张农户家2023年1月1日把股份转让给了李户,转让的就是30年经营权,过后必须返还。30年后,在国家重新划分土地承包经营权时,按照农户所在的户籍重新划分,这样农户土地经营权股份的转让就跟国家法律规定的30年承包期相匹配了。这样特别法人股的转让也就运转起来了，同时还避免了矛盾。

我认为，农村"四化"是带动我们的农民兄弟实现共同富裕的重要途径，在"四化"基础上实现的财产性收入是创造性的，是光荣的。沿着这样的方向改革，把劳动者的收入从单一劳动性收入，拓展到财产性收入、经营性收入，才是带动低收入群体共同富裕的根本出路。当然，我们也应认识到，农业农村的改革不能搞一刀切，要因地制宜，促进多元化，自主权、选择权应交给农村基层组织。

在我们的方案中，通过"四化"增加农民的财产性收入是一种"造血"机制，既不用政府出钱，又深化了农业农村改革，真正把人民当家做主的中国式现代化落到了实处。农民兄弟和工人阶级如何拥有财产以及财产性收入，需要依靠改革、释放农业发展的能量。

这种机制如果能在实践中加以推广，就会直接产生更重要的现实意义——找到一条在提高社会主义市场经济效率的同时又能实现共同富裕的捷径。如果这种机制能够尽快运用到今天农业农村的改革实践中来，就能让我们的农民兄弟尽早地富裕起来。

本书的理论创新既符合习近平新时代中国特色社会主义思想所指引的共同富裕的战略目标，也是邓小平理论指引下的社会主义市场经济改革的题中应有之义，还是实现经济发展和共同富裕、兼顾效率和公平的新途径。

## 四、资源向资本转化是探索社会主义市场经济道路的创新

改革开放四十多年来，中国经济改革的重要任务是建立和发展市场经济体制。1992年，中共十四大明确提出了中国经济体制改革的目标是建立社会主义市场经济体制。党的十九大以来，面对世界百年未有之大变局，着眼实现中华民族伟大复兴的中国梦，经济体制改革依然是新时代全面深化改革的重点，其核心是使市场在资源配置中起决定性作用，并且要更好地发挥政府作用。而市场配置资源的最高级形态，就是

把资源产品转化为具有增值预期的资本品,同时,资本市场是市场经济发展高级阶段的产物,也是实现资源配置的最佳场所。

在上述经济体制改革背景下,进行自然资源资本化及对应市场建设的理论研究,需要深刻把握社会经济发展中的现实困境。要在错综复杂的理论问题中拨云见日、找到研究的起点,就要坚持问题导向。在中国特色社会主义市场经济体制中推进自然资源资本化及对应市场建设,不能照搬照抄西方私有制经济体制下的所谓成熟经验,而是要在坚持公有制为主体、多种所有制经济共同发展的基本经济制度的基础上,结合共同富裕、乡村振兴、资源安全、生态文明建设、"双碳"目标等国家重要战略的指引,走出一条中国道路。

**1. 从企业经营性资产资本化到自然资源资产资本化**

要深刻理解作为生产要素的国有资本,就必须对四大类国有资产和两大类国有资本进行研究,理顺国有资产与国有资本之间的关系。国有资产是属于国家所有的一切财产和财产权利的总和,其经营形成的收益是国家财政收入的主要来源,包括资源性国有资产、企业经营性国有资产、行政事业单位国有资产和国防军工类国有资产(详见表1-1-1)。长期以来,国家出资企业凭借国有资产从事生产经营活动,是国民经济运行的主力军,也是社会主义公有制重要的实现载体。而国有资本是指国家给予企业的各种形式的出资所形成的权益(详见表1-1-2)。从企业资产负债表的角度看,总资产减去负债才是资本,即所有者权益、净资产。

在四大类国有资产中,哪些可以转化成国有资本呢?能够转化成资本的资产一定是能够创造利润的,因此,国家机关事业单位、国防军工类资产不能构成国有资本,只有企业类和自然资源类资产能够转化成国有资本。不仅仅是企业已经生成的资产可以创造利润,还有待开发的自然资源能够在从勘探开发到利用的过程中转化成可以形成利润的生产要素,从而创造利润。因此,也就在理论上证明了待开发的自然资源也在可转化为资本的国有资产范畴之内。

表 1-1-1　国有资产分类

| 资源性国有资产 | 以资源形态存在并能带来一定经济价值的土地、森林、矿藏等资源 |
|---|---|
| 企业经营性国有资产 | 国家作为出资者在企业中的投资和投资形成的权益 |
| 行政事业单位国有资产 | 国家机关（党政机关）及其派出机构、文教卫生等事业单位占用的国有资产以及社会公众共同使用的公共设施、公共工程等 |
| 国防军工类国有资产 | 用于国防行政、事业和军队维持、训练、作战等方面的资产 |

表 1-1-2　国有资产与国有资本的区别

|  | 国有资产 | 国有资本 |
|---|---|---|
| 定义 | 国家所有的一切财产和财产权利的总称 | 国家对企业各种形式的出资所形成的权益 |
| 侧重点 | 实物管理，侧重于管企业 | 资本运营，侧重于管股权 |
| 管理方式 | 行政手段 | 经济手段 |

当前，企业经营性国有资产的资本化已经基本完成，而资源性国有资产的资本化改革仍然处于探索阶段。在企业经营性国有资产的资本化中，中央和地方已经形成了两级政府和作为出资人享有所有者权益、积累国有资本的成熟体系。根据《国务院关于2021年度国有资产管理情况的综合报告》，2021年全国国有企业（不含金融企业）中国有资本权益为86.9万亿元，国有金融企业中国有资本权益为25.3万亿元，行政事业性单位国有资本为42.9万亿元，上述三类国有资本合计155.1万亿元。

我国的自然资源在未开发阶段，天然地具有国有资产的属性，因此，在开发资源的过程中扣除负债所形成的净资产也应在一定程度上转化为国有资本。类比企业经营性国有资产，自然资源的资本化也将按照企业经营性国有资产资本化的思路，在开发和利用已探明储量的自然资源的情况下，形成中央和地方国有的两层体系，也就是形成中央和地方国资、民营资本、外资等多元所有者共同出资的法人所有制。由此可见，开发和利用自然资源阶段的产权主体是多元化的，而自然资源国有资产的资本化价值，则通过转化成为企业经营性国有资产得到体现。

**2. 自然资源资本化的方式：公有制内部的产权多元化**

中国自然资源的独特性在于全民共有，而西方国家部分自然资源是私有的。当前所有制改革亟待通过市场经济体制优化配置国有自然资源，把国家资源向国有资产和国有资本转化。国家自然资源转变成资产是没有所有制属性的，资产仍然是国家的，但是，国家资产转变为资本，即在自然资源的开发和运营中实现资本化，就面临着所有制属性的转化。

所有制属性转化的核心环节，就是在明确产权的基础上实现资源的优化配置。党的十八大及十八届三中全会都指出要"健全自然资源资产产权制度"。2019年4月，中共中央办公厅、国务院办公厅印发了《关于统筹推进自然资源资产产权制度改革的指导意见》，指出"自然资源资产产权制度改革是加强生态保护、促进生态文明建设的重要基础性制度"。产权制度是实现市场配置资源的核心，是实施可持续发展的必要条件，同时也是系统完整的生态文明制度体系的基础性制度。

既要体现国家作为自然资源初始所有者的权益，又要实现自然资源在市场经济中的优化配置，就必须完成自然资源产权从国家和集体公有向股权多元化的公司法人所有转变的重大变革。

在我国自然资源的资产中，农村土地具有集体性质，矿产资源具有国有性质，都属于公有制的范畴。这些自然资源资本化的核心正是产权问题——产权清晰化和流动性，其中清晰化包括人格化和相对独有性。把农村集体变成人格化的特别法人，不同土地的使用权可以赋予特别法人所有。在此基础上，在公司化过程中，产生混合所有制企业。农村土地在增量上吸引资本下乡、技术下乡，可以构造股权多元化的法人主体。矿产资源的存量是中央和地方的国有资产；但在开发和利用环节，可以由股权多元化的法人完成由自然资源向资本的转化。

自然资源由资源性国有资产向作为生产要素的资本转型的过程中的

核心命题，就是资源性国有资产如何跟市场经济对接，以及如何在产权清晰化和流动性上完成突破。解答这两个问题也是本书的重要使命。

以中央政府或地方政府为资源性国有资产所有权的法律主体，无法真正实现与市场经济的有效对接，所以，我们面临着在国有资产由国家一元主体享有所有权的基础上构造多元化用益物权主体的客观选择。

国有资产资本化的原始股由国家（中央、具有法人资格的各级地方政府、国有资本投资公司和运营公司）拥有所有权，再逐渐转变为法人多元所有者的资本（要求产权流动性）。因此，自然资源资本化的进程就是构造现代股份公司的过程。这些现代股份公司以产品经营、资产经营和资本经营为重要特征，最终实现国有股股权的保值、增值和有效流动。

此外，要深入理解自然资源资本化的方式，还需要突破只有国内自然资源可以资本化的狭隘认识，而应认识到，同时可以运用资本运作的方式获取境外矿产和能源资源并"为我所用"。自然资源不仅应包括物权形态的资源，从财产权角度来看，还囊括资本价值形态的资源。而从资本价值形态的矿产资源的角度看，自然资源不仅应包括国内的矿产资源，还应包括我国企业在境外收购的国外矿产资源。实现从购买国际上的矿产品物权到购买海外矿产公司股权的突破，就可以用好国内、国际两种资源，构建国内、国际两个市场。

总之，如果认同了"我国自然资源资本化及对应市场建设"这一主题，自然资源可以资本化的认识论就成立了。而如何让自然资源成为可以创造利润的生产要素，正是本书研究的核心内容。

**3. 把资本作为市场经济的核心要素，推进资源性国有资产的资本化进程**

现阶段，市场经济改革的关键命题是所有制的改革，亟待把具备条件的国家资源向国有资产和资本转化，明确产权并优化资源配置。而发挥中国特色社会主义制度优势的重大命题，就是国有资本如何更好地与市场经济对接。在社会主义市场经济中，如果掌握国有资本，就掌握了市场经济的命脉；继而可以利用混合所有制，走出资源性国有资产资本化的路径。

市场经济和计划经济的区别，在于资源和生产要素配置方式的不同。计划经济用"有形的手"，市场经济用"无形的手"；计划体制配置资源的主体是政府，是用行政手段，市场经济配置资源的主体是公司，市场起主导作用。因此，作为市场经济配置资源的主体——现代公司，其主体就是作为出资人的企业资本的所有者，所有者运用建立在所有制基础上的资本纽带，实现对公司进而对资源的优化配置。在优化市场经济资源配置的过程中，生产要素的资本化及对应市场的形成是配置资源最有效的手段和场所。因此，在自然资源资本化的转型中，资本化是配置资源最高级的方式，资本市场是配置资源最高级的场所。对自然资源资本化，以及对应资本市场的体系、模式、种类、组织、监管的探讨，既有其必然的内在联系，又是本书的研究绕不过去的核心议题。

自然资源资本化及其市场建设具有三个非常重要的意义。

一是符合中国国情，有助于打造中国自然资源资本化模式。我国自然资源分布较为分散，自然资源的产权界定需要政府采取有效措施，自然资源的开发与保护需要政府与市场相结合的形式，而自然资源资本化为资源的有效利用创造了条件。

二是可以实现自然资源产权多元化，有利于做强、做优、做大国有资本。国有自然资源产权归属由国家单一主体转变为多元主体，对我国自然资源资本化具有重大意义。

三是在法治市场经济的背景下，产权的清晰化和流动性是资本的本质特征。中国下一步改革开放和深化市场经济体制的核心内容——产权改革，具体来说就是实现产权清晰化和流动性。产权清晰化是资源变资产的过程，包括人格化和相对独有性两个内涵；而实现产权流动性就是资产变资本，进而实现要素在市场中的流动配置的过程。

自然资源资本化不是把资源简单地作为商品卖掉，而是把资本作为市场经济的核心要素，深入推进经营性国有资产当中的资源性国有资产的资本化进程，这是中国延续 40 余年的循序渐进、由浅入深的改革方法论的创新。依托中国国情、借鉴国际规范，自然资源资本化的模式就是法人所有制。自然资源资本化的过程，就是将国家自然资源从共有并公有的资产变成法人所有的过程，国家是自然资源背后的终极所有者，而国家通过让渡自然资源经营权、使用权给企业法人，实现自然资源产权的清晰化和流动性，从而建立自然资源产权市场。

自然资源资本化是对国家自然资源产权流动性的巨大释放，有利于国有资本形成有进有退的格局，推动国民经济有序发展，使自然资源产业结构合理化、均衡化，优化国有资本布局，推动自然资源经济向战略化、绿色化的高质量路径发展。因而，本书研究的自然资源资本化不是建立在计划经济体制下统计报表基础上的资源统计概念，而是建立在资产负债表基础上、实现产权清晰化和流动性基础上的将自然资源转变为资产和资本的创新探索，这也是本书能够将理论和实践进一步深化的基石。

总之，现阶段的市场经济体制改革是国有资本主导的产权改革，要把国家自然资源向国家资产和国有资本转变，再通过产权清晰化和流动性实现自然资源的优化配置。自然资源资本化及对应市场的建设已经提上议事日程，资源性国有资产的资本化改革应当循序渐进，集中解决高质量发展背景下中国经济社会发展的主要矛盾。

在选取研究对象方面，既要考虑到国民经济高质量发展的现实需要，又要结合宏观层面国家资源安全战略中面临的"卡脖子"问题，还要注重中微观层面资源产业链和资源消费结构转型升级的迫切需要。为此，本书选取了农村土地、矿产、能源三个自然资源大类作为主体研究对象。其一，农村土地资源资本化是落实乡村振兴战略与实现共同富裕的有效途径，农村土地占据了我国国土资源空间面积的 94% 以上，具有国有资源空间的首要战略地位，选取农村土地资源作为一类板块，能够囊括土地、森林等可更新资源。其二，矿产资源在维护产业链、价值链战略制高点中发挥着压舱石的作用，在管理体制上具有独立的体系,因此可以作为单独的一类板块探究其资本化问题。其三,考虑到大国崛起背景下能源安全和能源结构的转型升级,有必要将不可更新资源中的化石能源,以及取之不尽的资源中的太阳能、风能等作为能源板块来展开研究。

# 第二章
## 研究框架及意义

## 第一节　研究的逻辑框架

### 一、阐释自然资源资本化与市场化的内涵

中国经济改革开放的目标，就包括建立和完善社会主义市场经济体制。在从计划经济到市场经济的经济体制转换过程中，要依托市场对自然资源的配置作用，让自然资源成为能够为市场经济发展创造利润的生产要素，其中要解决的核心问题就是完成资源变资产、资产变资本的重要变革。通过自然资源资本化，达到自然资源资本价值形态与资产使用价值形态的高度统一和优化配置。其中，自然资源价值形态量化到产权清晰的法人或自然人，而自然资源的使用价值形态由国家让渡用益物权给多元化的经营主体以服务于社会化大生产，从而实现自然资源资本的价值增值。

所以，自然资源资本化的过程，首先要求明确产权归属，即产权的清晰化，这属于自然资源资本化的范畴，是定性问题；其次是产权的流动性，属于自然资源市场化的范畴，是定量问题。自然资源资本化中关于产权的定性问题是研究的重中之重，这是因为，如果定性的问题不解决，定量就成了无源之水、无本之木。

产权的清晰化和流动性是资本的本质特征，因此产权改革是中国改革开放进程中深化市场经济体制的核心内容。产权清晰化包括人格化和独有性，其中人格化是通过法人主体实现的。例如，自然资源部不是营利法人，但可以通过成立中国矿业勘探集团公司等企业法人来实现盈利。而实现产权流动性是自然资源资产实现价值增值的过程，就是对应市场建设的过程。总而言之，从所有者权益的角度看，自然资源资本化的概念可以定义为，自然资源产权清晰、评估价值、确认归属，形成增

值预期并实现市场流动的过程。

自然资源资本化过程中所面临的核心问题是，资本如何与中国模式有效衔接，即如何体现公有制为主体、多种所有制经济共同发展的基本经济制度。本书的观点认为，首先必须认识到资本可以没有特定的属性，没有阶级色彩。在自然资源产权实现清晰化和流动性的过程中，必须坚持国有资本为主体、包容其他多种资本共同开发和利用，这也就坚持了资本的中性属性。2021年国务院发布的《关于2020年度国有资产管理情况的综合报告》指出："我国自然资源在未开发阶段，天然地具有国有资产的属性，因此在资源开发过程中扣除负债所形成的净资产也应在一定程度上转化为国有资本。"由此可见，中国自然资源资本化的过程，就是由国家享有所有权并由国家向其他主体让渡用益物权，且用益物权一旦让渡就成为法人财产的部分，即自然资源由共有的国有自然资源转变为法人所有的资产。

自然资源作为一种资本品被市场化的过程，就是在不同的交易投资场所实现其价值增值的过程，从商品市场进一步推向资本化的金融市场。将资源的增值收益预期，通过交易投资转化成资本市场中流动的货币和资本，是自然资源市场化的必经之路。自然资源资本化的对应市场，主要包括四大类金融市场。一是产权交易市场，如农村土地经营权、矿业权等产权的交易中心，自然资源特别股份转让的产权交易市场等。二是资源性股份公司融资并挂牌上市的股权（股票）市场，例如，开辟以矿业、能源上市公司股权交易为代表的专板，此外还应考虑重点培育矿业、能源风险勘查投资基金。三是大宗商品期货市场，既要通过风险管理和套期保值，解决因资源价格波动而造成产业供能受到冲击的问题，又要利用价格发现功能，逐步形成不同期货品种的统一基准价格，以便参与国际竞争。四是建议设立单独的电力期货交易所，为电力市场中的企业提供风险管理功能，为政府提供供求预测功能，为金融机构提供投资功能。

## 二、探索自然资源资本化及对应市场建设的一般规律及典型路径

### （一）国际规范下能够资本化的一般自然资源范畴

理论上看，按照自然资源—资产化—资本化的逻辑，并不是所有的自然资源都能资本化并形成对应市场的。自然资源只有在能够资产化且同时具备稀缺性时，才能够成为具有增值预期的资本品，才能够通过市场来决定其定价和有效配置。显然，能够资产化的自然资源应当具有有主、可控制、可计量的特征。也就是说，没有明确权属的、无法控制的自然资源不能成为资产。以空气为例，因其没有权属关系，而不能成为任何人或组织的资产。同时，自然资源资产是有价值的，而且这种价值本身具备可计量性，不能计量的自然资源也无法成为资产。

由此，可以借鉴国际上通行的关于自然资源资产的界定和分类，确定本书所对应的自然资源范畴。国际上关于自然资源分类及其资产化的方法已经形成一些共识，重要的标志性事件即联合国发布的环境经济核算体系（System of Integrated Environmental and Economic Accounting, SEEA）。2012年版的SEEA是首个达成国际共识的环境经济核算体系，已被许多国家广泛采用和借鉴。该体系主要解决的就是关于自然资源转化为商品的定价问题。基于该体系建立的自然资源账户，分为实物量与价值量两种核算表格，并在具体的资源流转中有所反映，从而可以针对经济体进出的物资和能量建立一个全链条的计量方式。SEEA是有别于国民经济核算体系（SNA）的关于自然资源环境核算的新体系。

联合国环境经济核算体系（SEEA 2012）通过构建自然资源的价值量表，将自然资源由资源实物形态量化为资产价值形态，解决了哪些自然资源能够资产化的问题。可资产化的自然资源被划分为七大类：矿产和能源资源、土地资源、土壤资源、木材资源、水生资源、其他生物资源和水资源。

但必须认识到，环境经济核算体系仅解决了自然资源资产化的问题，无论自然资源开发与否、是否市场化，均可列入核算表，因而并没

有解决自然资源与市场经济对接的问题。要让自然资源成为市场经济中能够创造利润的生产要素，其必然要求就是自然资源资本化。自然资源资本化跟资产化的最大差别就是确立权益的属性。自然资源资产体现在自然负债表的左边，而自然资源被确认价值后折算为一种股权投入，体现在资产负债表的右边，体现为其所有者的长期投资回报，即完成了资源的资本化。

新时代中国特色社会主义市场经济体制，决定了自然资源资本化和市场化有别于西方所谓成熟市场经济的发展路径。前者必须在深刻扎根中国国情的基础上，探索中国自然资源资本化和市场化的一般规律，使其发挥积极作用，转变为能够为社会主义市场经济发展创造利润的生产要素。本书研究的重点就是探索自然资源资本化的中国道路，其核心在于构建自然资源资产的产权制度，以及将自然资源核算表推进到自然资源资产负债表，并在此基础上探讨如何构建自然资源资本化的路径及对应的金融市场。

基于上述分析，本书在"主报告"中所阐述的一般自然资源资本化及对应市场建设的规律和理论框架，通用于联合国环境经济核算体系（SEEA 2012）所纳入的七大类自然资源的范畴。同时，本书所称的自然资源范畴正是这七大类自然资源。主报告中所构建的自然资源资本化的普遍规律和理论框架，既统领其后三个分报告中的农村土地、矿产和能源资源，又能够拓展到这三种资源以外的其他自然资源。当然，随着人类的认识和市场化的发展，可能会有越来越多的自然资源进入到资产化阶段和市场化进程中。因此，对于本书未阐述的自然资源，只需要在此基础上结合资源本身的特性，即可初步构建其资本化的框架。

总之，本书以一个主报告构建了一般自然资源资本化的规律性框架，而对于典型自然资源，则是从最有可能在社会主义市场经济中转化成创造利润的生产要素的资源的角度来着手。考虑到我国自然资源种类的复杂性、产权涉及主体的复杂性、地域分布的复杂性，只得通过分析现状找到合理的对策。这样做的难度极大，而且不能照搬照抄西方所谓的成熟经验和现成的教科书。因此，本书采用总体与典型相结合、理论与实践相结合的方式，通过"一般自然资源＋三大类典型自然资源"这一论述角度，构建了中国自然资源资本化的理论范式，这也正是本书的重要创新之处。

### （二）国家战略导向下三种典型自然资源的选取

自然资源资本化的研究必须坚持问题导向，抓住新时代中国社会经济发展中的主要矛盾。只有在几类典型自然资源中进行深入探讨，才能够在千头万绪中打开一个缺口，把本书的研究内容贯彻落地。最终，基于矛盾的特性、战略重要性、改革现实性、资本化可能性四个方面的考量，选取农村土地资源、矿产资源和能源资源作为本书研究的重要方面。

**1. 矛盾的特性**

从党的十八大以来的中央政策文件所指引的解决当前中国高质量发展中的主要矛盾出发，引导资本有序进入、着力发展市场建设的重点领域，是能源资源、矿产资源和农村土地资源的市场。这些主要市场的构建，是解决初级产品供给、碳达峰碳中和、共同富裕等领域矛盾的突破口。这三大类自然资源资本化，是解决当前经济社会发展最迫切需求的"牛鼻子"，具有牵一发而动全身的重要作用。

首先，按照资本有序运行、健康发展的政策要求，应引导资本进入到有利于国民经济发展的长期产业格局的重点领域。2022年5月16日，《求是》（第10期）杂志发表了习近平总书记的重要文章《正确认识和把握我国发展重大理论和实践问题》，文章指出了五大方面的重点问题：要正确认识和把握实现共同富裕的战略目标和实践途径；要正确认识和把握资本的特性和行为规律；要正确认识和把握初级产品供给保障；要正确认识和把握防范化解重大风险；要正确认识和把握碳达峰碳中和。

上述几种迫切需要解决的关键矛盾，其一，长期以来，农民富裕不起来是共同富裕的一个短板，这是由长期以来农村落后的生产组织和农村生产要素，特别是土地作为生产要素没有实现资本化而导致的。因此实现共同富裕的一个关键路径，就是盘活土地资产，提高农民的财产性收入。梳理党的十八大以来的政策文件，2012年党的十八大报告要求"多渠道增加居民财产性收入"；2013年《中共中央关于全面深化改革若干重大问题的决定》也指出，要"赋予农民更多财产权利"；2017年中央一号文件《中共中央国务院关于深入推进农业供给侧结构性改革加快培育农业农村发展新动能的若干意见》提出，"鼓励地方开展资源变资产、资金变股金、农民变股东等改革"。这些中央顶层设计的文件都以提高农民财产性收入为指引，为农村土地资本化改革奠定了制度框架。

其二，初级产品保障则涉及能源和矿产资源的供应问题。我国的自有资源储量不足、品位总体较低，优质能源和部分工业生产急需的矿种储量匮乏，难以支撑经济的高质量发展。因此，必须深刻把握国内国际自然资源供求格局和依存关系，确保关键原材料的稳定供应，从而维护资源安全、产业安全、供应链安全。

其三，碳达峰、碳中和目标的实现，依赖于持续推动能源安全和能源结构转型升级。2013年《中共中央关于全面深化改革若干重大问题的决定》说明："加快生态文明制度建设，探索编制自然资源资产负债表，对领导干部实行自然资源资产离任审计，建立生态环境损害责任终身追究制。"2015年《生态文明体制改革总体方案》，立足于我国社会主义初级阶段的基本国情和新的阶段性特征，为贯彻"绿水青山就是金山银山"的理念制定了基本方略，其中要求"加强对可再生能源发展的扶持，逐步取消对化石能源的普遍性补贴"，反映了能源消耗由传统能源向可替代新能源转型的政策导向。2017年，党的十九大报告延续了对于生态文明建设的重视，报告中"生态文明"被提及12次。2019年《关于统筹推进自然资源资产产权制度改革的指导意见》和2021年《关于建立健全生态产品价值实现机制的意见》，分别将产权制度和价值实现机制列为生态文明制度建设的重中之重，因此，自然资源资本化中的产权制度和定价及资产负债表制度是本书破题的关键。

其四,从中央政策文件中重点关注并要求加快建设的自然资源市场来看,包括油气、天然气、电力、煤炭市场及油气期货市场,属于能源资源的商品市场和金融市场。2022年3月,《中共中央国务院关于加快建设全国统一大市场的意见》提出,"建设全国统一的能源市场。在有效保障能源安全供应的前提下,结合实现碳达峰、碳中和目标任务,有序推进全国能源市场建设",重点在于,"健全油气期货产品体系,规范油气交易中心建设,稳妥推进天然气市场化改革,健全多层次统一电力市场体系,推动完善全国统一的煤炭交易市场"等。同时提出"培育发展全国统一的生态环境市场",包括"碳排放权、用水权、排污权、用能权"等市场。2022年4月,中央财经委员会第十一次会议提出:"发展分布式智能电网,建设一批新型绿色低碳能源基地,加快完善油气管网。"这些要着重建设的自然资源市场均属于主要能源种类所对应的市场。

与上述商品市场相对应,要充分重视其相应的金融市场在定价、风险管理及跨期、跨境投资中的作用。以碳达峰、碳中和目标指引下的市场构建为例,金融市场有利于构建统一的碳交易市场、发现最优的碳价格、实现最优的资源配置。中国人民银行原行长周小川在国际金融论坛(IFF)2022年春季会议上指出,要实现碳中和,"仅就中国而言,按照各家(机构)提供的较低估算,也需要约140万亿元的投资"。首先,碳中和所需的长期投资及价格形成,需要金融市场的定价能力。其次,"双碳"投资多有跨期特点,金融市场能够解决跨期资金平衡问题,通过净现值法将未来回报转换到当期收益,形成对投资的激励。并且,长期研发项目中涉及的期限转换、收益与风险分摊、跨期会计核算等多方面问题,都需要通过金融市场解决。再次,不论是投资的长期性还是新技术、新工艺的应用前景,都存在较大风险,必然涉及大量的风险管理。最后,通过资本运作实现跨国境投资,能够更好地实现国外资源"为我所用"、增加产能储备,形成国内和国际自然资源双循环格局。

因此，从抓住主要矛盾入手，基于党中央的"十四五"规划、实现中国梦、打造人类命运共同体等目标所指引的重点方向，结合党的十八大以来政策文件的梳理，可以初步判断，中央顶层设计最为关注的自然资源及资源市场建设所涉及的领域，主要是农村土地、矿产和能源三大类。

**2. 战略重要性**

从国家战略层面的重要性来看，基于当前国家战略的实施，农村土地、矿产和能源资源的资本化属于国家重要战略布局锁定的关键领域。

其一，土地资源资本化是落实乡村振兴战略与实现共同富裕的有效途径。通过土地资本化改革推动农村实现"四化"，解决一家一户的土地承包经营与农业社会化生产的矛盾，既有利于形成农业规模化、集约化、现代化的长期农业产业格局，也有利于提高农民的财产性收入在劳动收入、经营收入和财产性收入这三种收入中的比重。由此可见，深入推进农村土地资源资本化是落实乡村振兴和共同富裕战略的关键环节。

其二，矿产资源资本化是抢占价值链制高点和国际市场定价权的必然选择。中国是矿产资源短缺、高度依赖进口的国家，矿产资源产业链面临着上游原材料在外、下游市场在外的"两头在外"的困境。我国尽管已经成为矿产品加工制造大国，但仍然处于产业链和价值链的较低层面，而国家竞争力的主要引擎，就是对战略性资源的控制力和科技实力。以稀土产业为例，自2009年发布《2009—2015年稀土工业发展规划》以来，国家从战略高度调控稀土产业，通过国有资本主导，多轮收购境外企业股权。目前中国占据全球60%的稀土出口和40%的稀土储备，已经掌握了稀土产业链定价权、在价值链上拥有较高分成，稀土也成为中国重要的战略性贸易杠杆。中国要打造人类命运共同体，就要在"一带一路"倡议的框架下，构建自然资源上、中、下游产业链和供应链，打破西方发达国家对全球自然资源的垄断格局。

为此，关键手段是构建国内和国际矿产资源双循环格局，争取掌握大宗矿产资源产品的贸易定价权。

我们要突破只有国内自然资源可以资本化的狭隘认识，应认识到可以运用资本运作的方式获取境外矿产和能源资源以"为我所用"，要实现从购买国际上的矿产品物权到购买海外矿产公司股权的突破。我们要运用资本运作的方式，提高我国对国内和国际矿业和能源资源开采的控制权，通过增加产能储备和控股持股产业链上下游企业解决定价权问题，充分发挥矿产资源储备"压舱石""蓄水池"的作用，从而用好国内和国际两种资源，构建国内和国际两个市场。

其三，能源资源资本化是保障国家经济安全与实现"双碳"目标的重要举措。在全球地缘政治日趋复杂、中美博弈背景下，我国能源安全面临着前所未有的严峻挑战。从国内看，我国境内化石能源自给率逐年下降，能源开采已经进入发展的后期阶段，面临严重的产量递减问题；从国际看，能源对外依存度较高且存在进一步增长的趋势。

能源安全和能源结构转型升级，已成为当前维护我国国民经济安全的重要组成部分。一方面，能源安全是保障我国经济高质量发展的重要环节；另一方面，能源结构转型升级是贯彻落实"十四五"时期生态文明建设的重要载体，是我国推动经济社会绿色转型、推动实现碳达峰、碳中和目标的重要变革。在此关键时期，能源资源资本化是推动市场更好配置能源资源的途径，能够有效缓解我国能源资源约束。除此之外，在保障经济高质量发展所需的能源供应的基础上，推动可替代煤、气、油等传统能源的新能源产业发展，化解能源"卡脖子"风险，还可以确保国家能源安全与"双碳"目标落实。

### 3. 改革现实性

从改革现实性来看，改革开放以来特别是党的十八大以来，中国在土地、矿产和能源资源资本化方面已经取得了一定的改革成效，现阶段亟须巩固改革成果，深化改革进程，从而推动乡村振兴和共同富裕，促进矿产资源产业链、价值链的优化升级，保障国家能源安全。

其一，在农村土地制度改革方面，从2015年中央提出农村"三权（土地所有权、承包权、经营权）分置"改革以前，各地就已经积极探索出了包括农地出租、转包、抵押、入股和信托在内的多种形式的农地资本化路径。近年来各地进一步探索土地经营权资本化的不同模式，并且建立了土地交易市场。

其二，在矿产资源资本化方面，我国矿业企业上市公司仅有59家。鉴于矿产资源对我国经济发展和安全的重要性，必须在资本市场及相应政策上给予大力扶持，从而快速发展以适应大国崛起中占据产业链和价值链制高点的战略目标。此外，在矿业企业走出去的实践上，资本运作手段已经在收购国外矿业企业股权方面进行了一些探索和尝试。随着中国矿业资源产业链布局的日益深化，必然要求加大对海外矿业投资的力度。

其三，能源资源资本化和市场化进程也在逐步加快。例如，我国煤炭市场价格已相对放开，大连商品交易所和郑州商品交易所分别拥有焦煤、焦炭和动力煤等期货品种。与此相联动，鉴于多年来的煤电之争，电力市场化改革也在加速推进。一个具有里程碑意义的重要变革，就是2021年发改委出台了《关于进一步深化燃煤发电上网电价市场化改革的通知》，要求在保持农业、居民用电稳定的同时，推动工商业用户进入市场，并按照市场价格购电，或通过电网企业代理购电。也就是说，除了农业和居民用电，整个电力市场当中80%的购电价格全部要市场化。电力市场化改革对能源资本化和市场化提出了新的挑战。

可见，从改革的现实探索来看，土地资本化实践已经从"三权"分置前的分散流转，推进到了规模化流转乃至土地交易市场初步建立的阶段，改革已经步入引导资本、科技下乡，推动农村最终实现土地股份化、农民股东化、农村公司化、农业产业化的"四化"新阶段。而多品类的矿产和能源资源已经形成了相对应的现货和期货市场，随着矿产资源产业链约束和能源资源安全问题的日益加剧，矿产和能源资本化改革已经步入到要求依托资本运作在国际分工中占据资源价值链高点、通过市场化改革使能源消耗由化石能源向新能源转型的新阶段。农村土地、矿产和能源这三类自然资源的资本化和市场化改革在现实中已经取得了一定的成效，现阶段应以理论研究进一步支撑新时代、新阶段深化改革之客观需要。

#### 4. 资本化可能性

对照联合国环境经济核算体系所倡导的七类自然资源，中国在土地、矿产和能源资源方面的资本化改革推进得最为广泛和深入，这也是三类自然资源本身资本化的可能性所决定的。

如前所述，并非所有的自然资源都能够资本化，能够资本化的自然资源必然要具备一定的条件。自然资源资产化是资本化的前提，资源资产化要求其具备有主、可控制、可计量的特征。也就是说，没有明确权属的、无法控制的自然资源不能成为资产，不能计量的自然资源无法成为资产。自然资源资产要进一步实现资本化和市场化，就要实现产权的流动性，这依赖于资源稀缺性基础上的增值预期。

农村土地、矿产和能源三类资源不仅具备有主、可控制、可计量的特征，更重要的是能够在市场经济中通过其产权的流通产生更大的价值，能够转变为社会主义市场经济中"做大蛋糕"（即创造价值）的生产要素，从而保障经济高质量发展。当然，其他自然资源并非不重要，只是从资本化和市场化的可能性来看，上述三类自然资源更具价值。

此外，要深入理解自然资源资本化的可能性，就要突破只有国内自然资源可以资本化的狭隘认识，要认识到自然资源不仅包括实物形态的资源，还包括资本价值形态的资源，甚至可以通过资本运作的方式获取境外矿产和能源资源，使其"为我所用"。从资本价值形态的资源看，收购国外矿产和能源企业股权也更具有现实可行性。

综上，基于矛盾的特性、战略重要性、改革现实性、资本化可能性四个方面的综合考量，即结合我国现阶段政策文件、实践探索和理论回应的现实需要，本书将在主报告所阐述的一般自然资源资本化的普遍规律和理论框架的基础上，进一步重点研究农村土地资源、矿产资源和能源资源三类典型资源资本化的路径。其中，农村土地资源的重点研究对象包括农用地、林地、四荒地、宅基地、集体经营性建设用地等。矿产资源主要是金属矿产资源，重点研究对象包括铁矿石、黄金、稀土、锂、钴等。能源资源包括一次能源和二次能源，特别需要考虑到电力作为二次能源和清洁能源在未来社会发展中的重要性，重点研究对象包括石油、煤炭、天然气、可再生能源和电力等。

## 第二节 研究意义

### 一、土地资源资本化是落实乡村振兴战略与实现共同富裕的有效途径

**（一）通过土地资本化改革推动农村实现"四化"，解决一家一户的土地承包经营与农业社会化生产的矛盾**

农村土地资源在自然资源资本化市场开垦中具有巨大的潜力，本书就是要突破现有状况下农业生产资料的农民一家一户占有的土地承包经营权与农业生产社会化之间的突出矛盾。

生产资料私人承包占有的"壳"，包不住农村产业化、规模化经营的"瓤"的现实，必然会带来土地资本化的革命，目的就是让生产社会化的"躯体"和市场经济要求的农民财产权利份额化的"灵魂"相统一。针对私人占有生产资料和社会化大生产、科技农业、生态农业之间的冲突，必须找到一种新的解决方式。这种方式就是在公司法人和土地资本化基础上，构造农村新型股份公司。

也就是说，整个农村生产资料使用价值的规模化和价值形态的股权化要实现完美地结合。归根到底，解决办法就是股份制。马克思主义所说的人类社会基本矛盾是生产力和生产关系的矛盾，其表现为生产社会化的冲动和私人占有生产资料之间的矛盾。由此进行延伸的话，就是用法人来代替私人对生产资料的占有和使用，解决了城市再解决农村。法人所有制代替了私人对生产资料的占有，就有了今天大跨步的工业文

明、城市文明。法人所有制下的股份制成功地解决了中国城市改革中企业改革的老大难问题，完成了使命。接下来，要拿着股份制这把钥匙，打开农村改革的大门，解决农村的生产资料个体经营和生产社会化之间的冲突。

在市场经济下财产关系具有独有性的背景下，尽管早期的拿破仑民法典根本不承认法人所有制，但法人所有权仍用股权的方式剥夺了私人占有。同样，我们也通过建立在法人所有权基础上的资本化过程取代了农村个体的承包经营。所以，要想解决今天农业的基本矛盾，实现农业产业化，就要解决农民一家一户承包经营、抽象的集体共有与农业生产规模化、社会化之间的矛盾。要保护农民的利益，让他们不离土、不离乡，并且体面地按份享有土地收益，就必须解决抽象的集体共有和因一家一户私人承包经营而垄断生产资料与社会化大生产之间的矛盾。

我们要构造农村的"四化"：土地股份化、农民股东化、农村公司化、农业产业化，就要把多种股份包容到农业和农村里来，然后通过对不同股份的设定，例如，农民享有具有一定期限的优先股、债转股等，从而在农业产业化当中充分地运用股份合作制。

法律理论基石就是用财产关系的独有性、普遍性和流动性来解决产权的清晰化（人格化、独有性）和流动性问题。农村改革的"躯体"就是农业规模化经营，属于资产经营；"灵魂"就是农业股份公司的股权价值，属于资本经营。资本"灵魂"必然要依附在一个有法律外衣的"躯体"上，这一"躯体"就是公司法人，以此实现"灵魂"和"躯体"的统一。再通过母子公司体制，村集体建立股份经济合作社，将村集体中的土地经营权整体打包、作价入股到农村新型股份有限公司，通过长期股权投资"脐带"的连接，实现农村土地资源的资本化价值。

**（二）增加财产性收入在三种收入中的比重，是实现共同富裕的关键环节**

2021年中央经济工作会议指出，"在我国社会主义制度下，既要不断解放和发展社会生产力，不断创造和积累社会财富，又要防止两极分化。实现共同富裕目标，首先要通过全国人民共同奋斗，把'蛋糕'做大做好，然后通过合理的制度安排把'蛋糕'切好分好。"2021年中央财经委员会第十次会议明确指出，"在高质量发展中促进共同富裕，正确处理效率和公平的关系，构建初次分配、再分配、三次分配协调配套的基础性制度安排"。

实际上，在实现共同富裕的具体举措中，增加财产性收入的有关政策早在党的十八大时就已被明确提上议事日程。2012年党的十八大报告提出，"多渠道增加居民财产性收入。规范收入分配秩序，保护合法收入，增加低收入者收入，调节过高收入，取缔非法收入"。2013年，党的十八届三中全会指出，"要加快构建新型农业经营体系，赋予农民更多财产权利"。2017年，中央一号文件明确提出，"从实际出发探索发展集体经济有效途径，鼓励地方开展资源变资产、资金变股金、农民变股东等改革，增强集体经济发展活力和实力"。资源变资产，就是要让沉睡的资源"活"起来，也就是要让"死"资源变成"活"资产。一系列政策的出台，对切实保障和改善民生、持续扩大中等收入群体来说，具有十分重要的现实意义。

要实现共同富裕，就要从根本上实现农民收入的增长。尽管已经站在了消除绝对贫困的新起点上，但改革开放40多年来，农民收入始终大大低于城镇收入水平，当前农民与城镇居民的收入差距高达1∶2.5。如何从根本上实现农民收入的增长，是当前面临的最大挑战。增加农民收入，解决贫困地区人口的收入问题，核心就是要坚持党的领导。既然我们解决绝对贫困没问题，那提高收入也没问题。

首先，要以增量财富为主，而不是以存量财富分配为主，实现共同富裕。不是"打土豪分田地"，而是应该以增量财富分配为主，这种情况下共同富裕的突破口就在农村。农村的这场改革要通过土地的资本化增加农民财产性收入，以达到从根本上解决农民的相对贫困问题的目标。

其次，实现共同富裕的关键是不断缩小城乡居民收入差距。只有将城乡收入差距降低到一定范围内，我们的共同富裕才是高质量的共同富裕。借鉴东亚国家的经验，日本、韩国大约用了20年时间，日本采用国民收入倍增计划，把农民和城镇居民收入比从1∶2提高到了农民收入高于城镇居民收入的水平，韩国的农民和城镇居民收入比则是1∶1.2。

从国内来看，也有很多地区的案例可以借鉴。例如，浙江省的农民年均收入为3.19万元，和全国平均收入差不多，农民和城镇居民收入比例也降到了1∶1.9。实际上，农业人口占比和绝对人数不断降低，从事农业的绝对人口在过去的18年间减少了1.9亿。因此，要缩小城乡收入差距，农民收入的增速就要高于城市居民收入的增速，特别需要统筹考虑欠发达地区的农民收入增速。

再次，在劳动收入、经营收入、财产性收入中，劳动收入占的比重越高，财产性收入占的比重越低，则农民越贫困。土地资本化能够提高农民财产性收入，也是增加农民财产性收入的关键一步。从收入来源讲，城乡收入差距大的一个重要原因是财产性收入差别大：农民财产性收入只占2.4%。2020年，全国城镇居民人均可支配收入为43 834元，比上一年实际增长了1.2%；农村居民人均可支配收入为17 131元，实际增长了3.8%。城镇居民的财产性收入包括房产、证券等增值收入，而农民正是因为缺少财产性收入而无法真正摆脱相对贫困。那么，要让土地资源成为农民获得财产性收入的重要来源和基础，最重要的就是把土地资源变成资产，然后通过资本化来增加农民的收入。

最后，要实现"造血"功能基础上的共同富裕，而不是"输血"基础上的共同富裕。以"输血"为基础的脱贫是短时的，只有"造血"机制上的共同富裕才是长期的，而土地资本化就是这样一个"造血"机制。要实现共同富裕的大目标，就要在巩固好脱贫攻坚现有成果的基础上，提高农民财产性收入，就是要靠做大财富蛋糕的改革带来新的增量。总之，就是要通过农民入股农村新型股份公司，让资本下乡、科技下乡，实现农民共享土地资源增值收益，从而增加农民的财产性收入，缩小城乡居民收入差距，实现共同富裕。

## 二、矿产资源资本化是抢占价值链制高点和国际市场定价权的必然选择

推进自然资源资本化及其对应市场的建设，参与自然资源上、中、下游产业链，打破西方对全球自然资源的垄断与控制体系，是"一带一路"倡议的组成部分。

2013 年习近平主席提出了"一带一路"（丝绸之路经济带和 21 世纪海上丝绸之路）倡议，重要背景就是我国外汇资产过剩、油气等自然资源对外依存度较高、与周边国家关系良好稳定，而自然资源资本化是其题中应有之义。

### （一）发达国家已建立全球资源垄断格局，我国缺乏大宗资源产品贸易定价权

在国际产业链、价值链中，国家竞争力的主要引擎就是对战略性资源的控制力和科技实力。从 20 世纪七八十年代开始，很多发达国家已开始确立技术强国及资源保护和攫取的发展战略。例如，美国储备的自然资源共有 63 类 93 种，已成为世界上矿产品储备品种最多、储备量最多的国家之一。美国尽管矿产储量潜在总值居世界首位，却对其本国矿床进行封存，并且不惜重金购买国外矿床用于储备；法国更是从 1975 年起就制订了矿产品储备保护计划；而日本则通过控股、参股或者联合开发等多种方式，在全球范围内加强对战略性自然资源的攫取和控制。（吴玮，2009）

反观国内，矿产资源产业链面临着上游原材料在外、下游市场在外的"两头在外"的发展现状。我国的自有资源储量不足、品位总体较低，难以支撑经济高质量发展。虽然我国已探明自然资源储量约占世界总量的 12%，居世界第三位，但优质能源和部分工业生产急需的矿种储量匮乏。石油、铁矿石对外依存度高达 80%，铜、铝、钾等大宗矿产对外依存度均超过 50% 且不断攀升。石油剩余可采储量仅占世界总量的 1.3%，若按人均储量算则更低。我国探明的铝储量占全世界 2.7%，且铝土矿的品位差，开采成本高，而铝的消费量却占世界 30%；探明的铜储量

占世界 0.54%，铜的消费量却占世界 26%（《中国有色金属报》，2011）。我国耕地、林地、草地面积和淡水资源的人均占有量分别是世界平均水平的 43%、14%、33% 和 25%，全国 2/3 的城市缺水，近 400 个城市长期过度开采地下水。同时，我国的储量优势在于稀土、钨、锑、锗、金属硅、萤石、铍等特定战略性矿产资源。中国已经成为全球能源、自然资源的主要消费国和进口国之一，并保持着 20% 以上的年均增长需求。

由于我国对国际资源控制力不足，无法通过雄厚的国内外产能储备影响国际市场供求；并且，相应的大宗商品期货市场发展缓慢，并未形成具有国际参考意义的统一报价体系。因此，我国尽管已经成为矿产品加工制造大国，但仍然处于产业链、价值链的较低层面，无法在价值链中获取更高分成和更高收益。长期以来，我国缺乏对矿产和能源资源的国际市场定价权，在国际市场竞争中地位十分不利。为此，走出国门收购海外的矿产和能源资源，应成为尽快实施的长期战略。

**（二）构建国内和国际自然资源双循环格局，提高在国际产业链中的话语权**

2020 年 5 月 14 日，中共中央政治局常委会会议提出，"深化供给侧结构性改革，充分发挥我国超大规模市场优势和内需潜力，构建国内和国际双循环相互促进的新发展格局"。党的十九届五中全会通过的《中共中央关于制定国民经济和社会发展第十四个五年规划和二〇三五年远景目标的建议》中提出，"加快构建以国内大循环为主体、国内国际双循环相互促进的新发展格局"。国内和国际自然资源双循环格局的构建是实现自然资源资本化、维护国家资源安全的必由之路，要把握好国内市场与国际市场的协同建设，以及国内和国外自然资源的整合并用。

从战略角度来看，统筹国内自然资源与国际自然资源协调并进，是保障资源安全、产业安全与供应链安全的有效途径。从卖方市场来看，要注重发挥自身产业优势并将其转化为规则优势、制度优势，进而提升我国在相关领域内的话语权及产业竞争力。从买方市场来看，要让全球资源"为我所用"，注重深化全球产业布局，加强自然资源供应多元化建设，提升自然资源利用效率等。关键方式就是通过资本运作提高我国对国际矿业和能源资源开采的控制权，通过增加在海外的产能储备以解决定价权问题，充分发挥其"压舱石""蓄水池"的作用。

国家应鼓励和支持自然资源公司参与全球范围内自然资源领域的投融资、并购等，利用雄厚的外汇储备条件，壮大我国在海外占有的资源储量和项目储备。尤其是要在东南亚、南美、非洲等地区选取社会政治相对稳定、品位优质且没有严重环保和债务纠纷等瑕疵的外国资源企业，综合运用多种资本运作手段，参与自然资源在国际市场中的配置。

总之，推进自然资源资本化及其对应市场的建设的重要举措，是构建国内和国际自然资源市场的双循环格局。这既是掌握资源产业链和价值链战略制高点的必然选择，更是推动中国自然资源市场、资源资本与国际资源市场接轨，从而维护资源安全、产业安全、供应链安全的必由之路。我国自然资源双循环格局的构建，必须深刻把握国内和国际自然资源供求格局和依存关系，以确保关键原材料的稳定供应，提高我国在自然资源领域的国际投资、国际贸易以及国际分工中的话语权。

## 三、能源资源资本化是保障经济安全与实现"双碳"目标的重要举措

### （一）能源资本化是维护国家能源安全的必然选择

2020年4月，中央政治局会议提出"六保"，即保居民就业、保基本民生、保市场主体、保粮食能源安全、保产业链供应链稳定、保基层运转。其中，保能源安全被提上更加重要的议事日程。2021年12月，中央经济工作会议指出，"传统能源的逐步退出要建立在新能源安全可靠的替代基础上。要立足以煤为主的基本国情，抓好煤炭清洁高效利用，增加新能源消纳能力，推动煤炭和新能源优化组合"。

能源安全已成为当前维护我国国民经济安全的重要组成部分，是保障我国经济高质量发展的重要环节。从国内看，我国境内化石能源自给率逐年下降，能源开采已经进入发展的后期阶段，面临产量递减甚至是

抗递减的节点；从国际看，能源对外依存度较高且存在进一步增长的趋势。

在全球地缘政治日趋复杂、中美博弈的背景下，我国能源安全面临着前所未有的严峻挑战。未来10年到20年是我国油气安全面临的挑战最大的一个时期。改革开放40多年，总体来说中美关系处在于竞争中以合作为主的时期，从能源供给来看，中国的发展总体是平稳的。但是，随着当前中国GDP已经接近甚至超过美国GDP总量的70%，中美博弈日渐加剧，能源安全成为影响国家安全的一个重要方面。据统计，2020年我国石油消耗量约为6.5亿吨，而国内只生产了1.95亿吨，大量依赖进口，目前2亿吨石油稳产是保证整个国家社会经济安全运行的压舱石。并且，我国陆地石油勘探已经处于发展的后期阶段，难以再找到大型油气田，储量的品质已经明显变差，且经过60年高强度的勘探开发以后，原油产量已经进入递减甚至是抗递减的节点；虽然海油的勘探发现还处在早中期阶段，但开采的技术和经济门槛较高。同时，中石油、中石化均为在美上市公司，根据上市公司信息披露的要求，美国对我国油气储量、产量、资源品质、各个油田的发展面对的主要问题等都相当了解，这也在一定程度上加剧了我国油气发展的被动局面。由此可见，如何变被动为主动、牢牢把握我国油气安全，关乎国民经济发展命脉。

同时，其他能源供应也面临着严峻局面，尽管天然气产量存在上行空间，但风能、太阳能等一次能源如何高效转化为电力等二次能源，以及如何通过储能应对电力波峰问题等仍受到技术水平的制约。

在上述背景下，通过资本化路径在一定程度上维护能源经济安全就被提上了议事日程。

首先，要通过各种各样的远期现货市场解决市场化定价问题，也就是解决如何让资源供给满足产业生产和居民消费需求的问题。一次能源煤、矿、油等现货市场总体来说发展良好，资本化解决消费问题的关键是二次能源，就是要培育二次能源的现货市场，包括电力、清洁能源、碳排放权市场等。现阶段，碳排放当中能源消耗排放的碳量占80%，而电力消耗占能源消耗的40%，煤电占电力的70%以上，由此可判断，电力特别是煤电是减碳的中心。2021年国家发改委出台的《关于进一步深化燃煤发电上网电价市场化改革的通知》（发改价格〔2021〕1439号）提出，在保持农业、居民用电稳定的同时，推动工商业用户都进入市场，并按照市场价格购电，或通过电网企业代理购电。国家发改委办公厅《关于组织开展电网企业代理购电工作有关事项的通知》（发改办价格〔2021〕809号）进一步明确了电网企业代理购电，"以报量不报价方式、作为价格接受者参与市场出清"。建立电网企业代理购电的机制，对未来电力市场化改革具有里程碑意义。也就是说，除了农业和居民用电，整个电力市场当中80%的购电价格全部要市场化。电力市场化改革的关键是培育现货市场，通过改革将能源消耗由化石能源向新能源转型，这也是我国实现"双碳"目标的必由之路。

如果自身无法满足保供给的要求，我们就要考虑到国际市场中去利用资本的市场力量去获取资源，让资源"为我所用"，以解决资源的供给问题。比如，夏季国际天然气价格处于低位，国有资本没有大量储存天然气，结果到了冬季天然气价格翻了几番，成本就会增加几倍。为了杜绝这种情况，资本就要是从根本上解决这个问题。总体来说，资本在自然资源资本化的过程中要稳定发挥占领资源、开发资源、供给资源、保障资源的功能。应通过高效的股权转让平台，帮助能源企业建立有效的股权架构，从而利用资本的力量解决能源供给和转型升级的问题。

其次，通过能源期货市场解决能源市场化改革之后的因价格波动而造成产业供能冲击的问题。从本质上看，期货市场主要是解决风险转移问题。无论是生产商、贸易商还是最后用户，若存在一个有效的期货市场，那么价格变化的时候，如煤炭价格涨的时候，仍然可以维持生产。发电企业因为可以通过参与动力煤期货来锁定采购动力煤的成本，从而间接锁定发电的收益；同时，用电方也可以通过电力期货市场锁定用电成本，从而实现套期保值。

期货市场是解决现货市场发展起来之后价格波动问题的关键，也是把市场价格波动的风险转移给交易商、投机商的关键。基于此，期货市场在一定程度上具有预测（风险）功能，只要期货市场价格公开、透明，能够代表真实的供求关系，我们就可以基于这样的一个真实供求关系预测市场价格。

综上，能源资源资本化的优点有三：一是通过能源交易的市场化改革，将原来在资源利用中所隐含的负外部性问题，都集中反映在资源流转的价格上；二是实现能源资源在地区间、各种用途间的平衡发展，从而形成合理配置资源、集约利用资源、科学保护资源的良性循环；三是通过期货市场化解能源市场化改革之后的价格波动风险，从而进一步保障能源稳定供给、维护能源安全。

**（二）能源资源资本化是实现"双碳"目标的关键环节**

2013年，党的十八大首次将生态文明建设纳入"五位一体"中国特色社会主义总体布局，在经济建设、政治建设、文化建设、社会建设"四位一体"的基础上，增添了生态文明建设。2015年，中央出台了《关于加快推进生态文明建设的意见》和《生态文明体制改革总体方案》。党的十九大报告延续了对于生态文明建设的重视，报告中"生态文明"被提及12次。习近平总书记提出的"绿水青山就是金山银山"的"两山"理论，也充分阐释了生态文明建设的深刻内涵。

进入"十四五"时期，生态文明建设承载着新使命，碳达峰和碳中和战略构想的提出是我国推动经济社会绿色转型的重要变革。2020年9月，习近平总书记在第七十五届联合国大会一般性辩论上发表重要讲话，向国际社会作出了"力争2030年前实现碳排放达峰，努力争取2060年前实现碳中和"的承诺。党的十九届五中全会提出了到2035年"广泛形成绿色生产生活方式，碳排放达峰后稳中有降，生态环境根本好转，美丽中国建设目标基本实现"的目标。我们应深刻把握习近平生态文明思想，全面贯彻"双碳"背景下能源供给和消费结构从化石能源向新型能源转型升级的现实要求。

## 概论篇

放眼全球,生态环境破坏、资源约束趋紧已成为全球共同面临的严峻问题,在"两山"理论指引下建设社会主义生态文明的中国,体现了我国对人类命运共同体的责任担当。中国在构建人类命运共同体的过程中,必须将生态文明建设摆在突出重要的位置,这不仅是发展中国道路、践行中国特色社会主义理论的需要,更是增强我国在国际社会话语权的重要举措。

结合世界自然基金会等国际组织的定义,不难发现,自然资源资本化面临着资本的两重性命题。自然资源资本化的载体是追逐营利性的企业法人,而企业法人由于开采和经营自然资源,必然会造成一定的负外部性,这就构成了资本"恶"的一面。为此,应当强调企业应该为生态修复和补偿承担相应的社会责任,这也就构成了资本"善"的一面,在自然资本化的后期,改善环境的同时,也实现了净化资本的过程。同时,必须认识到并非所有的自然资源都可以资本化,在"双碳"背景下,有一部分自然资源是不能任意让企业来开采的,而应该由国家财政负担成本,让这部分资源发挥生态环境净化、平衡和稳定的功能,从而落实国家对碳达峰和碳中和的总体战略部署。

碳达峰和碳中和目标将促使我们对高碳能源、产业、产品、消费的认知发生改变。随着清洁能源的推广使用乃至普及,高碳产业终将退出历史舞台。在此背景下,土地、矿产、能源的资本化必须将资源开发与保护、碳减排相融合,形成新的自然资源开发新格局。企业在资源开发过程中,应通过节能减排、生态修复等形式,在抵消自身产生的二氧化碳排放量的基础上,为实现碳中和做贡献。在生态文明建设战略背景下,自然资源资本化既是大国崛起背景下实现能源安全的必然选择,也是能源结构从化石能源向新型能源转型升级的现实要求,更是将自然资本转变为社会经济高质量发展的重要生产要素、使绿水青山变成金山银山的重要举措。

第三章

# 自然资源资本化及对应市场建设的理论体系

## 第一节　市场经济中的"自然资源—资产化—资本化"

### 一、自然资源资产化

自然资源的资产化过程就是其财产权清晰化（人格化、独有化）的过程，因此必须从解释论上厘清自然资源产权的财产权属性。一般自然资源转化为自然资源资产需要具备的条件有两个：第一，具备稀缺性；第二，具备产权清晰性，包括人格化和独有性，也就是说资产的归属主体明确且收益具有排他性。因此，自然资源中只有一部分能够成为资源资产，而且能够转化成资产的自然资源实体本身需要具备稀缺性、产权清晰性、收益性及收益排他性。

从法学的角度，自然资源产权应当被认为是一种财产权。财产权应当被认为是一种物权的上位概念。在英国的财产法中，有关于"物"的概念，不只包含有形物，也包括能使所有者受益的抽象物。尽管这些抽象物很难从外表观测到，但是它们具有价值，人们也愿意购买，因此也被包含在财产的"物"之中。这样的抽象物包括专利、版权、商誉等。而在担保物权之中，担保标的甚至扩展到了用益物权、债权等权利。由此可见，财产权既包含物权内容，又拓展了物权内容。

从会计学的角度，自然资源要转变为资产需具有四重属性，包括有主、可计量性、动态性、权属性（即自然资源的社会属性）。也就是说，固定的物权关系，不存有明确权属的、无法控制的自然资源不能成为资产。以空气为例，因其没有权属关系，因而不能成为任何人或任何组织的资产。自然资源资产是有价值的，而且这种价值本身具备可计量性，不能计量的自然资源也无法成为资产。自然资源资产还具备动态性，即由于各种原因，自然资源和自然资源资产均处于运动变化的过程之中，或增加或减少或消失或出现。也正是因为自然资源资产具有动态性，所以为使现代工业捷步发展，人类更有熟知和掌握自然资源质量与数量及其变化的必要性。

自然资源转变为资产的过程，就是由国家享有所有权并由国家向其他主体让渡用益物权，且用益物权一旦让渡就成为法人财产的一部分，而共有的国有自然资源转变为法人所有的资产。

## 二、自然资源资本化

### （一）社会主义市场经济中的资本的概念

马克思主义政治经济学中的"资本"是能够产生剩余价值的价值，是指资本家占有并用作剥削手段的生产资料和货币，具有阶级属性。而在中国特色社会主义市场经济中，资本的阶级属性不复存在。资本从一个负面概念演变成了一个中性概念，成为能够创造利润的生产要素。

中国已经成为拥有国有资本规模最大的国家之一，所以亟待深刻认识资本的作用。在中国特色社会主义市场经济中，一方面国有资本具有公有制的属性，一方面资本是不可否认的生产要素，因而能够和市场经济对接。新时期对资本再认识，资本既不和"私有"画等号，也不和"公有制"相对立。

中国要构建人类命运共同体，就要完成对资本的再认识。产权的清晰化和流动性是资本本质的特征，因此产权改革是中国改革开放进程中深化市场经济体制的核心内容。产权清晰化是资源变资产的过程，清晰化包括人格化和独有性，其中人格化就是通过法人主体实现的。自然资源部不是法人，但可以通过成立中国矿产勘探集团公司等企业法人实现自然资源的人格化。而实现产权流动性就是资产变资本的过程，就是对应市场建设的过程。

在市场经济中让资本"为我所用"，是延续 40 余年中国循序渐进、由浅入深改革方法论的创举。市场经济体制改革不能在一个所有者内实现，而是要在不同的所有者之间进行。因此，中国在资本化道路上不能走西方外部资本化的老路，而是要在中央终极所有、地方相对所有的基础上实现公有制内部的多元化，需要制定中央和地方政府关于多种自然资源的所有制和财政制度。在此基础上，探索让中央和地方所有的自然资源产权，通过资本入股的方式进入股权多元化的开发和运营自然资源的公司，从而实现自然资源转化为资本的价值增值。

### （二）"资本"的概念演变及狭义自然资源资本概念的提出

在马克思主义政治经济学中，资本是一种由剩余劳动堆叠形成的社会权力，它在资本主义生产关系中属于一个特定的政治经济范畴，它体现了资本家对工人的剥削关系，因此，资本并不完全是一个存量的概念。在西方经济学中，资本是一种创造利润的生产要素，包括有形资本、无形资本、金融资本和人力资本等。

英国工业革命以来，现代工业文明的发展带来各国自然资源的极大耗竭，对地球生态环境带来了破坏。如何在生态环境和经济发展之间保持和谐与平衡，实现可持续的循环的绿色经济发展，发达国家在20世纪后半期即率先提出了这一问题。理论界的思路是，必须把自然环境纳入国民经济发展的核算体系之内，由此使得自然资源具有了经济学意义。生态经济学界对自然资本的定义参照了希克斯（Hicks）对资本所下的定义，即"资本是能够为未来提供有用产品流和服务流的存量"。相应地，戴利（Daly）将自然资本定义为能够在现在或未来提供有用的产品流或服务流的自然资源及环境资产的存量。

1999年，美国著名的生态经济学家保罗·霍金（Paul Hawken）提出了"自然资本主义"一词，并在《自然资本论：关于下一次工业革命》（*Natural Capitalism: Creating the Next Industrial Revolution*）一书中介绍了西方主要产业部门按可持续发展方向进行创新和变革的案例。2014年，秉承《自然资本论》的核心思想，自然资本联盟（Natural Capital Coalition，NCC）由生态系统与生物多样性经济学（The Economics of Ecosystems and Biodiversity，TEEB）商业联盟的原班人马组成，世界自然保护联盟（IUCN）与世界可持续发展工商理事会（World Business

Council for Sustainable Development，WBCSD）加入该联盟后，共同召集了近 200 个国际组织、跨国公司和研究机构，通过企业试点实施和案例研究，于 2016 年制定并发布了《自然资本议定书》。按照该议定书中对自然资本的定义，其是地球上可再生和不可再生自然资源的存量（如植物、动物、空气、水、土壤和矿物）结合起来产生的为人们带来利益或服务的流量。2021 年，联合国生物多样性大会在云南省昆明市举行，自然资本成为该论坛的一个关键词。其中一个分论坛名为"自然资本核算和生态产品价值实现"。

按照上述定义，自然资本包含了整个生态系统中能够为人类提供的生态产品的所有生态资源。自然资本的价值来源由三个方面构成。第一个是自然界直接产生的为人类提供的产品或服务。第二个是调节服务的价值，是生态体系提供的用于调节人类生态平衡的价值，如调节碳排放的价值。第三个是自然资源能够提供的文化价值，如地质公园、森林公园的旅游价值。

2000 年，原国家环境保护总局启动了中国环境污染损失项目研究，2004 年，原国家环境保护总局和国家统计局共同启动了绿色 GDP 核算研究和 GEP 核算研究。绿色 GDP 是指要从 GDP 中扣除由于环境污染、自然资源退化、教育低下、人口数量失控、管理不善等因素引起的经济损失成本。生态系统生产总值（Gross Ecosystem Product, GEP）是生态产品总值。为把资源消耗、环境损害、生态效益纳入社会经济发展评价体系，践行"绿水青山就是金山银山"的理念，2017 年，生态环境部环境规划院综合绿色 GDP 和 GEP 研究体系，构建了经济生态生产总值 GEEP（Gross Economic-Ecological Product）综合核算体系。GEEP 是在 GDP 的基础上，扣减了人类经济生产活动的生态环境成本，增加了生态系统给经济系统提供的生态福祉的一种新的经济生态核算体系。

整体而言，现有研究采用的是自然资本广义上的概念。全球面临着气候变化、生物多样性丧失、环境污染的三重困境，自然资本被提上世界各国环境保护的重要议事日程。因此，广义自然资本的概念涵盖了人类生存所处的生态系统，即自然资源及其生态环境。

与上述界定不同的是，本书所定义的自然资本的概念是一种狭义的概念，是在党的十八大以来生态文明建设的总体路线方针指引下，结合国内自然资源管理的体制机制所提出的，与上述概念有显著差异。

我们要正确理解自然资源资本化的含义，就要走出两个误区。第一，本书的自然资源资本化不是建立在计划体制下、统计报表基础上的资源统计概念，而是建立在资产负债表基础上实现产权清晰化和流动性的自然资源资产化和资本化，这也是本书能够深入进行探讨的奠基石。第二，自然资源资本化不是简单地把资源作为商品卖掉，而是把资本作为市场经济的基石，通过作价入股成为以组建国有股为主的矿产股份公司的资本，推进资源性国有资产的资本化。

从所有者权益的角度看，自然资源资本化可以概括为，自然资源产权清晰化、评估价值、确认归属，形成增值预期并实现市场流动的这样一个过程。

具体而言，自然资源直接由国家享有所有权，并由国家向其他主体让渡用益物权，且用益物权一旦让渡就成为法人财产的一部分；而这部分自然资源产权通过作价入股实现资本化，体现在负责开采和经营自然资源的企业法人等用益物权人的资产负债表上，就变成了政府或村集体作为出资人所享有的企业法人的股份。因此，这一部分被国家让渡给企业法人的自然资源就可以被称为自然资本，进而形成企业所有者权益和企业的法人财产。

## 第二节　自然资源多元化多层次产权制度体系设计

产权制度是社会主义市场经济的基石。建立健全自然资源产权体系是贯彻落实习近平生态文明思想的重要路径。自然资源产权的清晰化和流动性是自然资源资本化的前提和基础。改革开放以来，我国自然资源产权制度逐步建立，基本构建起了权属明晰、利用合理的产权制度，这些制度在自然资源的开发保护和集约利用中发挥了有效作用。然而，在开发利用自然资源的过程中，也存在着资产确权不明晰、责任主体不到位、权利责任不明确、权益保护未落实、监管制度不健全等问题，导致产权纠纷屡有出现，资源利用较为粗放。为进一步健全产权制度，我们应构建多元化、多层次的产权制度，以促进自然资源产权的清晰化和流动性，构建权属清晰、权责分明、监管有效的自然资源产权制度，为自然资源资本化奠定制度基础。

## 一、产权的理论基础

"产权"一词最早由经济学家科斯提出，其以一块土地上同时实现两种用途来阐明。假设两种用途发生冲突，即使让导致损失的一方受到限制，未被限制的一方也会受到损害。在此基础之上，其进一步提出，明确产权划分是减少损失的最有效方式，该方式能够提升资源配置的有效性，是市场交易的基本前提。此后，西方学者对于产权的研究日渐深入，先后提出了"关系论""工具论""公式论"等多种学说。尽管在阐述上各有不同，但这些学说均认为，"产权支撑的是交易行为，形成的是人与人之间的关系，体现的是商品交易的合理预期，最终目标是实现资源配置的最优化"。

### （一）产权的经济学理论

经济学对于产权问题的关注主要集中于产权的清晰化和流动性。在界定产权的属性时，经济学者提出了以下三种观点。

#### 1. 权利说

持权利说的学者认为，产权和所有权的关系密不可分，但在产权是否等同于所有权这一问题上未能定分止争。第一种观点认为，产权等于所有权。例如，于光远（1994）认为产权是指某个主体对某个客体的所有，也就是所有权。第二种观点认为，产权依托所有权产生。例如，高尚全认为产权规范的是资源的利用和使用，所有权规范的是资源的归属。第三种观点认为，产权包含所有权。例如，刘诗白（1993）认为产权是财产所有关系的法权含义，是经济所有制关系的法律形式，其包括财产所有权、占用权、使用权和处置权。

## 2. 关系说

持关系说的学者认为产权是一种社会关系。段毅才（1992）认为产权是平等的所有权之间的权、责、利之间的关系。徐汉明（2009）认为产权是对原始财产权利依法承受、使用、收益和处分流转的过程中形成的结构性的财产权利关系。还有经济学学者认为，外部性是产权问题的发端，如果不了解交易成本理论，就无法理解产权问题。例如，高元禄认为产权是从各类财产权和各种权能中抽象出来的概念，其所反映的是经济关系，也是具体的经济制度。

## 3. 规则说

持规则说的学者认为产权体现的是一种程序的正当性与严肃性。例如，刘世锦（1993）认为产权是对资源稀缺条件下使用资源的权利。刘永湘（2003）认为产权体现的是对财产的占有、使用所引起的并相互认可的行为关系。刘伟（1990）认为产权是财产作为一定的权利在市场交易过程中所必须确定的界区。

### （二）产权的法学理论

在我国现有的法学体系中，并无关于产权的概念，而与产权概念最为近似的概念为《民法典》中物权的概念。"物权"一词最早起源于罗马法，其确认了所有权、役权、永佃权、地上权、抵押权、质权等物权形式。传统理论认为，区别于债权调整的是人与人之间的关系，物权主要是调整人与物之间的关系。

#### 1. 中国语境中产权概念、物权概念和财产权概念的关系

尽管"产权"一词的定义在我国并未明确，但若以经济学的视角来看，产权的核心在于其清晰性与流动性。其中产权的清晰性主要是指产权主体的人格化以及权利的排他性。而以法学的视角观察产权的概念，尽管产权并非一个明确的法学概念，但一般认为产权与绝对权的概念相

联系，其主要强调权利的排他性特征。产权的概念在我国立法中的映射接近于物权，我国《中华人民共和国民法典》（以下简称《民法典》）第一百一十四条明确规定："民事主体依法享有物权。物权是权利人依法对特定的物享有直接支配和排他的权利，包括所有权、用益物权和担保物权。"由此可见，产权和物权在中国语境中是一个交叉的关系，所有权同时为产权和物权所包含，但产权除了所有权这一权利，还包含着对关系的规范；物权除了所有权，还包含着用益物权和担保物权两类权利。而财产权则是英美法概念中的权利，其是物权的上位概念，除物权外，财产权还包含债权、知识产权、新型权利等财产性权利。

**2. 物权的概念及特征**

王利明认为，"物权是指某人对其物享有的支配权，此种权利无须义务人行为的配合便可以直接实现"。基于这一概念，物权主要存在以下特征。

第一，物权尽管是权利人直接支配特定物和排他的权利，但其调整的仍是人与人之间的财产关系，而并不纯粹是人与物之间的关系。第二，物权的主体是特定的权利人。我国《民法典》将物权的主体高度抽象为权利人，包括国家所有权人、集体所有权人和私人所有权人等。其既可以是自然人，也可以是法人或者非法人组织。第三，物权的客体是有体物。《民法典》第一百一十五条规定："物包括不动产和动产。"第四，物权主要是一种对有体物的直接支配权。权利人不需要借助他人行为的辅助即可实现此中控制和支配。第五，物权是一种排他性的权利，且物权具有对抗第三人的效力。

**3. 物权的效力**

物权的效力主要包括排他性和优先性。

排他性主要包括三个层次的内容。一是所有权的排他性，即一个物上不可能设定两个所有权。二是他物权的排他性，即一个物上不能同时成立两个在内容上相冲突的他物权。例如，在同一块土地上不能同时设立多个土地承包权。三是物权的对世效力，即物权的效力可以对抗权利人之外一切不特定的人。

优先性包括两个层次的内容。一是对外的优先性，即同一标的物上同时存在物权和债权时，物权优先。二是对内的优先性，同一物上多项其他物权并存时，应当根据法律规定和物权设立的时间先后确立优先的效力。例如，当一个物上同时存在多个抵押权时，法律对抵押权实现顺序的规定等。

### 4. 物权的权利谱系

我国的物权采用物权法定模式，即物权的类型由法律直接规定。在法律规定之外，不允许权利人自由创设物权类型。根据我国《民法典》的规定，我国现有物权谱系如图1-3-1所示。

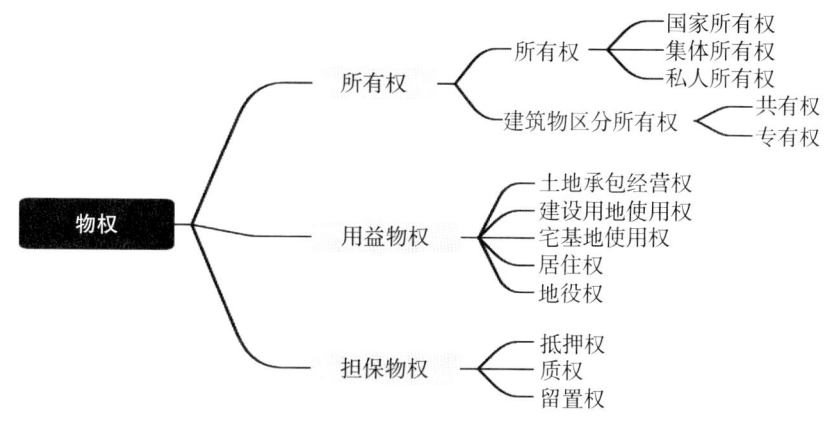

图1-3-1 我国物权的权利谱系

根据《民法典》的规定，我国的物权总体可分为所有权、用益物权和担保物权三个大类。

（1）所有权是一项自物权，也是权能最为完整的一项物权，其包含占有、使用、收益、处分四项权能。所有权又可具体分为一般的所有权和建筑物区分所有权。前者依据所有制的不同，可进一步分为国家所有权、集体所有权和私人所有权。后者可分为共有权和专有权。

（2）用益物权是一项他物权，其是指所有权人将所有权中的占有、使用、收益的权能让渡出来后所形成的权利。其侧重的是对物的使用价值的利用。我国的用益物权包括：土地承包经营权、建设用地使用权、宅基地使用权、居住权和地役权等。

（3）担保物权也是一项他物权，其是指对所有权人处分权进行部分限制的权利。其侧重的是对物的经济价值的利用。我国的担保物权包括抵押权、质权和留置权三项。

从中国学者对于产权制度的研究成果看，产权是一个法学与经济学的交叉概念，其体现了权利与关系的集合，且随着时代的发展，产权的概念将不断发展和丰富。

## 二、自然资源产权体系构建思路

我国应以自然资源产权的清晰化和流动性为总体目标，通过完善产权体系，落实产权主体，丰富产权流转的方式，促进自然资源产权权责清晰、流转顺畅，从而为自然资源的资本化奠定制度基础。

### （一）明确产权清晰化和流动性的总体要求

产权的基本属性在于产权的清晰化和流动性。产权的清晰化是指产权的人格化和产权的独占性。所谓产权的人格化，是指明确产权的主体或是民法上界定的自然人，或是具有法律拟制人格的法人。基于此，在自然资源产权的确权过程中，通过完善农村集体经济组织、落实国资委和自然资源部的产权主体地位、建立国有资产运营公司等方式，实现自然资源产权主体的人格化。所谓独占性，是指同一自然资源有且仅有一个主体。基于此，在自然资源产权的确权过程中，通过编制自然资源资产负债表的方式，将自然资源的所有权以及基于自然资源所有权产生的使用权落实到不同主体，以实现《民法典》"一物一权"与"物权法定"的要求，促进自然资源的权责分明。

自然资源产权的流动性是指，在坚持以公有制为主体，自然资源所有权归国家或集体所有的前提下，探索自然资源的使用权的流转方式，促进自然资源的集约利用，实现自然资源的使用价值和经济价值。基于此，我国自然资源总体实现了所有权和使用权相分离的二元化产权体制。其中，农村土地资源在所有权和使用权二元划分的基础上，进一步进行了"三权"分置改革，形成了"土地所有权——土地承包权——土地经营权"分置的局面；矿产和能源资源形成了"所有权——使用权"两权分置的产权体系，其中使用权又称矿业权，具体包括探矿权和采矿权。

本书作者提出应在科学测量的基础上，通过制定资产负债表的方式，对自然资源财产进行清晰界定。在此基础上，探索自然资源使用权的出租、出让、入股、抵押等流转方式，以提升自然资源的使用价值和经济价值，实现资源集约利用和合理保护的平衡。

### （二）确立权责明晰、流转顺畅的基本原则

建立健全的自然资源产权体系，落实自然资源的权利主体和责任主体，丰富自然资源的流转方式，既是贯彻落实习近平生态文明思想的重要体现，也是实现自然资源资本化的基础。基于此，本书作者从产权主体、流转角度出发，提出了以下基本原则。

#### 1. 权责明晰

权责明晰包括明确自然资源的权利主体、义务主体和责任主体，明晰不同主体对于自然资源的责任，创新自然资源资产全民所有权和集体所有权的实现形式。具体而言，农村土地所有权归集体所有，集体经济组织作为特别法人代表行使所有权。农村土地承包权归农户所有。此外，农户可通过出租、入股等方式让渡土地经营权，由此，土地经营权可进入市场流转环节，从而实现"土地股份化、农民股东化、农村公司化、农业产业化"的改革。矿产、能源资源的所有权归国家所有，并可通过委托授权的方式，由地方政府代表行使所有权和监督管理职责。矿产、能源资源的使用权依法经国家批准可归矿山企业享有。

#### 2. 流转顺畅

推动建立所有权与使用权分置的自然资源产权体系后，如何处理好所有权和使用权的关系，在坚持公有制为主体的经济体制的前提下，探索和创新全民所有权和集体所有权的实现形式，以发挥自然资源的经济

价值是本书要突破的重点。使用权在不同市场主体之间流转顺畅是自然资源资本化得以实现的前提。基于此，在农村土地自然资源资本化的过程中，可通过健全农村集体经济组织这一特别法人和创设特别法人股的方式，完善农村土地资源的入股形式，解决土地市场化流转中增加农民财产性收入和保障农民土地权益的平衡问题；在能源、矿产自然资源资本化过程中，可通过招标、拍卖、挂牌、协议转让等方式，实现能源、矿产资源的一级市场出让，并通过营业转让、矿业权信托、矿业权租赁、矿业权抵押的方式，实现能源、矿产资源的二级市场转让。

**（三）细化完善产权体系、明确产权主体、促进产权流转的主要任务**

基于此，本书以明确完善产权体系、明确产权主体、促进产权流转为主要任务和落脚点，希望通过对自然资源的测量和确权、资产负债表的编制以及建立对应市场等方式，推动健全自然资源产权体系。

**1. 完善产权体系**

进一步巩固自然资源所有权和使用权的二元化体系，在以坚持公有制为主体的前提下，明确所有权的代表行权主体，丰富使用权的具体实现形式，通过对自然资源的集约利用，实现自然资源开发利用和资源保护的平衡。

**2. 明确产权主体**

通过确权登记和对自然资源资产负债表的编制，明确自然资源的所有权主体。在此基础上，在一级市场出让和转让过程中，厘清所有权和使用权之间的关系，明确不同权利的产权主体及其各自对自然资源享有的权利、义务和责任。

**3. 促进产权流转**

在权属明晰的基础上，探索自然资源的产权流转方式，创新全民所有权和集体所有权的实现形式，提升自然资源的经济价值。探索一级市场出让中的承包、招标、拍卖、挂牌、协议转让等方式以及二级市场转让中的营业转让、矿业权信托、矿业权租赁、矿业权抵押等方式，在此基础上进行相应的对应市场建设，通过自然资源的资本化提升产权的流动性。

## 第三节 自然资源资产定价与资产负债表编制

### 一、自然资源资产的定价方法

科学合理地进行自然资源资产定价，应在自然资源价值理论、价值内涵的综述基础上，综合评价自然资源作为一种新型生产要素的效用，从而提出自然资源的价值构成，并按照自然资源的类别分析其定价机制。首先，对于开采产权界定清晰，产权交易市场发育程度较高的自然资源，其价格形成机制来源于市场供给和需求之间的关系。其次，对于产权尚无法自由流动或者市场配置产权存在一定程度失灵的自然资源，则需要先由政府干预或以第三方评估的方式确定可参考的价格区间，再由供需主体在指导价格区间内进行自然资源产权的交易。

自然资源的定价需要建立在对自然资源进行充分价值挖掘的基础上。自然资源的价值构成包括三个方面的来源：一是自然资源的使用价值，二是自然资源的生态价值，三是自然资源的文化价值、社会价值等。例如，农村的土地不仅仅包含土地产权本身的使用价值，更囊括了土地所附属的山、水、田、林、湖、草的生态价值、文化价值，因此，其定价应该建立在对其系统综合价值的发掘的基础之上。

#### （一）基于成本角度的自然资源资产定价方法

该方法是以综合开采获得自然资源过程中所耗费的各种成本来评估其价值，这些成本包括自然成本、勘探成本、生态环境成本等。此方法主要适用于矿业权（探矿权、采矿权）的定价。其中，自然成本由绝对地租成本、级差地租成本与垄断地租成本构成。矿产资源的地质发现和探明具体地质信息往往要经过长期的从预查、普查、详查到勘探的全过程，此中所耗费的就是矿产资源的勘探成本。生态环境成本是矿业企业因开发利用过程中对生态环境破坏所进行的补偿。

在矿产资源获得制度改革以前，长期以来，我国实行国家勘查投资补偿性价款，即成本法的体现，将国家勘查出资的权益价值作为矿业权价款。但是这样做，国家作为矿产资源所有人，对矿产资源的收益权得不到有效体现，因此，成本法也在资源价值评估中逐渐被基于收益角度和基于市场角度的价值评估方法所取代。

### （二）基于收益角度的自然资源资产定价方法

一是预期收益折现法。该方法是指根据自然资源的预期收益，折现为现值来评估资源的价值。具体而言，就是以每年的收益现金净流量折现后的净值计量自然资源总价值，要求计算对象可连续获得预期收益且该收益可用货币计量。例如，农村集体经济组织将本集体经济组织内农民所享有的30年的土地经营权整合打包、作价入股，投入农村新型股份有限公司，则可以按照该流转的土地使用权未来30年的预期收益现金流折现并乘以一定的分成比例，来评估其作价入股的股权价值。

二是可比销售法。采用可比较的已知自然资源的成交价格评估当前自然资源产权价值。在土地资源使用权的交易中，可比销售法按照最近原则选择可比的土地使用权出让价格。其中参照标准包括土地的等级、地理位置、面积、用途、种植作物类型等，再根据相关市场条件调整后确定价格。

三是按照资源使用阶段的动态化定价制度来定价。例如，矿业权竞争性价款制度。为了实现国家投资所得的保值增值，进一步推进矿业权取得由无偿转向有偿，2017年以来，围绕改革和完善矿产资源有偿使用制度，我国在短期内先后出台了《矿产资源权益金制度改革方案》（国发〔2017〕29号）、《矿业权出让制度改革方案》（厅字〔2017〕12号）等多个文件，取消了矿业权的申请授予取得制度，全面实施招标挂牌出让方式，严格限定协议出让方式并实行协议出让基准价制度。矿业权出让环节将矿业权价款调整为出让收益，占用环节则将其动态整合为收费标准累进的矿业权占用费，开采环节则实施了资源税改革。

## 二、自然资源资产负债表编制思路

### （一）编制自然资源资产负债表的国际和国内背景

从国际背景来看，1992年6月，联合国里约环境与发展大会召开，讨论环境与发展问题，要求联合国统计司每年发布规则。这一规则实际上就是国民经济核算体系。其中有两个重要指标，一个就是用来衡量经济增长的GDP体系，另一个就是SEEA体系。联合国于1993年就发布了SEEA体系。该体系主要的内容是关于自然资源转化为商品价格的问题，以及怎么反映出自然资源价格。

从国内关于自然资源资产负债表的编制进程来看，为了落实经济、政治、文化、社会、生态文明"五位一体"中的生态文明建设，十八届三中全会提出了"要探索编制自然资源资产负债表"。国家统计局于2015年公布《编制自然资源资产负债表试点方案》（以下简称《试点方案》），该方案明确了主要目标、基本准则、整体设计等。一个基本原则就是突出重点、确保信息准确、借鉴国际经验。借鉴的国际经验主要就是2012年出台的联合国自然资源委员会文件。探索自然资源资产负债表最新动态成果，是2018年国务院开始向全国人大报告自然资源的基本情况。但从结果来看，统计局的《试点方案》运用的是"四柱平衡"，即自然资源资产负债表的基本平衡关系是：期初存量＋本期增加量－本期减少量＝期末存量。这只能算是一种资产变动表，并非资产负债表。

### （二）自然资源资产负债表的编制逻辑及框架

自然资源中只有一部分能够成为资源资产。一般自然资源转化为自然资源资产需要具备的条件为：第一，具备稀缺性；第二，具备产权清晰性，产权清晰性又包括人格化和独有性特征，也就是说能够明确资产的归属且收益具有排他性。

而自然资源资产当中又只有一部分可以进入资产负债表，这要求自然资源资产具有有主、可计量、可控制的特征。按照国家对自然资源资产的管理体制，自然资源资产可以分为经营性自然资源资产和非经营性自然资源资产。其中，非经营性自然资源资产应当由自然资源部统一管理。而本书重点探讨的是可以进入企业经营实体进行市场化运营的经营性自然资源资产，且它又分为全民所有和集体所有两种。

"'自然资源资产＝自然资源权属'平衡公式（见图1-3-2）是化繁为简并统领自然资源资产负债核算系统的逻辑起点，在此基础上应用复式记账原理，便能构建出自然资源资产负债核算的系统框架。"（杨世忠等，2021）

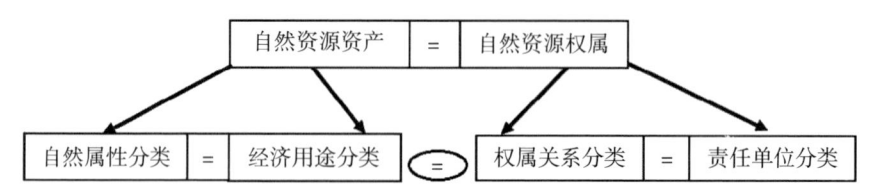

图 1-3-2　国家层面自然资源资产负债表的基本平衡原理

进一步演化出的应用平衡公式为"自然资源资产＝自然资源负债＋自然资源所有者权益"。根据基本平衡公式和应用平衡公式，编制自然资源资产负债表样表，框架如表1-3-1所示。

表 1-3-1　国家层面的自然资源资产负债表编制框架

| 自然资源资产 | 自然资源负债 |
| --- | --- |
| 有主、可计量、可控制的自然资源资产 | 一、超损耗形成的资源和环境损害：<br>来自农、林、牧、渔业的资源和环境损害；<br>来自矿业开发的资源和环境损害；<br>来自工业的资源和环境损害；<br>来自第三产业的资源和环境损害<br>二、历史积累形成的环境治理欠账（如治理黄土高原）<br>三、为了改善预期的指标而开展的对资源的利用开发<br>四、自然灾害带来的资源和环境损害 |
| | 自然资源所有者权益 |
| | 属于中央及地方各级政府的权益<br>属于村集体的权益<br>属于农牧民的权益<br>属于企业的权益 |
| 自然资源资产合计 | 自然资源负债和所有者权益合计 |

## 第四节 自然资源资本化的实现路径

自然资源资本化本质是自然资产产权拥有者将自然资产产权投入市场进行交易，让其以资本的形式流动起来，并通过交易投资产生增值收益预期的过程。这一过程完成了自然资源产权的市场化配置，使自然资源转化为可以实现价值增值的资本，从而实现对自然资源的高效利用。

要想实现自然资源资本化首先需要清晰化自然资源资产产权，具体包括产权人格化和相对独有性两个内涵。然后，构建自然资源资本化的资源开发载体和中介载体。具体而言，在农村土地、林权资源的资本化过程中，需要建立农村新型股份有限公司作为运营载体，农村集体经济组织作为中介载体；而在矿业和能源资源的资本化过程中，对于未开发的战略性资源，要探索建立以国有资本为核心的股权多元化的现代股份公司作为开发载体，以矿业权评估机构、交易鉴证机构等作为中介载体。最后，通过建立自然资源作价入股机制和完善相对应的证券、期货市场，实现自然资源资产权益的有效流动和价值增值。

### 一、通过产权清晰化为产权流动奠定基础

自然资源资本化的第一步是产权的清晰化，第二步是产权转变为能够产生增值收益预期的资本品。"资本"是流动的资产，使资产在转化中实现价值增值，将自然资源价值转化为经济价值，以创造更多的社会财富。在资本化过程中，通过市场交易机制，将自然资源潜在的经济价值转化为现实的经济价值，或将未来的价值转化为现在的价值。因此，自然资源资本化路径，就是以最有效率的方式将自然资源资产收益及其收益外部性内部化，并结合相应的特征进行融资方式的选择。

通常来说，一个资本拥有者，通过投资产生收益的过程，叫作资源的产业化；而把以自然资源运用为核心的公司进入资本市场获得资本交易的增值收益的过程，叫作资本化。按照上述逻辑分析，在农村土地资

源资本化的过程中，现阶段大规模的土地转让、转包、出租等流转只能称为土地资源的产业化，而非资本化。但是这一产业化的过程恰恰是自然资源资本化的前提条件。也就是说，资源资本化首先要将资源的用益物权流转到能够运营自然资源的法人主体手中，其次才是法人通过股权市场和债权市场运营自然资源资产、产生增值收益的过程。

自然资源资本化的核心是自然资源资产产权市场化配置的过程。借鉴现有研究，并没有从自然资源这一整体概念对资本化的方式进行研究的，大都是从具体的自然资源形态方面进行切入的。

对于农村土地资本化的方式，首先是通过确权将农民关于土地享有的承包权和经营权确认下来，并通过农民入股农村集体经济组织的方式将农民的财产权利份额化；其次，农民让渡土地用益物权中的占有、使用的权利给农村新型股份公司。这样一来，农村新型股份公司便可以通过抵押贷款、发行抵押债券、发行股票等方式实现农村土地资源的资本化。对于森林资源和集体林权的资本化，后者是一个动态的过程，是把具有稀缺性、有明确权属关系、能够带来收益的集体林权（集体经济组织、林农所有的林木、森林资源的所有权、使用权、收益权、处分权等和集体所有林农承包的林地经营权）作为权益性资产，通过要素市场流转并增值的过程。集体林权资本化的实现形式主要有转让、入股和抵押，集体林权信托和证券化是具有前瞻性的资本化实现方式。集体林权无论是通过挂牌转让还是场外转让，都具有地域性特征、卖方市场特征、产品异质性特征和纵向性特征。经营企业得到森林资源的方式不同，其资本化为资产的数额也不同，具体方式有购买式、租赁式和债务式。

矿产资源资本化运营的方式包括矿产资源产权流转和证券化，其中矿业权流转包括矿业权一级市场的出让和二级市场的转让两种基本方式。国家作为矿产资源所有者，向探矿者和采矿者有偿出让探矿权和采矿权构成矿业权一级市场，由国家垄断。矿业权转让是通过矿业权二级市场实现的，其转让方式有矿业权直接转让、矿业权抵押、矿业权租赁、矿业权继承、矿业权信托、矿业权出资及矿业权证券化等。如果从会计处理上切入，矿产资源资本化是将矿产资源确认价值，进行资本运营，并按会计"资本化"方式处理的过程，包括采矿权购入资本化、探矿权占有资本化和矿产资源所有权收益资本化。

综上所述，自然资源资本化第一步就是要使自然资源产权清晰化，清晰化包括人格化和相对独有性两个内涵。资源产权明晰是资源资产化、资源资产资本化的基础和先决条件。第二步是自然资源产权的流动性。流动性是自然资源资本化的本质特征，只有投资收益回报机制健全、能够给投资者带来预期收益回报的自然资源资产才能进入市场进行流转。自然资源资本化的模式就是法人所有制，而国家所有就是法人所有，因此，自然资源资本化的过程就是自然资源从资源变成资产，从共有并公有的资产变成法人所有的资本的过程。

## 二、构建自然资源资本化的组织载体

自然资源资本化是一项复杂的系统活动，究竟是由政府还是由市场，是由自然资源的原始所有者还是由自然资源的使用者来完成资本化的转化，不仅受法律法规等制度性因素的影响，还受自然资源资本化能力，也就是自然资源本身的增值空间的影响。最为重要的是，因为自然资源经营模式决定了未来收益的分配格局，所以，必须综合考虑参与不同类型自然资源资本化过程的组织载体。

自然资源资本化是在政府与市场的双重作用下所形成的，不同的政府与市场参与比例，会导致自然资源资本化治理模式的不同，因此自然资源资本化治理模式的选择就是要划分政府与市场的边界，以期降低交易费用，提高资本转化效率。自然资源资本化的经营治理模式有哪些呢？如何选择资本化的最优模式提高资本化的效率呢？

从经济学中资源配置效率和交易费用的角度出发，比较不同组织载体参与自然资源资本化的效率和交易费用，为自然资源资本化实践中划分市场和政府的边界、选择最优的资本化模式提供了新的视角。

当中央和各级地方政府、农民等自然资源的占有者所拥有的自然资源变成资本的时候，必然需要外部资本进入，将自然资源转化为可以具有增值收益预期的资本品。根据《民法典》，自然资源资本化的过程实际上释放了用益物权，那么用益物权的权利主体应当用什么形式来取得收益呢？就是中央和各级地方政府、农民等，通过将矿产、能源、土地山林等自然资源的使用权让渡给外来的资本所有者来实现的。而在这一过程中，由于自然资源的原始占有者和资本之间的信息不对称，可能会导致交易成本过高；若交易成本过高的问题无法得到有效解决，则必然无法将资源配置给能够有效运营自然资源的以公司法人为主体的经营者，因而也将难以获得资源产业化收益和资源资本化的增值收益。

下面我们针对不同类型的自然资源，分析其资源转变为资本过程中的资源配置效率和交易费用问题。

第一，土地资源的资本化。

首先是资本化运营载体的构造。就是要通过农村新型股份公司，把多种股份包容到农业、农村里来，然后通过对不同股份的设定，确定农民享有的财产性权利。由此可见，农村新型股份公司是农村土地、山林资源资本化过程中必不可少的第一类组织载体。

其次是中介载体的构造。在资本下乡将土地林权等自然资源转变为资本品的环节，实践中大公司往往必须向集体支付费用，目的是集体替大公司承担了与高度分散的兼业小农之间的沟通成本，并且当农村的土地、山林等自然资源是生计和生态直接结合的这样一种形态的时候，大公司就要支付给集体中介费用。一旦找到中介，普遍存在的问题就是会有一个关于代理人的所谓欺诈问题，这是由于合同不可能是非常完整的、清晰的、可被用于法律诉讼的合同所造成的。之所以会出现这种情况，是因为越是弱小的经济主体，比如小农，他越是没有资本积累能力，越是不可能面对资本下乡所形成的对他的这种压力，于是他只能选择投机行为。然而，借助村集体作为中介所节约的交易成本，远远大于委托代理成本，因此，农村集体经济组织是资本下乡过程中不可或缺的组织载体。

第二，矿产和能源资源的资本化。

首先，重点在于资本化运营载体的构造。在矿产和能源资源资本化的过程中，必须处理好政府和市场之间的关系。政府行政化配置矿业权，必然会增加探矿权和采矿权的获取过程中的寻租问题，不利于有效配置矿业权资源；而完全依靠市场化的方式配置矿业权资源，又可能陷入国家矿业能源战略无法在中小民营矿业公司有效贯彻的局面。因此，矿业和能源资源资本化的组织载体应构建以国有资本为主导的股权多元化的股份公司。

纵观发达国家的矿业和能源战略，以资本和技术为手段，在全球范围内通过跨国公司实现矿业资金跨国流动，已经形成了矿产资源跨国勘查、开发、生产和销售的链条，因此可以获取最佳的资源和最高的收益。

反观我国的矿业权交易市场的发展，在1998年相关法律政策开放后，出现了矿业权市场。在此之前，探矿权、采矿权的交易是被严格禁止的。我国矿业权市场建设分为政府组织阶段、公司制阶段、扩张阶段、完善阶段四个阶段。

一是政府组织阶段，在国土资源厅及国土资源管理局的引导操作下，我国开始进行矿业权的有偿交易，在政府建立的矿业权交易大厅进行交易。河北省有一个矿产权交易中心。2005年后，多地开始建立自己的矿业权交易中心，更多的新鲜力量注入矿业权交易市场，帮助地方矿政管理部门进行矿业权的出让。在第二阶段，公司成了主角，2006年以来，受到"矿产资源开发秩序治理整顿和资源整合"的影响，创立矿业权交易场所的热情达到了前所未有的高度，已经完全从政府操控转化为公司制模式。三是扩张阶段。2010年发布的通知要求各地方建立矿业权有形市场，并将其公示于信息服务系统或者政务服务窗口。四是完善阶段，即公开矿业权转让相关信息与"两整治一改革"专项行动中要求矿业权交易机构开展网上交易，随后颁布的交易规则为建立稳定的交易市场提供了有力保障。截至2019年年底，全国共有探矿权12 000多个，勘查面积超过300万平方千米。

可见，我国矿业权交易已由行政审批逐渐向市场化方向转变。但在这一过程中，我们又必须充分认识我国矿业和能源资源开发在维护国家资源安全战略中的"压舱石"作用。建议在勘探环节，将中国煤炭地质总局、中国冶金地质总局合二为一，在此基础上组建中国矿业勘探集团公司，国务院授权其履行矿产资源所有权，统一组织探矿和采矿权的协议转让与招拍挂。在招拍挂过程中，部分回收资金上缴国家财政；另一部分通过矿业权协议转让作价入股，形成国有法人股，并通过混合所有制吸引民营、外资资本参与矿产资源勘探开发。此外，要提升我国的海外资源开采、储备能力，需要以国有资本为主导，通过资本运营，不断增强我国在全球资源产业链中的产能储备，以期我国可以掌握资源定价权和国际话语权。

其次，中介载体的构造。矿业权专业性中介机构在活跃市场交易、降低交易费用环节起着关键作用。矿业权市场的主体是矿业权人、市场管理者及中介机构。矿业中介机构大致可分为矿业权评估、矿产勘查、矿产储量评审、矿产资源开发利用设计、矿业权招拍挂等类别，但还面临数量少、业务范围狭窄、资质管理不严、服务水平不高、信用制度缺乏等问题。因此，矿业资源资本化的过程中还需要完善相应的矿业中介机构体系。

综上所述，自然资源资本化需要形成发现资源、开发资源、保护资源一条龙矿业资源资本化系统，实现资源产业从行政管理向市场管理为主、行政干预为辅的管理模式转变。首先，通过借助拥有强大资本的现代股份公司，以资本出资的形式将自然资源转化为能够进行产业化运营的资产和能够产生增值收益预期的资本品，可以有效提高资源的配置效率。因此，在农村土地林权资源的资本化过程中，需要建立农村新型股份有限公司，而在矿业和能源资源的资本化过程中，需要建立以国有资本为核心的股权多元化的现代股份公司。其次，在自然资源初始用益物权转让过程中，为了降低交易费用，应该构建中介载体。其中，农村土地林权资源资本化的中介载体是农村集体经济组织，而矿业和能源资源资本化的中介载体是矿业权评估机构、交易鉴证机构等。基于这一基本思路，构建起我国自然资源资本化过程中的资本化运营载体和中介载体，通过完善组织载体，提高自然资源资本化的资源配置效率并降低交易费用，不仅有利于提高自然资源产业的勘探能力、生产能力，更有利于提高资源资本化的发达程度以及经营管理能力。

## 三、建立自然资源产权作价入股机制

如前所述，股权多元化的公司法人是资源资本化运营的核心组织载体，而政府、村集体、农民等自然资源的初始所有者通过入股公司法人的方式获得自然资源产权的增值收益。其中就涉及如何将自然资源初始产权作价入股、如何退出的问题。

在农村土地资本化的环节，集体内农户以其享有的土地经营权向法人化的新型农村集体经济组织出资，法人化新型农村集体经济组织对集体内的土地经营权、集体经营性建设用地使用权以及未利用地的承包经营权等土地性权利进行整合，向农村新型股份公司进行出资，形成特别法人股。农村集体经济组织的特别法人股具有其特殊性：分红的优先性和股息的确定性；剩余财产索取权的优先性；土地经营权抵押、再流转事项的特别表决权；特别法人股股东的土地性权利出资不可作为破产财产清算。从农民关于土地资源增值收益的分配机制上看，农民的股权是对村集体经济组织存量资本的"按份共有"。农民通过出资获得股权，其股权权利是以收益权为核心的分红权，并且是在农村集体经济组织内部有限范围内的流通股。

林业资源资本化的环节，与土地资源资本化的增值收益分配机制较为相似。集体林权入股是林业集体以其拥有的林地使用权、林木所有权或森林资源的其他权益作价出资，或者作为合作造林、共同经营林业的出资条件而转移所有权或使用权的行为。林业股份合作制改革与发展，应始终以股份制中的股利化作票面价值来代表集体山林产权的主体形式，是"分股不分山，分利不分林"的形式。这样一来，既体现了集体山林属集体内部成员共同所有，又在一定程度上适应了林业规模经营的要求。集体林权入股同普通股份合作一样，不可避免会面临很多问题，因此，林业资产的特殊属性要求林业股份公司明晰入股资产产权，优化股权收益分配机制。

在矿业和能源资源资本化的环节，应将矿产资源的未来收益转化为矿产资源勘探和开采的资本，破解矿产资源开发过程中的资金瓶颈，使得矿产和能源资源的初始所有者共享资源开发带来的利润。通过评估矿产和能源资源的预期收益，以在资本市场上发行证券的方式，获得源源不断的融资支持，盘活资源存量，激活自然资源产权交易的市场机制，从而通过市场机制实现自然资源价值增值。从所有者收益分配的角度，需要建立一套以出让收益变股权为核心、具有市场弹性、充分体现国家矿产资源所有权益的矿产资源有偿使用制度和税费征管体系，以及真正反映市场供求关系、资源稀缺程度、环境损害成本的矿产资源及产品价格形成机制。

总之，争取实现在市场经济条件下，自然资源产权能遵循价值规律和市场经济规律自发地流转，进行市场化配置，以期国有资本、民营资本等多元化的资本能够被吸引到自然资源项目中。当营利性的自然资源资产通过公司运营的收益，能达到投资者期望的收益率并能预期收回投资时，自然资源资产便能自发进行流转，进行自然资源产权的市场化配置，实现其价值增值。利用市场自发地实现自然资源产权的市场化配置，是实现自然资源价值最理想的方式之一。但由于自然资源的环境问题属性，在一些情况下现存的市场机制失灵，需要借助政府权力创建市场。政府通过一系列政策构造的市场，使自然资源从不同的层面进入经济系统，形成一定的经济产出或者经济收入，从而使得各级政府、村集体、农民等自然资源的初始所有者，按照入股份额获得相应的自然资源资本化的增值收益。

### 四、完善自然资源证券市场和期货市场

在资源稀缺的背景下，资源产业不仅是国民经济发展的支撑产业，同时，还是一个金融性产业。现代资源产业已经体现出的资本密集属性，已使其演化为资源—资本复合型产业。在现代资本理念和金融体系下，从当前世界矿业格局看，矿业资本市场的规范机制、透明机制、风险揭示机制和监管机制，都是为了揭示矿产资源的金融价值，是现代矿业良性发展的基本保证。而大型矿业公司几乎都是上市公司，矿产资源正是通过上市公司这一载体，才得以在资本市场上充分体现其真实的动态价值的。又如，西方国家的矿产企业一旦发现有价值的地下矿产资源，就可以直接从资本市场进行融资，获得充足的开发资本，即所谓的"向地下资源要资本"的风险勘探资本机制。反观国内矿产资源资本化的金融市场，由于缺乏资金支持，部分自然资源资本化率比较低，特别是当一些自然资源产权存在历史遗留问题时。部分自然资源产权由于种种原因，没有进行资本化运作，也没能形成多向流动机制，对各种社会资金的吸纳能力不足，投资收益机制也未理顺，因此使自然资源开发陷入了资金短缺的恶性循环。

根据运营自然资源的法人主体从资本市场融资的方式，资本市场可以分为债权市场和股权市场。债权性资本化包括票据的融资贷款以及债权的信托和发行。股权性资本化包括风险投资、股票发行、股票信托、杠杆收购。在自然资源产品价格风险管理方式上，我们又需要通过商品期货市场进行套期保值，平抑价格波动风险。

与自然资源产权研究相比，对自然资源产权融资策略的研究并不多见。自然资源产权有多少种融资方式，融资策略如何与自然资源产权有机结合，都有待于进一步研究。从理论上来说，自然资源产业的融资，实质上是利用资源产业的产权进行的融资。融资从本质上讲就是产权的交换，即产权交易，是企业用自己的产权与其他企业的产权进行的交易。企业的全部产权是企业融资的基础和信用，而融资的目的则是增加企业的产权实力，或者说是扩大企业的产权价值（Milgrom，1985）。

本质上看，自然资源产权是一个权利束，其包含物权、债权、股权和行政特许权等。

首先，自然资源资本化需要通过股权市场实现增值。运营自然资源的法人主体通过在股权市场发行股票，以上市公司的市值增长实现对增量财富的创造，从而使自然资源产权变成了具有增值收益预期的资本品。其次，运营自然资源的法人主体可以通过发行债券、抵押贷款等方式获得债权性融资，从而实现自然资源产权的增值收益。例如，集体林权抵押贷款主要有林权证直接抵押贷款、金融机构+专业担保公司+农户、金融机构+政府信用平台+农户、金融机构+民间联合信用平台+农户、金融机构+龙头企业+农户等多种模式。此外，土地和林权的债权性融资市场，需要从调配贷款限额以增加信贷供给、加大政府贴息力度、完善抵押法规保障、拓展担保方式、降低融资费用等方面增强金融信贷支持和改善政策环境。再次，通过商品期货市场的作用，实现风险管理、套期保值的功能，让矿产和能源资源的生产商锁定预期售价、控制好库存、稳定好生产活动，从而使自然资源产权的增值收益预期得以实现。通过商品期货市场，可以达到"资源配置、资产定价、缓释风险"的作用。

总体说来，自然资源资本化通过资本市场的运营实现自然资源增值，主要是通过股权市场、债权市场和商品期货市场实现的。但自然资源以发行股票、债券、抵押等方式实现资本化的过程还存在很多问题和缺陷，特别是对于不同类别的自然资源资本化的融资，需要从深层次的理论角度剖析原因，才能对症下药地解决实践中的问题。

## 第五节　自然资源资本化的市场体系建设

从经济结构来看，中国既是一个制造业大国，又是各种资源相对匮乏的要素短缺型大国。因此无论是关于我国资源的出口，还是关于生产所需的资源的进口，都需要建立资源流动的有效市场，并且通过掌握"资本压舱石"来把握市场的主导权和定价权。资源的开发需要利用多元化的资本介入以降低成本；获取资源的过程中，无论是直接采购还是以股权并购的形式，都需要自主建立市场或者参与国际市场；资源的使用方也需要通过期货市场的套期保值作用来控制实体企业面临的价格波动风险。由此可见，自然资源资本化的过程中，对应的市场体现建设尤其重要。

## 一、建设多层次的自然资源资本市场体系

资本市场是现代金融市场的重要组成部分，也是长期资金的融通场所。自然资源资本化的过程中，建立多层次的资本市场，指的是按照不同的服务对象以及针对不同的投资需求建立相适应的交易市场。

首先，自然资源的复杂化必然决定了自然资源资本市场的多元化，自然资源既有土地资源，又有非能源的矿产资源和能源矿产资源，其各自特征大相径庭，发展程度也各不相同。其次，从融资的角度讲，不同的投资市场，收益和风险有不同的特征，需要的资金量不同，是寻求财务投资人还是战略投资人也不同，因此也需要建设不同的资本市场。再次，从投资者的角度讲，参与自然资源资本化的投资人可投的资金量、投资的目标、参与的策略、风险的承受能力也不相同。最后，从国家宏观的角度和市场组织角度讲，可以针对不同的历史阶段、经济发展水平，突出不同市场的建设规划。综上，自然资源资本市场应该也必然是多层次、复杂的。

在多层次的自然资源资本化对应市场中，重点应该是金融市场，目标是把自然资源开发的视野，从以现货、远期现货为主的商品市场推进到以资本交易为主的证券市场和期货市场。

自然资源资本化对应市场的建设核心具体包括四大类市场（见图1-3-3）。一是产权交易市场，例如，地方农村土地产权交易中心、地方矿业权交易中心、用于自然资源特别股份转让的产权交易市场等，也就是

四板市场。二是资源性股份公司融资并挂牌上市的股权（股票）市场，例如，以矿业、能源上市公司的股权交易为代表的专板，此外还应考虑重点培育矿业、能源风险勘查投资基金。三是大宗商品期货市场，例如，大商所、郑商所等交易焦煤和动力煤标准化产品的期货市场。四是设立单独的电力期货交易所。电力期货交易所的交易标的是一定时期内将发生的不同时期供应的标准化电力产品（电量），交易的是电权和期货电力。以电力期货交易所为代表的电力金融市场，是电力产品自成体系的电力市场。目的是解决电力供求的预测问题和风险控制问题，把传统的发电厂、用户所承担的价格波动风险转化成金融机构的经营风险。

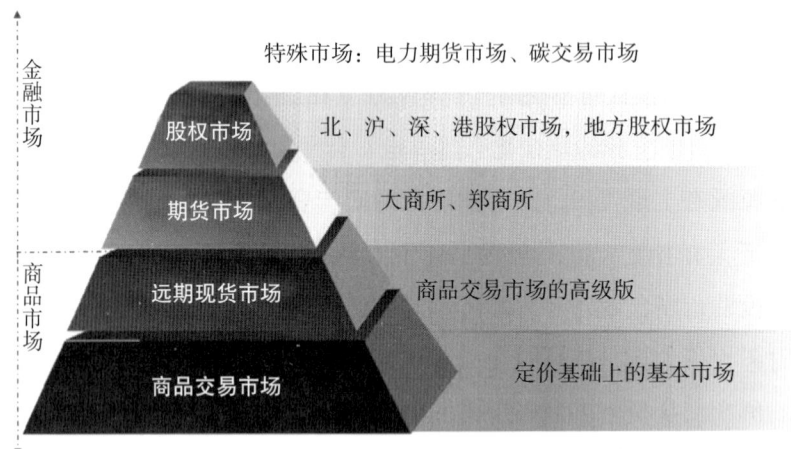

图 1-3-3 多层次的自然资源资本市场

## 二、推出多类别的自然资源资本化产品

在我国错层发展的自然资源资本市场中，必须推出多类别的资本化产品。相较于一般的商品，资本化产品是要在实际信用活动中，能够证明财产权或者其他债权债务关系的一种合法凭证。自然资源的资本化产品分为两大类：基础产品和衍生产品。基础产品是指本身就作为基础资产而存在的产品，主要指股票、债券；衍生产品是指在基础资源产品上派生出来的产品，包括远期、期货、期权和互换。

由于自然资源本身交易的流动性有一定的局限，因此以自然资源为基础产品而形成的所有权，特别是公司股权，就是非常重要的自然资源资本化产品。

股票是公司为了募集资金而向股东发出的并据此享有股权的书面凭证，凭借股票就可以对公司的财产享有所有权，而公司又对具体的自然资源享有所有权或者经营权。自然资源的股票产品最大的特征在于风险自担，是一种没有期限的产品，具有很强的资本属性。投资者认购或者交易了股票就不能够退股，而是必须通过市场将它再转卖给他人。同时，股票还有一个特征，就是享有公司的决策权，拥有公司股票的投资人可以参与对自然资源底层资产的处置。

另一个基础产品是债券，是指开发自然资源过程中对外发放的约定利息并支付利息的债务凭证。相较于股票来说，债券最大的特点是具有期限性，一般都规定了偿还期限。债券认购人购买债券后，发行人必须按照约定支付利息并且在期满后偿还本金。

对于股权投资来说，购买绿色债券或者自然资源债券的安全性更高，也具有参与自然资源资本的间接性。在具体的类别上，可以分为政府债券和公司债券。政府债券也就是政府为进行自然资源开发而发放的债券，公司债券同理。自然资源的另一个重要资本产品是资源衍生品。衍生品最大的特点在于其价值和基础产品挂钩，自然资源中的大宗商品衍生品就和它的基础资产价格波动息息相关。金融衍生品具有杠杆效应，因此体现出高风险、高收益的特征。自然资源金融衍生品的分类主要依据其基础标的物进行划分。

## 三、吸引多元的自然资源资本市场参与者

自然资源资本市场的建立，改变了原来使用自然资源才能参与自然资源市场的基本格局，让更多有金融投资诉求的人可以参与到自然资源的资本市场中。以传统的大宗商品为例，大量的投资机构本身并不实际使用商品资源，但是积极地参与了大宗商品的投资过程。传统观点认为，自然资源是保障国民经济的，但是资本市场却天然地具有投机性，

不过正是在这样的投机性中，多元的参与者进入，最终实现了更合理的自然资源定价。

如果说非使用者进入是自然资源资本市场的第一大特点，那么第二大特点就是民营资本的进入。传统参与自然资源投资决策的都是国有资本，这是自然资源的自然属性决定的。但自然资源资本市场的建立，使得可以通过股份公司这样一种模式，让多元的投资主体共同参与到对自然资源的开放中来，这也符合国家混合所有制的整体发展策略。当前，我国矿产勘查开发所需资金主要来自企业和国家而非资本市场，中小勘查开发企业也很难达到上市融资的标准，尤其是风险勘查项目，主要依靠自有资金或者私募资金，导致勘查投入明显不足。而对石油、天然气等资源的勘查，也主要以中石油、中石化、中海油等公司为主，其对页岩气等资源的深度开发明显不足。正是由于民营资本的介入，才更加有利于解决自然资源在勘探这一重要环节风险过大、积极性不足的核心问题。另外，开发不同的自然资源金融产品离不开各种各样的金融机构，他们也是自然资源资本市场的参与者。

第四章

# 自然资源资本化及对应市场建设的政策建议

## 第一节　健全自然资源资本化相关的法律法规体系

### 一、以物权效率原则构建统一的财产权

我国在构建财产性权利体系时，遵从了传统大陆法系物债两分的划分方式，并认为物权为一种对世权，而债权为一种对人权。依据权能的完整程度，我国又将物权划分为所有权、用益物权和担保物权。现有法学关于物权问题的关注，主要集中于有体物的所有权和知识产权等。然而随着经济发展，物权法定主义的局限性逐渐展现。物权与债权之间产生的许多中间形态，无法获得法律的承认。在我国农村产权制度改革中，随着"三权"分置改革的推进，土地所有权归农村集体所有、土地承包权归农户享有、土地经营权可自由流转的土地产权体系已经成为共识。基于此，本书提出了土地股份化、农民股东化、农村公司化、农业产业化的农村产权制度改革。在改革过程中，土地经营权、股权等权利的清晰性和流转性的界定尤其应当受到重视。然而，传统的物权法定主义侧重权利归属，而对于权利经济功能的实现，尤其是通过转让部分权能以实现权利经济效率的关注不足，无法满足农村产权制度改革中土地承包权与土地经营权分离，实现土地经营权可作为出资财产等土地权利经济功能的需要。在我国矿产、能源资源产权制度改革中，业已形成了所有权和矿业权两权分置的产权体系，现有物权法定主义对于矿业权流转及再流转的关注亟待提升。基于此，本书认为应取消物债两分的权利划分体系，将对权利的关注重点从物权法定原则转移到物权效率原则，构建统一的财产权，通过权力运行的方式实现物权的经济功能。

## 二、加快出台《农村集体经济组织法》

以农村股份经济合作社为载体的集体经济组织，是整合农民土地经营权与集体经营性建设用地使用权、未利用地承包经营权的主体，也是农村新型股份公司内的特别法人股股东。因此，加快出台集体经济组织法，明确集体经济组织的法律地位、权利义务、组织机构和议事规则等尤为重要。在集体经济组织法正式出台前，应放权地方对《农村集体资产管理条例》进行修订，按照有利于农村土地资源资本化的方向进行探索。

其中的重点包括，一是要在集体经济组织立法中明确，集体经济组织为以营利为目的的特别法人，尽管其在利润分配和管理模式上兼具股份与合作的特点，但其仍属于商事主体，应允许其在工商登记部门注册登记；二是明确集体经济组织成员的界定，优化集体经济组织成员的确认和退出机制；三是明确集体经济组织成员的权利、义务与责任，尤其是集体经济成员的知情权。在立法中要充分考虑农民这一特殊群体文化素质普遍偏低的特点，强调通过多元化、简明易懂的信息传播方式，促进农民实际享有知情权，以在集体决策层面维护自身合法利益。

## 三、加快修订《矿产资源法》

一是明确界定探矿权、采矿权的物权性质。结合民法原理和相关规定，明确探矿权、采矿权为具有公权特征的特殊物权，准用《物权法》关于用益物权的一般性规定。在此基础上，巩固"两权分置"的权利结构，在明确矿产能源资源所有权为国家的基础上，探索矿业权（探矿权和采矿权）的资本化、市场化路径，确立探矿权依行政审批出让、采矿权依物权变动模式转让的矿业权二元划分体系，确立矿业投资权的主导性，鼓励和保障包括矿业权、股权在内的资源性权利充分、合理流转以及矿业融资，促进矿业主体优胜劣汰和优化组合，以利于市场充分竞争。

二是完善矿产资源的有偿出让和流转制度。要充分体现市场经济配置资源的主导地位，明确和规范矿产资源的有偿出让方式、程序，以及矿产资源的分类差别化管理措施，确立矿产资源流转的绝对市场经济特征，保障矿权交易二级市场的法治化有序发展。同时，适度扩大使用权的出让、转让、出租、抵押、担保、入股等权能，充分发挥市场作用。

此外，我国现有的矿产资源法律相对单一，难以适应矿业经济发展的新形势与新问题，不利于我国矿产资源的开发、利用和保护。因此，我国应借鉴发达国家成熟的采矿法律体系，针对一些重要的战略性矿产资源以及矿产资源开发环节，制定详细的法律法规，完善我国矿业法律体系，为我国矿业的可持续发展提供良好的法律基础。

## 四、通过《电力法》修订牵引能源法律法规保障体系的完善

《中华人民共和国电力法》（以下简称《电力法》）于1995年12月28日由第八届全国人大常委会第17次会议通过，1996年4月1日开始实施，是我国电力行业的第一部基本法律，也是社会主义市场经济体制确立以后国家颁布的第一部行业法，在我国电力行业的发展过程中发挥了重要的作用。

《电力法》已有20余年的发展历程，在实施中发挥了重要成效，也暴露出来一些短板。一是伴随着电力体制改革和能源革命的进程，原来的电力法规已经不能适应电力发展新的形式和需求。二是与碳达峰、碳中和目标，构建以新能源为主体的新型电力系统等国家重大的政策方针有一些偏差。三是新能源发展等政策配套规定和相关的机制仍然不够完善。四是在法律的实施过程中，依然存在着行政执法主体缺失、行政执法困难、违法处罚力度不足等问题。2020年，国家发改委和国家能源局共同牵头成立了《电力法》修订协调组，形成了《电力法》修订稿。这一次的修订新增12条条文，删除7条，合并4条，内容修改了49条，重点修改了与电力市场化改革方向冲突，与电力行业发展现状严重不

符，与近几年出台的法律法规以及政策不衔接的条文。

《电力法》的修订应当更多地遵循电力立法的基本趋势，以期《电力法》能够成为推动电力市场化进程的改革法。建议在《电力法》的修订过程中，重点关注以下三个方面。

一是结合中发〔2015〕9号文件和配套文件，探索《电力法》的法律定位以及法律属性，平衡其行政法属性与经济法属性。二是进一步明晰建立《电力法》相关主体之间的权利义务关系，包括电力管理部门、企业和用户等，使《电力法》的有关条款规定更具有操作性，从而在实践中得以有效执行。三是增加相关行政机关的责任和义务，强化行政机关的依法行政能力，以保障《电力法》立法目标的实现。四是在《电力法》修编稿中进一步规范和完善电力交易机制和电力交易的市场规则。五是加强电力法律法规对生态目标的呼应。首先要明确支持实现"双碳"目标的总体规划以及法律保障；其次要明确清洁能源的基本发展路径，进一步完善清洁能源的管理措施；最后，随着可再生能源装机规模的快速增加，电力系统消纳可再生能源的电力成本也在逐渐增加，建议在《电力法》修订稿中明确，国家建立可再生能源消纳保障机制，电网企业、售电企业、电力用户等市场主体共同承担可再生能源的电力消纳责任。

## 五、通过行政法规的形式增设农村土地特别法人股为种类股

《中华人民共和国公司法》（以下简称《公司法》）赋予了国务院就种类股另行规定的权利。基于此，应通过行政法规的形式，明确界定特别法人股为种类股，并就特别法人股的主体、出资及股东权利进行界定：特别法人股的主体为农村股份经济合作社这一特别法人，特别法人股的出资为农村股份经济合作社以农民的土地经营权、集体经营性建设用地使用权、未利用地承包经营权进行的出资；特别法人股的内容包括固定股息的优先分红权、破产清算时的剩余财产优先索取权、针对土地经营权抵押或再流转的特别表决权以及特别法人股股东以土地财产性权利进行出资的财产不进入破产清算的权利。

## 第二节　支撑大国崛起的资源安全顶层战略设计

### 一、按公益与经营属性分离矿产勘查的四个环节

在我国，矿产资源生产主要有勘查、开采、加工三大环节，其中勘查是龙头环节。

第一，自然资源资本化不仅事关我国经济发展，而且事关国家经济安全。要摸清家底，勘查是关键。第二，自然资源能否转成资产，资产能否生成资本，还是在于成本低、精度高的勘查。第三，勘查前期准备工作量大、探成率低、风险大、投入高、产出低、融资难。第四，自然资源勘查有就是宝，没有就是恼，高风险、高收益。如果勘查环节不能统一起来，则极易导致乱勘乱采，浪费资金和资源，又破坏环境。第五，现有多头管理，公益性与营利性区分不清，低效浪费，分散勘查，成本高、效率低。所以矿产资源行业乱在勘查、治在勘查。我国走的是社会主义市场经济道路，有为政府如何引导市场？体现在我国自然资源资本化过程中就是把握住、规划好勘查环节。

认识统一后，方法和路径的选择至关重要。目前尽管有勘查管理，但是没有形成统一、有序、高效的机制。因此，需要整合分散的勘查力量，有必要对勘查流程中的四个环节重新进行分工。

对勘查四环节的管理主要有两种模式，但都存在一些问题。一是公益模式，即由财政拨款。由于只出不进，难以为继。二是投资基金模式，由于风险过高，少有投资人问津。出路何在？目前我国把勘查的四个环节，即预查、普查、详查、勘探混在一起，统筹难、资金投入量大，这也是财政拨款难和以基金方式进行社会融资难的本质所在。

本书提出，应把勘查的四环节适当分离，重新划分，并区分公益性和经营性，事业单位管理和企业经营两种模式分而治之。

依托我国体制优势，把投入相对较小的预查环节作为勘查的前端，交给中国地质调查局统筹。中国地质调查局在公益性地质调查的基础

上，将其功能延伸到地质勘查中的预查（及国家有关部门安排的必要普查），对矿产资源勘查中的预查统一规划，统筹管理，由财政拨款，属公益性质。把投入相对较大的普查、详查和勘探三个环节作为勘查的后端，引入企业经营模式，交给由中国煤炭地质总局、中国冶金地质总局等行业机构整合而成的中国矿产勘探集团公司运营。

## 二、建立战略性资源目录及其产能储备制度

建立国家战略储备体系是抑制短期内国内战略性矿产资源短缺、现货市场价格波动过大的缓冲器，也是我国矿业企业国际进口谈判的重要砝码。发达国家普遍实行矿产品储备制度。例如，美国建立了矿产资源战略基地储备制度，重点储备的矿产品有25类80种，储备目标是在紧急时期可供国内3个月需要的数量（叶卉，张忠义，应海松，2009）。当然，自然资源储备的目标并不仅仅是在紧急时期维持国家运转，更重要的是在当前全球地缘政治日趋复杂、中美博弈背景下，通过资源战略储备确保资源稳定供应、价格波动风险可控、保障国民经济稳定运行，从而支撑经济高质量发展的新常态。

首先，针对我国物资储备管理制度现状，当前应根据国内外矿产品市场需求状况及趋势，制定国家战略性资源目录。第一，考虑到矿产资源在维护产业链、价值链战略制高点中所发挥的"压舱石"作用，重点战略储备对象应包括铁、铜、铝、黄金、稀土、锂、钴等。第二，考虑到大国崛起背景下的能源安全和能源结构转型升级的必要性，能源资源战略储备清单主要包括一次能源中的石油、煤炭、天然气，以及风、光、水通过储能技术的提高所转化成的电力等。

其次，应充分重视并构建国际、国内双循环的产能储备战略。一国资源储备的基本目标是保证国家在最坏的情况下能够在一定时间内应对资源短缺，而更高层的目标则是能够利用资源储备灵活地干预市场，避免短期能源供需波动、投机因素等原因造成资源危机，影响国家经济稳定。具体来说，第一，通过资源储备调节资源价格的临时性波动。若国

际矿产和能源价格短期内出现了大幅波动，进而有可能影响到国内经济波动时，国家可以紧急向外抛出战略性能源储备，以满足市场的临时性需求，改变公众预期，避免国内经济受到影响。而这些资源储备既需要稳定国内优势资源的产能，又需要通过运用"走出去"基金等方式收购国际矿业企业的股权，获取国外资源的开采和产能，从而构建国际和国内两种资源协同并存的产能储备格局，逐步掌握资源定价的主动权。第二，通过资源金融市场干预能源价格投机。国际投机资本利用其大规模的资金优势，借助杠杆效应在诸如石油、煤炭、天然气等特定种类资源的金融市场进行投机活动，国家应动用能源基金干预能源金融市场，避免能源金融市场出现大幅波动并影响到现货市场的价格。

### 三、强化废钢收购利用，突破铁矿石需求"瓶颈"

我国是钢铁大国，钢铁产量已10年位居世界第一，2020年已经占到全世界的61%。然而我国铁矿石主要依靠进口，2020年对外依存度达到82%，进口来源又主要集中于个别国家，极易受制于他人，尤其是没有价格主导权。要想走出困局，确保我国铁矿石供应，并且在国际铁矿石市场上有主导权，不仅应立足国内市场，加大国内铁矿石的勘查力度，增强以央企为主导的铁矿石开采储备能力，还应以央企矿产公司集中统一采购为主导，协调对外购买铁矿石的价格，避免分散采购，盲目竞争。最后，在开源的同时，还应开辟节流新思路。在此，本书提出了组建中国废钢收购集团公司，提高数量庞大的废钢回收率，降低铁矿石进口依存度等建议。

我国每年废钢市场供应量约为2亿吨，按照进口铁矿石62%的品位计算，可节约3.225亿吨铁矿石。以2020年我国铁矿石进口量为11.7亿吨计，仅此一项即可降低27.5%的铁矿石进口量。然而，我国废钢利用效率极低，原因有二。一方面是分散回收，回收率低；另一方面，废钢品种繁杂，分散回收，无法形成规模经济下的旧钢回炼钢材，利用效率低。

在此，建议由中国矿产资源集团有限公司针对废钢回收设立特别专营权，并在各省、区、市设立分支机构，统一在全国各个省、区、市范围内集中回收废钢。同时走向海外，整合全球废钢资源，回收废钢形成储备。同时，由国务院国资委对所属钢铁企业统一规划，对废钢回炉冶炼改造统一布局，形成规模经济。还应在我国大连商品期货交易所实现废钢期货商品上市并建立指数，形成以中国为中心的全球废钢交易中心，确保我国在钢铁原材料上的定价主导权。

### 四、通过海外矿产公司股权收购增强铁矿石的供应

从资本价值形态的矿产资源看，不仅应包括国内的矿产资源，还应包括国外的矿产资源。收购海外矿产公司股权是我国自然资源资本化的重要内容。

海外重点地区市场矿产资源丰富，以铁矿石为例，如非洲的几内亚、南美洲的巴西以及大洋洲的澳大利亚等。我国需要从勘查环节入手，通过对富矿国家和地区海外矿产公司股权进行收购，以期拥有由我国公司控股或具有单一第一大股东地位的铁矿石战略储备点公司。之所以叫储备点公司，是因为它的作用是加大战略性资源储备，当铁矿石等资源的国际市场价格发生波动时即可增加产量，从国家战略需求出发平抑铁矿石价格，保障我国的经济安全和战略利益。

### 五、用股份制集团化手段整合锂、钴、稀土等战略性矿产资源

在民用和国防上具有战略地位的稀土、锂、钴、钨、锑、钼等重要矿产资源品种应由国家有关部门统一规划布局。我国矿产资源相对贫乏，对外依存度高，故应立足国内，着眼海外，从物权形态的自然资源到价值形态的矿产资源资本应双管齐下。如何理解我国自然资源资本化的国家属性？我们认为从资本化的角度看，既包括存在于我国地下的自然矿产资源，也包括我国国有资本走出去进行并购的资本化的矿产资

源，应将此作为事关国家安全和发展的战略思想加以落实。

对稀土、锂、钴、钨、锑、钼等战略性矿产资源的整合，应通过股份化和集团化的方式打破中央与地方的界限，以国务院国资委下属的央企为主，以这类矿产资源蕴藏地的地方国企和民企为辅，组建混合所有制的股份制矿业集团公司。例如，中国稀土集团公司、中国锂钴业集团公司等，这类战略性集团公司的业务拓展应在两个市场同步推进。一是国内市场，从国家战略利益出发，兼顾中央和地方利益，统一布局规划、统筹开采力度、统一价格对外。据悉，中国稀土集团公司已于2021年12月23日正式组建。二是海外市场，由于这类矿产资源的重要性和稀缺性，其重要使命就是在海外富矿国家和地区，如非洲几内亚、刚果，南美洲巴西、智利等，从矿产资源勘查、开采、加工全流程入手，进行物权形态矿产资源的购买和价值形态的海外矿产资源公司资本的收购。

### 六、通过煤电联营、期现结合实现煤炭保供稳价

解决煤电问题，化解"市场煤"与"计划电"间的矛盾，从长远看，需要在煤电市场全方位引入市场竞争机制，畅通价格传导渠道。通过能源体制市场化改革，让资源品价格尽早走上市场化道路。改变煤、电两大行业间长期顶牛的办法，是煤电联营和一体化重组，这是深入体制层面的改革。具体来说，一是煤电一体化模式。2017年，中国成立了国家能源投资集团有限责任公司，国电集团和神华集团合到一起的机制使得很多煤电成本内部化，进而成为上下游一体化的纵向产业链。二是一体化重组模式。一体化重组主要回应的是中央电力企业与地方国企中的煤企之间利益的博弈关系。未来可以通过在能源行业进行上下游的协调改革来解决相应的问题，比如，五大发电集团，或者大型煤炭集团（如国家能源集团、中煤集团等）对地方的国企进行整合重组，这是一个可能的模式，是推进未来能源体制改革的路径。三是民营企业积极参与。可以通过让民营企业参与电力行业改革的方式来实现，让民营企业跟国有电力企业在同一个市场框架内进行相对充分、自由的博弈。

其次，充分发挥期货在煤炭价格调节中的作用。期货的功能主要是规避风险、价格发现和投资。避险功能可以起到对冲与转移风险的作用，价格发现功能能起到对煤炭现货市场价值投资的引导作用，投资功能可以起到活跃市场的作用。动力煤期货市场因投资而活跃，因套利而平稳，因套保而存在，现在基本形成了以长期协议价格为基础，以现期货市场价格为补充的价格双轨制。

### 七、加速推出天然气期货，牵头建立亚太天然气贸易中心

随着上海天然气交易中心等的建立，我国可以尽快实现天然气的期货交易，建立对应的金融工具和对应的合约，尽快推出液化天然气（Liquefied Natural Gas, LNG）等期货品种。我国的天然气基础设施，尤其是管道和天然气储藏设施还有待完善，短期内很难形成国内整体的天然气市场。上海和重庆的天然气交易中心分处中国东部和中国西南部，可鼓励在该地区形成主要配送点。随着深圳天然气交易中心的设立，实际上正在形成中国南部天然气配送的金融基础设施。未来伴随着更加丰富的交易品种的推出，将通过市场机制选择最佳的全国贸易结算点与交割中心。

中国有着巨大的天然气进口量，是亚太地区的需求龙头，整体迫切需要集中力量，获取自身的天然气定价话语权。从全球来看，当前世界天然气市场存在三大主要竞争关系。一是在欧洲市场上，主要是美国和俄罗斯，并谋求政治势力；二是在亚太市场上，主要是美国和中东，并争夺定价权；三是俄罗斯作为全球重要天然气出口国，为了保障自身地位，抑制出口多元化进程。从亚太地区看，当前主要采用的JKM指数主要由日韩构成，其船运量不及中国进口量一半。在这种局势下，我国应自己牵头，在亚太地区建立天然气贸易中心。

我国应加快对天然气交易中心的规则和系统的构建。随着我国三个区域天然气交易中心的建立，我国应该根据公平性和开放性原则，制定以市场为基础的交易规则，提高流动性和数量，构建更具吸引力的市

场，以吸引参与主体进入，扩大市场交易量，促进天然气产品价格的发现。在定价方式上，应改善综合价格设定机制，促进以发热量或体积为测量单位的天然气定价方法，开辟多种气源的换价渠道，为期货合同的进一步发展奠定基础。交易产品上，应加快开发现货、长期协议、期货等多种交易产品，进一步实现交易中心规模和影响力的扩大。

## 第三节　统筹推进自然资源资产产权制度改革

统筹推进自然资源资产产权制度改革，构建权责清晰、流转顺畅、监管有力的自然资源产权制度，是贯彻落实习近平生态文明思想的重要途径，也是自然资源资本化得以实施的前提。党的十八届三中全会报告提出，要健全自然资源资产产权制度。2015年5月，中共中央、国务院印发的《关于加快推进生态文明建设的意见》指出，要健全自然资源资产产权制度和用途管制制度。2019年4月，中共中央办公厅、国务院办公厅印发的《关于统筹推进自然资源资产产权制度改革的指导意见》提出，"探索建立委托省级和市（地）级政府代理行使自然资源资产所有权的资源清单和监督管理制度"。具体而言，委托—代理行使自然资源资产所有权，需要在法律上落实该权利，明确产权结构，及各主体权责利关系，建立清晰、明确的产权制度体系。

针对我国自然资源组成的复杂性及自然资源产权涉及主体的复杂性，健全自然资源产权制度，应以明确中央和地方的事权和财权、完善所有权和使用权二元产权体系、明确产权主体、促进产权流转为主要任务和落脚点，通过对自然资源的测量和确权、对资产负债表的编制以及建立对应市场等方式，推动健全自然资源产权体系。

### 一、明确中央和地方关于自然资源的事权和财权

中国在自然资源资本化道路上不能走西方外部资本化的老路，而

是要在中央绝对所有、地方相对所有基础上实现公有制内部的多元化，因此需要建立中央和地方政府关于多种自然资源的所有制和财政制度。在国家资源向国有资源转型过程中，必然实现中央和地方事权和财权的划分。

首先，在中央与地方事权的划分上，国家层面负责重要的战略矿产资源及海上能源的勘探与开发工作，注重全国矿产资源的宏观管理、地方政府间协调管理问题以及矿业对外事务；地方政府层面负责管域内资源的勘探、开发与保护。通过不断健全、完善矿业权授权审批工作机制，研究建立矿业权审批分类授权制度，实现从分类管理过渡到分类授权管理，逐步建立中央政府部门和地方政府分级代理、各级政府权责利相统一的体系。

其次，在财权的划分上，通过地方政府享有绝对收益权的方式，引导其切实发挥积极性、主动性，促进省域经济与社会发展。按照2017年国务院印发的《矿产资源权益金制度改革方案》（国发〔2017〕29号），我国矿产资源收益权改革已经进入新的发展阶段，一是在所有的矿业权出让环节，中央与地方收益分享比例是4∶6，从而体现了国家作为矿产资源所有者的权益；二是在矿业权占有环节，探矿权、采矿权使用费整合为矿业权占用费，中央与地方收益分享比例是2∶8；三是在开采环节，实行与矿产资源市场价格挂钩的资源税。

## 二、完善自然资源所有权和使用权二元产权体系

我国应进一步巩固自然资源所有权和使用权的二元化体系，在坚持以公有制为主体的前提下，明确所有权的代表行权主体，探索全民所有权和集体所有权的权利实现方式，丰富使用权的具体实现形式，通过自然资源集约利用，实现自然资源开发利用和资源保护的平衡。自然资源转变为资产的过程，就是由国家和集体享有所有权并由国家向其他主体让渡用益物权，且用益物权一旦让渡就成为法人财产的一部分，自然资源由共有的自然资源资产转变为法人所有的资产的过程。

具体而言，在农村土地资源资本化进程中，应进一步巩固"三权"分置改革成果，通过构建新型农村集体经济组织、编制农村集体经济组织资产负债表、创设特别法人股的形式，明晰农村土地资源的产权，丰富以入股为代表的土地资源流转和再流转手段，注重土地使用权流转过程中农民经济利益和农民权利保障的平衡。

在矿产资源资本化进程中，应强化矿产资源的分类授权管理制度，促进矿业权从"二位一体"（投资权和开发权）向"两权分置"（物权视角下的探矿权和采矿权）过渡。其中探矿权基于行政许可享有，采矿权可依据准物权创设或以协议转让方式享有。对于新开发的战略性矿产资源，通过中国矿业勘探集团公司（由中国煤炭地质总局、中国冶金地质总局合并组建）以出资者身份将中央和地方所有的自然资源产权作价入股，进入股权多元化的自然资源开发公司，从而体现国有自然资源资产的价值增值。

### 三、明确自然资源资产产权主体

通过确权登记和自然资源资产负债表的编制，明确自然资源的所有权主体。在此基础上，在一级市场出让和二级市场流转过程中，厘清所有权和使用权之间的关系，明确不同权利的产权主体及其各自对自然资源享有的权利、义务和责任。产权确认登记主要是行政程序对主体之间契约的确认。产权确认程序的完善必须伴随强有力的确认效力，在法律上赋予产权凭证以自然资源各类别产权唯一权威证明的效力，形成权属明确、交易顺畅的市场新秩序。

具体而言，农村土地资源的所有权归集体所有，由集体经济组织代表行使所有权；农村土地资源的承包权归农户所有，不可转让；农村土地资源的经营权可由农户基于意思自治的原则入股新型农村集体经济组织，再由农村集体经济组织整合后，入股结合社会资本、社会技术的农村新型农业产业公司。矿产、能源资源的所有权归国家所有，矿业权除了现行的政府收取权益金出让的方式，对于新开发的战略性矿产资源，可以探索由中国矿业勘探集团公司通过矿业权作价入股的形式向股权多元化的矿产资源开发公司转让，也就是权益金变股金的探索。

### 四、促进自然资源资产产权流转

在权属明晰的基础上，探索自然资源的产权流转方式，创新全民所有权和集体所有权的实现形式，提升自然资源的经济价值。探索一级市场出让中的承包、招标、拍卖、挂牌、协议转让等方式以及二级市场转让中的营业转让、矿业权信托、矿业权租赁、矿业权抵押等方式。在此基础上进行对应市场的建设，通过自然资源的资本化提升产权的流动性。自然资源产权体系的明确，目的是实现自然资源资产最有效率的开发、利用，以及资源、资产向资本转化的效率，最终实现资源—资产—资本"三位一体"的开发利用管理体系。

## 第四节　编制体现权属关系和环境负债的自然资源资产负债表

### 一、出台自然资源资产负债表编制方法

十八届三中全会提出"要探索编制自然资源资产负债表"以来，国家统计局于2015年公布了《编制自然资源资产负债表试点方案》（以下简称《方案》）。该《方案》明确了"四柱平衡"，即自然资源资产负债表的基本平衡关系是，期初存量+本期增加量–本期减少量=期末存量。其中，期初存量和期末存量来自自然资源统计调查和行政记录数据，本期期初存量即上期期末存量。

但是，国家统计局的上述《方案》所体现的资产负债表，只能算是一种资产变动表。因此，应尽快制定《自然资源资产负债表编制条例》，形成统一指导意见，协调各相关部门，在全国范围统一推进编制工作，制定标准规范，强化工作保障。建立健全的编制自然资源资产负债表的

机制，明确"由谁编制"的问题。

在国家经营性自然资源的总体层面编制资产负债表，应以"自然资源资产＝自然资源负债＋自然资源权益"这一平衡公式统领自然资源资产负债核算系统。具体在编制自然资源资产负债表过程中，基本平衡关系为自然资源资产＝自然资源负债＋自然资源权益。首先，要求自然资源资产具有有主、可计量、可控制的特征。其次，自然资源负债，实质是核算主体所承担的改善生态环境的责任和保证可持续发展所需自然资源的责任。自然资源的负债来源有三：一是超耗损；二是历史积累形成的过去欠账（如黄土高原的治理欠账）；三是为了改善预期的指标而开展的对资源的利用开发。再次，扣除了"自然资源负债"以后的自然资源权属，属于核算主体拥有的权益，可以定名为"自然资源权益"，包括属于中央及地方各级政府的权益、属于村集体的权益、属于农牧民的权益以及属于企业的权益。

而对于不同产权主体的自然资源资产负债表的编制，可以借鉴母子公司体制，享有自然资源初始产权的国家或农村集体作为母公司，把自然资源产权作价入股，投入经营自然资源产品的子公司的实收资本里来。在自然资源资本化过程中，一部分属于中央，一部分按照属地原则属于地方政府，那么自然资源产权要通过国有资产平台进入到矿业企业中，作价入股，从而实现自然资源价值和使用价值的分离。在农村土地资源资本化过程中，农村集体经济组织拥有的土地经营权，一定要进入家庭农场、农民合作社、农业公司等法人或者新型农业经营主体里，作为一种生产要素不断创造价值。

## 二、完善农村土地资源和矿产资源定价机制

### （一）完善农村土地资源定价机制

我国农村土地资源定价现状主要存在四个主要问题：我国农村土地存在流转交易的非充分市场，导致土地价格表现不充分；农民个体面对市场经济主体在价格谈判时弱势；按照第一产业定价导致对农民利益的

隐性剥夺；市场化和产业化不足导致经营性建设用地和四荒地价值无法实现等。为了畅通土地定价机制，故有针对性地提出以下政策建议。

**1. 建立完善土地交易市场制度，体现真实供求**

在土地交易市场体系中，由于交易市场的限制，买卖双方不能充分地参与到土地资源市场竞争中，故而影响了土地价格的充分体现。为解决该问题，提出以下政策建议。

首先，分级建立完善的土地市场交易制度，省市、国家分级打造土地流转交易平台，让符合交易条件的买卖双方参与土地交易竞价过程，体现土地竞价过程的市场决定因素。其次，建立土地的跨区交易机制，让不同省市、地区的土地可进行相互流转，淡化地区土地保护政策，加强土地跨地区交易流转规模，实现土地在市场经济中的资本化过程。最后，逐步建立并完善国家级土地交易平台，打造全国土地市场价格制定体系，根据土地的区位优势、基本质量、配套设施等相关因素建立土地价值评估机制，从而客观合理地评估出不同农业用地的交易指导价格，为土地交易买卖双方提供价格依据。

**2. 打造农民集体联合组织，提高价格谈判优势**

在农村经济交易体系中，由于家庭联产承包责任制的限制，大部分农村土地是以农户为单位进行承包生产的，导致土地规模小、分散度高。同时，由于每家农户的生产规模有限，导致其在进行价格谈判时处于劣势地位。要改变此种情况，可以采取以下政策。

首先，在村、乡、镇三级层面成立农民集体联合组织，并在法规政策上给予基本支持，维护农民集体联合组织的法律地位与运行模式。其次，在进行农村基础资源交易的过程中，充分发挥农民集体联合组织的谈判功能，维护农户的合法权益。减少各家各户分别与交易主体进行谈判交易的过程，降低农业资源交易成本、提高交易效率，加快推动我国农业产业的现代化建设。最后，组建全国范围内的农民集体联合组织，根据不同种类农业资源进行分类管理。成立全国农业资源联合会，以协会形式对接农业生产收购企业，提高农业资源供给方价格谈判、交易过程中的市场优势。通过市场化手段合理配置资源，加快农业资源资本化进程。

### 3. 突破农产品第一产业定价模式，优化农民收入结构

由于产业结构和生产方式的制约，我国农业产品长期按照第一产业进行定价指导，并且相关农产品价格水平偏低、生产利润率不足，导致了对农民利益的隐性剥夺。为了提高农民收入，避免对农民利益的长期侵害，故提出以下政策建议。

首先，完善农产品市场体系，建立不同层次的农产品交易模式。增加农业生产附加值，提高农民劳动性收入。其次，深化农产品加工流程，实现农村地区产业的转型升级，深化农产品加工模式。实现农业资源的生产、加工、销售集成整合，带动农村地区产业多元化发展。最后，实现农村地区一、二、三产业模式的整合，从农业生产到农产品加工，再到农业生态资源的开发利用，逐步进行农业产业形态升级。推动农业资源的资本化进程，从而优化农民收入结构，提高其财产性收入。

### 4. 提高市场化和产业化规模，充分体现集体经营性建设用地和四荒地的价值

在我国农业土地资源体系中，存在数量可观的集体经营性建设用地和四荒地。但是当前对它们的开发利用程度并不乐观。由于相关政策的限制和历史原因，导致集体经营性建设用地和四荒地的流转和建设不能完全市场化进行，制约了其市场化规模和产业化利用，存在二元化城乡用地产权体系，使农村土地资源无法高效流通并合理使用。为了解决上述问题，故提出以下政策建议。

首先，完善农村土地制度改革，明确集体经营性建设用地和四荒地的产权属性与流通方式，推动农业土地资源的市场化流转模式。其次，在条件允许的地区开展集体经营性建设用地和四荒地市场化交易试点，让部分农村土地资源使用权可以直接进行市场化交易，从而提高其市场化和产业化规模，并逐步推动农业土地资源的资本化进程。最后，打通城乡土地二元化产权体系与管理模式，逐步建立全国统一的市场化土地

流转体系，通过农业土地资本化，推动农村土地资源产权结构改革。

### （二）完善矿产资源定价机制

**1. 研究完善矿业权价款评估方法**

矿业权价款评估应在评估勘查风险、勘查程度与资源储量等后，按可比价格测算有效勘查出资。勘查出资是否有效与勘查实施方案是否合理、探明资源的储量与品位高低有关，明显不合理的投资和未取得找矿成果的投资则归入矿业权人成本中。

矿业资源中达到普查程度以上的地质成果才可列入矿业权价款的评估，而无进一步勘查价值或勘查程度较低的探矿权不计缴矿业权价款。

**2. 对于不同类型矿业权转让的分类管理**

纠正一律以招拍挂等竞争方式出让矿业权的做法，对不属于国家出资勘查形成的高风险类矿产地，采取申请授予的方式无偿出让探矿权。同时，针对实践中大量存在的名为挂牌出让、实为内定矿业权主体的不规范行为，应当全面取消挂牌出让方式，而将市场竞争出让方式限定为拍卖为主、招标为辅的方式。对于国家出资勘查形成的高风险类矿产地的探矿权、采矿权，包括同时获取具有开发利用价值的地质成果，以及原探矿权人出资勘查形成却放弃权利的有价值的地质成果，低风险或无风险类矿产，在成矿条件、开发环境、市场距离等有优势条件下，当出现多家主体竞争的情况时，应当在通过公开竞价的方式确定矿业权人后缴纳相应的矿业权价款。除此之外，还应消除矿业权协议出让中存在的针对不同所有制类型企业的差别性政策。

需要强调的是，公开竞价的目的在于，选定最佳投资主体而非片面地追求最大利益。因此，对于竞拍底价或者保留价以及作为竞价结果的价款数额，应当在充分考虑矿产开发的成本与预期收益等要素后合理设定，而且要统筹考虑相关的资源税费结构合理性问题，以免影响矿业投资的积极性。

**3. 探索免除矿业权转让的资质门槛**

按照分类出让管理的原则，在保留必要的申请在先、拍卖、招标和必要的协议出让等探矿权、采矿权出让方式的同时，依"两权分置"原则对探矿权、采矿权权利结构进行调整的基础上，积极探索实施资本介入并主导的矿业权出让管理新方式，以资本价值促进市场选择功能，更好地发挥市场配置资源的决定性作用。

具体的措施包括，对申请人不再一并做出关于勘查、开采资质方面的限定和要求，而要强调其资金实力因素。具有金融许可证的投资公司可以按规定，通过申请授予的方式直接取得高风险类矿产的探矿权，也可以通过参加竞拍的方式取得矿业权。投资公司在取得探矿权、采矿权后，可以依托探矿权勘查项目或者采矿权项目设立私募基金或者公募基金，以进行风险勘查和滚动开发。

**4. 建立基准价体系**

可按矿产地的地区、矿种、勘查阶段、储量级别、生产规模，分级评估并确定勘查开发风险系数与生产力水平等参数，并且试点进行、逐步扩大范围，收集和分析交易资料以修正参数，降低技术误差。同时，参照国务院《关于加强土地调控有关问题的通知》（国发〔2006〕31号）中关于确定出让最低价标准的相关规定，完善矿业权价款评估管理。

## 第五节 探索资源性资产借助资本纽带流动并增值的实现路径

### 一、构造农村土地资源资本化的组织载体和权益机制

我国农村土地制度及"三农"领域中的主要问题在于，一家一户的土地承包经营与农业社会化生产之间的矛盾。拥有过于分散和狭小农用地的2亿户中国农民占有农村最为宝贵的土地资源，却无法与现代市场经济进行有效对接。因此，乡村振兴战略的重要目标之一，就是通过对农村土地资源的优化配置解决上述矛盾。

股份制成功地解决了中国城市改革中企业改革的老大难问题，完成

了使命。接下来，我们要用股份制这把钥匙，打开农村改革的大门，解决农村的生产资料个体经营和生产社会化矛盾之间的冲突。

一方面，走出"三农"困境根本上取决于在农村土地上开发出适合当地具体情况的、能够最大程度地持续赢利的产业。为此，首先是要让主要的生产资料——农村土地，根据各地不同的情况，需要合则合，需要分则分。其次是让社会资金进来。由于银行贷款与分散的农村经济承包经营天然不结缘，引入困难，因此让金融下乡最可行也最佳的方式之一就是引入资本金融的股权资本。股权资本进来以后，技术下乡并引入相应的人才也就会成为可能。在土地作价入股+社会资本入股+技术入股的基础上，农村新型股份公司才能组建。

另一方面，要在农村开发能够最大程度地持续赢利的产业，就必须突破传统工业化时代传统经济学对农业只是一产的定位。这就要求我们把产业开发的对象，从原来的只是把农村土地作为一种平面资源，转向依托于农村土地而来的生态空间资源。农村生态空间资源的系统性和整体性，要求我们在对该资源的使用价值范围的界定上，不能分散给一家一户，而是要以行政村为单位，由集体经济组织出面进行资产运营。

因此，以农村土地资源资本化为手段，对我国农村的生产关系进行调整势在必行，其具体的过程可以描述为"四化"，即土地股份化、农民股东化、农村公司化、农业产业化。

具体地，农户将土地经营权作价入股到农村股份经济合作社（农村集体经济组织），形成"特别法人资产"。农村股份经济合作社以农村土地资产作为存量资本作价入股，形成"特别法人股"，在增量股份上引入货币资本和技术资本，共同构造农村新型股份公司。

农村"四化"的创新在于，构建农村发展的共享机制，其最终目的则是实现共同富裕。为此，就要让共享机制中的各方都有相对均衡的收益。其中包括，要让农民在消除失地风险的前提下享受股权性分红，要让股份经济合作社拥有一定的经济收入，从而强化其在农民中的公共服务提供者角色，要让外来不同类型的资本和技术获得相应的收益与回报，要让政府获得税收增长、就业增加，要让银行信贷性资本获得债务保障。其中的关键，是通过政策支持和创新，让农村新型股份公司以一种带有一定特点的现代公司法人的角色，从事各种生产经营和金融活动。比如，推进长期以来进展缓慢的农村土地抵押贷款、资产证券化等业务，让农村新型股份公司充分获得发展和经营所需的资金。

## 二、设立矿业对外投资基金，增强国际产能储备和定价权

统筹国内自然资源与国际自然资源，协调并构建国内国际资源供应"双循环"格局，应作为我国当前及今后一个长时期内的基本国策。在全球资源危机日益加剧的今天，国家必须超前规划、超前投入、循序实施，否则将贻误"战机"。大力支持我国矿业和能源企业到海外进行资源的投资与合作，不仅是一种必然要求，也是一条必经之路。客观认识我国经济发展对矿产资源的需求与国内供给，以及长期居高不下的矿产品进口依赖程度，应在前期矿业企业"走出去"国际经验的基础上，加大政策引导和财政支持。发达国家以资本运作和成立跨国公司为主要方式控制资源，在全球范围内实现资源配置，并已形成了世界矿业垄断格局。这对我国自然资源勘查开发及管理既是严峻挑战，也是前车之鉴，我们也应深入研究分析、学习借鉴，以资本控制资源，大力拓展境外自然资源获取渠道。

要充分发挥地缘政治优势，通过"一带一路"、构建人类命运共同体的构想，以国资委牵头成立一批具有一定规模、实力的资源跨国企业，建立一批稳定的海外矿业生产供应基地和资源储备基地，为我国"十四五"时期乃至今后一段时期经济高质量发展提供稳定的动力引擎。从卖方市场来看，要注重发挥自身产业优势并将其转化为规则优势、制度优势，进而提升我国在相关领域内的话语权及产业竞争力。从买方市场看，要让全球资源"为我所用"，注重深化全球产业布局、加强自然资源供应多元化建设、提升自然资源利用效率等方面的发展，关键方式就是通过资本运作提高我国对国际矿业和能源资源开采的控制权，通过增加在海外的产能储备

解决定价权问题,充分发挥其"压舱石""蓄水池"的作用。

为了更好地支持资源型跨国企业"走出去"战略,一是应由国务院国资委负责牵头成立矿业对外投资基金,财政部下属的中投集团给予资金和咨询支持。可以多渠道筹集,但应以国有资本和财政投入为主。二是国家要制定相应的经济政策,鼓励企业到境外进行风险勘查和开发投资。对于境外开发项目、收购或参股项目,按低于同期国家投资银行利率有偿使用基金,例如,以低息或零息贷款作为风险勘查基金的贷款。三是积极为风险勘查基金提供或创造上市的绿色通道。资本需要在流动中增值,矿业资本投资在项目投资初期就要设计好退出渠道。公开上市融资是国外矿业投资的主要退出方式。因此,风险勘查公司是否能够上市,直接决定了矿业投资的活跃度和规模。除此之外,还要建立和完善适应风险勘查基金需求的发行上市制度、交易制度和信息披露制度。四是学习资源型跨国企业运作的经验,对海外项目进行科学的决策和管理,同时,项目实施中要加强合规运营与风险防范。其中,合规运营和管理是"一带一路""走出去"的薄弱环节。企业合规之"规"包含三个内容,一是国内外监管机构的要求和规定,二是企业内部建立的相应的规章制度,三是企业的职业操守和道德伦理。在企业国际化进程中,合规运营不是企业被动遵纪守法的行动约束,而是对"法无禁止皆可为"的主动完善,更是企业提升自我,讲伦理、重信誉、守道德价值观的体现。风险防范方面,政治风险、经济风险、文化风险、政策风险、法律风险、自然灾害风险等都属于风险防控的内容。在项目实施中,要聘请投资银行、会计师事务所、律师事务所、资产评估机构等,进行会计、技术、法律、经济等方面的全职调查和研究,从而在国际资本运作过程中将境外资源资本化,达到国际资源"为我所用"、构建大国资源"压舱石"的战略目的。

### 三、以电、碳交易引领能源资本市场转型升级

基于我国当前的国内外环境和发展态势,为促进当前电力和碳交

易市场的建设，有效衔接传统能源市场的资本市场，我国能源资源资本化及对应市场建设的核心路径，应该是建设以电力期货市场为总牵引，新能源为战略方向，传统煤炭、石油、天然气能源筑基的整体能源资本市场格局。

### （一）以电力期货市场牵引我国能源资源资本市场

电力市场化体制改革正当时，加大电力市场建设是电改的重要内容。针对发电权以及电力期货交易市场的研究，既能缓解电力供需中的预测难题，共担风险，又能优化发电资源，促进电源结构调整，在资源配置的过程中实现降耗能减排放，最终引领我国能源资源资本市场的建设。

电力能源的复杂性，使得水、火等不同发电来源的电力之间需要更稳定的电力交易市场，不同交易用户也需要一个更便捷的交易市场。从集中和分布式电源的角度看，仍然需要在电力市场上创造性地有所突破。电力能源的"二次"特殊性，决定了传统的能源资源都能向电力转换，因此电力市场的快速发展推动一定程度上可以代表传统能源的资本市场，如果能够在电力市场上达到好的效果，还能绕过传统能源交易市场许多的难点，所以说电力期货市场是我国能源资源资本市场的总牵引。

### （二）以新能源市场明确我国能源资源资本市场的战略方向

我国自然资源开发经历了从无序到有序的过程。调查显示，在自然资源开发过程中，伴随经济的高速飞跃，耕地面积的1/3受到水土流失的危害，面积高达150万平方公里。传统的马克思劳动价值论认为自然资源是天然存在的，如果片面理解这一理论，就容易误读为自然资源不是劳动产物，不具备生产价值。现实中，自然资源特别是能源资源并不是可以无限更新或者再生的，也就无法无限恢复和增值。随着人类活动的增加，自然生产并不能满足强有力的消耗，自然资源也就成了一种可消耗的资产。人类对能源资源的开发利用，导致稀缺与浪费并存的情况大量存在。作为能源开采大国、消耗大国，中国有意愿也有能力在新能源领域更有作为。我国的能源资源资本化研究，应该进一步推动新能源开发利用，破除新能源交易市场的机制藩篱，为节能减排开辟新的市场，并通过碳排放交易等高效的现代化金融制度引领全球生态建设。

**（三）以碳市场推动进一步拥抱全球化，构建命运共同体**

气候变化、能源短缺必然引起全球性的竞争，但该竞争却是一个正和博弈。因为任何国家的参与、努力和取得的突破，都会为人类更好地与地球和平相处而贡献重要力量。全球的能源竞争格局由技术和制度来双向引领，其中碳市场的建立，尤其需要技术能力和金融基础，碳价更是对一个国家参与全球化能力的重要考验。

一方面，虽然全世界大量国家都逐步承诺碳达峰和碳中和，但他们具体的操作和计划都有很大的不同。这种努力都是建立在自愿基础上的，并没有强制的约束力。在这个基础上，是对碳排放进行监测还是碳消费进行监测都很难达成具体的共识。另一方面，发达国家从工业革命至今，累计排放了大量的温室气体，应该承担更多的关于气候的责任和义务。现有中低端高排放的产业都集中在发展中国家，如果征收碳税，将进一步打击发展中国家的经济发展。

可以操作且公平的办法就是进行碳市场的建设，尤其是为了达到各国的协同效应，继续敦促发达国家发展绿色技术，就要建立国际化的碳价和碳指标。碳引领的能源市场是人类命运共同体的重要载体，而全球碳市场的建立，必须依赖全球多方利益体的共识，这对各国政府的责任和能力都是重要挑战。

**（四）以传统化石能源市场进一步发挥"压舱石"的兜底作用**

加强能源资源的资本管理，需要加强价值、价格研究，更需要建立更加高效和科学的经营制度，在建立能源资源核算体系的基础上，能源资源的消耗一目了然，对化石能源的消耗也会有更多生态补偿的需求。但是化石能源对生活、生产方方面面都发挥了举足轻重的作用，无论是从短期我国对传统能源资源的依赖来看，还是从中期全球能源结构调整需要一个时期来看，传统化石能源的兜底作用都不言而喻。同时，由于过去粗放式的开采和发展，能源资源的高效率利用转型还大量停留在工业技术层面。通过资本化来进行更有效的资源配置比较落后，仍然有很大的发展空间。因此，我国能源资源资本化及对应市场的建设还需要进一步研究传统化石能源资源的资本化过程及市场配置。

## 第六节　构建多层次的自然资源资本化市场体系

中国是一个制造业大国，又是各种资源相对匮乏的要素短缺型大国，无论是资源的出口，还是生产所需的资源的进口，都需要把握市场的主导权、定价权，这就要求我国要有自己的资本"压舱石"。自然资源资本化的方式，既包括资源开发过程中利用多元化的资本将资源资本化，也包括通过国际市场的股权并购间接实现获取资源的目标，还包括通过期货市场的套期保值功能来控制实体企业面临的价格波动风险。

建立完善的资源资本市场，实行有效的社会投入和资本运作，实质上是过去靠国家财政、银行等计划融资的体系，转变为通过价格发现功能对资源进行市场化配置的管理方式上的重大变革，也是对我国资本市场的重要补充与发展。我国自然资源资本化的过程就是金融化的过程，从商品市场推进到资本市场，将资源的增值收益预期，通过交易投资转化成资本市场中流动的货币和资本，是自然资源资本化的必经之路。在自然资源商品市场中，包括现货和远期现货市场，买资源性产品的目的就是用。而在自然资源金融市场中，重点是利用货币和资本完成对资源的开发、利用和配置。这就把自然资源开发的视野，从以现货、远期现货为主的商品市场推进到了以资本交易为主的证券市场和期货市场。

自然资源资本化对应市场的建设，核心包括四大类金融市场。一是产权交易市场，例如，地方农村土地产权交易中心，地方矿业权交易中心，自然资源特别股份转让的产权交易市场等，也就是四板市场。二是资源性股份公司融资并挂牌上市的股票（股权）市场，例如以矿业、能源上市公司股权交易为代表的专板，此外还应考虑重点培育矿业、能源风险勘查投资基金。三是大宗商品期货市场，例如大商所、郑商所等交易焦煤和动力煤标准化产品的期货市场。四是设立单独的电力期货交易所。

## 一、整合区域性自然资源产权交易市场

自然资源的开发、利用具有投资大、周期长、风险高等特点，决定了建立产权交易市场（区域性股权交易市场）并让其发挥融资功能，对资源的勘查、开发的顺利启动和推进至关重要。自然资源产权交易市场已经成为有效降低资源勘查风险、推动资源健康发展的动力源泉，也是提升资源企业能力的重要平台。区域性股权交易市场（即场外市场、四板市场），是我国资本市场金字塔的塔底，交易方式是协议转让，而不是竞价转让，其股份并非面向社会公开发行。它既是一个面向社会的公共融资场所，也是资源和资本主管部门优化资源配置、服务企业提高收益的一个重要平台。

### （一）打造农村新型股份公司股权交易市场

针对我国农村土地资源资本化股权交易市场发展现状中的一些问题，制定一套健全、科学、合理且切实可行的农村土地资源资本化股权交易市场交易规则和市场运行机制，并及时给予法律、政策、监管、风险防范等各个方面的基本保障，对我国农村土地资源资本化的良性发展具有重要意义。

如果按照以往思路，股权交易都在交易所进行，将会使流转交易效率低下。为此，我国可以省为单位，建立市和县级股权交易中心。市和县级股权交易中心的成立得由当地政府批准，实行农村新型股份公司制管理模式，并且应将该中心纳入我国多层次资本市场体系。

该股权交易中心可以开展面向农村新型股份公司的多种服务，其中包括对公司的挂牌展示、形象宣传、股权托管登记、股权流转交易、股

权融资等。

### （二）利用各省产权交易所整合现有矿业权交易机构

逐步探索和拓展矿业公司股权交易市场，为非上市公司股权的转让和流通提供渠道。将现有的全国已组建的200多家矿业权交易机构并入各个省、区、市的产权交易所（四板市场），在这些产权交易所中设立矿产资源板块。

## 二、完善资源性股份公司融资并挂牌上市的股票（股权）市场

按照股票（股权）市场的内在结构层次，重点应考虑资源性股份公司从股市融资和成立产业投资基金的两种融资方式。

一是在京、沪、深三个股票交易所设立矿业板块。我国矿业企业上市公司仅有59家，占沪、深两市上市公司总数的1.7%，年平均仅有2~3家矿业企业成功获得上市融资，矿业企业中成功申请上市的主要为煤炭企业、钢铁企业及石油、贵金属类矿业企业；且这些企业主要从事矿产开发及加工贸易，因勘查风险大等因素，勘查类矿业企业只有3家。鉴于矿产资源对我国经济发展和安全的重要性，我国必须在资本市场及相应政策上给予大力扶持，这样才能快速发展并与大国崛起的战略目标相适应。

在这方面，我们应学习加拿大等国家资本市场的经验，在上海、深圳、北京三个交易所开辟矿业板块，并对矿产企业、探矿企业的上市适当放宽进入条件，以解决我国探矿企业融资难的现实困境。

二是组建矿业产业投资基金，开辟风险勘查企业上市绿色通道。地质勘查行业的勘查成功率低，市场风险、技术风险和经济风险较高。我国风险勘查资本市场尚未开放，矿产勘查业发展严重滞后，并且没有政策扶持，难以获得社会融资。勘查权的国际市场融资主要是靠风险勘查资本市场体系。要解决上述问题，需要中央和各省级政府下决心、给政策，例如，在中央和各省级政府设立矿产资源风创投的引导基金，金融

政策上给矿业企业特别是风险勘查企业的上市开辟绿色通道,并给予税收优惠。

### 三、加大资源性大宗商品期货市场建设力度

当前我国应在远期现货市场解决供求问题的基础上,通过完善资源期货市场解决资源市场化改革之后的因价格波动造成产业供能冲击的问题,例如,大商所、郑商所等交易焦煤和动力煤标准化产品的期货市场。在自然资源资本化过程中,要在现货市场解决市场化定价问题并在满足资源供应的基础上,通过期货市场的风险管理、套期保值功能,解决资源性商品的价格风险问题。

10多年来,期货市场在大宗资源商品价格的定价中,尤其是在铜、铝、锌和石油的定价上发挥了非常积极的作用。我国约70%的石油、80%的铁矿及铜矿、90%以上的铅锌矿及钾盐等大宗矿产品,是以现货交易方式直接从国际市场上购买的,个别矿产品进口规模甚至已占到世界贸易总量的50%。我国通过建立矿产品现货和期货市场、推出指数定价、增加国家储备并对国际投机行为实施狙击等措施,在一定程度上获得了资源品的国际定价权和话语权。但同时也存在大量问题,例如,国内期货市场发展总体还比较落后,资源企业也缺少参与国际期货市场的通道,难以利用期货市场发挥价格发现和避险功能,导致我国大宗资源品进出口表现出"量价齐升"的特征,同时我国还缺乏资源品的战略储备,经济安全及金融市场极易遭受挑战。

大宗商品定价权实质上是大宗商品的金融定价权,大宗商品定价已经由以往的以现货定价为主转变为以期货为主,金融衍生工具逐渐成为商品价格的决定性因素。当前国际市场的定价权基本掌握在几大期货交易所手里,国际石油价格的确定主要由美国纽约和英国伦敦期货价格决定,国际金属价格主要参照英国伦敦期货价格确定。

经过几十年的努力,尽管中国已经设立了不少现货和期货交易所,且许多品种的交易量已跃居世界前列,但还处在相对封闭状态,难以有

效与国际期货价格产生联动。面对全球早已形成的拥有定价权的各种商品交易中心和全球贸易规则的制定者,我国基本上只能遵循和适应现有的规则,远未将期货市场交易量的优势转化为切实的话语权。要实现从现货市场的"制造中心"转变为具有国际矿产品期货的"定价中心",仍有很长的路要走。

针对上述情况,我国应以定价权为目标,制定和实施期货市场战略发展规划并完善相关制度。作为世界上重要的大宗商品和原材料进口国、出口国、消费国,中国应当力争与其市场地位相符的对商品价格的影响力,高度重视以大宗支柱性矿产品为主的重要商品的国际定价权问题,确立加快发展期货市场的战略发展规划,逐步建立起投资者结构合理、现货市场夯实、法律法规配套完善、创新意识较强的国际化期货交易市场。除此之外,还要利用期货市场的价格发现功能,弥补现货市场价格信息分散、零乱,准确性不高,时效性不强的问题,并根据我国实际供求状况,形成一个统一的基准价格,参与国际竞争。

## 四、加快电力期货交易所的建设

电力期货市场是我国能源资源资本市场的总牵引。在电力市场化改革背景下,建设电力期货交易所能够促进能源资源的优化配置,推动降耗能减排放,最终引领我国能源资源资本市场的建设。

我国需要加快电力期货交易所的建议的原因如下。

首先,电力市场参与者需要电力期货的价格发现和风险规避功能。商品公正的市场价格的形成,需要有效反映真实的供求状况等。期货交易市场恰好能满足所需条件,期货价格正是成千上万的交易者基于对商品供求状况的分析,在交易所公开竞价达成的,具有预期性、连续性、权威性等特点。期货市场建立以后,电力市场价格体系将更加完整,电力用户可以根据现货市场与期货市场价格状况来优化自己的用电计划,电力企业可以合理调整经营规模与方向,从而使电力系统运行的效率大大提升。

其次，电力期货市场的建立有助于电力改革，有利于激发市场活力。期货市场的建立有助于电力市场形成统一规范，市场参与者能够在公开透明的统一规则下，通过自由合约达成交易。建立期货市场的过程也有利于国家划分电力区域，形成电力区域价格。同时，电力期货市场中的参与者会更加多元化和分散化，大型电企的市场力能够得到有效遏制，市场竞争效率得到改善。另外，期货市场的机制能够对供给双方的行为自行进行调节，能够很大程度弱化政府职能，使政府完成"市场操控者"到"市场监管者"的转型，减少电价中非经济的因素。

最后，期货产品的独特魅力将吸引大量金融机构、投资者参与市场，从而促使电力市场的关注度、电力交易的活跃度得到提升。

具体操作层面，应先推行三月期的电力期货交易。电力期货市场本身也不可能一蹴而就，由前所述，电力期货合约非常复杂，其产品标的有火电、水电、风电、太阳能电等，其交割时期可以到日，视具体情况亦可以考虑峰、谷、平三种情况。随着市场逐步成熟，视三月期的电力期货交易情况，逐步扩大电力期货的期限。

# 农村土地资源篇

第一章

# 农村土地资源的主要类型与现状

# 第一章 农村土地资源的主要类型与现状

土地是人类生存的基础和依托。我国土地的绝对主体分布在农村地区。基于资本化对农村土地现状进行分析是本章的主题，也是进行农村土地资源资本化研究的起点。

## 第一节 农村土地资源的主要类型

从面积上看，我国拥有 960 多万平方公里的陆地面积，在世界上排名第三。但是，我国的地域内包括了世界上最大最广的高山巨川和沙漠荒原，从人均土地面积和适宜人类生活的角度来看，土地资源并不宽裕。尤其是要保证 14 亿人口的粮食安全和生活环境的宜居，必须划定耕地面积、植物覆盖面积、优质水域面积的红线。我国现阶段依然处于向现代工业社会转型的阶段，城镇化进程在不断推进，对土地资源的利用具有明显的建设用地和城市用地迅速扩张的特点。对此，政府要求，"构建以空间规划为基础、以用途管制为主要手段的国土空间开发保护制度，着力解决因无序开发、过度开发、分散开发导致的优质耕地和生态空间占用过多、生态破坏、环境污染等问题"（中共中央、国务院，2015）。

一方面，从所有制的角度来看，我国土地分为国有土地和集体所有土地，实行土地公有制。另一方面，从土地利用类型的角度来看，我国土地又分为农用地、建设用地和未利用地三类[1]。本书认为凡是实行集体

---

[1] 《中华人民共和国土地管理法》规定："国家编制土地利用总体规划，规定土地用途，将土地分为农用地、建设用地和未利用地。""农用地是指直接用于农业生产的土地，包括耕地、林地、草地、农田水利用地、养殖水面等；建设用地是指建造建筑物、构筑物的土地，包括城乡住宅和公共设施用地、工矿用地、交通水利设施用地、旅游用地、军事设施用地等；未利用地是指农用地和建设用地以外的土地。"（全国人大，2019）

所有制、产权归农民集体所有的土地均属于农村土地资源。结合原国土资源部组织修订的《土地利用现状分类》，农村土地资源的具体类型细分如下。

第一，农村农用地。依据《土地利用现状分类》（GB/T 21010-2017），农用地分为耕地、园地、林地、草地以及坑塘水面、设施农用地等类型。我国的农用地除少数归属国有（以国有农场的形式存在）外，大多均归农村集体所有。

第二，农村的建设用地，又叫乡（镇）村建设用地或农村集体土地建设用地，是指乡（镇）村集体经济组织和农村个人投资或集资，进行各项非农业建设所使用的土地。政府文件中对农村建设用地通常有两种分类方法。第一种是将之分为宅基地、公益性建设用地和经营性建设用地。例如，2008年党的十七届三中全会通过的《中共中央关于推进农村改革发展若干重大问题的决定》提出，"改革征地制度，严格界定公益性和经营性建设用地，逐步缩小征地范围，完善征地补偿机制。"2019年中共中央、国务院发布的《关于建立健全城乡融合发展体制机制和政策体系的意见》提出，"在符合国土空间规划、用途管制和依法取得前提下，闲置宅基地、废弃的集体公益性建设用地转变为集体经营性建设用地入市"。第二种是将之分为经营性建设用地、非经营性建设用地和待界定建设用地等三大类。这突出体现在2017年12月农业部、财政部、国土资源部等九部委下发的《关于全面开展农村集体资产清产核资工作的通知》中。

依据《土地利用现状分类》（GB/T 21010-2017），农村建设用地可以分为商服用地、工矿仓储用地、住宅用地、公共管理与公共服务用地、特殊用地、交通运输用地、水域及水利设施用地等。

第三，农村中的未利用地。依据《土地利用现状分类》（GB/T 21010-2017），农村未利用地被归入其他土地，主要包括空闲地、盐碱地、沙地、裸土地和裸岩石砾地。

从农村土地资源资本化的角度来看，农用地的主体是耕地和林地。"民以食为天"，人类食物的主要来源就是耕地。耕地，是人类得以生存的极为重要和根本的自然资源。从古到今，人们从耕地上获得满足饮食的作物，为生命提供基本和必需的能量，保障了人类的生存和种族的延续。人类历史上的许多冲突和纷争，都是源于对耕地的争夺和占领。依托林地存在的森林是"地球之肺"，在具有突出的林下经济效益的同时还具有重要的生态保障功能。

从农村土地资源资本化的角度来看，农村建设用地的主体是集体经营性建设用地和宅基地，后者为农民提供居住保障的同时还具有财产属性，集体经营性建设用地是农村集体经济中极为重要的公共财产。

从农村土地资源资本化的角度来看，农村未利用地的主体是"四荒"地。"四荒"地是荒山、荒沟、荒丘、荒滩等未被利用的土地的合称。虽然在现行经济环境中可能暂时未得到充分、合理、有效的利用，但这些土地本身仍具有非常重要的价值，也是进行自然资源资本化的重要载体。

接下来对农村土地现状及发展历程的分析，主要选取农村土地中的耕地、林地、集体经营性建设用地、宅基地和"四荒"地这五种类型。

## 第二节 不同类型农村土地资源的现状

### 一、耕地的现状

我国农业历史悠久，适宜农业耕作的土地基本已经被开发，耕地的后备资源不足、潜力不大。2021年8月，自然资源部公布了第三次全国国土调查主要数据成果，当前我国耕地面积共计12 786.19万公顷（191 792.79万亩）。其中，水田3 139.20万公顷（47 087.97万亩），占24.55%；水浇地3 211.48万公顷（48 172.21万亩），占25.12%；旱地6 435.51万公顷（96 532.61万亩），占50.33%。我国64%的耕地主要分布在秦岭—淮河以北，其中全国耕地的40%集中在五个主要耕地大省区——黑龙江、内蒙古、河南、吉林、新疆。

"虽然我们占了全球总人口的百分之十八，可是土地面积却仅占了百分之九，而水资源仅占全球的百分之六，用百分之九的土地、百分之六的水资源养活百分之十八的人，压力非常大。满足人们现在的基本农业需求，需要有三十五亿亩粮食作物播种面积，而即便算上复种面积，目前中国的粮食作物播种面积也仅仅有二十五亿亩，尚有约十亿亩短缺。"（刘奇，2021）总体而言，我国耕地资源面临紧张、短缺的局面。

西奥多·舒尔茨曾评价，"家庭联产承包制带来了中国经济的高速增长，在世界范围内影响巨大，但是不能解决农业生产中的所有组织问题。"（李似鸿、高璐，2021）1978年后，随着农村劳动力向城市的流动，我国耕地流转明显落后于劳动力的流动，耕地经营权的自由流转成为必要。为促进耕地资源的合理利用，推进农业现代化，我国从政策到立法层面均对耕地产权制度和流转制度进行了多次调整。

2008年10月，中共中央出台了《关于推进农村改革发展若干重大问题的决定》。2014年1月，中共中央、国务院发布了《关于全面深化农村改革加快推进农业现代化的若干意见》。两个文件为后来的农村土地"三权"分置改革提供了政策铺垫。2016年，中共中央办公厅、国务院办公厅发布了《关于完善农村土地所有权承包权经营权分置办法的意见》，首次提出了"三权"分置的概念，实行农村土地所有权、承包权、经营权分置并行制度。这是我国农村土地制度继家庭联产承包责任制之后的又一次历史性重大变革。2020年1月1日起实施的修订后的《中华人民共和国土地管理法》以立法的方式对"三权"分置的土地产权制度进行了确认[1]。

---

[1] 《中华人民共和国土地管理法》第九条明确了土地的所有权："农村和城市郊区的土地，除由法律规定属于国家所有的以外，属于农民集体所有；宅基地和自留地、自留山，属于农民集体所有。"第十三条明确了土地的承包经营权："农民集体所有和国家所有依法由农民集体使用的耕地、林地、草地，以及其他依法用于农业的土地，采取农村集体经济组织内部的家庭承包方式承包，不宜采取家庭承包方式的荒山、荒沟、荒丘、荒滩等，可以采取招标、拍卖、公开协商等方式承包，从事种植业、林业、畜牧业、渔业生产。家庭承包的耕地的承包期为三十年，草地的承包期为三十年至五十年，林地的承包期为三十年至七十年；耕地承包期届满后再延长三十年，草地、林地承包期届满后依法相应延长。"

### 三、集体经营性建设用地的现状

农村集体经营性建设用地,是指具有生产经营性质的农村建设用地。该用地首先须符合乡(镇)土地利用总体规划中的建设用地的用途。具体情况分为两种,一种是农村集体经济组织自身利用该用地兴办企业;另一种是集体经济组织与其他单位或个人联合起来,利用该用地一起兴办企业。

当前中国农村共有集体经营性建设用地计约 4 200 万亩,主要集中在东部沿海经济发达地区的农村,尤以长三角地区和珠三角地区为多。过去数十年间,我国城镇化推进速度加快,大量农村人口转移到了城镇生活和居住,但城乡建设用地并未随人口规模的扩大而及时调整,导致了城镇建设用地紧张,农村建设用地相对富裕的局面。推动城乡之间建设用地的合理调控与有效流转,成为当前和未来政策发展的关键。

按照中办、国办颁布的《有关乡村土地征管、集体经营性建设用地入市、宅基地流转制度改革试点的若干意见》中的表述,乡村集体经营两个限制性特征。其一是"存量工程建设工业用地",二为"工矿仓储、商服等经营性用途"。但随着农村改革的实施,以及政策研究的发展,已经不断地把这两项限制性要求进一步扩大,一方面在于政府对增加农民集体经营性建设用地的承认,另一方面则在于经营性用途内涵的不断拓展,如发展住房租赁等。

我国正式提出"农村集体经营性建设用地入市"改革是在 2013 年,但在此之前实际上已经有一些地方进行了相关的尝试。党的十八大以来,有关集体经营性建设用地入市方面的改革加快了进度,以建立健全城乡统一的建设用地市场为目标,集体经营性建设用地直接入市获得确认。其中 2013 年的《关于全面深化改革若干重大问题的决定》、2015 年的《关于授权国务院在北京市大兴区等三十三个试点县(市、区)行政区域暂时调整实施有关法律规定的决定》、2021 年的《关于全面推进乡村振兴加快农业农村现代化的意见》等都是实现这一目标的重要文件。"十四五"规划中则明确提出,要统筹各类性质的土地改革,允许村集体依法有偿收回闲置宅基地、废弃集体公益性建设用地，转变为集体经营性建设用地，为农村集体经济发展筹措更多的经济土地资源。

**四、"四荒"地的现状**

"四荒"地是未利用地的主要类型，具体包括荒山、荒沟、荒丘、荒滩等。农村存在着丰富的"四荒"地资源。在农村土地的使用中，"四荒"地还未得到充分的利用。由于其生态环境比较恶劣，土地生态价值较低，开发成本较高，导致其利用范围较小，开发周期较长，并长期处于闲置状态。但这并不意味着"四荒"地没有使用价值。一旦条件具备，"四荒"地就可以"变废为宝"。因此，农村"四荒"地是属于农村集体的一类宝贵资源。"四荒"地使用权的承包对象，既可以是本集体经济组织的成员，也可以是本集体经济组织以外的人。关于"四荒"地的承包，既可以采取家庭联产承包的形式进行村内承包，也可以采取招标、拍卖、公开协商的形式进行承包。

在"四荒"地使用权流转交易方面，"四荒"地属于农村集体经济组织的土地资源，在土地使用权转移时，需要农村集体经济组织通过相关程序转移"四荒"地的承包权与使用权。

"四荒"地使用权的流转分为四个阶段：一是由地方政府组织土地行政主管部门与有关部门一起进行地方土地分类，制定土地利用规划，确定"四荒"地的相应范围；二是确定"四荒"地具体的治理开发方向，依据原则包括土地区位和利用条件等；三是进行"四荒"地使用权流转，流转的方式包括承包、租赁、拍卖等；四是根据"四荒"地使用权流转后的初步治理情况，依据主导性的经营内容和方向，发放相应的权属证明（包括土地证、林权证、草原证、养殖使用证等）。要特别说明的是，对于权属关系存在争议的"四荒"地，县级以上人民政府才有权依法进行权属确认；在争议解决之前，不得对"四荒"地使用权进行任何形式的流转。

1999年12月，国务院办公厅发布了《关于进一步做好治理开发农村"四荒"资源工作的通知》，规定"四荒"使用权承包、租赁或拍卖的期限最长不得超过50年。由于1997年亚洲金融危机的影响，局部地区金融产业过热、投机倒把行为猖獗，破坏了我国市场经济的繁荣稳定，在一定程度上影响了我国经济的长治久安。因此，中央与地方政府不断通过货币政策与财政政策进行宏观调控，稳定我国社会主义市场经济。在"四荒"地使用权方面限制最长使用期限，在一定程度上打击了投机资本，限制经营主体对"四荒"地的长期使用，以免产生土地经营垄断行为。

2002年4月，国务院发布了《关于进一步完善退耕还林政策措施的若干意见》，强调了"四荒"地种植林木推进环境改善的重要作用，突出了"四荒"地的环境改善功能。近年来，政府又采取多种措施鼓励对四荒地进行以休闲农业、乡村休闲旅游为主的多元化开发和经营。

第二章
# 农村土地资源资本化中的产权分析

产权清晰既是农村土地制度改革的核心，也是实现农村"四化"的前提。本章旨在对当前我国农村土地产权现状进行梳理，以为农村土地资源资本化改革奠定制度基础。

## 第一节　农村土地产权现状分析

### 一、农地产权

#### （一）农地产权的"三权"分置

农业农村改革中最有生命力、最有发展潜力的是农户经营用地改革，是实现农业现代化、规模化、产业化的基础。自农村土地"三权"分置改革后，我国已形成了"土地所有权—土地承包权—土地经营权"的三级土地权利体系，如图2-2-1所示。

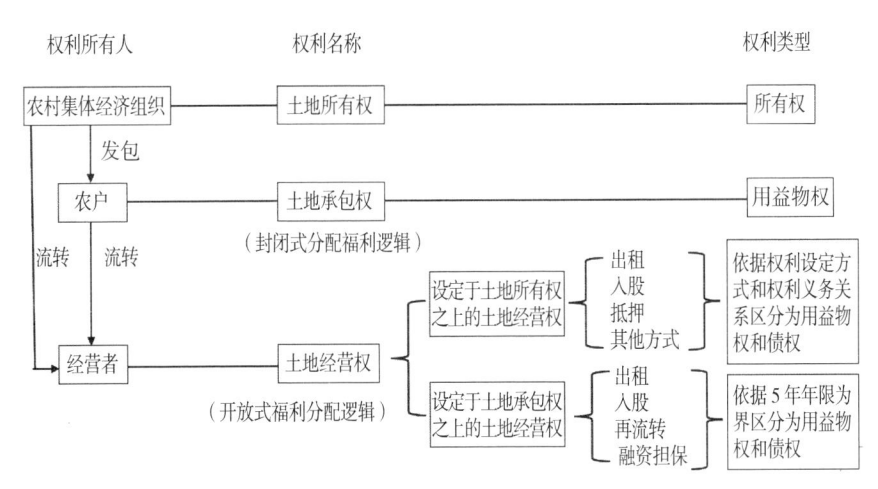

图2-2-1　"三权"分置下农村土地的权利体系

传统的集体所有制下农村土地共同共有，改革之后从所有权中分离出了承包经营权。但是，今天要实现规模经济，就要使生产关系符合生产力的发展要求，所以要把股份制从城里引到农村，形成按份共有的农户把土地经营权入股到农村股份经济合作社（以下简称农合社）的特别股份，进而形成农合社特别法人股基础上的法人所有权，这就与所有权最初是集体的共同共有，到农民的按份共有。由此可见，"三权"分置改革下形成了农合社法人对农地的所有权，传统所有权从共同共有到按份共有，不是一个简单的旋转门，而是从计划经济到市场经济所构造的法人基础上的法人所有权。

在此背景下，农合社特别法人股的内涵就是，土地经营权让渡给法人，出资人只是获得股权，股权是一种弱化、虚拟的所有权，没有实物占有，只有一纸合同；收益上按份所有，享受分红，从而获得财产性收入；处置上可以转让，不能退股，因此对法人所有权毫无损伤。

### （二）所有权为农村集体共同所有

在农村土地所有权问题上，《民法典》中规定属于集体所有的农用地、建设用地和未利用地的所有者是本集体成员集体；第二百六十二条进一步规定了集体所有的未利用地的所有权的行使方法[①]。

关于《民法典》关于土地所有权的规定，理论界存在两种理解。一是独立代表主体说（高圣平，2020）。该观点认为，农民集体和集体经济组织属于两个不同的法律主体，前者为集体土地所有权的所有权主体，而后者作为一种特别法人，仅代表主体行使集体土地所有权的相关权利，并非所有权的主体。在此观点下，集体土地所有权实际上为集体成员所共有。二是所有权主体说。该观点认为，集体土地所有权的主体是农村集体经济组织。比如，全国人大常委会法工委原主任李适时认为，农村集体经济组织就是农民集体作为土地所有权人在民事

---

[①]《民法典》第二百六十二条："对于集体所有的土地和森林、山岭、草原、荒地、滩涂等，依照下列规定行使所有权：（一）属于村农民集体所有的，由村集体经济组织或者村民委员会依法代表集体行使所有权；（二）分别属于村内两个以上农民集体所有的，由村内各该集体经济组织或者村民小组依法代表集体行使所有权；（三）属于乡镇农民集体所有的，由乡镇集体经济组织代表集体行使所有权。"

法律上的表现形式（李适时，2017）。在此观点下，集体土地所有权实质为一项法人所有权。

（三）承包权归农户享有

《农村土地承包法》规定，土地承包人既可自己享有土地经营权，也可在保留土地承包权的基础上，转让其承包地上的经营权，由他人经营土地。①《农村土地承包法》首次在立法中明确了"土地承包权"的概念，在一定程度上终结了法学界长期以来关于是"土地承包权"还是"土地承包经营权"的争论，将农户基于集体身份而获得的农村土地用益物权的名称固定为"土地承包权"。

土地承包权权利的设定主体包含双方：一方是作为土地所有者的集体经济组织，其也是土地承包权权利设定主体中的发包方；二是作为土地承包权权利所有者的农户，其也是土地承包权权利设定主体中的承包方。土地承包权的内容，仅包括农用地，不包括未利用地。土地承包权的权能包括：获取对价、农业用途和地力维持、处分同意、添附同意、转让互换、提前收回、期满收回、征收时的被补偿权、自愿交回承包地时的被补偿权、强制收回情形下的被补偿权、损害赔偿权等十一项权能。

（四）经营权归土地经营者享有

土地"三权"分置的核心是，从土地承包经营权中分离出土地经营权，由此土地经营权能够进入市场流转体系，从而进一步实现土地资源的资本化。本书所探讨的土地资源的资本化，其实质亦是指土地经营权的资本化。不同于土地承包经营权遵循的是封闭的市场逻辑，土地经营权遵循的是开放的市场结构，其权利主体可以是任何自然人、法人或非法人组织。

---

① 《农村土地承包法》第九条："承包方承包土地后，享有土地承包经营权，可以自己经营，也可以保留土地承包权，流转其承包地的土地经营权，由他人经营。"

《农村土地承包法》第三十六条[①]和第三十七条[②]分别规定了土地经营权的流转方式和土地经营权人的权利。由此在立法上确立了土地承包权和土地经营权的分离，为土地经营权进入开放性的市场流转奠定了法律基础。在基于土地承包权的土地经营权中，权利设定涉及三方主体：一是作为所有者的农村集体经济组织，二是作为承包人的农户，三是作为经营者的经营方。三者之间形成了"土地所有权—土地承包权—土地经营权"分置的产权结构。基于土地承包权设定的土地经营权的权利客体为农户依法承包的农村土地。基于土地承包权设定的土地经营权的权利行使方式包括出租、入股、再流转（转租）、融资担保等。依据权利设定时间是否满足5年界限，经营方享有的权利可能为物权性的权利，也可能为债权性的权利。

**（五）经营权流转后的权利归属**

土地承包经营权分置为土地承包权和土地经营权，土地承包权只能由集体经济组织成员享有，而土地经营权对于权利主体的身份未做特殊限制，自然人、法人和非法人组织都可依法享有。"这一做法使得承包地上的使用权利得以明确区分为'身份性使用权利'和'市场化使用权利'两大类型，前者遵循封闭式福利分配逻辑，后者遵循开放式市场配置逻辑。"（宋志红，2020）

土地经营权的流转，实质上为土地承包者或者土地所有人基于其所享有的物权为经营者创设经营权。但该经营权到底是一项物权性权利还是一项债权性权利，仍需依据权利的年限、权利创设方式和权利义务关系进行具体判断。总体而言，以债权方式创设的权利一般不改变土地经营权的享有者，经营者仅是依据债权关系获得使用土地的权利；以物权方式创设的权利有可能改变土地经营权的享有者，也有可能不改变土地

---

[①] 《农村土地承包法》第三十六条："承包方可以自主决定依法采取出租（转包）、入股或者其他方式向他人流转土地经营权，并向发包方备案。"

[②] 《农村土地承包法》第三十七条："土地经营权人有权在合同约定的期限内占有农村土地，自主开展农业生产经营并取得收益。"

经营权的享有者。前者如在以入股的方式创设土地经营权后，土地经营权为公司、合伙企业等法人或非法人组织所有；后者如在土地经营权的融资抵押过程中，土地经营权仍归所有者或承包方享有，但对其流转权进行了限制。

## 二、林地产权

2008年6月，中共中央、国务院发布了《关于全面推进集体林权制度改革的意见》，标志着集体林权制度改革已扩展到全国。关于承包年限方面的规定，林地的承包期为70年。承包期届满，可以按照国家有关规定继续承包。2016年11月，《国务院办公厅关于完善集体林权制度改革的意见》中提出，要释放林地经营权的活力，促进集体林权规范有序流转，推动集体林业适度规模经营；逐步实现集体林地所有权、承包权、经营权的分置运行，通过产权归属清晰化、权能设置完整化、规范流转顺畅化、集体林权制度化，形成集体林地集体所有、家庭承包、多元经营的格局。基于此，集体林地产权的改革方向，是完成林地所有权、承包权和经营权的分置。其所有的内容既包括林地的所有权，也包括林地上的林木的所有权。

《森林法》规定了集体林地的产权体系，林地承包经营权和被承包林地上的林木所有权，归集体所有，其流转方式包括出租（转包）、入股、转让等。未被承包经营的林地经营权及林木所有权，根据村民会议决议，可以通过招标、拍卖、公开协商等方式依法流转林地经营权、林木所有权和使用权。由此，在未分包给村民的集体林地产权方面，集体既可以自己享有林地的经营权、林地上林木的所有权和使用权，也可以在村民代表同意的前提下，通过其他方式依法流转林地经营权、林木所有权和使用权，如招标、拍卖、公开协商等。综上所述，我国农村林权的产权结构如图2-2-2所示。

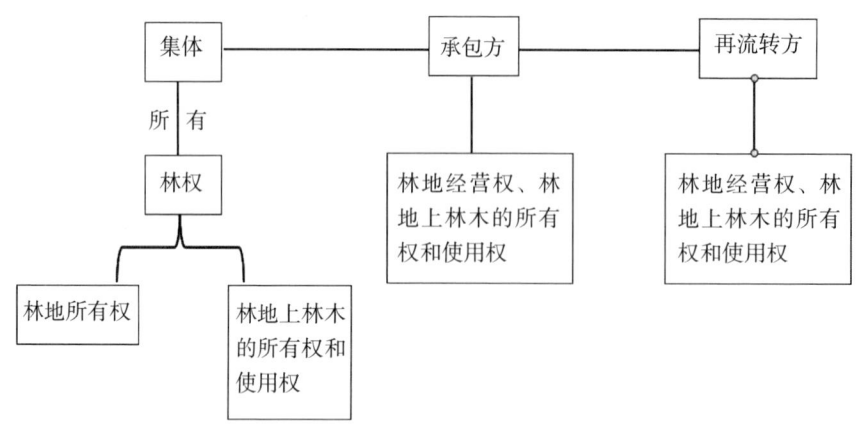

图 2-2-2　林权产权结构

### 三、集体经营性建设用地产权

集体经营性建设用地主要指的是集体所有的用于商业、工矿、仓储的土地。集体经营性建设用地的产权结构包括两个方面：一是集体经营性建设用地的所有权，二是集体经营性建设用地的使用权。

集体经营性建设用地的所有权归集体所有，而集体经营性建设用地的使用权，根据2013年11月发布的《中共中央关于全面深化改革若干重大问题的决定》的规定，在使用范围符合国家规划和用途管制的情况下，允许农村集体经营性建设用地发挥出让、租赁、入股的功能，实现与国有土地在市场上、法律上的平等地位，以缓和土地的供需矛盾，为农业产业化经营奠定基础。

在入市方面，集体经营性建设用地入市要符合三个主要前提：一是必须是土地利用总体规划和城乡规划确定的，二是必须用于工业、商业等经营性目的，三是必须登记。只有经过依法登记的集体经营性建设用地，才可入市使用。在用途方面，主要是指工业、商业等经营性用途，鼓励乡村重点产业和项目使用集体经营性建设用地。2021年6月24日，国务院办公厅出台的《关于加快发展保障性租赁住房的意见》中的最新规定为，保障性租赁住房也可以使用集体经营性建设用地。集体经营性建设用地的使用方式主要是出让和出租两种。新《土地管理法》第六十三条规定，土地使用权可以流转到单位或者个人，以促进资源的利用，其方式可以是出让、出租等。其使用年限参照国有建设用地使用年限，可以在二级市场正常流转。但关于地方政府如何参与分配土地收益，还需要进一步确定。政府是通过"土地增值收益调节金"方式还是通过税收方式参与分配，分配比例如何确定等问题，新《土地管理法》《土地管理法实施条例》都未予以明确，尚须出台具体规定。因此，集体经营性建设用地入市，还需要等待更具体、更细化的操作性办法，才能正式进入操作阶段。

### 四、四荒地产权

根据《土地承包法》，既可以整体方式承包给集体经济组织以外的自然人或法人，也可以分别承包给集体经济组织内的成员，再实行承包经营或者股份合作经营。

基于土地所有权设定的土地经营权的权利客体，是不适于采取家庭承包方式经营的农村土地，包括荒山、荒沟、荒丘、荒滩等。

## 第二节　农村土地产权的主要问题

自"三权"分置改革后，我国形成了农用地"所有权—承包权—经营权"分置，宅基地"所有权—资格权—使用权"分置，集体经营性建设用地"所有权—使用权"分置并可直接入市流转，林地"所有权—使用权"和林木所有权分置的产权体系，旨在促进农村土地流转，解决农村土地供需不平衡，农民财产性收入无法得到保障的问题。针对农村土地产权改革，全国各地已经开展了多个试点，致力于探索农村产权制度改革的操作性方法。总体来看，我国农村土地产权制度中仍存在以下问题。

## 一、集体经济组织的组织载体不明确

《土地管理法》和《土地承包法》明确了集体为土地所有权主体，集体经济组织为土地所有权的权利行使主体。此外，《民法典》将集体经济组织定义为特别法人。但在操作过程中，主要存在以下问题。一是集体经济组织的组织载体问题。尽管《民法典》明确了集体经济组织为特别法人，但对于集体经济组织的组织载体是什么，其和村委会之间是什么关系以及集体经济组织的成员确认，成员的权利、义务与责任等都没有清晰界定。实践中，有的村并未依据法律要求设立集体经济组织，集体经济组织的经济职能实际上都由履行行政管理职能的村委会履行；有的村在集体层面虽未设立集体经济组织，但村民自发成立了专业合作社、经济合作社、股份经济合作社甚至是农业产业公司，均被冠以"集体经济组织"之名，致使一个村可能同时存在多个集体经济组织。

## 二、集体经济组织成员的股份界定不清晰

以按份共有为核心特征的市场经济股份所有制，与计划经济、集体经济中共同共有的所有制，尽管生产方式都是规模化的，但是体制迥然不同。

为了更加形象地解释共同共有和按份共有的内在区别，有必要回溯一下我在1987年设计重庆嘉陵方案的经历。

嘉陵摩托车联合体组建于1980年。到1986年年底，联合体主要成员企业已发展到12家、外围协作配套厂300多家。随着改革与联合的深化，旧的联合体组织形式以合同与协议书为联结纽带，导致企业集团较为松散，难以适应嘉陵事业的发展。于是，嘉陵开始探索用现有资产进行股份联结，组建股份制集团的新路子。首先解决的是形成集团的实体层的问题。实行资产一体化的有五个企业，其中有三个是全民所有制企业（分属国家机械委和重庆市），两个是集体所有制企业。这五家企业合并组成中国嘉陵工业股份有限公司。原全民所有制企业的所有者（主管部门）成为公司的国有股东，它们各自拥有的股份就是合并时原

企业资产所占的份额。公有企业股在三个全民所有制企业合并时也同时合并，公司统一掌握这部分资产的使用权和分红权。企业集体股在两个集体企业合并时也同时合并，在使用和收益上与公有企业股一样，都为公司全体劳动者集体掌握，不再归原企业集体。这样，嘉陵工业股份有限公司的股权构成就成为有两个国有股东（机械委和重庆市）、一个公有企业股股东、一个企业集体股股东以及一万多名职工股股东。

在嘉陵集团的试点中，遇到了一个城市企业股份制改革的难点：在嘉陵工业股份有限公司的四类股东中，企业股到底是谁的？当时，厉以宁也开始研究股份制改革，他的课题组以及北京市研究室的人员也到嘉陵集团学习。企业股是谁的？我和厉以宁学生的主张完全不同。厉以宁的学生说，企业集体股应当共同共有，就好比村里的一口井，嫁出去的人就无权再享用井水，娶进来的人自然有权享用井水。但是，我当时的回答是，城市股沿用农村集体共同共有的概念，无法解决城市人口流动性问题。企业的股份是"活"的，是可以创造价值、创造收入和利润的，所有者是要每年分红的，所以这绝不是建立在使用价值基础上的"一口井"。这种共同共有思路下形成的规模经济，只是在二十世纪五十年代被证明"低利无效"的改革模式，与我们探讨的市场经济背景下股份制基础上的按份共有完全不同。建立在法人所有权基础上的股份按份共有与农村集体共同共有，是市场经济与计划经济两种体制下彻底分开的两种所有制关系。

我所主张的按份共有，就是农民按份共有农村股份经济合作社的资产，有权利在集体资产带来收益的基础上按份享受分红。在农村土地资本化中的具体做法，一是对已经分包给农民、农民拥有承包权和经营权的农用地，由农民将其经营权转让给农合社（集体经济组织），换得相应的股权；二是对于没有分包出去的集体经营性建设用地和作为未利用地主体的"四荒"地，集体经济组织拥有所有权，集体经济组织将这些集体资产作为资本公积金体现在其净资产中。也就是说，农村集体共同共有的集体建设用地、"四荒"地，由于进入农村特别法人股的资本公积金，会带来农户享有的每股净资产的升值。那么，集体经济组织成员的股份界定是清晰的，同时，关于集体经济组织成员身份及权利的确认和退出问题便可迎刃而解。

此外，还需要进一步明确股份合作制和股份制的异同。农合社的一种形式是农民当股东的同时，又是农合社的劳动者，具有所有者和经营者两种身份；在对应市场基础上，为实现资源优化配置，人员流动，农民可以不做经营者，于是两种身份分离，股份合作制就变成了股份制。但是，无论何种方式，农民的所有者身份不变，农民流离失所的问题就不存在了。通过农民按份共有农合社特别法人股的改革创新，实现了农民的财产性收入，朝着共同富裕中的"刘纪鹏定律"改革方向发展，也就是要以增加财产性收入来作为提高农民收入的主要路径。

## 三、农户土地经营权入股的收益分配机制有待完善

土地经营权作价入股后，农民股东化的目标得以实现。但股权有盈有亏、盈亏自负的特征，与农民旱涝保收的需求存在本质矛盾，导致农民一方面憧憬成为股东获取财产性收入，一方面又担心成为股东后或无法获得保底收入。对此，实践中先后探索出"优先股""先租后股""保底+分红"等形式，以保护农民股东的经济利益。然而，上述措施中，"优先股"虽然能在一定程度上满足农民旱涝保收的需求，但其股息分配的前提是企业存在可分配利润。若企业经营未产生利润，优先股股东仍要承受企业经营失败的风险。"先租后股"的形式虽然通过租赁这一"试用期"缓解了直接入股的部分风险，但仍旧无法完全解决入股后的经营风险防范及股东权益规范问题。"保底+分红"模式满足农民旱涝保收的需求，但这一模式却与现行《公司法》股权盈亏自负的特征相违背。因此，如何设置土地经营权入股过程中的农民股权，在增加农民财产性收益的同时防止经营风险对农民造成不利影响，亟待通过法律和政策解决。

如果承认农户土地经营权入股"按份共有"的方向，那么通过试点

实践逐渐引导分红方式由"吃租"向"吃利"转变，在农村新型股份公司中的特别法人股的设置上，构建优先股基础上的分红机制应当成为改革重点。

### 四、土地经营权入股的风险保障机制不完善

农户以其承包的土地的经营权入股农村集体经济组织或农业产业公司后，上述土地经营权便成了集体经济组织或农业产业公司的法人财产，集体经济组织或农业产业公司对其享有法人财产权。一旦企业出现经营风险，农民的土地经营权就将成为集体经济组织或农业产业公司的破产清算财产，依法被拍卖或变卖，用于偿还债权人，这就会导致农民的失地风险。基于此，实践中部分集体经济组织在章程中明确了"双重资本制度"，即农民入股的土地经营权仅作为组织内部分红的凭证，既不在工商注册登记中显现，也不能作为企业破产时的责任财产。这一做法虽然避免了企业经营不善时农民的失地风险，但从本质上说，这种不将土地经营权计入注册资本范围的做法，与其说是土地经营权入股，毋宁说是将土地经营权作为了一种长期租赁的债权。此外，实践中避免失地风险的做法还包括合作方回购、从农户分红中提取失地风险保证金等。尽管上述做法均有助于避免失地风险，但其仍属于超出市场逻辑的保障性做法。如何在市场竞争的逻辑之下探索土地经营权入股中的风险保障机制，是产权问题中亟待解决的重要问题。

### 五、土地经营权融资渠道不健全

"三权"分置场域下，土地经营权作为一项具有独立经济价值的财产权，具有可转让性、可估价性和特定性，因此尽管《民法典》尚未对土地经营权的抵押进行规定，但参考《法国民法典》中农地用益权的设定及农地用益权抵押、《意大利民法典》中农地用益权抵押以及《日本民法典》中地上权和永佃权可以抵押的规定，应认为我国土地经营权在私法上具有可抵押性和可融资性。但一方面，《土地管理法》和《农村土

地承包法》等公法对于土地用途有着明确的限制，这就意味着，当集体经济组织或农村产业公司以土地经营权进行抵押时，尽管这一行为存在私法上的可能性，但受制于公法对于土地用途管制的约束，一旦债权人需要实现债权，其仅能"占有农村土地，自主开展农业生产经营并取得收益"，这一做法在现实操作中便欠缺可能性。另一方面，土地经营权入股耦合农业、土地、金融三个市场，其面临着巨大的市场风险、技术风险和社会风险，产权管制使得农地自身的功能单一、薄弱，因此土地金融市场缺乏竞争性，未能完全释放活力，农业保险、守信激励与失信惩戒机制、农业担保机制尚未完善，金融机构不愿对农业产业放贷。各地在实践中探索出了农业担保公司的机制，通过农业担保公司对信誉较好、资质较优且发展前景较好的农户或农业公司提供担保，以此获得银行融资。但是，该担保是否应当获得反担保、如何评判农民资质等问题尚不明确。除此之外，如何构建多层次的土地融资市场，探索股权融资、债权融资、农业产品期货等多元化土地融资市场，仍是当前土地产权制度改革亟须解决的问题。

## 六、集体经营性建设用地难以与国有建设用地同权同价

2019年修改的《土地管理法》废除了集体所有的土地不得出让、转让或者出租，用于非农建设的规定，由此，集体经营性建设用地与国有建设用地同等入市、同权同价成为可能。然而实践中，部分试点在集体经营性建设用地入市过程中，直接套用土地基准地价或出让最低价，对集体经营性建设用地使用权的出让价格实行了一系列的限制措施。上述做法虽然具有较强的可操作性，却在现实层面上减损了集体经营性建设用地使用权入市过程中的价格优势，难以实现与国有建设用地同权同价的目标。

第三章

# 农村土地资源资本化中的定价方法及应用

在农村土地资源资本化过程中，土地定价是关键步骤之一。耕地、林地、集体经营性建设用地、宅基地以及"四荒"地的作价依据、方式不同，需要分别对其进行研究，得到评估作价的参照依据，从而推动农村土地资源资本化进程。

## 第一节 农村土地资源资产定价中的问题

### 一、农村土地资源资产定价中的一般性问题

整体来看，我国农村土地资源定价机制还存在诸多问题。定价方面的缺陷会导致农村土地市场化程度的滞后，此问题将成为农村土地资源资本化过程中的关键"梗阻"。

#### （一）流转交易的非充分市场导致土地价格表现不充分

在农村土地流转过程中，交易市场的局限性影响了土地价格。由于相关政策的限制与历史原因，我国农村土地流转依然在进行试点推进，还未形成全国范围内的统一的农村土地流转市场与交易平台。因此，在土地使用权流转交易过程中，土地价值不能完全显现，缺少全国范围的市场供需体系，导致农村土地价格不能完全市场化体现。

一方面，农村土地存在非充分市场。首先，我国农村土地体系较为复杂。土地使用属性包含耕地、林地、草地、集体经营建设用地、宅基地、"四荒"地等多重类型。不同土地的使用范围、流转方式、管理模式也不尽相同，导致了不同类型的土地只能在规定范围内进行流转交易，在一定程度上限制了土地的利用范围，减少了农村土地交易主体的数量，从而抑制了农村土地交易市场的活跃度。其次，不同地区农村土地交易模式难以相互融合。随着全面深化改革的推动，我国农村土地流

转政策也在不断推陈出新，部分地区开启了农村流转交易新模式。例如，重庆的地票制度，通过地方政府建立相关土地交易机制，流转农村闲置土地，缓解了部分地区用地紧张情况，推进了土地流转交易进程。但是，相关土地流转交易模式仅限于试点地区，还未形成全国范围的交易体系，难以推进全国农村土地交易市场的建立。由此可见，我国农村土地流转交易市场多存在于个别试点地区，缺少适合社会主义市场经济的全国农村土地流转体系与交易平台。

另一方面，农村土地价格表现不充分，导致我国农村土地价值难以市场化体现。农村土地作为农业生产资料的组成部分，具有一定特殊性，不同历史时期的土地价值拥有不同的表现形式。首先，在计划经济时期，农村土地属于农业生产合作社或农村集体经济组织，土地使用过程依靠行政命令或政府计划，在这一时期，较少涉及土地价格问题。其次，随着政策的转变，农村土地开启了家庭联产承包责任制。农户和村集体通过协商确定承包土地的数量与价格。在此阶段，土地价值通过承包价格得以显现。但是承包价格并不是完全市场价值的体现，而是土地价值的不完全体现。由于承包政策的规定，限制了土地流转范围，制约了土地价值的完全市场化的实现。例如，需要承包经营的农户为农业户口，并在一定数量、规模内承包土地。这一时期的农村土地价值的组成，既延续了计划经济的行政管理模式，又部分体现出农村土地的市场化价值。最后，随着改革开放的不断深化，农村土地实现了所有权、承包权、使用权的相互分离，扩大了其流转交易范围。农村土地价值一定程度上可以通过市场价格体现出来，部分地区开展了农村使用权流转交易，推动了农村土地资源的合理配置。但是全国性的、统一的农村土地流转市场并未建立，各个地区的土地流转试点也难以相互沟通，缺失国家级农村土地流转交易平台。因此，农村土地价格多由部分地区供需关系决定，受到土地流转法律与政策的限制，制约了农村土地价格的完全市场化体现。

**（二）农民个体面对市场经济主体在进行价格谈判时的弱势**

在农村土地流转过程中，农民个体在出让、转移土地使用权时，需要与经营主体相互协商、确定土地转移期限、使用费用等相关经营条款。在此过程中也存在诸多问题，制约了农村土地资本化的定价过程。

一方面，农户个体难以主导土地交易价格。在市场经济体系中，土地经营主体多为企业化管理模式，拥有完善的经济制度与流程规则，在与农户进行土地使用权流转的交易过程中占据优势，农户难以占据价格主导地位。多种因素造成了此种现象。首先，农户的法律和经济知识匮乏，难以和经营主体抗衡。每块土地的使用价值需要根据土地的条件、属性分别确定，还需要衡量土地的周边环境、生态产品等多方面因素。个体农户难以对其承包的土地进行客观合理的价值确定，由此导致在土地使用权转移过程中缺乏价格主导权。其次，农户缺失相关法律知识，难以有效维护自身合法权益。在土地使用权交易过程中，需要明确双方的义务与责任。然而农户个体缺乏系统的法律知识，可能会导致自身利益受到损失。在土地流转交易过程中，大部分利益被经营主体所占据，个体农户难以使用法律手段维护自身权益。

另一方面，在农户进行土地使用权流转交易的过程中，过高的交易成本将导致"交易陷阱"的产生。由于不同农户所承包的土地数量、质量均有较大差异，经营主体在获取农户土地使用权时，需要与每个农户分别进行协商。这导致土地使用权交易成本大、周期长、不确定因素多，加大了企业的经营成本与未来风险。在此种情况下，经营主体可以通过与集体经济组织进行协商沟通，承包使用集体土地或者国有土地，从而减少交易成本与协商周期，有利于土地使用企业的长期稳定发展。由此可见，农户的零散土地使用权的交易成本过高，利用价值相对有限，抑制了农户土地交易价格的增长。多种因素的共同作用，抑制了农户土地价值的合理实现，使农户在土地使用权交易过程中处于弱势地位。

**（三）按照第一产业定价，导致了对农民利益的隐性剥夺**

第一产业是围绕农业生产活动的产业，包括种植、农林、养殖、畜牧等农业生产经营活动。在土地资本化过程中，土地经营主体所从事的产业拥有较大附加价值。例如，名贵林木的栽培、名贵药材的种植，价值收益不仅体现在农业作物的第一产业价值上，同时也体现在第二、第三产业的精细加工、市场营销等后续价值上。在此过程中，使用土地的企业获得了大量增值收益。因此，在进行价值分配时，对于土地资源的使用需要重新进行价值衡量。不仅要考虑到第一产业的农业属性，更要衡量其作为第二产业的生产资料的价值，以及作为第三产业的资本要素的价值。

在传统的土地交易价值分配格局中，经营主体只分配给农户土地使用价值。例如，某公司承包农户土地进行林木种植，只分配给农户土地作为第一产业的耕种价值，而不分配给农户林木的增值收益。这样一来，便导致农户获得的收益相对较低，一定程度上侵占了农户合法权益，造成了对农民利益的隐性剥夺。土地作为生产资料的价值计算还有待进一步完善丰富，不仅需要衡量土地作为农业生产资料的价值，更需要计算土地在农产品后期加工、资本经营过程中的有形价值与无形价值，才能合理进行利益分配，减少对农民利益的隐性剥夺。

**（四）市场化和产业化不足，导致经营性建设用地和"四荒"地的价值无法实现**

在农村土地体系中，存在一定数量的经营性建设用地和"四荒"地。作为宝贵的土地资源，由于市场化和产业化不足，这些土地资源的市场价值长期难以体现。这样一来，便影响了土地资源的有效流动与合理配置，浪费了部分农村土地资源。

在集体经营建设性用地方面，存在市场化和产业化不足问题，导致其市场价值难以实现。由于历史原因与经营成本的限制，集体经营建设用地承包方多为中小生产企业。其生产经营体系较为灵活多样，在不同地区也各具特色，形成了各具差异的地方生产经营体系。由此导致在市场化与产业化过程中，集体经营建设性难以形成全国范围的统一市场，相关产业也难以进行系统规划，抑制了集体经营建设性用地市场价值的实现。此外，相关法律与政策的规定也制约了集体经营性建设用地的开发利用范围，导致其市场化和产业化不足。例如，在某些地方已经开展集体经营性建设用地入市交易制度，但是其规模、范围依然较小，难以和国有建设用地交易体系相抗衡。这就导致大部分地区的集体经营性建设用地，依然采取农村集体经济组织交易流转模式，制约了其交易范围与流转速度，抑制了集体经营性建设用地市场化和产业化进程，阻碍了其市场价值的合理体现。

在"四荒"地方面，也存在市场化和产业化不足问题，导致其市场价值难以实现。"四荒"地流转方式包括招标、拍卖和公开协商。在"四荒"地的开发过程中，前期开发成本较大，需要对土地进行开荒、平整、治理等多项投资，因而具有一定经营风险。除此之外，"四荒"地多处于偏远农村地区，其周边配套设施较为匮乏、交通成本较为昂贵，导致难以被大范围开发，不能形成完整的市场化与产业化交易体系，从而制约了"四荒"地市场价值的实现。值得注意的是"四荒"地初始价值较低，在对其进行开发的过程中伴随着价值增值，对"四荒"地的开发投入与经营模式决定了其未来价值走势。但是由于相关法规与政策体系的不完善，实际经营过程中存在经营主体和村集体利益分配难以平衡等问题，导致"四荒"地的市场化和产业化难以大范围推广，制约了其价值的市场化实现过程。

总之，在当前农村土地资本化市场中，主要存在土地价值难以市场化体现、土地经营权交易成本过高、农户利益难以保障等多方面问题。这些问题阻碍了农村土地资源的市场化、产业化运行，制约了农村土地资源的资本化进程。

## 二、不同类型农村土地资源资产定价中的具体问题

### （一）耕地资源资产定价中的问题

一是农用地定价缺乏全国统一指导价格。在农用地的开发利用过程中，由于我国农用地分布地区跨度大，生产条件多样，还没有形成全国统一指导价格或定价机制流程。这些现状影响了农用地的流通与交易，

不同地区的定价标准差异大，各自为政的现象普遍存在。虽然在一些地区政府出台了农用地指导价格，但是在农用地交易流转过程中还需要结合交易地块具体情况进行协商，导致农用地指导价格有名无实。另外，在农用地定价相关标准方面，各个地方政府自出台的标准难以统一，缺少全国性农用地定价法规与流程，导致农用地定价过程中差异性较大，不同地区的农用土地难以进行相互流转交易，影响了农用土地资本化推进速度。

二是农用土地缺失市场定价机制，影响了对其进行市场化定价的过程。在农用土地流转过程中，我国的《土地管理法》虽然在法律上规定了农用土地承包流转的过程，但是在具体的执行过程中仍难以有效地实现农用地的市场流通与交易。相关的土地流转机制中延续了传统计划经济的管理模式，缺失相应的社会主义市场经济交易机制，不能有效地激发农民流转土地的积极性。并且相关规定在一定程度上制约了农用地的流转速度与范围，不能有效打造农用地市场交易体系，从而缺失了对农用地进行市场化定价的机制。

三是缺乏第三方定价机构，难以对农用地进行合理有效的定价评估。在我国的第三方定价评级机构中，缺少对农用地的定价评级体系，难以有效指导农户之间的农用地流转。而且在农户的土地交易流转过程中，多是村内集体土地进行交易，相关的第三方定价机构缺失村镇内的机构建设，农民在土地交易过程中不能第一时间接受定价机构的建议与指导，加剧了农用地交易过程中定价不明的问题，影响了农村土地交易流转速度。并且，在农村土地承包交易过程中，其交易金额通常不高，但是传统的第三方定价机构或司法鉴定机构在进行服务时都需要收取一定费用，提高了农业土地流转成，导致了"交易陷阱"的产生。过高的农用地流转成本，制约了农村土地资源的合理配置，浪费了宝贵的耕地资源，导致众多的农用地被闲置、弃置。这一方面影响了生产资料的有效配置，另一方面制约了农用地资本化进程，阻碍了农民财产性收入的提高。

### （二）林地资源资产定价中的问题

由于林地的特殊性，其交易定价过程存在诸多问题。例如，林木的回报周期较长，短期投资价值低，影响了林地的短期利用价值；又如，林地的采伐指标限制，制约了林木的开发利用，不能最大限度地利用林木资源；再如，林地的生态环境价值难以衡量，尤其是改善环境、防风固沙、减少生态灾害等功能难以进行市场化定价。下面进行具体分析。

首先，林地定价的特殊性体现在林木生长周期长，短期内难以得到有效回报的问题上。不同于农用地的粮食与蔬菜等作物当年成熟收割的模式，林木的生长周期通常为数年。例如，在分布较稀的情况下，杨树的采伐年龄为10~12年。不同的林木拥有各自适宜的采伐年限，总体来说为数年至数十年。较长的采伐周期占用了大量前期资本，减缓了资本循环速度，在一定程度上制约了短期资本回报效率。因此，开发利用周期长，成了林地定价过程的重要影响因素之一。

其次，林地定价的特殊性体现在林木采伐限制，受政策控制影响较大的问题上。众所周知，由于《中华人民共和国森林法》的规定，经过当地政府审批并办理林木采伐许可证后才可以进行林木采伐。虽然各个地区还有不同的地方性法规，但从总体情况分析可知，各地在林木采伐过程中实行总量控制等政策控制。并且随着全球气候的变化，以及人们环保意识的提高，未来的政策中可能会更加注重保护林木资源，限制相关的开采数量与规模。并且由于林木生长周期长，未来十年甚至数十年的开采周期中，对政策变化不能做出预期。因此带来了相关投资风险，影响了林木价值的市场化交易，制约了经营主体投资林地生产的积极性，这也成了影响林木定价的又一问题。

最后，在林地的生态价值方面，林木的市场化定价难以体现，不能反映林木价值的正外部性。林地资源对生态环境的改善具有重要作用，其经济价值难以估量。2021年10月12日，习近平总书记在《生物多样性公约》第十五次缔约方大会领导人峰会上的视频讲话中提出："绿水青山就是金山银山。良好生态环境既是自然财富，也是经济财富，关系经济社会发展潜力和后劲。"在林木的生态价值中，涉及的经济主体众多，持续时间长，难以对其进行有效的市场化定价。例如，自1979年始开展的"三北"防护林工程持续73年，分8期工程进行。主要内容为，在我国的西北、华北、东北地区建设大型林业生态工程，用于改善生态环境、稳固地区土壤、防止水土流失、减少沙尘天气等生态功能的实现。在改善全国生态环境与局部地区气候方面，林木系统发挥了不可估量的巨大作用，不仅缓解了生态环境的恶化，同时解决了治理污染的相关费用。但是，在林木的生态环境价值方面，还没有形成相对统一的定价机制，制约了对林木生态资源价值的客观衡量，影响了林地资本化进程。

### （三）集体经营性建设用地资源资产定价中的问题

一是法律缺失问题导致市场运行过程中缺乏定价依据。在集体经营建设用地方面，虽然中央与地方出台了相关法规与政策，但多聚焦于宏观层面的指导。对于具体的定价指导与交易程序，缺少明确的法律规定。在集体经营性建设用地定价过程中，多采用双方协商或拍卖等市场化定价机制。市场定价一定程度上推动了土地流转速度的提高，促进了集体经营性建设用地的开发。但是，在出现法律纠纷与利益冲突时，依然要走重新对相关土地进行定价评估等程序，以确定出特定地块的客观价值。在集体经营性建设用地定价方面，缺失统一的定价评估流程和方法是当前问题所在。

二是城乡二元结构导致不同性质的土地价格不同。在建设用地方面，根据土地性质的不同，分为国有建设土地和集体经营性建设用地。由于土地的权属不同，所适用的法律体系与开发程序也有所不同，这就导致了土地定价的差异。虽然中央层面已经出台诸多法规，明确了集体经营性建设用地的法律地位，并开展了其直接入市的尝试，但是在具体地方的交易体系与交易过程中，集体土地与国有土地依然存在较大的价格差距。经营主体对集体经营性建设用地的价值判断不够完善，相关政策的后续变化也可能会引发投资风险，导致集体经营性建设用地估值定价存在一定风险。反观国有建设用地，由于其法律体系以及相关制度较为完善，短期内出现政策大幅变动的可能性较低，因此投资者与经营主体对其预期价值明朗，一定程度上可以客观判断其实际利用价值。

三是集体土地收益分配不均衡问题。集体经营性建设用地归属集体所有，而集体又是由各个村民所组成的。在分配集体经营性建设用地收益的过程中，存在村民与集体之间如何分配收益的问题。集体经营性建设用地的使用权转移与经营过程中，存在土地出让收益和土地增值收益等多方面利益。集体经济组织作为集体生产资料的实际管理者，掌握了集体经营性建设用地的相关收益。但是集体经济组织的利益又是每个村民的利益，因此需不需要对每个村民进行收益分配，以及分配比例如何确定，成了集体经营性建设用地定价中存在的问题之一。如果需要对每个村民进行收益分配，其价值来源必然体现在土地定价成本之中，这便会提高土地使用者的财务成本与资金负担，削弱经营主体建设开发的积极性。但是在分配集体土地收益的过程中，又要保护弱势群体的利益，给予农户财产性收益，改善收入结构，提高收益水平，因此需要避免土地收益分配不均衡问题，减少纠纷矛盾。

### （四)"四荒"地资源资产定价中的问题

一是"四荒"地定价权归属不明。在我国农村用地体系中，属于集体经济的村镇"四荒"地可以承包给相应的农户开发。农户通过办理承包手续取得"四荒"地的承包权，在法律上拥有该地块的使用权。但是相关定价权应该归属于中央政府、地方政府或集体法人，或由集体成员共同协商，法律并未作出明确规定。在"四荒"地转包的过程中，也可能存在定价权纠纷问题，影响承包农户对"四荒"地的开发进度与利用效率。在生产经营中，部分地区的"四荒"地存在定价权不清晰、手续不规范等问题，导致农户或村集体利益受损，影响了"四荒"地的开发利用，制约了"四荒"地的资本化进程。

二是"四荒"地定价流程不规范。在农村"四荒"地承包流转过程中，对于土地价值的衡量存在差异，难以对其进行客观准确的价值计算，导致农户在承包过程中交易价格随意性强，甚至通过贿赂村干部等方式压低转让价格，导致集体利益受到侵害。另外，在"四荒"地定价过程中，缺少相应的监督机制，社会监督难以发挥作用。在某些地区还产生了利益团体，控制了"四荒"地的使用与流转，侵害了其他农户的合法利益。此外，相关的监察机构与司法体系难以深入到村集体土地承包流转过程中，导致村集体在"四荒"地的开发定价过程中自主性强，缺失相关的法律指导与流程规范。

三是"四荒"地退地补偿机制不完善。在村镇未利用土地承包与使用过程中，相关的承包合同条款难以细化，导致在今后的土地使用中产生诸多问题，例如在城镇化推进过程中，农村部分"四荒"地需要城镇化改造，但是农户与村集体所签订的承包使用合同依然在有效期内，产生了农户退地补偿问题。但是在大部分地区"四荒"地的补偿机制并不完善，难以合理有效地保护农户与集体的双方利益，甚至导致某方利益长期受到损失。一方面影响村集体对于"四荒"地的开发流转速度，另一方面打击了农户承包"四荒"地的积极性，造成"四荒"地难以有效被合理使用、流转过程受到限制，导致农村土地资源的浪费。

四是村集体与农户利益难以有效平衡，造成"四荒"地的开发利用受阻，社会资本难以有效投资经营。一方面浪费了大量农村土地资源，另一方面打击了经营主体承包"四荒"地的积极性，制约了乡村振兴战略的顺利实施。

在广大的农村地区，相关的土地定价制度还遗留了众多计划经济时代的特点，难以和当前的社会主义市场经济融合。尤其是村镇"四荒"地体系中，缺少现代化市场经济产权制度，缺失村集体内外定价机制，阻碍了"四荒"地流通范围。"四荒"地定价缺失市场产权制度，使"四荒"地的定价、转让、交易的流通体系难以建立。

## 第二节　农村土地资源资本化中的定价方法

### 一、耕地资源资本化中的定价方法

根据土地定价的一般性原则，耕地资源的主流定价方法包括成本法、收益法和市场比较法。在耕地资源按照收益法定价的过程中，相关的收益是以耕地所种植的作物回报价值作为评估定价依据的。一般的计算过程为：土地价格＝（土地总收益－土地总费用）／收益还原率。其中，影响收益价值的主要有土地总收益和土地总费用。土地总收益是指土地价值的回报率，通常以年作为单位进行计算，因为大部分农业作物的种植周期同长，以年为单位进行价值统计，可以剔除掉季节变化、温度变化等相关环境因素的影响，有利于对收益价值进行客观、公正的评估。土地总费用是指相关支出成本的总和，包括相关的前期投资，如农业种子幼苗的采购费用、生产所需农药化肥的费用、人力经营管理的费用等支出成本。经过相关会计核算后，得到相应地块的年均收益，从而形成耕地收益现值定价的基础。

在对耕地资源按照成本法进行定价核算时，需要计算土地投资的全部成本，作为耕地定价的依据。值得注意的是，除了人力、物品等相关资产费用外，相关的金融成本也需要加以计算，如贷款利息、缴纳的税金，以及土地的增值收益等，都需要核算到耕地成本中。在成本法计算中，往往聚焦于外部成本，而土地自身的成本与增值收益难以准确计算，造成土地资产价值的不准确估计。因此成本法在会计核算领域还存在诸多争议，需要不断完善耕地价值定价体系才能逐渐解决。

除此之外，耕地还有收益倍数法、假设开发法（剩余法）、市场比较法等其他定价方法，但都是基于成本法和收益法的演进与完善。在我国耕地流转交易体系中，交易双方通常采用协商的方法确定最终价格。相关的影响因素众多，包括土壤条件、配套设施情况、交通便利程度、区位优势等。因此，在耕地定价体系中，往往需要因地制宜地分析其价格。

## 二、林地资源资本化中的定价方法

在我国的林地体系中，根据土地性质的不同，分为国有林地和集体林地。不同性质的林地采用不同的定价体系。在林地交易过程中，其所有权是不能交易的，只交易其使用权或承包权，并取得林地相关资源。

在林地定价体系中，主要分为林地的经济价值和生态价值两方面定价因素。首先，在林地的经济体系中，其价值主要体现在经济收益方面，如林木的价值增值，其影响因素包括林木产量、木材质量、开采成本等，其林木的开采价值决定了林地价值。林木的市场交易已经形成了完善的定价机制，通过市场化的竞价交易可以推导出林地的价值，完成对林地的定价。其次，在林地资源的生态价值方面，还未形成完善的定价机制，需要因地制宜地进行价值评估。例如，林地的水土保持功能，防范了山洪灾害；林地的固碳功能，中和了温室气体；林地的气候调节功能，改善了局部地区的生态环境。林地的这些生态功能还难以形成统一的定价机制，需要在未来的林地产权交易中不断进行探索。

在林地价值合算过程中，国有林地和集体林地采用了不同的模式与合算方法。首先，在国有林地方面，林地的流转多是通过拍卖、招标、租赁、转让等方式实现的。在对林地价值进行合算的过程中，同城采用收益法进行合算，通过林地现有价值，推算出未来每年的预期收益，然后结合林地使用年限，推算出林地未来总收益，从而确定出林地价值基础。值得注意的是，在国有林地定价体系中，通常不适用市场法进行定价。因为我国林地还没有形成系统的市场体系，林地中的土地价值难以进行准确衡量与计算。在国有林地的流转试点中，较为成功的是黑龙江省伊春市林地改革。2014年当地发布了《伊春市人民政府关于印发伊春林权制度改革林权流转办法的通知》，开启了国有林地流转的新模式。在林权交易流转过程中，上述《通知》规定了林地定价参考方式："流转价格实行双向选择，可由交易双方根据市场参考价格协商确定；可由转让人出价或经森林资源资产评估机构评估后，申请进入林权流转交易平台进行交易，或多个竞买者竞标。"可以看出，林地的价格确定既可以通过交易双方的相互协商，又可以通过资产评估。这样便保障了林地价格的公正与客观，维护了交易双方的经济利益。其次，在集体林地方面，交易方式较为灵活，可以采用转包、承包、拍卖等多种形式进行流转，在全国范围内已经形成一定规模的交易市场。因此，集体林地通常采用市场法进行定价。通过市场机制的供需调节，以及买卖双方的价值协商定价，然后通过市场价格反映出林地的资源价值，从而推动林地资源价值的有效配置与合理利用，推动林地资本化进程。

### 三、集体经营性建设用地资源资本化中的定价方法

集体经营性建设用地定价方面，土地的异质性和区域性决定了其价格的高低。首先，集体经营性建设用地的异质性主要体现在周边配套设施、交通成本、权属关系等多个方面。由于集体经营性建设用地是集体所有土地，其相关的配套政策、管理制度存在地方差异性，全国还未采用统一的定价管理模式，因此，集体经营性建设用地的交易具有较大的灵活性，导致其定价差异较大，各个集体经济组织具有一定的决策权。其次，在区域性方面，由于我国地域辽阔，经济发展水平参差不齐，导致了集体经营性建设用地定价差异明显。此外，集体经营性建设用地多处于乡镇地区，距离城市地区有一定距离。经营主体在进行投资生产建设时，需要充分考虑土地区位优势带来的影响。例如，交通成本的制约，周边配套设施的完善与否，都会影响集体经营性建设用地的定价。

在具体定价模型中，集体经营性建设用地和国有工业用地构成了建设用地的供给者。其中，国有工业用地的定价方式为各地政府通过经济学理论分析得出，在此情况下就出现了双寡头垄断的供给模式。集体经营性建设用地的定价需要参考当地国有工业用地的定价，才能有效地进行市场交易。因此，政府部门的定价标准既影响了国有工业用地价格，

又影响了当地集体经营性建设用地价格。两方面的建设用地供给导致了当地土地价格的竞争，有利于降低生产企业的土地使用成本，推动了建设用地的市场化改革。此外，在全国范围内观察，各地的集体经营性建设用地需求弹性大，经营主体不必集中于某一特定区域进行生产建设。由此导致了不同地方的集体经营性建设用地价格竞争，有利于降低生产企业的用地成本，推动了集体经营性建设用地的市场化价格体系的打造。

值得注意的是，地方政府在出让集体经营性建设用地使用权时，除了获取土地出让金外，更重要的是获取企业经营税收，带动周边人口就业，提升当地基础产业等。由于集体经营性建设用地带有巨大的"溢出效应"，通过低价出让土地吸引投资建设，可以带动周边地区经济发展，因此集体经营性建设用地的定价不同于农用地和林地的定价，它形成了拥有地域特色的定价体系。

### 四、"四荒"地资源资本化中的定价方法

在"四荒"地定价过程中，其价格受到利用价值、转让方式、政府政策等多方面因素的影响。

一是"四荒"地的利用价值决定了其价格。由于我国地域辽阔，不同地区的"四荒"地具有不同的开发利用价值。例如，"四荒"地经过开垦后可以形成农田、林地，种植农业作物或林木。在此种情况下，其定价可以借鉴农用地或林地的定价方法。但与之不同的是，"四荒"地还需要考虑前期的开发改造成本。由于"四荒"地多为荒山、荒沟、荒丘、荒滩等未利用的土地，因此需要进行前期投资开发改造。再如，"四荒"地可以进行乡村旅游开发，进行生产经营活动。此时的"四荒"地的定价可以参考集体经营性建设用地的定价模式，采用收益法或市场比较法进行定价。不同的模式导致了"四荒"地未来预期收益的不同，进而会影响现期"四荒"地的出让价格。

二是"四荒"地的转让方式决定了其价格。在"四荒"地的流转交

易过程中，既可以"采取家庭联产承包的方式进行承包，也可以通过招标、拍卖、公开协商等方式进行承包"，不同的流转方式也影响了"四荒"地的定价过程。例如，通过拍卖可以充分引入市场竞争机制，提高市场竞价次数，推动价格的合理性增长。此外，招标、公开协商等方式也可以充分利用市场化机制解决定价问题，最大限度地促进"四荒"地价格的合理化，客观反映出其价值所在。

三是"四荒"地相关政策决定了其价格。在"四荒"地开发转让过程中，各地政府出台了不同配套政策，一定程度上提高或制约了经营主体对"四荒"地的投资开发热情。例如，政策完善、信誉良好的地区可以吸引投资者对"四荒"地进行开发，从而推动其土地价格的提升。而配套政策缺失、信誉不好的地区，拥有的投资者数量较小，缺少相互竞争压力，从而会抑制"四荒"地价格的提升。

第四章

# 农村土地资源资本化中资产负债表的构建

构建农村土地资源资产负债表，有利于农村集体经济组织盘清自己所拥有的土地资源资产和负债，增强土地资源利用过程中的环境保护意识，从操作层面切实落实"绿水青山就是金山银山"。除此之外，也便于农村集体经济组织下一步以土地经营权作价入股的方式引入外来社会资本，共同组建农村新型股份公司。

## 第一节　农村土地资产负债表编制基础

### 一、编制农村土地资产负债表的意义和作用

农村土地资源在资本化过程中要始终遵循产业生态化的原则，决不能以破坏农村土地资源的生态系统价值为代价。为此，就必须按照生态文明战略的要求，构建农村土地资源资产负债表。这样既能够促使农村集体经济组织履行生态保护责任，也能够有效监管相关产业经营主体在开发利用农村土地资源的过程中有效落实生态保护责任。

按照构建自然资源资产负债表的总体思路，农村土地资源资产负债表的构建，首先是能够准确评估农村集体经济组织所拥有的土地资源权益。这样既在农村土地资源与外来社会资本进行对价时贴近农村土地资源的实际价值，也能够有效打消外来社会资本进入乡土社会时的种种顾虑。其次，农村集体经济组织通过土地资源资本化，将土地使用权转移到农村新型农村股份公司后，可以通过自然资源资产负债表的方式有效监管产业经营主体在农村土地资源生态效果方面的作为。

## 二、编制的目标、原则及范围

### (一) 编制的目标

农村土地资源资产核算就是要以自然资源资产核算理论为工具（杨世忠、谭振华、王世杰，2020），将农村土地资源定级量化，从而使其能够进入到新型农村集体经济组织的资产负债表当中。实现这一步的基础，首先是要将农村土地资源的使用权确权到新型农村集体经济组织的名下。要实现这一步，可以直接引用自然资源资产负债表系统，以"自然"作为初始占据资源的主体，新型农村集体经济组织所占有的农村土地资源资产也就等于其对"自然"的负债。如此一来，新型农村集体经济组织资产负债表的钩稽关系也就明确了。而余下的农村土地资源资本化过程中的会计核算问题，也就主要集中在了初期对原始农村土地资源禀赋的核算这一方面。下文将以自然资源资产核算理论为基础，制定针对农村土地资源的核算方法。

### (二) 编制的原则

**1. 全面性原则**

尽管各地土地资源类型、特性不同，具有很多差异性，但对于课题所研究的几种类型的土地应坚持全面核算的原则。只要是耕地、林地、宅基地、经营性建设用地和"四荒"地，都应进行核算。同时，也应尽可能拓宽土地资源资产核算项目的范围，从以经济价值核算为主拓展到生态价值核算。

**2. 科学性原则**

在进行农村土地资源资产核算工作时，要在第三次全国土地调查工作分类标准的基础上，首先合理确定土地资源资产核算对象和范围。然后选取适宜的核算方法以及地价评估方法，对土地资源资产的价值量进行核算。最后还要对核算成果进行验证，从而保障核算成果的科学性、合理性。

**3. 实用性原则**

统筹考虑应用需求、成果精度、工作实施效率的平衡，选取针对性、适用性和可推广性强的核算方法进行土地资源资产核算，并以管理目标和应用需求为导向，探索合理、可行的技术方法体系，以解决核算过程中的难点和关键问题。

4. 衔接性原则

此外，在进行农村土地资源资产核算的过程中，还应注意好衔接性问题。这体现为两个方面：一个是在内容上，土地资源与其他自然资源，如森林、湖、草、风、光、水等联系紧密，这里应做好区分和衔接；二是在形式上，还应尽量与现有的土地资源调查体系相衔接，充分借鉴、吸收过去的工作成果，同时降低新开展的农村土地资源资产核算工作的难度。

（三）编制的范围

农村土地资源资产核算对象为集体所有土地，根据国家土地规划用途分类，分为农用地、建设用地、未利用地三大类。其中，建设用地中的宅基地属于生活资料，其上附有农民生活用房，一旦入股将导致农户失房风险，因此不宜入股；集体公益性建设用地的功能在于承载集体福利，不适宜进行商业化、规模化的农业产业化开发，因此同样不宜入股。这两种类型的土地也属于农村土地资源资产，但将来不列入作价入股、引进社会资本组建农村新型股份公司的范围。

## 三、农村土地资源的资产、负债和权益

农村土地资源资产主要包括农地、林地、集体经营性建设用地和"四荒"地等土地，农村土地资源权属包括负债和权益。农地资源负债表示的是农村集体经济组织作为核算主体需要承担的责任。农村土地资源负债由两个方面构成：首先是数量方面，包括农用地非粮化导致耕地面积减少、因过量采伐林木而需要育林等；其次是质量方面，包括因超量使用化肥、农药等导致土地被污染等。权益类科目的设置，从根本上说是源自我国农村土地产权制度，即"土地归农民集体所有"这一制度安排。在此，通过登记入表的方式将农民依法获得的土地权益明确下

来，为切实保障农民利益提供了基础。

## 第二节　农村土地资源报表科目的设置及编制

农村土地资源资产负债核算涉及农村空间生态中的种种资源，种类多，内容复杂，直接核算难度大。因而可采取先编制农村土地资源资产负债试算平衡表，然后汇总编制农村土地资源资产负债表的方法，分两步完成农村土地资源核算入表工作。其中，前者是便于登记入账，后者则重在汇总核算。这两张表在核算科目及账户结构上是协调一致的。

### 一、核算科目的设置

按照传统复式记账逻辑："资产＝权属""权属＝负债＋权益"，农村土地资源资产负债核算可设置三类科目：一是农村土地资源资产类科目，二是农村土地资源负债类科目，三是农村土地资源权益类科目。

农村土地资源资产类科目总体上反映了农村土地资源的价值，这不仅仅是从满足农村生产发展需要的角度来核算这些土地资源，也是从尊重和正视农村土地生态价值的角度来看待这些土地资源。只有先明确了农村的土地资源资产，才能更好地利用、保护与恢复农村的土地资源。

农村土地资源权属包含负债与权益两个方面，分别对应农村土地资源的负债类科目和农村土地资源的权益类科目。

农村土地资源的负债类科目反映的是核算主体过度使用或占用农村土地资源而产生的"负债"，或者说是对于农村生态环境的一种"亏欠"。此处暗含着一条生态红线，或者说准线，划定着农村生态环境的合理负载水平。具体可以体现为"量"和"质"两个方面。

例如，某地区环境适合的最大耕地数量为 10 000 公顷，当开垦到 10 100 公顷时，就超过了生态环境的合理最大负载，多出来的 100 公顷耕地就显示为负债，即新型农村集体经济组织对于自然环境的负债。这部分负债需要在未来通过退耕还林、退耕还草，或其他保护或促进恢复生态环境的方式来补偿。

再如，某地区由于长期过量使用农药或除草剂而导致本地区土壤等级下降或生态环境受损，那么也将构成核算主体相对于自然环境的负债。这一过程中所产生负债的金额数量应该等于使土壤环境恢复到正常水平所投入的成本。

农村土地资源负债类科目由于其所核算对象的特殊性，天然地包含着同生态环境责任审计的联系。那么，造成负债的主体，自然也是环境审计的责任主体。但其在责任追究方面，同自然资源资产负债表理论框架还有所不同。这主要是由于核算的对象、范围和方向的不同而造成的。在自然资源资产负债表理论框架当中，是要对所造成的全部自然资源负债进行核算，而所面对的核算主体是多元的，所以就存在进一步追责认责的问题。而在农村土地资源资产负债表当中，其核算主体只有一个，就是新型农村集体经济组织，即唯一的责任主体。但是它所承担的对自然环境的负债却不是该地区全部的农村土地资源负债，而只是由它自身的原因所造成的这部分负债。在这里，责任认定是先于编表的，而负债量是全部农村土地资源的负债中归属于新型农村集体经济组织的这部分。

## 二、核算报表的编制

在资产负债表、利润表、现金流量表三张表中，要抓主要矛盾，因此下文主要以资产负债表来进行报表编制探索。

综合上述分析，农村土地资源资产负债表的编制如表 2-4-1 所示。

表 2-4-1 农村土地资源资产负债表

| 土地资源资产 | 期初 | 期末 | 土地资源负债与权益 | 期初 | 期末 |
|---|---|---|---|---|---|
| 一、耕地 | | | 一、土地资源负债 | | |
| 1.水田 | | | 1.耕地占用 | | |
| 2.水浇地 | | | 2.水田污染 | | |
| 3.旱地 | | | 3.应更新造林采伐迹地 | | |
| …… | | | 4.应造林火烧迹地 | | |
| 二、园地 | | | …… | | |
| 1.果园 | | | 土地资源负债合计 | | |
| 2.茶园 | | | 二、土地资源权益 | | |
| …… | | | （一）耕地权益 | | |
| 三、林地 | | | 1.水田权益 | | |
| 1.防护林地 | | | 2.水浇地权益 | | |
| 2.经济林地 | | | …… | | |
| 3.竹林地 | | | （二）园地权益 | | |
| 4.其他林地 | | | 1.果园权益 | | |
| …… | | | …… | | |
| 四、宅基地 | | | （三）林地权益 | | |
| 1.张三家 | | | 1.防护林地权益 | | |
| 2.李四家 | | | 2.经济林地权益 | | |
| 3.王二家 | | | …… | | |
| …… | | | （四）宅基地权益 | | |
| 五、集体公共设施用地 | | | 1.张三家权益 | | |
| 1.公共建筑用地 | | | 2.李四家权益 | | |
| 2.道路交通用地 | | | …… | | |
| 3.水利设施用地 | | | （五）公共设施用地权益 | | |
| …… | | | 1.公共建筑用地权益 | | |
| 六、集体经营性建设用地 | | | 2.道路交通用地 | | |
| …… | | | …… | | |
| 七、"四荒"地 | | | （六）经营性建设用地权益 | | |
| …… | | | …… | | |
| 八、资本化经营用地 | | | （七）四荒地权益 | | |
| …… | | | …… | | |
| 土地资源资产总计 | | | 土地资源负债权益总计 | | |

农村土地资源资产负债表有两种形式：一是实物量表，计量单位是面积；二是价值量表，计量单位是币值。特别需要说明的是，表中的"资本化经营用地"是指用于资本化经营的农用地、集体经营性建设用地、未利用地等土地资源资产。

值得注意的是，此处的土地资源资产负债表，还是以核算土地资源的基本情况和彰显土地治理负债而提出的理论模式。具体的资产负债情况如何，在集体经济组织这一法人主体中列示，详见下一章《农村土地资源资本化的路径》。

第五章

# 农村土地资源资本化的路径

我国农村土地资源资本化的路径，可以概括为化解一个基本矛盾、构造两类法人组织、处理三个主体的关系、实现"四化"目标的"一二三四"主体思路。一个基本矛盾，是指化解我国农户土地承包经营权私人拥有与农业生产社会化之间的基本矛盾；两类法人组织是指农村集体经济组织（股份经济合作社）特别法人和农村新型股份公司这一企业法人；处理好三个主体关系，即农户、农村股份经济合作社与农村新型股份公司三者之间在土地资源资本化中的产权关系；最终实现土地股份化、农民股东化、农村公司化、农业产业化的"三农四化"目标。

## 第一节 农村土地资源"三农四化"改革的路径

### 一、以"三农四化"改革构建农村发展的共享基础

我国农村土地制度及"三农"领域中的主要问题在于，农民对生产资料的私人实际占有，与农业规模化、产业化、社会化大生产之间的矛盾日益凸显。拥有过于分散和狭小农用地的中国农民，占有农村最为宝贵的土地资源，却无法与现代市场经济进行有效对接，由此带来了中国农业水平落后于发达国家、我国城乡收入差距过大等一系列问题。

要解决农户对土地等生产资料的私人使用与生产社会化之间的矛盾，就必须从生产关系和农村集体经济组织等环节进行调整。即整个农村生产资料使用价值的规模化和价值形态的股权化，通过股份制实现完美地结合。股份制成功地解决了中国城市改革中企业改革的老大难问题，完成了使命。接下来，要用股份制这把钥匙，打开农村改革的大门，解决农村的生产资料个体经营和生产社会化之间的冲突。

在市场经济财产关系具有独有性的背景下，法人所有权用股权的方式取代了私人占有。同样，也通过建立在法人所有权基础上的资本化过程，取代了农村个体的承包经营。因此，以农村土地资源资本化为手段，对我国农村的生产关系进行调整势在必行。其具体的过程可以描述为"三农四化"，即土地股份化、农民股东化、农村公司化、农业产业化。

在股份经济合作社、农村新型股份公司这两个层面，可以设计不同的金融交易品种，从而实现多种形式的资本化，建立不同的资本市场。村集体经济组织、农村新型股份公司的股权，都可以在专门设计的股权交易市场中自由流通。而满足条件的农村新型股份公司更可以在相应的股票市场集资上市、自由交易股票，从而在不同阶段建立起相对应的农村土地资源资本化市场。成为农村新型股份公司资产的农村土地，还可以进一步通过资产证券化的方式在债券市场上实现资本化。

## 二、以"三农四化"改革推动实现共同富裕

2015年，党的十八届五中全会提出了新发展理念，分别是"创新、协调、绿色、开放、共享"。习近平总书记强调指出，"共享理念实质就是坚持以人民为中心的发展思想，体现的是逐步实现共同富裕的要求"。这表明，共同富裕的核心在于共享。共享意味着让参与事业的各方主体都能够获得收益，而不是一方的收益以其他各方收益的受损为代价。只有在全社会不同领域普遍建立共享机制，才能切实推进中国式现代化当中共同富裕的伟大战略目标。

共同富裕的重点和难点在农村。农村要发展繁荣，重点和难点是繁荣农村产业。在农村及农村产业发展过程中构建共享组织体系和共享机制，唯一可以将参与各方贯穿起来的交叉点是农村的土地资源。因为农村土地资源是农村产业开发中不可或缺的基础性生产要素；农民凭借土地经营权的权益参与收益共享的过程，这也正是农民获得财产性收入的途径。土地将农民、农村集体经济组织（农村股份经济合作社）、外来

资本和技术连接在一起，构成共享组织体系中的利益相关者。

农村产业要繁荣发展，就必须真正与现代市场经济对接。就像在城市中那样，农村中共享组织体系的载体也需要是现代意义上的法人，我们将之称为"农村新型股份公司"。但农民个体直接与农村新型股份公司对接，将存在难以负担的交易成本。为此，就要先在农村内部构建一层法人载体，即作为农村集体经济组织载体的股份经济合作社。如此一来，农村新型股份公司就由股份经济合作社和外来的资本及技术共同组成。

具体来说，就是股份经济合作社凭借从农民那里汇聚而来的土地经营权以及未分包的集体土地使用权作价入股，与引入的外来资本及技术组建起现代意义上的公司制企业。概括而言，农村中的共享组织体系是由"股份经济合作社 + 农村新型股份公司"这一双层结构组成的。

这一双层结构的意义还在于，改变以往农民、农民专业合作社或股份经济合作社直接下场从事产业经营的状态。实践证明，由于种种原因，农民、农民专业合作社或股份经济合作社，单单靠自身参与现代市场经济、发展农村产业的做法效果不彰。

构建"股份经济合作社 + 农村新型股份公司"共享组织体系的过程，就是在农村推进土地股份化、农民股东化、农村公司化、农业产业化的过程。农村"三农四化"的创新在于，构建农村发展的共享机制，其最终目的则是实现共同富裕。

## 第二节　"三农四化"改革

目前农村的根本矛盾为，分散的生产资料承包占有和农业社会化生产之间的矛盾。因此，应构造以农村股份经济合作社为核心的土地资源资本化组织载体。一方面，农民将其所拥有的农用地经营权入股到农村股份经济合作社，由农村股份经济合作社对本集体内的农用地经营权、集体经营性建设用地使用权、未利用地土地经营权进行统一整合；另一方面，农村股份经济合作社再将整合后的土地性权利以及其他资产，共同向农村新型股份公司进行注资，并通过引入社会技术、社会资本和国有资本，实现农业产业化与资本下乡、技术下乡的有机结合，从而实现"三农四化"的农村土地资源资本化改革。

在"三权"分置改革基础上，本书提出了"两个特别"，即农户将土地经营权作价入股到农村股份经济合作社（农村集体经济组织），形成"特别法人资产"。农村股份经济合作社以农村土地资产作为存量资本作价入股，形成"特别法人股"，在增量股份上引入货币资本和技术资本，共同构造农村新型股份公司，如图2-5-1所示。

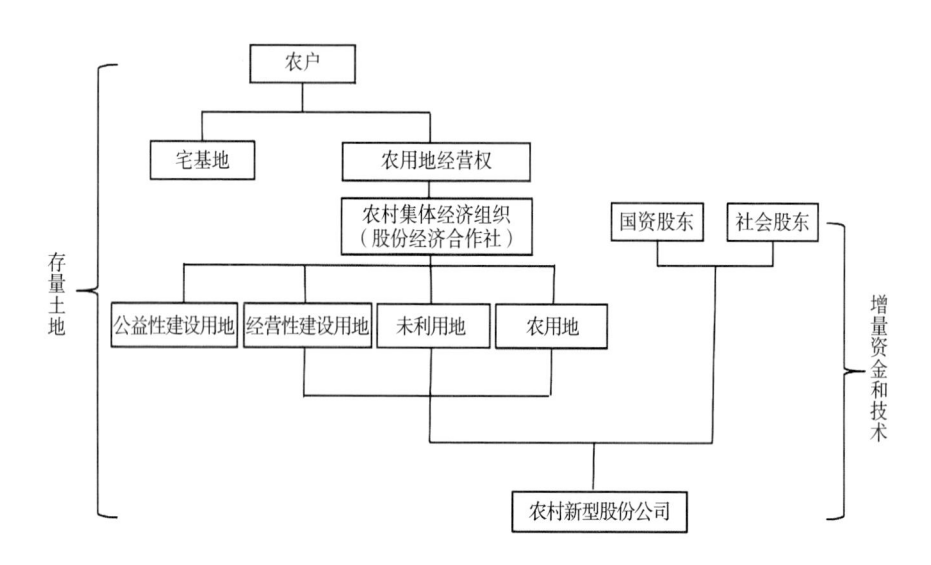

图 2-5-1　组建农村新型股份公司路径图

图 2-5-1 包含三个人格主体：一是农户，二是农村集体经济组织（股份经济合作社），三是农村新型股份公司。

## 一、土地经营权股份化

土地股份化主要涉及农村"三变"改革中的"资源变资产"。资源变资产是土地资源资本化的前提条件。土地股份化就是要将农民对农用地、集体建设用地和未利用地的相关权利转化为股权。

基于农村不同类型土地的产权关系，土地股份化有两层含义：一是对已经分包给农民、农民拥有承包权和经营权的农用地，由农民将其经营权转让给农合社（集体经济组织），换得其在股份经济合作社中的相应股权；二是对没有分包出去的集体经营性建设用地和作为未利用地主体的"四荒"地，因集体经济组织拥有所有权，故由集体经济组织将这些集体资产作为资本公积金体现在其净资产中。也就是说，农村集体共同共有的建设用地、"四荒"地，由于进入农村股份经济合作社特别法人的资产负债表中的资本公积金，因此会带来农户享有的每股净资产的升值。

考虑到宅基地在当前我国农村社会中对农民具有保障性功能，以及未经营性建设用地的公益用途，本书将这两种类型的土地排除在土地股份化的范围之外。

土地股份化的功能，是将家庭承包经营后形成的分散的土地经营权，以股份制按份共有的模式统一到特别法人所有权中，同时形成土地的规模化运作，为组建农村新型股份公司和农业产业化奠定基础。

## 二、农民股东化

农村土地资源资本化的首要条件，是实现农民的股东化。一是明确农村股份经济合作社的成员范围，由此确定股东化进程中的股东主体资格；二是明确土地经营权的权属，实现土地经营权的产权清晰，在此基础上对农民股东确股确权。

农民股东化是指农民将其所享有的土地经营权出资到农村股份经济合作社，以获得农村股份经济合作社的股东身份，并依据该股东身份享有财产性权益和经营性权益的过程。农民股东化过程中最重要的问题在于对农民的股东资格进行确认。

## （一）农民股东化中的股东资格

农民股东化中的股东是指农村股份经济合作社的成员。农民可通过以下途径获得其在农村股份经济合作社中的股东资格。

### 1. 土地经营权出资

根据《公司法》的规定，出资人通过出资行为获得股东身份。在农村股份经济合作社中，农民以土地经营权出资，从而获得股东身份，享有股东利益。《浙江省农村集体资产管理条例》中明确了农村集体资产中的经营性资产或非经营性资产，都可折股量化到集体经济组织成员，但每个集体经济组织成员通过折股量化和转让持有的农村集体资产股权，不得超过本组织股权总数的百分之三。

### 2. 户籍关系

针对部分农民虽然没有土地经营权，无法用土地经营权出资，但按照户籍属于股份经济合作社的成员的情况，应确认其为合作组织的成员，并依据其占有的集体股份额认定其股东资格。户籍关系是地方实践中认定集体成员的主要标准，例如，《江苏省农村集体资产管理条例》在集体成员的确认问题上，采用了"户籍+$X$"的方式，即成员的认定以户籍为必要条件，叠加承包关系、户籍获得原因等因素。

### 3. 对所在行政村的贡献等

若有户籍关系不在本集体经济组织的农民在股份经济合作社从事劳动，对本村有突出贡献，那么可以考虑将其纳入农民股东范围。总体而言，实施中应协调好各方利益，严宽结合，对农民的股东资格进行清晰界定。

## （二）农民股东化中的资格程序

农民股东化过程中应该保证程序的合法合规，保障农村股份经济合作社全体成员对股东资格确认享有充分知情权和同意权。在保障知情权方面，应考虑农村的实际情况，建立有效的信息传达方式。在保障同意权方面，要遵循合作社的民主、平等的原则，有股东资格发生变动时，需要全体成员一致同意，并签字确认，以维护农村股份经济合作社作为集体经济组织"人合性"的特点。

（三）农民股东化中的股权类型

在股权设置方面，农村股份经济合作社的股权是基于农民土地经营权的出资而形成的股权。根据《公司法》的规定，只要符合可出让、可估价的财产或权利均可出资。在"三权"分置政策以后，土地经营权与土地承包权分离，农民在保有土地承包权的同时，能够自由出让其土地经营权，由此使得土地经营权满足了《公司法》出资财产可出让、可估价的特征，能够作为农民的入股资产。需要说明的是，尽管宅基地使用权在与资格权分离后，也能够自由出让，进入市场流转，但由于入股意味着权利主体的无固定期限转让，其相较于债权等固定期限权利转让的风险较大。而宅基地属于村民生活用地，宅基地上多附有农民自建房，根据《民法典》"房随地走""地随房走"的规定，宅基地使用权入股可能会导致农民失去保障用房。因此，不将农民的宅基地作为出资财产。股份经济合作社将没有分包的非农用地，如集体经营性建设用地、"四荒"地的价值等，作为资本公积金体现在集体经济组织特别法人的净资产中，为全体股东所有。

（四）农民股东化中的股东权利

农民的股东权利包括收益权、表决权和转让权。收益权主要体现为分红。可分红的财产为基于土地收益以及集体建设性用地、未利用地所形成的资本公积获得的财产性收入。其中，土地经营权根据对其出资的土地评估并确定其份额。在表决权上，农民按一人一票制，通过成员大会行使表决权。在转让权上，目前应允许同一集体经济组织成员间的股份流转。待相关股权交易市场完善后，可进一步允许农民将其所持有的股权向不特定自然人、法人及其他组织转让。

## 三、农村公司化

本书所说的"农村公司化"即集体经济组织法人化。根据《民法典》及相关政策性文件的规定，集体经济组织的表现形式为农村股份经济合作社，其在性质上属于特别法人。一方面，其与一般法人一样，具有独立的法人人格、独立的法人财产权及独立的责任承担能力；另一方面，其又存在特别法人的"特别"之处，即其以土地财产权利进行的出资不得作为责任财产进入破产清算。

### （一）靠农村集体经济组织比包产到户更容易实现"四化"

2021年4月颁布的《中华人民共和国乡村振兴促进法》明确，要"发展壮大农村集体所有制经济"。我国包产到户四十多年的实践表明，均等化的包产到户存在种种弊端，而集体经济组织的衰败乃至空置，既使得农民呈现出流沙化的存在状态，也使得农民无法与现代市场经济和社会资本有效对接。

农民个体基于专业能力、信息判断、资金实力等因素，是很难进入农业适度规模经营和农业产业化领域的。而社会资本要进入的时候，需要与农民就农用地的经营权流转进行交易。与个体农民逐一进行交易的成本是非常高的，这往往成为社会资本进入乡村的重要障碍。农村集体经济组织完全可以通过将分散的农民重新组织起来，降低与社会资本进行交易的成本。

基于以上农村集体经济组织的重要作用，就迫切地需要利用现代市场经济理念和产权理论来重新武装农村集体经济组织，让农村土地的经营权集中到农村集体经济组织手中，由农村集体经济组织出面与现代市场经济对接。具体来说，就是要让股份经济合作社从特别法人逐步走向规范化。

### （二）农村股份经济合作社是特别法人

《民法典》第九十六条规定，机关法人、农村集体经济组织法人、城镇农村的合作经济组织法人、基层群众性自治组织法人，为特别法人（见图2-5-2）。第九十九条规定，农村集体经济组织依法取得法人资格。基于此，农村股份经济合作社是一种特别法人。

```
          ┌─ 营利法人      ┌─ 事业单位法人
          │               │  社会团体法人
     法人 ┼─ 非营利法人 ─┤  基金会
          │               └─ 社会服务机构
          └─ 特别法人     机关法人、农村集体经济组织法人、城镇农村的合作
                         经济组织法人和基层群众性自治组织法人
```

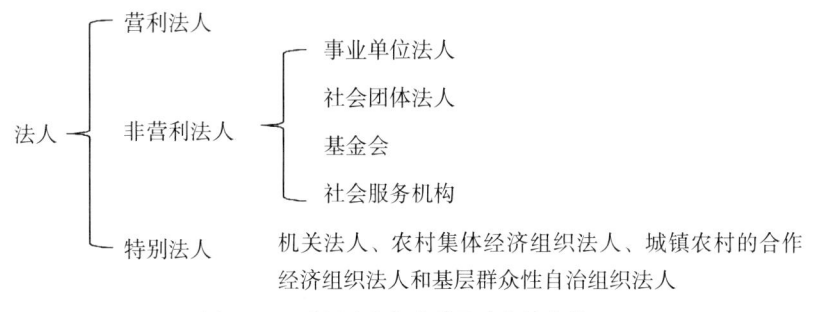

图 2-5-2 《民法典》中关于法人的分类

作为特别法人,农村股份经济合作社应具有以下特征。

一是拥有独立的人格。其具有民事主体地位,可以自己的名义从事签订合同、出资等民商事法律行为。二是拥有独立的财产。农村股份经济合作社的法人财产包括农民入股的土地经营权、本身享有的土地性权利以及其他资产。三是承担独立的责任。农村股份经济合作社以其全部财产对外承担独立的责任。但需要说明的是,为防止农民失地风险,农村股份经济合作社享有的土地性权利不属于其责任财产的范围。

### (三)农村股份经济合作社具有营利性

《民法典》将特别法人和营利法人、非营利法人并列,以此彰显这一主体在法人资格上的特殊性。但这并不代表特别法人一定不具有营利性,且无法在工商登记部门进行注册登记。所谓法人的营利性,是指法人在经营过程中以取得利润并分配给出资人为目的。根据农业农村部颁布的《农村集体经济组织示范章程(试行)》(农政改发〔2020〕5号)的规定,农村股份经济合作社的资产经营以效益为中心,统筹兼顾分配与积累,促进集体资产保值增值。其旨在将集体经营所获得的财产性收益分配给身为农民的股东。从这个意义上说,其完全符合营利法人营利性的特征。其特别之处仅在于,其所享有的作为法人财产权的土地性权利,不得作为责任财产进行清算,以防止农民的失地风险。基于此,应肯定农村股份经济合作社作为特别法人的营利性,并明确其可作为一类商事主体在工商登记部门注册登记。

在实践中,2018年农业农村部、中国人民银行和国家市场监督管

理总局颁布了《关于开展农村集体经济组织登记赋码工作的通知》，将农业农村部作为农村集体经济组织的登记赋码工作的组织负责部门，各级农业农村管理部门作为农村集体经济组织建设和发展的主管部门，由此打通了农村集体经济组织获得法人资格的"最后一公里"。尽管如此，农村股份经济合作社这一典型的农村集体经济组织，因不属于工商登记机关系统中的企业类型而无法获得工商注册登记，导致其因不满足工商登记程序中的商事登记要求而未获得商事管理视角下的主体资格。因此，农业农村部应与市场监督管理总局统筹协调，明确农村股份经济合作社营利性特别法人的属性，并在工商注册登记部门获得商事登记，从而成为法律认可的商事主体。

### （四）农村股份经济合作社的法人财产权

农村股份经济合作社获得法人资格后，便具有了独立于自然人主体的法人财产权。如何进行农村股份经济合作社的法人财产权和农户自然人财产权的"两权"分离，是农村股份经济合作社法人化后亟待解决的问题。从"三权"分置的角度而言，农村股份经济合作社是农用地、集体建设用地和未利用地的行权主体。但本书旨在讨论，作为股份制法人，并将进一步实现资本化的农村股份经济合作社，应将哪些土地资源转化为集体经济组织的资产。本书的观点认为，农村经济组织的法人财产主要包含三个部分：一是农户入股的土地经营权，二是集体经济组织享有的集体建设用地使用权，三是集体经济组织享有的未利用地的承包经营权。

需要特别说明的是，农户可以自己的农用地经营权入股集体经济组织，但农户入股的土地经营权未来是否能全部成为农村新型股份公司的资产，还取决于农村新型股份公司的需求。对于不适宜规模性开发、未被纳入农村新型股份公司的土地经营权，村集体仍可以通过租赁的方式再返租给农户。

## 四、农业产业化

根据2018年农业农村部、国家发展改革委、财政部、中国人民银行、国税总局、市场监管总局等六部委联合印发的《关于开展土地经营权入股发展农业产业化经营试点的指导意见》和各地实践的探索，本着边探索、边发展、边规范的精神，应以农村股份经济合作社为基础，引入社会技术、资金和国有资本，构建一个面向市场的农村新型股份公司，以促进资本下乡与技术下乡、管理下乡的有机结合，助力农业产业化目标的实现。

一方面，要让社会资金进来。由于银行贷款与分散的农村经济承包经营天然不结缘，引入困难，因此让金融下乡最可行也最佳的方式是引入资本金融的股权资本。股权资本进来以后，技术下乡和相应的人才引进也就会成为可能。在"土地作价入股＋社会资本入股＋技术入股"的基础上，农村新型股份公司才能组建。

另一方面，如果说土地经营权股份化、农民股东化、农村公司化谈的股权是资本运营，那么农业产业化则是现代资本和科技下乡基础上的农业生产经营是产品经营。要在农村开发能够最大程度地持续赢利的产业，就必须突破传统工业化时代传统经济学对农业只是一产的定位，站在"绿水青山就是金山银山"生态文明的高度，从生态经济学的视角出发，把产业开发的对象从原来只是把农村土地作为一种平面资源，转向依托于农村土地而来的生态空间资源。农村生态空间资源的系统性和整体性，要求在对该资源的使用价值、范围的界定上，不能分散给一家一户，而是需要以行政村为单位，由集体经济组织出面进行资产运营。这再次要求必须做实、做强集体经济组织。进一步来说，农村生态空间资源和生态产品的被发现，极大地拓展了传统马克思主义政治经济学关于生产力三要素的内容，必然要求农村的生产关系做出相应的调整和变革。

由于农村新型股份公司是发展农业产业的龙头，因此这里强调，在组建农村新型股份公司过程中，应重点做好以下几个方面工作。

### （一）农村新型股份公司以实现农业产业开发为经营目的

农村新型股份公司是以农村股份经济合作社为基础，引入国有资本、社会资本和社会技术而成立的，以农业规模化生产和产业化开发为目的的市场化主体。农村股份经济合作社以整合后的土地经营权、集体经营性建设用地使用权和未利用地承包经营权入股后，农村新型股份公司便具备了在上述地块进行集约化、规模化经营和产业化开发的前提条件。农村新型股份公司的构造能够促进资本下乡和技术下乡的有机统一，促进农业的产业化生产。

农村新型股份公司与一般农业领域公司的最大不同之处在于，其股东之一为农村经济股份合作社这一特别法人。基于这一特点，作为促进乡村产业振兴的经营主体，农村新型股份公司将享受政府层面为之量身定制的各种政策支持和保障，同时其所拥有的农村土地经营权，将受特别法人股设定的相应约束，不进入企业破产时的清偿范围。

### （二）农村新型股份公司应引入地方国资带动社会资本

农村新型股份公司需要引入地方县级和地区级的国有资本，一方面能够让政府在资本增值中获取收益，实现第三财政收入；另一方面能够以国有资本带动社会资本和技术，实现资本下乡、技术下乡、管理下乡。

### （三）农村新型股份公司应引入社会资本和技术

农村新型股份有限公司需要引入社会资本，将资金、技术以及先进的管理方式引入公司，实现资本下乡。社会资本可以技术、货币及《公司法》所允许的其他货币或非货币性财产作为资本注入农村新型股份公司。资本下乡还包括先进的技术和管理理念。20世纪80年代，不少国有企业就通过"星期天工程师"的方式将技术和资金带到了农村；90年代大量社会资本参加了农业"产加销服，贸工农旅"一体化。

若没有社会资本进入的农村，其生产模式就是零散、碎片化的，属于传统小农的自耕自种，只能通过单纯的劳动力投入获取收益。而本书倡导的社会资本下乡还包括技术作价入股，通过技术投入提升规模化经营的效率。

## 第三节　农村土地经营权作价入股机制

### 一、土地经营权入股的估值

#### （一）估值的内涵

估值是指对生产资料的价值进行评估，把使用价值转变为市场价格的过程。在农村土地估值的过程中，需要以农村经营权作为估值基础，让土地的使用价值变为作价入股的市场价格，实现农村土地资源内在价值向外在价值的转变。通过估值，可以实现土地经营权入股的合理价格，使土地经营权由物权资本向股权资本转变，实现土地由实物资本向虚拟资本的转化。农村土地经营权入股，让土地经营权由特殊资源向特殊资本转变，将激活农村土地的流转过程，减少闲置土地的资源浪费。农民可以手中闲置土地的经营权作为股本加入集体经济组织，从而推动社会化大生产活动。这样既可以提高农户财产性收入，改善农民生活水平，又可以利用农业集体生产的规模优势，提高农业产量，降低生产成本，一定程度上可以解决农业生产资料私有制与社会化大生产之间的矛盾。

#### （二）土地经营权估值的基本原则

一是要根据项目产业方向进行估值。

重点是不能将用于第三产业的土地按照第一产业的价格进行估值。在农村土地估值过程中，需要根据不同农业用地的类型、经营性质，进行分级分类估值。例如，用于农业生产的土地，可以按照第一产业模式进行估值，充分体现农业用地的耕种属性。既要保护农业产业，又要不断推进其资本化过程，提高农业体系市场化程度，推动第一产业体制的深化改革。又如，对于经营性建设用地，可以采用第二产业模式进行估值。由于经营性建设用地多为相关企业的建设用地，在开发利用时以工业用途为主，因此，在估值过程中，可以把土地资源作为工业生产资料作价入股，实现农业土地服务于工业生产，推进社会工业化大生产的同时，又得到入股企业的经营生产回报。这样既可以实现农村集体经济组织的资本增收，又可以促使地方产业的转型升级，同时还能带动周边地区经济发展，进一步推动土地价值提升。再如，对于农村实现第三产业经营的土地，可以按照服务业体系对其进行估值，相关的宅基地、"四荒"地都可以开发为农业生态旅游区，用于对外出租，推动当地生态旅游产业的经营。在这种情况下，其土地的作价模式应遵循第三产业经营模式，合理确定农业用地价格，选择合适参股入股方式。在保障农户利益的同时，实现农村产业的多元化经营模式，推动农村土地资本化进程。

二是要将附着于土地的生态空间资源的价值估算进去。

在农业土地作价入股过程中，不仅需要对土地自身进行估值定价，更要对土地生态空间资源进行价值估算。林地中的林木、宅基地上的房产、集体经营性建设用地上的厂房设备，都需要进行评估作价。值得注意的是，生态空间资源的价值和农村土地资源的价值可以独立计算，以便体现出不同资源的不同价值，为之后的土地资本化奠定基础。例如，在林地的估值定价过程中，林木资源与林地具有不可分割性。由于林木的生态属性，其生长过程缓慢，往往需要数年甚至数十年才能成材砍伐。在此过程中，虽然不能实现年度价值提取，但是存在着年度价值提升。可以通过林木的最终价值估算出每年林木的价值增长量，从而对不同年份的估值加以计算，从而得到林地、林木客观、合理的估值。再如，对集体经营性建设用地进行估值时，不仅需要考虑到现期价值，更要考虑其远期价值的提升。因为集体经营性建设用地在进行第二、第三产业开发后，可能带来地区产业结构的转型升级、人口就业增加、地方经济提升，从而实现土地资源价值的提升。

三是要充分考量集体经济组织发挥作用而带来的估值提升。

在外来资本与农村集体经济组织进行土地资源估值定价的过程中，不能采取将农户原有承包地相加求和的方式得出最终估值定价，而是必须把集体经济组织对农户土地进行整合和维护的功能考虑在内。农户将分包地经营权转移给集体经济组织后，后者可以对连片成规模的土地进行平整和整理，这相当于发挥了在城市国有土地出让过程中政府土地储备部门进行一级土地市场整理开发的类似作用。因为集体经济组织的存在，农村的公共秩序得以维护，外来资本应为享受公共秩序付出相应的对价。

四是要坚持不得低估的原则，以免农民的利益受损。

在土地估值过程中，需要充分考虑农民的意愿，尊重农户的选择权，让农户既可以自身承包土地，进行经营生产，又可以把土地入股到集体经济组织中进行生产。在供需双方自主选择的情况下，通过市场机制平衡农村土地经营权入股数量。这样一方面可以保护农民利益，在土地评估价格过低时，农户停止入股，防止农户利益被其他经营主体所侵占。另一方面可以维护集体经济组织的权益，在土地估值较高时减少购入农户土地经营权，降低集体经济组织经营生产成本。通过市场机制"无形的手"平衡土地供需双方数量，从而稳定土地评估价格，既可以维护农户与集体经济组织双方的利益，又可以推动农村土地经营权的资本化、市场化进程。

### （三）土地经营权估值中的评估机构

在农村土地估值过程中，既可以采取双方自愿协商原则，又可以引入第三方评估机构，对农村土地价值进行专业评估。通过专业机构进行土地评估，一方面可以得到土地经营权的客观市场价值，另一方面可以减少交易纷争、提升土地流转效率。

首先，在土地经营权估值评估机构的建设中，应采用市场化体系，充分引入竞争机制，实施优胜劣汰规则。推进土地经营权估值评估机构专业化，同时降低评估费用，减少农村土地作价入股的交易成本。其次，在土地经营权估值评估机构的建设中，发挥政府的作用，监管市场、规范评估机构的经营行为。对开展土地经营权估值业务的评估机构进行定期考核，提高评估机构的专业水平，并制定分级管理制度，例如，采用市场准入制度，省、市、县采用不同的管理模式。地方政府可以根据地区情况，因地制宜地设立评估体系与评估流程，使评估机构有法可依、有章可循地进行土地经营权估值，从而维护农村土地评估市场的繁荣稳定与健康发展。

## 二、土地经营权入股的权益

土地经营权入股，股东享有的权益主要为收益权、表决权和剩余财产分配请求权。收益权主要体现为分红，可分红的财产为基于土地的收益获得的财产性收入。在表决权上，农业农村部印发的《农村集体经济组织示范章程（试行）》规定，成员大会是本社最高权力机构。成员大会由本社具有完全民事行为能力的全体成员组成。同时参考实践中的《江苏省农村集体资产管理条例》，具体可采用成员按一人一票制通过成员（代表）大会行使表决权。剩余财产分配请求权是指在农村股份经济合作社注销的情况下，农民股东可要求按照出资比例对剩余财产进行分配。尤其需要注意的是，要允许农民将用于出资的土地经营权收回。

## 三、土地经营权入股的退出

农村股份经济合作社对农村新型股份公司的出资为土地股性质，一旦退出，农村新型股份公司将有失地风险，可能导致难以经营。一方面，如果允许退出，将不会有任何社会资本愿意在增量上入股。另一方面，也不应允许这一特别法人股对外转让，否则将发生农民失地风险。因此，公司章程应对其退出条件做出严格禁止的规定。农村股份经济合作社退出农村新型股份公司，获得农村股份经济合作社成员全体一致同意方可。但有一种情况除外，即如果农村新型股份公司出现违法经营并受到法律处罚，农村股份经济合作社有权退出并收回土地经营权。

农户对农村股份经济合作社层面的入股，尽管应赋予农民股东退出的权利，且当农民股东退出后，农村股份经济合作社应履行减资手续，但考虑到规模化生产的需要，该退还土地可以是经资产评估后与原土地经营权价值相当的地块的经营权，而并非直接退回其用于出资的地块的土地经营权。决定权在于集体经济组织成员大会三分之二以上投票表决同意，这一点在集体经济组织章程中必须明确。

## 第四节　农村集体经济组织和新型股份公司资产负债表的编制

在土地资源资本化经营的过程中，涉及三类主体，即农户、农村股份经济合作社（以下简称股份合作社）和农村新型股份公司（以下简称新型股份公司），构成了两张资产负债表，即股份合作社土地资源资产负债表和新型股份公司资产负债表。从会计准则的角度研究农村土地资源资本化，就是主要围绕这三类主体、两张资产负债表进行阐述。

在这两张资产负债表的编制过程中，股份合作社资产负债表的编制，旨在解决农户土地经营权的份额确认，以及集体经营性建设用地使用权、未利用土地承包经营权的盘清问题。而新型股份公司资产负债表的编制，是要在农户以土地经营权入股的过程中，进一步体现土地资金、技术多要素合作，最终使土地资源实现保值增值，给农户带来收益。

### 一、股份合作社资产负债表的编制

在××村股份合作社土地资源资产负债表中，股东是分散的农户股东和建立在共同共有基础上的集体股东。他们投资作价入股的土地也对应包括两类：一类是农户按份共有的土地，一类是集体共同共有的土地。

（一）股份合作社的资产

农村股份经济合作社的资产包括股份经济合作社所有或以劳动、经营和投资积累所形成的各类固定资产、库存物资、无形资产等，包括房产、机械设备、公益性设施、专利权、商标权等。本书重点研究的土地类资产仅指用于向新型股份公司出资入股的土地来源，包括农户向股份合作社入股的农用地经营权、股份合作社本身所有的集体经营性建设用地使用权、未利用地承包经营权三项，与前一章所介绍的农村土地资源资产负债表中的"资本化经营用地"相衔接。

本表中除了标注土地的实物量，还将标注土地的价值量。农用地经营权的定价一般以当地土地流转价格为参考，结合土地位置、质量等因素，确定价格。这既可以由农业部门或土地流转服务机构确定流转指导价，也可以邀请专业机构参加评估。除此之外，股份合作社从新型股份公司获得的财产性收入（详见下一部分），以及获得的政府资金支持、银行信贷支持均可计入资产中的资金项下。

### （二）股份合作社的负债

一般企业的负债主要是指从商业银行获得的商业借贷，应计入负债中的短期借款或长期借款项下。本书所提出的土地资源负债是土地资源权属的重要方面，它是核算主体承担的责任所在。

农村土地资源负债的主要原因来自两个方面：一是质量方面，如土壤等级下降或被污染，如果要继续使用就要进行修复，不仅是农业，就是建设用地也存在生态修复问题；二是数量结构被破坏，如过多占用耕地，逾越生态红线。土地资源负债的载体是土地资源资产，因此要根据土地资源资产的分类来确认负债的内容，但更重要的是要明确负债的责任主体，责任主体以责任承担者的身份来定。在股份合作社资产负债表中，承担主体就是股份合作社。

在股份合作社资产负债表中，土地资源负债指的是因土地面源污染土壤等级下降导致的环境责任，这部分土地的目标是未来要重新实现价值，因此出于管理的目的，把需要恢复的这部分土地资源记为"负债"。其中，负债实物量记录的是等级下降土地的面积，其中负债方的价值量指的是土地等级下降后同等级土地质量的价格。

### （三）股份合作社的所有者权益

股份合作社的所有者权益包括四个部分。一是实收资本，主要针对的是农民入股的农用地经营权，实收资本是农民股权的确权依据。二是资本公积。资本公积是指土地在资产评估中产生的溢价。集体经营性建设用地使用权和未利用地土地使用权应计入该项下。对于资本公积的股份化，应以设立"人口股"为主，以设立"农龄股"等为辅，对土地经营权进行折股量化，实行"确股确权"。需要指出的是，在股份合作社中，尽管需要对土地经营权、集体经营性建设用地使用权和未利用地土地使用权进行确股确权，但此时其还未进入市场流转，因此应采取确股、确权不确值的方式。三是盈余公积，其主要包括法定盈余公积和任意盈余公积。在农村产业化过程中，盈余公积主要是指应依法或者依据股份合作社章程提取的失地风险保障金或政府补贴的风险金等。四是未分配利润，包括政府提供的补助金、待分配的股息等。

对于不同类别的土地权益，可以分为各户份额和集体共有份额。各户份额是农户拥有承包权，把经营权让渡给集体经济组织后获得的份额汇总（相当于公司的股东，但是现实中是权益人）；集体共有份额就是集体经济组织拥有的土地份额。

### （四）股份合作社资产负债表核算举例

假设在核算期内，××村将部分集体所有土地委托给新型股份公司（简称公司）经营。其中，旱地2 000亩，空置宅基地200亩，空置集体建设用地100亩，薪炭林800亩（村民改用天然气做燃料）。此处股份合作社资产负债表中的委托经营，可以视为传统资产负债表中的"长期投资"。假如该村在核算期内土地资源资产未发生增减变动，其所有权关系亦不发生变动，则该村的土地资源资产负债表如表2-5-1所示。这张资产负债表解决的是分散的农村社员和股份合作社之间的关系。

表 2-5-1　××村股份（经济）合作社土地资源资产负债表

| 土地资源资产 | 期初 实物量（亩） | 期初 价值量（万元） | 期末 实物量（亩） | 期末 价值量（万元） | 土地资源权属 | 期初 实物量（亩） | 期初 价值量（万元） | 期末 实物量（亩） | 期末 价值量（万元） |
|---|---|---|---|---|---|---|---|---|---|
| 一、耕地 | | | | | 一、土地资源负债 | | | | |
| 1. 旱地 | 2 000 | 5 000 | | | … | 100 | 120 | 100 | 120 |
| 2. 水田 | 3 000 | 9 000 | 3 000 | 9 000 | 负债合计 | 100 | 120 | 100 | 120 |
| 3. 委托经营 | | | 2 000 | 5 000 | 二、土地资源权益 | | | | |
| 二、宅基地 | | | | | 1. 耕地权益 | | | | |
| 1. 自住 | 200 | 700 | 200 | 700 | 各户份额 | 4 000 | 11 200 | 4 000 | 11 200 |
| 2. 空置 | 200 | 600 | | | 集体共有 | 900 | 2 680 | 900 | 2 680 |
| 3. 委托经营 | | | 200 | 600 | 耕地权益小计 | 4 900 | 13 880 | 4900 | 13 880 |
| 三、集体建设用地 | | | | | 2. 宅基地权益 | 400 | 1 300 | 400 | 1 300 |
| 1. 公共设施 | 50 | 2 500 | 50 | 2 500 | 3. 集体建设用地权益 | 150 | 6 500 | 150 | 6 500 |
| 2. 空置 | 100 | 4 000 | | | 4. 林地权益 | | | | |
| 3. 委托经营 | | | 100 | 4 000 | （1）经济林权益 | | | | |
| 四、林地 | | | | | 各户份额 | 2 800 | 9 800 | 2 800 | 9 800 |
| 1. 经济林 | 3 000 | 10 500 | 3 000 | 10 500 | 集体共有 | 200 | 700 | 200 | 700 |
| 2. 薪炭林 | 800 | 1600 | | | （2）薪炭林权益 | 800 | 1 600 | 800 | 1 600 |
| 3. 委托经营 | | | 800 | 1 600 | 林地权益小计 | 3 800 | 12 100 | 3 800 | 12 100 |
| 五、"四荒"地 | 650 | 320 | 650 | 320 | 5. "四荒"地权益 | 650 | 320 | 650 | 320 |
| | | | | | 权益合计 | 9 900 | 34 100 | 9 900 | 34 100 |
| 总计 | 10 000 | 34 220 | 10 000 | 34 220 | 总计 | 10 000 | 34 220 | 10 000 | 34 220 |

## 二、新型股份公司资产负债表的编制

当新型农村集体经济组织的土地作价入股到新型股份公司之后，将形成新型股份公司的资产负债表，农村土地资源资产也随即进入该表，使得农民的权益得到有效体现。这一过程中的关键变动有两个：首先是农村土地资源资产转为新型股份公司的资产，其次是新型农村集体经济组织将以享受新型股份公司特别法人股的形式享有土地权益。

### （一）新型股份公司的资产

新型股份公司为一家现代化、市场化的公司法人。在资产项中，其应参照一般公司，既拥有从股份合作社转入的农用地、集体经营性建设用地、未利用地等土地资源性资产，也有社会资本中以技术入股形成的专利等无形资产，还有国资、社会资本的货币资金及形成的固定资产和长期投资等资产。

因为已经完成了初步的价值评估，因此本表中不再以实物量体现，而表示为价值量。新型股份公司的入股土地的具体价值，应由组建新型股份公司时的各出资方共同聘请第三方专业评估机构，并经各方协商确定。实际上，股份合作社的资产负债表中已经对土地进行了一次价值评估，但入股新型股份公司的过程中可以通过谈判实现溢价。本部分阐述的过程中进行了简化，核算的过程视为认可第一次评估，数据没有变化。

（二）新型股份公司的负债

新型股份公司的负债主要包括商业银行贷款以及经营过程中形成的其他预收款、应付款，等等。

（三）新型股份公司的所有者权益

在××村新型股份公司资产负债表中，实收资本主要由特别法人股出资部分和社会资本组成。其中，特别法人股出资，是指股份合作社以农用地经营权、集体经营性建设用地使用权、未利用地承包经营权作价入股方式形成的出资。社会资本是指民营、国有、外资等企业以现金、技术专利等资产形成的出资。

因此，新型股份公司股东也有三类：一是以土地作价入股的股份经济合作社股东，二是以资金入股的资金股东，三是以技术入股的技术股东。在此基础上形成了××村新型股份公司的土地资源资产、流动资产、固定资产和无形资产。

（四）新型股份公司资产负债表核算举例

当公司承接了××村新型股份公司的土地资源后，假设公司在年内没有发生任何经营事项，仅仅受托了村集体投入的土地资源资本，则公司的资产负债表如表2-5-2所示。

表 2-5-2　××村新型股份公司资产负债表（土地入股）　　　单位：万元

| 资产 | 期初余额 | 期末余额 | 负债与所有者权益 | 期初余额 | 期末余额 |
|---|---|---|---|---|---|
| 一、流动资产 | | | 一、流动负债 | | |
| … | 12 400 | 12 400 | … | 2 600 | 2 600 |
| 二、固定资产 | | | 二、长期负债 | | |
| … | 2 500 | 2 500 | … | 1 200 | 1 200 |
| 三、土地资源资产 | | | | | |
| 1.旱地 | | 5 000 | 负债合计 | 3 800 | 3 800 |
| 2.宅基地 | | 600 | | | |
| 3.集体建设用地 | | 4 000 | 三、所有者权益 | | |
| 4.薪炭林 | | 1 600 | 1.村集体土地权益入股 | | 11 200 |
| 四、长期投资 | | | 2.资金股东 | 12 300 | 12 300 |
| … | 1 200 | 1 200 | 3.技术股东 | 800 | 800 |
| 五、无形资产 | | | 所有者权益合计 | 13 100 | 24 300 |
| … | 800 | 800 | | | |
| 总计 | 16 900 | 28 100 | 总计 | 16 900 | 28 100 |

新型股份公司资产负债表的构建过程，其实就是农村土地再利用的过程，实现了资本下乡、技术下乡和土地入股的"三位一体"。在整个农村股改中，农村土地资源除了以作价入股的方式，还可以用租赁的方式，投入新型股份公司中去，目的是结合区域特点，与农民保底收入的需求相呼应。

## 三、两类法人组织资产负债表之间的关系说明

本书的创新之处在于，在土地股份化的基础上，通过农民股东化、农村公司化进而实现农业产业化。这"四化"中出现了三类主体，即农户、股份经济合作社和新型股份公司。理解农村集体经济组织特别法人和新型股份公司之间的关系，是理解农村土地资源资本化路径的关键。而编制出这两类法人组织的资产负债表，又是揭示二者关系的钥匙。

股份合作社与新型股份公司是投资与被投资的关系，即股份合作社以整合后的农用地经营权、集体经营性建设用地使用权、未利用地土地承包经营权向新型股份公司进行出资。

如果是进行股权出资，其出资在股份合作社的资产负债表中，由委托经营土地转变为资产项目下的长期股权投资，而在新型股份公司的资产负债表中则对应体现为权益项目下的特别法人股出资（村集体入股）。

如果委托经营的土地是采用债权的方式投入生产，则在股份合作社的资产负债表中转变为资产项目下的长期债权投资，而在新型股份公司的资产负债表中则对应体现为负债项目下的长期负债。

股份合作社与新型股份公司资产负债表之间的关系，详见图2-5-3所示。

| 新型股份公司资产负债表（简表） ||
|---|---|
| 资产 | 负债与所有者权益 |
| 一、流动资产 | 一、流动负债 |
| … | … |
| 二、固定资产 | 二、长期负债 |
| … | 1.受托经营土地资源 |
| 三、土地资源资产 | 2.其他长期负债 |
| 1.旱地 | 三、受托经营土地资源 |
| 2.宅基地 | 负债合计 |
| 3.集体建设用地 | 四、所有者权益 |
| 4.薪炭林 | 1.新集体入股 |
| 四、长期投资 … | 2.资金股东 3.技术股东 |
| 五、无形资产 | … |
| … | 所有者权益合计 |
| 资产总计 | 总计 |

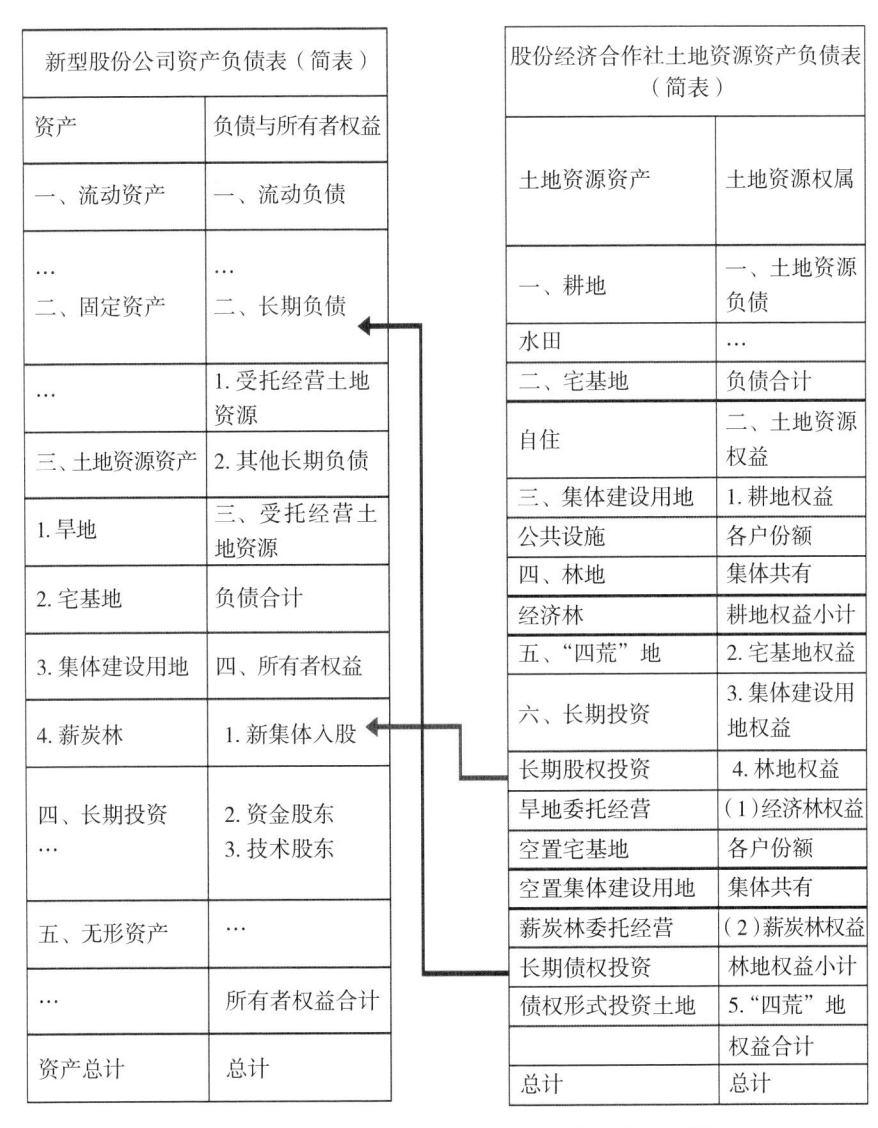

| 股份经济合作社土地资源资产负债表（简表） ||
|---|---|
| 土地资源资产 | 土地资源权属 |
| 一、耕地 | 一、土地资源负债 |
| 水田 | … |
| 二、宅基地 | 负债合计 |
| 自住 | 二、土地资源权益 |
| 三、集体建设用地 | 1.耕地权益 |
| 公共设施 | 各户份额 |
| 四、林地 | 集体共有 |
| 经济林 | 耕地权益小计 |
| 五、"四荒"地 | 2.宅基地权益 |
| 六、长期投资 | 3.集体建设用地权益 |
| 长期股权投资 | 4.林地权益 |
| 旱地委托经营 | （1）经济林权益 |
| 空置宅基地 | 各户份额 |
| 空置集体建设用地 | 集体共有 |
| 薪炭林委托经营 | （2）薪炭林权益 |
| 长期债权投资 | 林地权益小计 |
| 债权形式投资土地 | 5."四荒"地 |
|  | 权益合计 |
| 总计 | 总计 |

图2-5-3　股份合作社与新型股份公司资产负债表之间的关系

# 第六章

## 农村土地资源资本化中特别法人股的设置

防止农民失地既是我国农村土地改革较长时期内必须坚持的一条红线，也是农村土地资源资本化过程中最容易产生风险的部分。本书认为应通过国务院设立种类股——"特别法人股"，确认农村股份经济合作社这一特别法人股股东，具有固定股息、优先分红、优先清偿、特别事项优先表决以及土地性权利出资不作为破产清算财产等特别权利。

## 第一节 保障农民土地权益的重要性

### 一、农村是中国走向现代化的稳定器

我国共计600多个城市，1500多个县城，2万多个建制镇，共计建成区面积约12万平方公里，只占我国960多万平方公里国土面积的1.3%。这就意味着，我国国土面积的98.7%是农村。就人口来说，我国农村有6亿多农村常住居民，8亿多农村户籍人口，2亿多农户。从户籍的角度来说，农民占据了我国人口的多数。从以上两个视角的简单统计，可以看出农村在中国的重要地位。

农村之于中国的重要性，一是农业为国人提供食物保障和重要的工业原材料，二是农村为城市第二产业提供劳动力及其生存保障。对于第二点，就涉及社会经常热议的农民工问题。来自广大农村地区的打工者，为我国城市化的狂飙突进和产业发展挥洒汗水，但他们却无法享受所在城市的福利，只能获得低廉的劳动性报酬。在农村社会保障体系不健全的情况下，农民工在乡村中的土地事实上承担了基本生活保障的功能。农村的存在，让我国在融入全球经济体系的过程中可以承受经济周期波动时的风险，因此农村也成为中国走向现代化的"压舱石"和稳定器。

## 二、农民进城失败后有退路是较长时期内农村变革的底线

2014年7月，国务院印发了《关于进一步推进户籍制度改革的意见》，要求各地根据一定的原则，如稳定就业能力、稳定生活能力等，大力推进进城务工农民的市民化，让农民工同市民一样享受城市基本公共服务。该《意见》还明确，不得要求农民在进城落户前放弃在农村的"三权"，即土地承包经营权、宅基地权利和集体收益分配权。这是对此前农民到城市落户相关政策的极大纠正，也体现了我国在城市化进程中对农民利益的特别保护。这样做主要是因为，中央政府意识到，农民进城存在失败的可能，给农民留好进城失败的退路，是保持国家政治稳定的根本大事。虽然《意见》中说明的是"现阶段"，也就是说不排除未来会改变现在的政策规定，但根据我国经济社会发展的实际状况，这一政策规定将在可预见的较长时期内长期有效。

改革开放四十多年来，我国经济发展取得举世瞩目的成就。其中有两个在世界范围内特别引人注目的现象，一是我国的城市不存在像拉美和印度那样的贫民窟；二是虽然我国在经济发展过程中多次遭遇经济周期中的波动，但最终都能够安稳度过。其背后的根本原因在于，我国人口红利中的数亿产业工人主要来自农村，他们从农村第一产业转移到城市第二、三产业，但他们同时还在农村拥有无偿分包的土地和宅基地。他们在城市和农村之间迁徙流动，平时在城市工厂里打工，农忙时节回到农村务农。一旦遭遇大的经济周期波动，一时找不到就业机会，他们还可以回到农村务农，有固定的住宅，有土地提供基本的生活所需，不需要走上流浪街头进行乞讨的道路，更不会引发大规模的街头聚集和暴动。虽然兼业农民和农民工现象的出现，也带来了农村留守儿童、农民工家庭隔离等诸多社会问题，但在特定历史条件下，为农民在农村保留土地，依然为中国走向现代化做出了不可磨灭的贡献，让农民进城失败后有退路，依然是可预见长时期内我国农村变革必须坚守的一条底线。

本书的设计方案是，农户土地经营权入股到农村股份经济合作社，

农民按份共有农村土地，按份享有农村股份经济合作社的资产。符合买卖这种股票资格的人，只能是本地区内的农户，并且，转让只在国家法律规定的土地承包期（30年）之内有效。例如，张农户家今天把股份转让给了李农户，转让的就是30年经营权，30年之后必须返还。由此，非农人口买卖、农民流离失所等问题就可以得到规避。只要农民的身份不变，其所享有的土地权益就是稳定的，农民流离失所的问题就不存在。通过这样的改革，实现了农民的财产性收入，以增加财产性收入来作为提高农民收入的主要路径，就会向着中国式现代化中的共同富裕目标不断迈进。

## 第二节　现行法律框架下的制度困境

农村土地经营权改革中，用土地经营权作价入股的方式主要有优先股、"双重资本制"、"先租后股"等，都存在着一定的局限性。

### 一、优先股无法避免企业破产状态下的失地风险

所谓优先股，是指以土地经营权出资获得的股份，在分红权、剩余财产索取权上具有相较于普通股股东的优先性，且对于特别事项具有组内表决权。优先股通常会约定固定股息，由此实现土地经营权入股中农民"保底+收益"的诉求。《农村土地经营权流转管理办法》中也规定："承包方自愿将土地经营权入股公司发展农业产业化经营的，可以采取优先股等方式降低承包方风险。"然而，尽管优先股是一种种类股，其具有分红权和剩余财产权索取权的优先性，但其本质仍是一种股权，具有盈亏自负的特征，优先股股东的出资也将进入企业的破产清算财产范畴。因此，优先股仅能解决企业盈利状态下的农民分红问题，而对于企业亏损甚至破产状态下农民的失地经营风险仍难以保障。

## 二、"双重资本制"不符合《公司法》现行规定

"双重资本制"是土地经营权入股试点中的一种实践探索，旨在解决农业产业化公司破产清算时农民可能面临的失地风险。所谓双重资本制，是指农民的土地经营权出资仅记载在公司章程上，作为分红的依据，在注册登记时，声明公司资本不包括该部分出资，该部分出资仅具有对内效力，不具有债权担保功能，不作为清算的资产。《农村土地经营权流转管理办法》中也规定："公司解散时入股土地应当退回原承包方。"这一制度的设计初衷在于保障农民利益。但落于现实，这种双重资本制存在两种理解。一是将土地经营权的出资也视为公司资本，但其不参与破产清算。然而这一理解违反了《公司法》第三条"公司以其全部财产对公司的债务承担责任"的规定，将损害债权人利益。二是认为土地经营权的出资不记入工商登记，也不进入破产清算范围，其仅具有对内效力。若如此理解，那么这里"双重资本制"中土地经营权入股产生的股权，内在上不符合《公司法》关于出资的定义，外观上也不符合商事登记注册的要求。其虽名为"入股"，但实则是一种租赁关系，并不符合本书土地经营权作价入股的设计初衷。

## 三、"先租后股"不能解决土地经营权入股后的失地风险

土地经营权入股的"先租后股"，利用了债权和股权的不同性质，试图减少土地经营权入股过程中的经营风险。"先租后股"的做法最先在六部委《指导意见》中被明确提出。为了保障农民利益不受损，主张让农民不是一步到位就将土地入股至相关经营主体，而是先把土地出租，待相关经营主体取得较好收益、经营稳定以后再进行入股。尽管"先租后股"的形式提升了农民对土地经营权入股的可期待性，但其仅是通过经营"试用期"的设计，减少了农业产业公司可能产生的经营风险给农民带来的利益损害，并未解决"先租后股"中"股"的设计问题。因此其仅是本书研究前置环节的探索，并非农村"四化"过程中需解决的核心问题。

## 第三节 特别法人股设立的必要性

### 一、土地经营权入股是法定的土地流转方式

《民法典》将农村集体经济组织定义为一个特别法人，但对于集体经济组织的载体及其权利和义务缺乏操作性规定。《中华人民共和国宪法》（以下简称《宪法》）第八条规定："农村集体经济组织实行家庭承包经营为基础、统分结合的双层经营体制。农村中的生产、供销、信用、消费等各种形式的合作经济，是社会主义劳动群众集体所有制经济。"由此可见，集体经济组织承载着农村集体的经济职能。"三权"分置改革后，根据《土地承包法》第三十六条的规定："承包方可以自主决定依法采取出租（转包）、入股或者其他方式向他人流转土地经营权，并向发包方备案。"土地经营权入股成为法定的土地经营权流转方式。所谓入股，是指"承包方将部分或者全部土地经营权作价出资，成为公司、合作经济组织等股东或者成员，并用于农业生产经营"。《农村土地承包法》第四十六条规定："经承包方书面同意，并向本集体经济组织备案，受让方可以再流转土地经营权。"土地经营权的再流转具有合法依据。再流转的方式同样包括出租（转包）、入股或者其他方式。

基于《农村土地承包法》对于土地入股这一流转及再流转方式的规定，实践中形成了三种模式的土地经营权入股方式。一是农民将土地经营权作价出资，成为股份经济合作社的社员；二是农民将土地经营权作价出资，成为农村新型股份公司的股东；三是农民将土地经营权作价出资，成为股份经济合作社的社员，股份经济合作社再通过再流转的方式将土地经营权作价出资，成为农村新型股份公司的股东。

本书《农村土地资源篇》第六章中所提出的农民成为农村股份经济合作社的股东，农村股份经济合作社融合社会资本成为农村新型股份公司的股东即符合《农村土地承包法》规定的第三种模式。

## 二、土地经营权入股后将作为法人破产清算财产

土地经营权以入股的方式进行流转和再流转,其实质是土地经营权两次作为出资作价入股。第一次是农户以土地经营权向农村股份经济合作社出资,由此土地经营权从农民的土地承包权中分离出来,其权利主体从农户变为了农村股份经济合作社这一特别法人。根据法人所有制,土地经营权进入了农村股份经济合作社的资本。第二次是农村股份经济合作社以整合后的土地经营权、集体经营性建设用地使用权以及未利用地承包经营权向农村新型股份公司出资,由此土地经营权等土地财产性权利的权利主体,从农村股份经济合作社变更为农村新型股份公司。根据法人所有制,土地经营权进入了农村新型股份公司的资本。农村新型股份公司作为一个高度市场化的主体,其难以避免地存在经营、管理等市场风险,而一旦遭受市场风险,导致公司进入破产程序,已进入其法人财产的土地经营权就将作为破产财产进行清算,也有可能作为担保物权实现担保,从而成为拍卖、变卖的对象,由此造成农民的失地风险。

## 三、特别法人股不进入破产清算有助于防范农民失地风险

为防范农村新型产业公司经营失败后农民面临失地风险,本书综合了现有农民失地风险防范机制,提出了由国务院设立特别法人股这一种类股。特别法人股一方面借鉴了优先股优先分红、优先清偿、特殊事项优先表决的特点,消减土地经营权入股过程中农民对于普通股股权有盈有亏、盈亏自负的担忧,从而保障企业盈利状态下农民的财产权益;另一方面,特别法人股借鉴了"双重资本制"土地经营权不作为企业责任财产,不进入企业破产清算财产的范畴。农村新型股份公司应在公司章程中明确,农村股份经济合作社以土地经营权进行的出资,仅作为内部股东权利配置的依据,其虽属于法人财产权的范畴,但不作为公司对外的责任财产。同时,为保障债权人的利益,农村新型股份公司在进行工商登记时应注明,农村股份经济合作社以土地性财产权利出资的金额和

份额，通过商事登记的公示效力，维护债权人的合法权益，以此实现农民失地风险防范和债权人利益保护的平衡。需要说明的是，尽管农村股份经济合作社以土地财产性权利无法进入破产清算财产的范畴，但其以非土地作价入股的股份仍与社会资本的出资一样，属于一般性的法人财产，仍应进入企业破产清算财产的范畴。

## 第四节　特别法人股的界定与信息披露

农村股份经济合作社整合农民入股的土地经营权向新型农业产业股份公司出资，由此获得新型农业产业股份公司的股权。但农村股份经济合作社以土地性权利出资获得的股权，旨在在不损害农村股份合作社和农民权益的情况下，促进农业规模化生产和农民财产性收益的提升，因此在股权设计时要尤其注重对农民权利的保障。基于此，本书认为应根据《公司法》第一百三十一条"国务院可以对公司发行本法规定以外的其他种类的股份，另行作出规定"的规定，由国务院作出"特别法人股"这一种类股的规定。

### 一、特别法人股的"特别之处"

特别法人股是一种针对土地经营权、集体经营性建设用地使用权、未利用地承包经营权入股而专门设计的种类股，其综合了优先股和债权的优势，旨在解决市场经营风险中农民可能面临的失地问题。特别法人股的特别之处主要在于以下几个方面。

一是股权主体特别。特别法人股的主体是农村股份经济合作社这一集体经济组织，其不仅承担着营利的职能，还承担着保障农民权利的职能，其兼具股份与合作的特点，实现一人一票的表决权和按股份获得分红的兼容。其既要遵循市场的竞争逻辑，又要遵循集体内部的福利分配逻辑，对其营利要求和风险保障要求较一般市场主体高，因此，应对这一特别法人的出资进行特别设计。

二是股权出资特别。不同于《公司法》中所列举的货币、实物、知识产权、土地使用权等出资形式，特别法人股以农民的土地经营权这一特殊的土地财产权利进行出资。尽管"三权"分置政策实施后，土地经营权能够进入市场流转，但"三权"分置本身的目的在于增加农民的财产性收益，而并非让农民承担股权盈亏自负的风险。此外，土地经营权的用途具有严格限制，若允许土地经营权成为新型农业公司的破产清算财产，那么在公司破产时对土地经营权进行拍卖、变卖，不仅容易产生农民失地风险，无法发挥土地经营权保障农民权利的作用，更有可能在执行过程中导致土地用途的改变。因此，土地使用权作为一项受到《土地管理法》和《农村土地承包法》等公法约束的权利，其权利行使应受到特别限制，不应进入破产清算财产。

三是股权内容特别。基于特别法人股股东获得股息和避免风险的双重要求，其应当具有不同于普通股股东的特殊权益。本书借鉴了优先股固定股息、优先分红、组内表决的特点和债权还本付息的特点，认为特别法人股的股权内容包括但不限于：设定固定股息的优先分红权、破产时优先于普通股东行使剩余财产的索取权、对于经营过程中土地经营权抵押或再流转的优先表决权以及企业进入破产清算时其土地性财产权利出资不纳入破产清算范围的权利。由此，在增加农民财产收入的同时避免农民的失地风险。

## 二、特别法人股不是优先股

特别法人股的构造借鉴了优先股制度中的优先分红、剩余财产优先分配以及组内表决权等机制，但不同于优先股股东的出资仍属于公司破产清算财产的范围，特别法人股股东的土地性权利出资不可作为农村新型股份公司的破产财产进行清算，以此防止农民失地风险。

六部委《关于开展土地经营权入股发展农业产业化经营试点的指导意见》中提出探索"优先股"，让农民在让渡公司经营决策权的同时享有优先分红的权利。所谓优先股，具有三个方面的优先性：一是股息优先权，即在分红顺序上，优先股股东比普通股股东先获得股息分配；二是清算优先权，即公司清算过程中进行剩余财产分配时，优先股的顺位优先于普通股；三是特殊事项表决的优先权，即对于土地经营权的抵押、再流转事项，必须获得优先股股东的一致同意。

优先股虽然在一定程度上能够避免将企业经营风险转变为农民的失地风险，但其主要解决的是企业盈利状况下分红权和表决权的分配问题。若公司本身在经营过程中未产生盈利，则即便采用优先股的方式也无法保障农民的分红权益，更无法保证农民的失地风险。但对于农民而言，若农村新型股份公司本身有收益，则并不会产生过多的基层矛盾。恰恰是新型农业股份公司本身面临经营风险甚至导致破产时，如何保证农民的土地经营权不流失，才是土地资源资本化过程中需要解决的核心问题。然而，在破产清算问题上，优先股股东和普通股股东一样，其出资均将作为公司的责任财产，纳入破产清算的范围。资产进入农村新型股份公司后，即意味着农村股份经济合作社用于出资的土地性财产权利，和国有资本的财产性出资、社会资本的技术或财产出资一样，均将在公司破产清算时成为公司的责任财产，由此可能造成农民失地的风险。

基于此，应构造区别于优先股的特别法人股这一种类股。一方面，特别法人股应吸收优先股股息优先、清算优先、特别事项表决权优先的特征；另一方面，特别法人股应吸收"双重资本制"的经验，在工商登记和公司章程中明确特别法人股以土地权利进行的出资不计入破产清算的财产范围，不具有债权担保功能。

### 三、特别法人股不是债权

债权和股权的核心区别在于债权需还本付息，其权利实现的数额是确定的，只要确定债务人有能力偿还债务，债权的实现便与债务人的经营状况无关联，因此债权人不享有对企业经营事项的表决权。此外，在企业破产清算时，债权人出借给企业的资金或财产属于企业负债，经债权人申报，需由企业的剩余财产在股东剩余财产分配前优先进行偿还；股权需要盈亏自负，其可获得的分红与企业的赢利能力息息相关，因此股东不仅享有股权的收益权，还享有对企业经营管理事项的表决权。此外，在企业破产清算时，股东的出资属于企业的责任财产，应纳入破产清算的范围。

尽管特别法人股股息固定，特别法人股股东也不对一般性经营事项享有表决权，且特别法人股股东以土地权利进行的出资虽属于新型农村股份公司的法人财产，却不属于其责任财产，在外观上具有债权的属性，但其与债权仍存在本质区别。首先，特别法人股的股息固定是建立在新型农村公司盈利前提下的股息固定，而债权的利息确定并不以企业的盈利为前提。换言之，若新型农村公司盈利未达到约定股息的分配标准，即便特别法人股约定了股息，其也无法实现。其次，特别法人股虽以对一般经营事项表决权的让渡，换取了股息分配等财产性权利的优先权，但对于土地经营权抵押、土地经营权再流转等事项，其仍具有优先表决权，而债权人对企业的经营管理事项不具有任何表决权。最后，尽管特别法人股股东以土地权利进行的出资不属于企业责任财产，不进入企业破产清算的范围，但其出资的其他财产仍应与普通股股东出资财产一样，进入企业破产清算的范围。基于此，尽管特别法人股为实现维护农民利益之目的而借鉴了债权的部分特征，但本质上，特别法人股股东仍需承受农村新型股份公司的经营风险，因此，其属于一种特别的种类股，而并非债权。

### 四、特别法人股股东需要在工商注册中特别标注

特别法人股设计的一大挑战在于，特别法人股股东土地财产性权利出资不作为新型农村股份公司责任财产的做法，并不符合《公司法》、《中华人民共和国破产法》（以下简称《破产法》）对于公司破产清算财产范围的规定，且可能损害债权人权益。基于此，本书认为，在农村新

型股份公司的注册过程中，应通过在工商注册登记中标注特别法人股股东土地财产性权利出资的份额，并提示交易相对方，该部分出资不可作为破产清算财产的方式，以实现农民利益和债权人利益的平衡。

《公司法》《破产法》之所以将股东的出资全部作为公司的责任财产，纳入破产清算的范围，是因为出资人的出资在工商注册登记中全部体现为注册资本。而债权人根据工商登记部门中登记的企业注册资本判断企业的偿债能力，从而在经营中就是否需要与该企业进行交易作出决策。基于此，注册资本又称为企业承担风险的责任财产。因此，倘若做好企业责任财产的信息公示，在工商登记中明确新型农业股份公司的出资中以土地财产性权利出资形成的出资额，以及该部分出资额不具有债权担保功能，不可作为公司的破产清算财产，便不会影响债权人在经营过程中对于新型农村股份公司偿债能力的判断。具言之，若交易相对方认为扣除土地财产性权利的出资额后，新型农业股份公司的资本不足以覆盖交易风险，那么其可选择放弃交易，或要求新型农业股份公司提供其他物权担保或保证的方式，以实现对交易风险的控制。由此，将是否与农村新型股份公司进行交易的决策权交由市场主体本身，而非监管部门通过"一刀切"的方式，削减农村股份经济合作社进入市场主体的交易机会。

## 第五节 特别法人股的股东权利

特别法人股的设计旨在在农民获得股东身份的同时，维护农民的经济性权利，以实现在"旱涝保收"的基础上进一步扩大农民财产性收入，实现共同富裕的目标。

### 一、优先分红和股息确定

普通股股权具有有盈有亏、盈亏自负的特点。这一特点使得农民一方面渴望成为股东，获得财产性收入，另一方面也担心成为股东后基本收入无法得到保障，因此犹豫入股。考虑到农民期待收益的现实需求，以及国家政策对土地经营权入股过程中农民利益的维护，本书认为，应借鉴"优先股"模式，明确农村新型股份公司盈利的情况下，特别法人股股东可享有股东股息的优先分红权。一方面，在股息数额上，农村股份经济合作社作为特别法人股股东和农村新型股份公司，可通过合同约定的方式对特别法人股股息进行约定，并将约定的股息写入公司章程。另一方面，在分配顺序上，特别法人股股东可优先于国有资本股东、社会资本股东获取股息利益，以此实现农村新型股份公司盈利情况下特别法人股股东及农民的保底收益。

## 二、优先破产清偿

作为一个高度市场化的主体，农村新型股份公司直接面对市场中的经营、管理风险，并由此可能引发企业破产风险。为保护特别法人以及农民的利益，本书认为，应借鉴优先股的权利特点，赋予特别法人股股东破产清算时的优先权。一方面，农村股份经济合作社的社员作为农村新型股份公司的员工，其个人在农村新型股份公司应获得的工资应当优先于股东剩余财产分配，纳入优先清偿的范围。另一方面，作为特别法人股股东的农村股份经济合作社应具有剩余财产分配中的优先权，优先于国有资本股东和社会资本股东，对农村新型股份公司破产时的公司资产进行剩余财产索取，并将索取的公司剩余财产计入未分配利润，进一步在农村股份经济合作社股东范围内进行分配，以维护农民的财产权利。

## 三、土地经营权抵押和再流转事项需特别表决

农村股份合作社将农民让渡的土地承包经营权打包出资至农村新型股份公司后，上述土地经营权就成了农村新型股份公司的法人财产，农村新型股份公司对其享有法人财产权。基于此，按照《民法典》的相关

规定，农村新型股份公司可对上述土地经营权享有占有、使用、收益、处分等权能，也可出于融资需要对土地经营权进行抵押或再流转。然而，土地经营权的抵押或再流转涉及对农民土地权利的处分，可能会提升农民的失地风险。因此，对于这一涉及农民利益的重大事项，应赋予特别法人股股东优先表决权。具体而言，在农村新型股份公司层面，农村股份经济合作社股东对于农村新型股份公司事项具有优先表决权，唯有获得农村股份经济合作社股东这一特别法人股股东的同意，农村新型股份公司才可对农村股份经济合作社股东出资的土地经营权进行抵押或再流转。在农村股份经济合作社层面，土地经营权的抵押或再流转，应根据合作社章程的约定，获得农民股东的特别多数同意。

## 第六节　特别法人股的风险防范功能

农民失地风险的防范是土地资源资本化过程中需关注的重点问题，也是对特别法人股进行特别设计的核心原因。所谓特别法人股，其特别之处在于其不仅具有普通股所具有的股息收益和经营管理表决功能，还具有普通股所不具有的风险防范功能。基于此，本书认为，应通过约定利息的优先分红权、特别事项的特别表决权和土地性权利出资不可作为破产清算财产来保障农民的土地权益，防止出现农民失地风险。

### 一、特别法人股股东享有约定股息的分红权

农村新型股份公司应在公司设立时，于公司章程中明确特别法人股股东在公司盈利时可获取的约定股息，以及特别法人股股东对于约定股息的优先分红权。由此，在农村新型股份公司满足分红条件时，特别法人股股东应根据公司章程的规定，优先于社会资本股东进行分红，且其分红的股息比例依据公司章程的约定。

## 二、特别法人股股东对涉及农民失地等事项具有特别表决权

尽管受制于信息获取、专业管理能力等条件的限制，特别法人股股东对农村新型公司的一般经营管理事项不享有表决权，并通过表决权的让渡换取分红的优先权。但对于涉及农民失地风险的特别法人股股东出资的土地经营权、集体经营性建设用地使用权和未利用地承包经营权的抵押和再流转，其应拥有特别表决权。在具体机制设计上，农村新型股份公司若需对上述土地性权利进行抵押或者再流转，必须首先获得特别法人股股东的同意。在此基础上，社会资本股东才可依据资本多数决的规则对上述经营事项进行表决。

## 三、特别法人股股东入股的土地经营权不作为破产清算财产

特别法人股股东的出资来源于集体内农民的土地经营权，当农村新型股份公司遭遇经营风险而破产时，若将土地经营权作为公司财产进行破产清算，则有可能导致农民失地风险。因此，对于特别法人股的设计尤其需要注重对农民权利的保护，不得将特别法人股股东的土地性权利出资作为破产财产清算。同时，作为配套政策，农村新型股份公司在注册登记时，应在登记时明确特别法人股股东以土地性权利出资的出资额及所占总出资额的比例，并明确该部分出资额不作为公司责任财产进入破产清算的财产范围。

第七章

# 农村土地资源资本化的对应市场建设

集体经济组织中的农村土地资源，以作价入股的形式进入农村新型股份公司。作为规范完备的现代法人，农村新型股份公司可以充分利用现代经济中的各种资本化市场和资本化工具。从农村新型股份公司股东的角度来看，对应的是股权交易市场；从农村新型股份公司作为企业运营的角度来看，可以利用的是资产证券化产品市场和生态产品资本化交易市场。

# 第一节　农村土地资源资本化的股权交易市场

## 一、农村新型股份公司的股权交易市场

### （一）建立市和县级股权交易中心

由当地政府批准，建立市和县级股权交易中心，并纳入我国多层次资本市场体系。

该股权交易中心可以开展面向农村新型股份公司的多种服务，其中包括对公司的挂牌展示、形象宣传、股权托管登记、股权流转交易和股权融资等。

### （二）按照市场化原则完善相关制度设计

根据我国国情，农村新型股份公司的股权交易市场通常会由政府主导、自上而下建立。政府部门在作为市场管理者之外，还代表着农村集体经济组织的利益，政府的干预会使股权交易市场面临产权不明晰和制度限制，导致交易市场效率低下、寻租、租金费率设定等问题。随着我国金融开放步伐的加快，未来建设农村新型股份公司的股权交易市场可以大胆创新，打破以往交易市场建立时的"老路"，采取更加市场化的方式。

### （三）特别法人股的流通限制

在农村新型股份公司的股权流通方面，应参照我国证券市场起步时的"股权分置"思路。考虑到农村新型股份公司中的集体经济组织股东的特殊性，集体经济组织持有的特别法人股应设定为非流通股，禁止在股权交易市场进行流通交易。这一原则应在将来农村新型股份公司于证券市场上市时得到同样的贯彻。将集体经济组织拥有的特别法人股设定为非流通股，目的是保护农民的利益不受伤害。因为一旦股权被卖出，集体经济组织内的全体成员就会失去资本性收入的来源。

## 二、集体经济组织内部的股权转让

根据现行法律规定，允许农户的农用地经营权在集体经济组织内部进行流转。参照这一原则，农户拥有的集体经济组织的股权也应该能够在集体经济组织内部流转。当一个农民在进行充分考量后，他可以卖出自己的股权，获得相应的资金，用于自己期望从事的事情。此后若其想再次拥有这一股权时，他也可以出资进行购买。但无论经营权如何流转，土地承包权仍属于集体经济组织内的农户享有。

## 第二节　农村土地资源资产证券化及产品交易市场

### 一、农村土地资源资产证券化的主要内容

农村土地资源在作价入股进入农村新型股份公司后，成为公司的重要资产。农村土地资产的资源稀缺性，使得农村新型股份公司可以将农村土地资产进行资产证券化设计。这一方面能够让农村土地的收益提前变现，让农村新型股份公司获得充沛的现金流，用于农村土地资源的市场化开发；另一方面可以让分散的社会资本以债券投资人的身份参与到农村土地资源的开发中来。

在现实案例中，东部沿海地区很多农村的土地被开发成了厂房、租

赁性住房、停车场、婚庆拍摄基地、影视拍摄基地和乡村旅游景区等项目。这些项目均拥有持续不断的现金流，可以鼓励农村新型股份公司在农村多开发类似的可以带来持续性现金流的项目。这将使得农村新型股份公司的收入稳定，项目投资的资金来源多元，破产风险降低，农村集体经济组织股东的收益有保障。

在具体实践中，可以采取两种模式。一种是借鉴MBS（Mortgage-Backed Security，抵押贷款证券化）的模式，由农村新型股份公司以农村土地资产做抵押，向商业银行进行贷款，然后商业银行以抵押贷款作为底层资产出售给SPV（Special Purpose Vehicle，特殊目的实体），由SPV发行债券向社会募集资金。另一种是借鉴ABS（Asset-Backed Security，资产支持证券）的模式，由农村新型股份公司以自身拥有的农村土地资产带来的持续性现金流作为底层资产出售给SPV，然后再由SPV发行债券向社会募集资金。

在第一种资产证券化模式中，推进的关键在于商业银行接受农村土地作为贷款的抵押物。2014年中共中央、国务院印发的《关于全面深化农村改革加快推进农业现代化的若干意见》指出："稳定农村土地承包关系并保持长久不变，在坚持和完善最严格的耕地保护制度前提下，赋予农民对承包地占有、使用、收益、流转及承包经营权抵押、担保权能。在落实农村土地集体所有权的基础上，稳定农户承包权、放活土地经营权，允许承包土地的经营权向金融机构抵押融资。"随之，《民法典》第三百三十九条规定了土地经营权的流转，允许土地经营权融资担保。在法律层面，农用地经营权可以进行抵押贷款得到支持和保障。2016年，银监会、国土资源部出台了《农村集体经营性建设用地使用权抵押贷款管理暂行办法》，集体经营性建设用地使用权的抵押贷款得到进一步的细化规定。不过就实践层面来看，农村土地进行抵押贷款的推进情况并不理想，其主要原因既源于农业本身的高风险特征，也和我国农户分散经营、土地面积狭小、利用价值不高等特点有关。农村新型股份公司的出现，将有效改变上述状况，有望在农村土地抵押贷款方面取得新的进展，进而为基于抵押贷款的资产证券化打好基础。

在第二种资产证券化模式中，推进的关键在于农村新型股份公司能够开发出持续带来现金流的项目。在农村产业发展实践中，更多的还是依靠农民自身的力量进行各种项目开发、产业探索。由于信息、能力、资金等各种因素的制约，各地的实践并不理想。农村新型股份公司在引入社会资本的同时，也将现代科学技术和经营管理人才一并引入到农村产业开发中来，必将能够发现更多潜藏于农村土地上的产业机会。农村土地上各种具有良好市场前景的商业项目的涌现，既可以深入发掘农村土地的利用价值，也可以为农村土地资源的资产证券化打下良好的基础。

## 二、推进农村土地资源资产证券化市场建设的关键

一是要解决农村土地资源资产证券化产品发行的难度问题。在资产证券化过程中，发行人的主体信用不足往往成为发行中的主要障碍。农村新型股份公司作为致力于乡村振兴的新型产业主体，是一种新生事物，其主体信用不会太高。金融市场以往的主体是城市工商业，基于传统农业而来的对农村新型股份公司的偏见和陌生，可能会极大地阻碍对农村新型股份公司发行资产证券化产品的支持和热情。为此，政府层面应当推动成立相关政策性的专项担保公司，采用类似于为促进高新技术企业发展而采取的资金支持等政策，拨付专项资金，从作为发行人的农村新型股份公司和 SPV 两个层面来增强农村新型股份公司和其证券化产品的市场信用。

二是要提高投资人对涉农资产证券化债券的投资意愿问题。在解决资产证券化产品的发行问题后，接下来的另一个难点是提高投资人的投资意愿。考虑到农业的高风险、长周期、收益不确定等特点，以及农村市场化程度不高等因素，投资人投资涉农资产证券化债券的积极性可能不高。除了加大宣传、科学设计相关产品外，需要从监管层面加大对机构性投资人参与投资的积极性。尤其是对作为主流投资人的银行系统，要出台专项引导政策，如加大对银行投资涉农资产证券化产品的 KPI 考

核，央行为银行专项贷款进行贴息，等等。

## 第三节　生态产品资本化交易市场

### 一、生态实物产品资本化交易市场

（一）生态实物产品期货市场

**1. 我国生态实物产品期货市场现状：以农产品期货为例**

期货合约具有一定的法律效力。买卖双方需要根据相关的协议条款分别执行，包括提供产品以及按照协定价格付款等。不同于现货交易的实时买卖机制，期货市场的侧重点在于商品的跨期买卖交易。提前签订商品的买卖合同，在经过约定的期限后提供对应的商品或服务。由于跨期交易的特点，商品价格会随着时间而变化，因此对于期货商品的交易，买卖双方都要承担一定风险。但是由于相关协议的签署，对买卖双方都形成了相关约束机制，在合同期内，双方需要承担各自的权利与义务。由此可见，期货合约是风险与机遇共存的体现。

期货产品合约的存在，同时也保障了买卖双方的合法权益。下面我们以农业产品为例进行讲解。

首先，在农户方面，传统的农业生产中存在着大量风险因素，包括天气因素、市场价格波动、道路运输不畅等问题，这些会制约农户的生态资源产品收益，往往会导致农户需要自身承担相关风险。但是在实行农产品期货交易后，通常会保障农户的一定收益，体现设置的预期价格，防止相关风险给农户造成的损害。收购者和农户共同承担相关的农产品收益风险，降低了农户收入的不确定性，从而保障了农业生产者的积极性与抗风险能力。其次，在农产品流通企业方面，提前订立农产品期货合约，也可以增强其自身抗风险能力。由于众多农产品收购企业为农产品流通的中间环节，服务于消费者与生产者，因此双边的价格波动与市场供需都会影响农产品流通企业的赢利能力。通过有效的市场规划，提前制定出农产品供需价格与数量，可以最大限度地增强其自身的风险抵御能力、平衡市场供需矛盾，保障农产品的流通环节畅通，从而稳定市场，平衡供需矛盾与防范资金风险。

生态资源产品期货的发展，可以确保生态资源产品的供需安全与市场稳定。特别是在纷繁复杂与瞬息万变的资本市场中，保障生态资源产品的市场稳定，不仅可以保障农户与收储企业的相关利益，更可以维护国家的粮食安全与国家稳定。

一是发展生态资源产品期货，有助于经营主体实现套期保值。套期保值是期货合约的重要功能，在一定程度上可以解决跨期结算中的风险波动问题。特别是对于生态资源产品而言，时间敏感性强，对市场周期性波动风险敏感。例如，2021年国内猪肉市场价格波动剧烈。通过相关的期货交易，可以实现相同商品的跨期结算，最大限度地避免价格波动给买卖双方带来的交易损失。在市场价格机制的调节中，存在着大量信息不对称的现象与虚假信息的干扰，打造公开、透明的生态资源产品期货交易市场与体系，可以明确市场中的供求信息与产品流通价格，让农户和企业随时了解生态资源产品市场未来的运行方向，使他们合理配置生产要素，防止市场失灵与供需矛盾的频繁发生，最大限度地保障生态资源产品市场的繁荣与稳定。

二是发展生态资源产品期货可以推动农业经济繁荣发展。传统的农业经济中长期保持着传统供需运行模式，相关资本化、产业化发展速度参差不齐，社会资本缺少进入农业领域的投资渠道。因此，发展农业期货产品可以增加社会资本在农业中的投资渠道与运行模式。在生态资源产品期货的买卖与交割中，可以不依赖于生态资源产品现货体系，极大节约了相关仓储、交通、运输成本，避免了生态资源产品易变质与市场价格波动大的现货交易风险。通过生态资源产品期货交易体系，吸引民间资本与国际资本进入我国农业领域，可以扩大我国农产品的市场规模与流通体系，极大地丰富我国生态产品的投资形态。在相关资本的进入与扶持下，我国农业可以充分利用相关资金，扩大生产规模，提高生产效率，加快打造现代化农业体系。

三是发展生态资源产品期货可以解决粮食产销分离问题，保障农业安全。通过生态资源产品期货体系的发展，可以拓展传统农业的运行模式，使农户从生产者向经营者转变。在以往的农业生产模式中，农户通常扮演生态资源产品生产者的角色，缺少对生态资源产品经营的参与，导致相关价格体系与流通环节中，缺少对农户的基本保障。大量生态资源产品利润流向中间商，制约了农民脱贫的速度与质量。针对这一问题，在推行生态资源产品期货的过程中，一方面可以让农户既是生态资源产品的生产者又是流通环节的参与者，相关的生态资源产品期货的利润可以由农户掌握，从而提高农民的资本性收入，优化农村收入结构，为巩固全面脱贫的成果打下坚实基础。另一方面，可以减少生态资源产品中间商的相关环节，保障国家的农业安全，预防国际资本与民间游资对重点生态资源产品的投机炒作行为，最大限度地避免农业产品市场的剧烈波动与供需失衡。

**2. 期货在农村新型股份公司风险管理中的重要作用**

世界上最早的期货市场就是从农产品交易中发展起来的，期货、期货市场与农业之间存在天然的亲密关系。期货的重要功能是套期保值、对冲风险。农村新型股份公司完全可以充分利用期货的这一特殊功能，为自身的风险管理和日产运营保驾护航。

农村新型股份公司尤其要善于发挥好"保险+期货"产品的作用。该产品应由保险公司和期货公司携手研发，根据农村新型股份公司的具体需求，设计出个性化的保险产品。"保险+期货"类产品的设计原则是，先由保险公司确定具体的赔付区间，确定的依据来自理赔精算，然后由期货公司在此基础上对赔付区间进行扩大，扩大的原则是风险对冲，从而达到让更多客户符合入保条件的目的。在此基础上，设计更贴近市场、种类更为多样、费率更为低廉的产品也在不断出现。农村新型股份公司要为自己的生产资料购买财产险，为自己的农作物购买灾害险，也要为自己的农产品购买相应的价格保险，即"保险+期货"。

## （二）生态实物产品产权集中交易市场

集中交易是近年来新兴的经济模式，它通过具有一定标准的产品的集中交易，来实现产品的快速销售，以及使用价值和投资价值的统一。这种模式对于解决生态资源产品的销售和价值确定问题有非常明显的优势。在我国，存在大量通过这种交易模式成功实现销售结果的案例。以山东为例，由于农户规模小、议价能力弱，农产品价格长期处于低位，因此山东虽为农业大省，可是农业曾经非常不景气。后来随着花生、玉米等农副产品集中交易平台的搭建和运营，农民随时可以了解市场价格，并且可以通过集中交易平台进行市价交易，从而实现了较好收益。这不但使种植的农产品实现了全部销售，还提高了单位销售价格。通过这种新经济模式，一定程度上解决了生态资源产品产、供、销脱节的问题，显著提高了生产者的积极性，提高了交易效率和资金流通速度。

集中交易模式具有门槛低、交易流程简便的特点，只要有基本的阅读能力，就能获知产品销售价格与需求数量，并且可以获得价格的历史走势和预估未来的发展趋势，从而决定生产品种与产量结构，这对农户来说无疑是一个非常好的模式。同时，对于购买者来说，也可以通过集中交易平台获得一定质量水平的产品。他们还可以研究历史趋势与未来走势，提前布局采购数量，通过交易平台降低采购成本，这样一来，便会有利于生态资源产品深加工产业的发展。与此同时，集中交易平台还会产生一批套利者，通过低价买入和高价卖出获取收益差价。通过这部分套利者，集中交易平台的定价功能逐步显现，使得生态资源产品的价格更加接近其市场价值。

生态实物产品产权集中交易模式根据生态资源产品生产的特点，利用产权电子交易的独特优势，将对传统农副产品的现货交易模式进行改进。这有利于形成统一、透明的生态资源产品价格定价机制，降低生态资源产品流通中的成本，引导社会资金进入生态资源产品开发领域，最大限度地开发生态资源产品的实际价值，为"绿水青山"转化为"金山银山"夯实基础。

## 二、生态服务产品资本化交易市场

自然资源的生态服务功能包括休闲观光、涵养水源、固碳制氧等。在资本化交易市场建设方面，最为深入的是固碳制氧类生态服务产品，其中尤其以林业碳汇交易为主。

林业碳汇理论着重解决全球温室气体排放问题。由于工业化进程加速和人口数量的增长，全球温室气体排放总量持续增加，气候环境也随之发生变化，出现了全球变暖、海平面上升、极端天气增加等环境问题。要解决相关气候环境问题，就需要减少全球温室气体排放总量。由于植被可以吸收二氧化碳，减少温室气体总量，因此形成了林业碳汇理论的基本模式。即通过森林植被的固碳吸收能力，减少全球二氧化碳的排放量，并通过植树造林，扩大森林植被的总覆盖面积，从而提高对温室气体的吸收量。林业碳汇理论的核心在于实现碳排放与碳吸收指标的市场化交易，例如，每亩林地可产生碳汇量约为 1 吨／年，而工业排放企业需要购买碳汇指标。买卖交易需求发展出碳汇交易市场，形成了碳汇指标的资本化过程。

### （一）林业碳汇现货市场

中国碳交易市场已有两个管理办法。一是由发改委出台的《温室气体自愿减排交易管理暂行办法》，二是自然资源部出台的《碳排放权交易管理办法（试行）》，分别面向 CCER 和全球碳配额，为两种商品的形成、贸易以及监督管理构建起了规制架构。

**1. 林业碳汇现货交易市场现状**

2021 年 11 月，国务院办公厅颁布了《国务院关于支持北京城市副中心高质量发展的意见》，提出了促进北京市绿色交易所在履行全市自愿减排等低碳商品交易功能的基础上，进一步提升为全国性绿色交易所。这些中央层面的政策法规，给我国碳交易市场的长久健康发展带来了强大的法治保障。

2021 年 11 月，北京市发展和改革委员会出台的《北京市"十四五"时期现代服务业发展规划》也明确提出，将高标准建成北京绿色交易市场，建设我国核证自愿减排量（CCER，是指通过对中国境内的能源、森林碳汇、生物甲烷等重大建设项目的温室气体减排进行有效性定量核证，以及在我国的减排交易备案登记体系中，所记录的温室气体减排数量）交易管理中心。

北京绿交所创办于 2008 年 8 月 1 日，并于 2013 年 11 月 28 日开市至今。北京市绿化交易所已升格为我国最大的绿化交易所市场。在我国碳排放交易市场启动时，已明确交易中心将位于上海市，登记交易中心将位于武汉市，而自愿减排（CCER）的交易方式将定位在北京市。

中国的碳现货交易主要有两种基本商品：一种是由政府分配给所有企业的碳排放配额；另一种则是政府核证自愿减排量（CCER）。CCER 交易是控排企业向实施"碳中和"活动的企业购买可用于抵销自身碳排的核证量。

**2. 林业碳汇现货交易市场的问题与对策**

我国的林业碳汇市场还存在一些问题。首先，由于我国林业碳汇市场起步较晚，相关交易模式还不够成熟。不同部门出台的林业碳汇交易都有其自身特色，形成了各自独立的林业碳汇体系，还没有形成全国统一标准化的林业碳汇体系，相关的林业碳汇交易规则还有待进一步完善。其次，在碳汇价格机制方面，我国碳汇价格相对独立，缺少与国际碳汇市场关联机制。国内碳汇产品难以融入国际市场，制约我国碳汇产品全球化发展。

未来我国的碳汇交易体系中，有两个重点问题需要完善。一是国家 CCER 政策重启构建了我国统一的碳抵销交易市场体系，但是需要不断健全相关交易机制，统一碳汇产品标准体系、扩大林业碳汇产品交易规模，提高国内林业碳汇产品交易总量。二是需要构建我国金融化的国际碳交易市场。随着中国碳交易机构的逐渐完善，我国需要逐步打造自己的林业碳汇交易体系。未来碳汇现货市场贸易分为 3 个交易市场，一个是政府强制的碳配额交易市场，一个是行业限制的碳抵销交易市场，还有一个是企业纯粹自主的碳中和交易市场。

未来，我国林业碳需要形成全球化、金融服务化、国际性的交易市场，才能形成及时、有效的全球碳价格联动机制。打造国际碳交易市场的远景目标，还需国家层面立法、监管部门引导、企业自身投入等各方合力推进。

### （二）林业碳汇期货市场

#### 1. 林业碳汇期货交易市场现状

我国还未开展林业碳汇期货交易。第七次全国森林资源清查结果显示，我国森林面积1.95亿公顷，具有较大的林业碳汇期货供给能力。传统的存量林地可以继续提供碳汇期货供给能力，同时我国还在不断扩大人工林地种植面积，在碳汇期货增量上提供基础保障。

我国林地的主体位于农村，林业碳汇是农村林地和森林资源中潜藏的宝贵资源。农村新型股份公司可以将林业碳汇作为一种重要产品来经营。在此过程中，农村新型产业股份除了在林业碳汇的现货市场进行交易获得产品利润之外，更要善于利用林业碳汇的期货市场来进行套期保值和风险管理。

#### 2. 林业碳汇期货交易市场的问题与对策

在林业碳汇交易体系中，我国林业碳汇体系集中于现货市场，但是现货市场存在市场价格波动剧烈、交易预期不确定、市场供需失衡等诸多问题。在解决这些问题方面，林业碳汇期货市场可以发挥重要作用。

与传统现货市场相比，林业碳汇期货市场具有缓解跨期交易风险功能，同时还可以预测不同时期的林业碳汇产品价格，为供需双方提供交易参考依据。更重要的是，林业碳汇期货市场具有风险投资属性，通过资本市场的投资过程得到相应的风险回报。总之，林业碳汇期货市场将开拓林业碳汇现货市场的经营范围，延伸林业碳汇现货市场的时间限制，开辟林业碳汇商品跨期交易模式，拓展林业碳汇产品的资本化属性。

因此，在推行林业碳汇资本化过程中，我们可以充分利用期货市场的优势特点，弥补林业碳汇现货市场的不足。未来，可以逐步开展林业碳汇期货试点，在有条件的地区尝试开展林业碳汇期货交易，并不断总结相关经验、完善交易机制、逐步扩大林业碳汇期货试点规模，为打造全国林业碳汇期货市场奠定基础。林业碳汇期货市场，既可以打破林业碳汇现货市场的局限，延伸林业碳汇的交易方式，实现碳汇指标的跨期交易，又可以丰富传统期货种类。最终在林业碳汇期货资本化过程中，应逐步建立林业碳汇期货交易体系，实现碳汇指标的跨期结算。减少林业碳汇现货市场的无序波动与周期性危机的产生，从而保障林业碳汇交易体系的长久可持续发展。

# 矿产资源篇

第一章

# 我国矿产资源现状、面临的挑战与开发思路

## 第一节 矿产资源的现状

### 一、矿产资源类型及储量分布

矿产资源是工业的"血液"和"粮食",《中国的矿产资源政策》白皮书中表明,我国90%以上的一次能源、80%的工业原材料、70%以上的农业生产资料都来自矿产资源,2021年中国地质勘查投资增长11.6%,其中非油气矿产地质勘查投资自2013年以来首次实现正增长。由此可以看出,矿产资源对我国经济发展肩负重任。

我国矿产资源分为四大类,分别为能源矿产、金属矿产、非金属矿产及水气矿产,如图3-1-1所示。

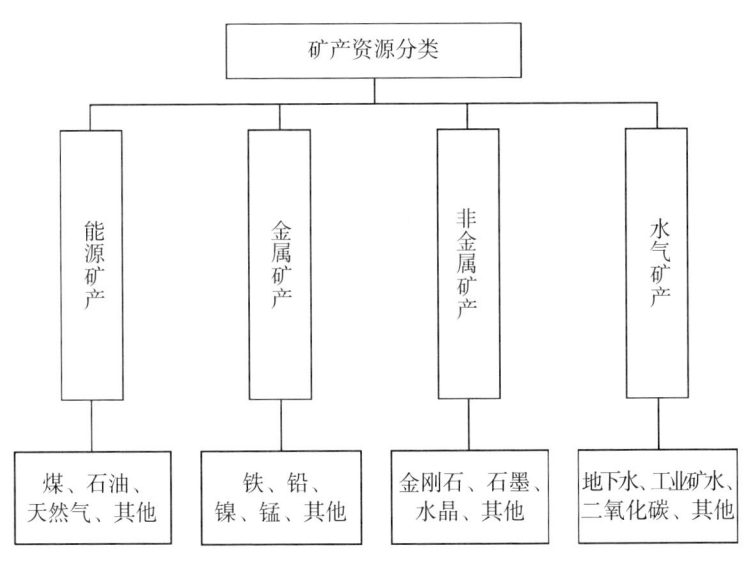

图 3-1-1 我国矿产资源分类

数据显示,截至2021年年底,全国已发现173种矿产。其中,能源矿产13种,金属矿产59种,非金属矿产95种,水气矿产6种。前三种矿产的储量如表 3-1-1 所示。

表 3-1-1　我国主要矿产资源储量

| 矿产 | | 储量 |
| --- | --- | --- |
| 能源矿产 | 煤炭 | 2 078.85 亿吨 |
| | 石油 | 36.89 亿吨 |
| | 天然气 | 63 392.67 亿立方米 |
| 金属矿产 | 铁矿 | 161.24 亿吨 |
| | 锰矿 | 28 168.78 万吨 |
| | 铬铁矿 | 308.63 万吨 |
| | 铜矿 | 3 494.79 万吨 |
| 非金属矿产 | 菱镁矿 | 57 991.13 万吨 |
| | 萤石 | 6 725.13 万吨 |
| | 耐火黏土 | 28 489.19 万吨 |

我国各类矿产呈现出不同分布情况，能源矿产主要分布在四川、山西、甘肃、陕西、新疆、内蒙古等地；金属矿产主要分布在辽宁、四川、西藏、云南、贵州、甘肃等地；非金属矿产主要分布在江西、青海、浙江、云南、黑龙江等地。

本篇着重阐述金属矿产。能源矿产详见本书能源资源篇。非金属矿产及水气矿产属小众品种，本书不做探讨。

## 二、矿产资源开发利用

2021 年中国矿产资源报告显示，中国采矿业固定资产投资由降转增，2021 年投资比上年增长 10.9%，比全国固定资产投资增速高 6 个百分点。其中，煤炭、黑色金属和有色金属矿分别比上年增长 11.1%、26.9% 和 1.9%，石油与天然气比上年增长 4.2%，非金属矿比上年增长 26.9%，并且均保持持续增长。

在矿产品生产与消费方面，能源矿产、金属矿产及非金属矿产 2021 年数据的如下。

**1. 能源矿产**

能源生产增速加快。2021 年一次能源生产总量为 43.3 亿吨标准煤，比上年增长6.2%。能源生产结构中煤炭占67%，石油占6.6%，天然气占6.1%，水电、核电、风电、光电等非化石能源占20.3%。能源消费总量为52.4亿吨标准煤，比上年增长5.2%，能源自给率为82.6%。此外，中国能源消费结构不断改善。2021年煤炭消费占一次能源消费总量的比重为56.0%，石油占18.5%，天然气占8.9%，水电、核电、风电等非化石能源占16.6%。

### 2. 金属矿产方面

2021年，铁矿石产量9.8亿吨，比上年增长9.4%，国内产量加上净进口量为15.2亿吨（60%品位标矿）；粗钢产量10.4亿吨，比上年下降2.8%。主要有色金属矿产品中，铜精矿产量185.5万吨，比上年增长10.9%；铅精矿产量155.4万吨，比上年增长16.9%；锌精矿产量315.9万吨，比上年增长14.1%。十种有色金属产量6 477.1万吨，比上年增长4.7%；其中精炼铜1048.7万吨，比上年增长4.6%；电解铝3 850.3万吨，比上年增长3.8%。

### 3. 非金属矿产方面

2021年，磷矿石产量10 289.9万吨（折含P2O5 30%），比上年增长13.8%；水泥23.8亿吨，下降0.4%。

在矿山开发方面，目前我国大型矿山共计9 068个，占矿山总数的22.9%；中型矿山有11 373个，占矿山总数的27.7%。近年来随着国家矿业秩序治理的不断深入，以及产业政策的动态调整，我国矿山数量持续减少，尤其是小型矿山数量大幅下降。

总体来看，我国矿产资源分布范围较广，矿产资源的开发利用较为规范，但开发及利用过程中仍存在一些问题，例如，部分地区矿产资源"家底不清"、矿产资源开发方式不科学、产业结构较为单一、矿产资源管理存在薄弱环节等。对于这些现存问题，我国需要进一步加大矿产资源探矿勘测力度，综合利用矿业用地，优化矿产资源产业结构，综合提升矿产资源开发利用及管理水平。

## 第二节 矿产资源面临的挑战

### 一、矿产资源需求旺盛，对外依存度高

全球战略性矿产资源储量有限，从资源的丰富性和需求情况来看，我国目前的矿产资源消费量相当于其他工业发达国家的总消费量。我国战略矿产主要有 24 种，其中部分矿产国内供应能力相对较弱，对外依存度明显。截至 2021 年年末，铁矿石、铜、锰、镍对外依存度达到 80% 以上，铬已接近 100%。中国铝土矿资源质量不佳，在冶炼能力快速提高、铝土矿资源供需矛盾突出的情况下，对外依存度超过 50%。此外，铁矿石进口主要集中在澳大利亚和巴西，多年来占全国进口总量的 80% 以上。锰矿进口主要集中在南非和澳大利亚，进口量占锰矿总进口量的 60% 以上。铬的进口集中在南非，占比达 80% 以上。且由于国内供应不足，镍精矿的进口量急剧增加，对外依存度高达 90%。

此外，我国对大多数战略矿产的需求尚未达到顶峰，大约 2/3 的战略矿产依赖进口。中国少数矿产品需求，如钢铁、煤炭等，将在"十四五"期间达到峰值，多数矿产品，如铜等，将在"十五五"期间进入高峰，而对锂、钴和稀土等战略性新兴产业矿产品的需求高峰将在 2035 年后陆续到来。预计到 2035 年，中国"资源约束"相对突出的矿产约有 10 种，分别为石油、天然气、铁矿石、铝土矿、铜、锰、铬、镍、铀和黑色金属。

总之，面对经济建设的巨大需求，我国矿产资源储量严重不足，供需矛盾突出。其高度对外依存的供给格局，短时间内难以改变，潜在风险较大。

### 二、矿产资源安全进一步凸显

矿产资源安全是指一个国家的矿产资源供应处于相对没有风险，不受内外威胁的状态；同时，还可以保持产业链和供应链中资源持续、可

靠、有效地供给的能力。随着中国社会经济向高质量发展转型，影响重要矿产资源安全供应的不稳定性因素明显增加。矿产资源开发过程中存在着核心技术缺乏、几种战略性矿产资源短缺以及国际贸易保护主义制约等诸多问题。

### 三、矿产资源行业的寡头特征和金融属性日益增强

2002年至2012年，全球矿业经历了"黄金十年"的繁荣。2012年后，伴随全球经济增速放缓，全球矿业行业进入深度调整期。自2016年起，全球经济总体呈现缓慢复苏态势，矿业供需基本面转好，全球矿业触底复苏。2020年以来，中国作为全球重要的经济体，努力促进能源、矿产资源等需求快速回升，而全球矿业供应端主要国家依旧经济恢复乏力，全球矿产品短期难以摆脱供不应求的局面。

数据显示，随着近年来全球勘探活动大幅增加，勘探投入将触底回升，全球矿业将逐步走出低迷并呈现三个特点。

一是疫情后，全球矿业大宗商品供需和流动性发生重大调整，矿业大宗商品价格大幅上涨。二是金融性增强。为应对疫情对经济的影响，各国实施了积极的财政政策，以进一步提高全球矿价。矿产品价格与通货膨胀密切相关，铁和铜等金属的价格持续飙升，进一步加剧了全球通胀。三是清洁能源快速发展。减少化石能源的使用已经成为各国应对全球气候变化的共同行动。清洁能源技术设备、低碳发电设施、电动汽车和电网存储正在消耗大量的铜、铝等金属。这些因素的结合促进了采矿业的"繁荣"。

当前，世界矿业发展有三个主要特点。一是新技术的发展和技术的突破带来的矿业热潮影响着未来矿业发展，矿业公司对战略和资源的部署重新进行了选择。二是新能源产业快速发展带来了对储能电池等的产品大量应用，导致锂、镍、钴、锰、石墨等矿产的需求增加，从长远看必将影响全球矿业供需和市场格局的变化。三是以大数据、物联网、智能化为代表的科技进步，推动矿业从传统产业向高新技术产业转变，向

智能化、智慧化方向发展。随着全球对矿产的需求显著增加,在"双碳"战略实施的背景下,供给与需求将出现结构性调整,矿业寡头特征将更加明显。

### 四、地缘政治博弈影响国际矿产资源市场

尽管用于新能源产业的金属矿产在全球范围内分布广泛,但个别矿种的储量却集中在少数几个国家,这意味着这些国家将在未来全球新的矿产资源供给格局演变中扮演重要角色。首先,我国战略性矿产资源部分进口依赖地缘政治不稳定区域,国际矿产资源供应链、产业链极不稳定。其次,西方国家渲染"中国威胁论",断供铁矿石以反制中国。随着中美经济脱钩、贸易摩擦加剧,我国矿产资源国际市场的产业链和供应链面临严峻挑战。再次,澳大利亚、印度尼西亚、菲律宾等重要矿产资源国,经常趁国际贸易摩擦大幅提升铁矿石价格,这对我国矿产资源产业链和供应链的稳定极为不利。2019 年,美国联合澳大利亚、巴西等十个国家组建了矿产资源大联盟并发布了《能源资源治理倡议》,这些国家均是我国矿产资源进口的主要来源地,也是我国主要的海外矿业投资地。由此可以判断,国际地缘政治正逐渐成为影响中国资源供给的重要因素,而我国关键战略性矿产的"供需分离"态势和供应"大头在外"格局,势必会成为全球地缘政治博弈的焦点。

## 第三节 矿产资源开发的思路

### 一、以政策保障矿产资源开发健康、有序

能源矿产资源的安全稳定与健康发展,关系国家安全与经济发展。我国矿业尚未形成全产业链体系,未形成统一有效的发展规划和运行机制,勘查与开发两个环节长期"貌合神离",矿产资源勘探开发作为资本密集型行业面临严峻挑战。我国应明确矿产资源在国家经济社会发展

中的基础地位，制定配套政策，形成稳定投入，以保障矿产资源对国家的支撑能力。

在政策制度方面，改革开放以来，以单门类立法组成的自然资源法律体系框架基本形成。2020年，自然资源部推进《中华人民共和国矿产资源法（修订草案）》修改工作并审议通过，进一步加强了我国矿产资源领域的立法。以当前矿业发展形势来看，总体需围绕"一矿一策"思路。即依据每个矿种的供需形势和保障力度的差异性，划定不同的、有差异的政策制度，以增强自控度和话语权。

在矿业权管理方面，应全面推进矿业权相关制度落地，改变矿业权管理方式，切实保护矿业权人的合法权益，同时要增强对矿山生态环境的保护并增加关于矿业用地的有关规定。

国内矿产资源领域全面落实《自然资源部关于推进矿产资源管理改革若干事项的意见（试行）》的改革要求，储量管理、矿业权出让等各项配套改革举措统筹推进，地方各级矿产资源规划编制需稳步推进。此外，还要全面推进矿业权竞争性出让、控制协议出让，实行油气探采合一制度，积极推进"净矿"出让，保障国内矿产资源平稳有序地发展，从而形成相对安全的矿产资源产业链和供应链，为国家经济社会发展发挥稳定的"压舱石"作用。

## 二、多措并举，提高国内矿产资源供应能力

矿产资源资本化作为国际循环克短板、保供给，国内循环提质效、促改革的重要手段，对于解决当前矿产资源领域存在的现实问题，促进我国矿产资源的开发利用长期稳定发展，意义重大。我国需要以高度的责任感和现实紧迫感，统筹国际和国内两个大局，探索多元化的开发利用渠道。国内矿产资源的开发利用，以全面梳理我国矿产资源领域基本样态和发展瓶颈为基础，提升国内矿产资源的供应能力，具体举措如下。

一是要不断加强矿产资源国情调查，摸清"家底"。制定"资源账

本",重点解决"低度自足率"问题。措施有三:其一,通过勘查统计,为我国矿产资源的增量供应提供现实依据,缓解国内能源供需矛盾;其二,摸清国家紧缺战略性矿产资源的状况,为资源战略性布局提供依据;其三,伴随着能源需求预期的增强和大宗能源商品的价格上涨,及时调整储备战略,保证我国能源供给的稳定性和安全性。

二是要紧密结合供给侧结构性改革,增强矿产资源在淘汰落后产能过程中的灵活性和适应性,发挥矿产资源在推进产业转型中的调节功能和引导性作用。尽快解决无效供给和低端供给问题,借助科技力量,提升矿产资源的附加值,进而提升我国矿产资源在全球矿产资源产业链中的地位。

三是要顺应网络信息化和资本全球化的时代潮流,推动我国矿产资源领域可持续发展。网络信息化和资本全球化将给传统矿产资源产业生态带来巨大改变,我们要立足国情完成矿产资源的资本化转向。通过金融创新、市场经营模式多元化、盘活社会资本等方式,加快矿产资源资本化进程。通过矿产资源资本化运作,更好地发挥市场调节功能对于资源配置的基础性作用,提高资源利用率和转化效率。

四是要重构我国矿产资源长效高效利用体系,促进制度化、效能化和规范化。努力构建起探矿、采矿、选矿、冶炼、(深)加工、利用、(二次)回收等七大环节之间的良性循环机制,在整体把握当前循环体系的基础上,增加资金投入。尤其是在探矿、深加工等领域,要同时依托技术进步,降低选矿、冶炼、回收等能耗,提高资源利用率与回收效率。

### 三、统筹规划,提升矿产资源管理能力

我国矿产资源具有大中型矿山少、分散的小矿山多等特点。这样的分布特点不利于从行业、政府等宏观层面对矿产资源进行统筹规划与管理。而矿产资源作为国家战略及经济发展的基础,从宏观层面对其进行统筹规划意义重大。通过矿产资源规划,有助于突破空间分布的壁垒,实现矿产资源的集中化管理,改革矿山资源的管理方式,提升我国关于

矿产资源的统筹管理规划能力。统筹规划方面的具体举措如下。

首先，要打破地域界线，在统一规划下打造包括矿产资源勘查、采选、加工、运输、销售等环节在内的联合体，使分散的资源实现集约开发利用及规模化经营，从而实现与市场的有效对接。

其次，进一步健全和完善现行矿产资源开发利用和管理制度，规范矿产资源开发利用与管理行为。加强执法监督，结合"大综合一体化"行政执法改革，在机制、力量、事项方面重塑矿产治理新模式。

最后，强化数字赋能，推进矿山数字化、智能化建设，持续推进矿业技术变革。加强对监管部门及矿山企业管理人员的培训，提升从业人员理论水平和业务能力，有效推进绿色矿山建设。

对我国矿产资源开发各个环节的统筹规划，将更便于我国政府、行业与企业对于矿产资源的管理，促进矿产资源管理方式改革，提升各个层次的管理效率。具体来说，实施矿产资源资本化将有利于矿产企业和投资机构改革经营管理方式，通过加强资本统筹运作，增强资源开发利用效益、实现企业做大做强。除此之外，矿产资源资本化还能够通过加强对矿产资源开发的统筹，广泛吸引社会资金，形成合力建设矿产资源市场；同时也有利于国家和地方政府从全局角度对矿产资源进行管理。

### 四、以资本化手段布局全球矿产资源

矿产资源资本化有利于突破资源本身特征的局限，发挥规模优势，减少产销等环节的成本，开拓市场。以资本化手段布局全球矿产资源的具体举措如下。

一是针对不同性质的矿产企业制定具有针对性的资本化流程，积极对接国际标准，为布局全球矿产资源打下基础。二是"引进来"与"走出去"相结合，提升我国在国际矿产资源领域的话语权。同时利用国际合作伙伴，制定国际矿产资源资本化合作方案。三是通过资本化运作，促进国内企业在国际市场上形成探矿、采矿、加工、回收等全流程的产

权交易体系，充分发挥资本在资源调配和保障安全方面的作用，用资本化金融手段维护国家战略利益。

### 五、通过资本市场优化矿产资源配置

双循环格局下对矿产资源的开发利用，需要转变传统的思维模式，构筑新型产业生态。纵观发达国家的发展过程，金融参与是重要路径。因为金融服务可以将有限资源的利用效率最大化、收益产出最大化和供给稳定最大化。探索具备多样性和有效性的金融服务矿产资源开发利用模式，是大势所趋，具体举措如下。

其一，金融服务矿产资源开发利用是应对我国战略性资源紧缺、对外依存度高等问题的必要手段。应对资源紧缺，既需要开源也需要节流。资本化的优势在于，一方面可以最大幅度提高能源利用效率，另一方面可以多渠道多形式开拓国际市场。资本化可以充分利用全球范围内的生产要素，用金融手段调动资源和力量，规避传统矿产资源纠纷风险的同时，对于打破国际矿业市场的高度垄断也有着重要作用。我国应努力搭建起助力中国矿产资源企业"走出去"的金融服务平台，借鉴国际大型矿产资源企业资本化的有益经验，行稳致远。

其二，探索构建矿产资源资本化的多元形态，创新该领域的投融资机制。例如，探索发起并设立战略矿产资源储备基金、地质勘查基金、矿产资源循环利用及智能制造基金、矿产资源并购基金、"一带一路"矿产资源保障基金等。顶层设计上要致力于搭建专业化融资平台，鼓励国内相关企业在多层次资本市场挂牌上市。对于国家紧缺型矿产资源投资，要开辟绿色通道，支持矿产企业通过公司债、IPO、并购重组等方式实现融资。除此之外，还要建立运转有序的矿产风险勘查资本市场和矿业企业资本市场。

其三，建立健全的矿产资源资本市场保障体系。金融资本的介入势必会影响传统矿产资源市场的供求关系和价格规律，一定程度上会增加矿产资源市场的不确定性。这就需要不断完善矿业金融法律法规体系，

建立完备的服务与监管保障体系，以及成熟的投资机构与中介组织，从而形成良好的诚信体系与社会环境。

资本化运作涉及《自然资源法》《公司法》《物权法》《证券法》等多项法律法规，离不开证券监管部门与矿产资源资产主管部门之间的密切配合，以及工商、税务、法律、信息化等部门的广泛协同。这样才能保证矿产资源资本化在合理合法、有序有度的范围内展开。

# 第二章
## 矿产资源资本化中的产权制度分析

厘清矿产资源的产权问题是实现矿产资源资本化的前提，产权明晰是市场交易的前提。产权制度决定着自然资源资产的配置分配和使用。2019年颁布的《关于统筹推进自然资源资产产权制度改革的指导意见》指出，我国自然资源资产产权制度改革的目标，是完善中国特色自然资源资产产权制度体系，构建起归属清晰、权责明确、保护严格、流转顺畅、监管有效的自然资源资产产权制度，促进自然资源开发利用效率和保护力度的提升，推动生态文明建设。

# 第一节　矿产资源产权由所有权和矿业权构成

类似农地"三权"分置体系，我国矿产资源在产权体系上采用了所有权和矿业权分置的构成体系。1986年施行的《中华人民共和国矿产资源法》，首次在法律上规定了我国矿产资源属于国家所有，矿产资源产权包括所有权，以及由探矿权和采矿权构成的使用权。1996年《矿产资源法》修订，制定了探矿权和采矿权的有偿转让制度。由此实现了矿产资源所有权和矿业权分置的产权体系。其中，矿产资源归国家所有。矿业权为准物权，具体包括探矿权和采矿权，可经批准申请、拍卖、招标等方式设立。我国矿产资源的开发主体及权利的划分如表3-2-1所示。

表 3-2-1　我国矿产资源开发主体及权利表

| 矿产资源产权 | 主体 | 权能 | 取得方式 | 产权流转 |
|---|---|---|---|---|
| 所有权 | 国家 | 占有权、使用权、收益权、处分权 | 法律规定 | 禁止流转 |

续表

| 矿产资源产权 | 主体 | 权能 | 取得方式 | 产权流转 |
| --- | --- | --- | --- | --- |
| 探矿权 | 非油气探矿权人可以是营利法人，也可以是非营利法人中的事业单位法人。油气探矿权人原则上应当是营利法人[①] | 占有权、使用权、收益权 | 招标、拍卖、挂牌、申请在先 | 依法流转 |
| 采矿权 | 营利法人[②] | 占有权、使用权、收益权 | 招标、拍卖、挂牌、协议 | 依法流转 |

## 第二节　矿产资源所有权归国家所有

我国采用矿产资源国家所有权制度。我国1954年《宪法》中即明确"矿藏、水流，由法律规定为国有的森林、荒地和其他资源，都属于全民所有"。此后的1982《宪法》及其1988、1993、1999、2004和2018年的修订版中也均规定，"矿藏、水流、森林、山岭、草原、荒地、滩涂等自然资源，都属于国家所有，即全民所有"。除《宪法》外，《矿产资源法》第三条也规定："矿产资源属于国家所有，由国务院行使国家对矿产资源的所有权。地表或者地下的矿产资源的国家所有权，不因其所依附的土地的所有权或者使用权的不同而改变。国家保障矿产资源的合理开发利用。禁止任何组织或者个人用任何手段侵占或者破坏矿产资源。各级人民政府必须加强矿产资源的保护工作。"基于此，我国矿产资源所有权主体均为国家，国家对于矿产资源享有占有、使用、收益、处分的权能。由此，明确了我国矿产资源归国家所有。

---

① 自然资源部：《关于进一步完善矿产资源勘查开采登记管理的通知》（自然资规〔2023〕4号）第一条第（一）款第2项。

② 自然资源部：《关于进一步完善矿产资源勘查开采登记管理的通知》（自然资规〔2023〕4号）第二条第（四）款第2项。

## 第三节　矿业权的用益物权、行政许可权属性应进行"两权分置"

矿业权包括探矿权和采矿权，其是指"探采人依法在已经登记的特定矿区或者工作区勘查、开采一定的矿产资源，取得矿产品，并排除他人干涉的权利[①]"。

### （一）现有矿业权可由自然资源主管部门依法出让

自然资源部2023年《矿业权出让交易规则》规定，自然资源主管部门依法出让包括采矿权和探矿权在内的矿业权，即矿业权的一级市场出让。其中，出让的主体包括县级以上人民政府自然资源主管部门和新疆生产建设兵团所属自然资源主管部门；出让的客体包括除铀矿等国家规定的不宜公开矿种外的矿业权；受让人的主体为符合探矿权、采矿权申请条件或者受让条件的、能独立承担民事责任的法人。其中，探矿权主体依据矿种性质进行区分，非油气探矿权人可以是营利法人，也可以是非营利法人中的事业单位法人，油气探矿权人原则上应当是营利法人；采矿权主体原则上为营利法人；矿业权出让方式包括竞争出让和协议出让。

国家基于矿产资源所有者权益，依法向矿业权人收取探矿权出让收益和采矿权出让收益。根据财政部、自然资源部、税务总局于2023年3月24日颁布的《矿业权出让收益征收办法》，矿业权出让收益征收方式包括按矿业权出让收益率形式征收或按出让金额形式征收，在一定程度上减轻了企业缴纳矿业权出让金的负担。

### （二）矿业权出让中用益物权、行政许可权"两位一体"问题突出

现有矿业权的权利获得具有"二位一体"的特点：一方面，受让人需要依据法律规定获得探矿、采矿的行政许可；另一方面，又要基于一

---

[①] 崔建远：《准物权研究》，法律出版社2012年版，第273页。

级市场的出让或二级市场的转让获得探矿、采矿的民事权利。因此，矿业权虽被归为准物权，适用用益物权的相关民法规则，但实质上其兼具用益物权、行政许可权的属性。这种"二位一体"问题为我国矿产资源的勘查开采活动设置了严格的市场准入条件。因为"二位一体"的存在，矿业权申请人不仅要具备相当的资金实力进行正常用益物权享有开采和收益权力，同时还要具备勘探、采矿等活动所需的生产经营和管理条件，以符合获得特许经营权的资格，由此便会提高资本进入矿产资源领域的门槛。此外，矿业权登记管理机关既要负责审核采矿权申请人资金、技术等资格能力，还要核查矿山开发设计方案，增加了监管部门的行政审批负担。

### （二）应促进矿业权用益物权、行政许可权属性的"两权分置"

在坚持矿产资源为国家所有的基础上，我国应完善探矿权和采矿权"两权分置"的矿业权体系，实现矿业权从投资权和开发权"二位一体"向物权视角下探矿权和采矿权"两权分置"过渡。在矿业权中，探矿权应基于行政许可享有。采矿权可依据用益物权创设或以转让方式享有，可基于在产权交易所进行招标、拍卖、挂牌等方式享有。

### （三）探矿权应基于行政许可享有

《矿产资源法实施细则》第六条规定："探矿权，是指在依法取得的勘查许可证规定的范围内，勘查矿产资源的权利。"我国对于矿产资源的勘探实行许可证制度。因此，探矿权的获取基于行政许可行为。根据《关于进一步完善矿产资源勘查开采登记管理的通知》的规定，非油气类探矿权申请人原则上应当为营利法人或者非营利法人中的事业单位法人，且其资金能力应与申请的勘查矿种、勘查面积和勘查工作阶段相适应；油气类探矿权申请人应为在中华人民共和国境内注册，净资产不低于3亿元人民币的内外资公司。

由于矿产资源的勘探涉及国家矿产及能源安全，因此本书建议探矿权应基于行政许可享有，即在普查、详查、初勘、详勘四个环节以及在此基础上形成矿产资源的评估报告时，在中央和省、自治区、直辖市设立两级勘探组织制度，由研究院等"国家队"勘探，由国家财政拨款。具体而言，可将中国煤炭地质总局、中国冶金地质总局合为一体，在此基础上组建中国矿业勘探集团公司，履行矿产资源的探矿权。

### （四）采矿权可依据用益物权创设或以协议转让方式享有

《矿产资源法实施细则》第六条规定："采矿权，是指在依法取得的采矿许可证规定的范围内，开采矿产资源和获得所开采的矿产品的权利。取得采矿许可证的单位或者个人称为采矿权人。"

在采矿环节，应参照土地经营权流转的方式，不仅允许在一级市场通过在产权交易所招标、拍卖、挂牌的方式获得采矿权，还应允许采矿权按照物权变动模式进行二级市场的有偿出让和流转，具体模式包括出租、转让、入股、抵押等。在采矿权流转过程中，要充分体现市场经济配置资源的主导地位，明确和规范矿产资源的有偿出让方式、程序，以及矿产资源的分类差别化管理措施，确立矿产资源流转的绝对市场经济特征，保障矿权交易二级市场法治化的有序发展。例如，应允许采矿权通过协议转让的方式作价入股到由中国矿业勘探集团公司参股、控股股权多元化的自然资源开发公司，形成国有法人股，并通过混合所有制吸引民营、外资资本参与矿产资源开采，从而体现国有自然资源资产的价值增值。

第三章

# 矿产资源资本化中的定价与资产负债表的编制

厘清矿产资源的定价及其资产负债表的编制，是产权清晰化的外延，也是产权流动性的前提，因此在矿产资源资本化中具有重要意义。本章将对这两方面的内容展开探讨。

## 第一节 矿产资源的定价方法及应用

### 一、矿产资源的定价方法

#### （一）矿业权定价理论

矿业权价款最初指的是对国家勘查投资形成的地质成果的回收。此后，随着矿业市场的发展，矿产资源有偿取得与使用及其有关税费的规定不断被创造与更新，矿业权价款的含义也延伸至资源价值的范畴，主要包含以下两种理论。

**1. 国家勘查投资补偿型价款**

该理论将国家勘查出资的权益价值与国家作为矿产资源所有人而分享的权益价值作为矿业权价款。据相关规定，若是探矿权人申请国家出资勘查且已探清资源所在区块的探矿权，缴纳的探矿权价款为经评估确认的国家出资勘查的矿业资源探矿权价款；上述相同条件的采矿权价款亦类似。

为适应建立市场经济体制的要求，在矿业投资开发主体结构由单一性的国企为主向多元化的各类所有制企业共同参与转变的形势下，借鉴英国、美国、加拿大等矿业发达国家的成功经验，国家已开始实施矿业权有偿取得制度，正申请与已取得的由国家勘查出资形成的矿产资源矿业权应缴纳或补缴相应钱款。该价款的性质属于国家投资所得经济性补偿，而非收益。

### 2. 矿业权竞争性价款

矿业权竞争性价款是一种溢价性收益，在此之前，申请授予许可是主要的出让矿业权的方式。为了支持矿业权竞争性出让制度以及推进矿业权管理市场改革，有关部门规定，一般情况下只有高风险类矿产的探矿权的出让保留申请授予方式，其他的矿业权以拍卖、招标等形式竞价出让，申请人的最终成交价即为应缴矿业权价款。这种新的出让方式兼顾了市场溢价与环境保护，也利于国家与优秀矿业投资者的整体利益最大化。实践中出于对简化程序、便于操作、利于开展行政审批与检查工作等要求的考虑，拍卖与挂牌成为主要的竞争性出让方式，也是被主要研究的出让方式，而招标、协议则被严格控制，较少使用。

### （二）我国矿业权价款演变的四个阶段

### 1. 无偿取得阶段

我国在新中国成立后实行计划经济制度期，出于经济建设的需要，拨款组建了地质勘查队伍，形成了大批地质成果，这些成果后统一转归于国有矿企以进行更全面的开发利用。此后计划经济转为市场经济，外商投资、私营、乡镇集体等多种主体也逐步进入矿业市场，但绝大部分的矿产地与地质成果被国有地勘单位掌握且从中以转让牟利，尤其是某些地勘单位或矿山企业转让其无偿取得的矿业权或以此合资合作，借国家出资创造的资源价值为己牟利，导致国有资产严重流失。

### 2. 补偿型矿业权价款阶段

为顺应建立社会主义市场经济体制的需要，1996年《矿产资源法》的首次修改，确立了矿业权可以有条件转让。1998年国务院公布施行了三项与矿产资源勘查开采和权利转让配套的行政法规，我国的矿业权取得从无偿转向有偿。相关负责人对上述三个行政法规的出台，解释说该价款征收制度是为了实现国家的勘查投资回报。因此该阶段可称为补偿型矿业权价款阶段。

### 3. 竞争性矿业权价款阶段

进入21世纪后，为了实现国家投资所得的保值甚至增值，进一步推进矿业权取得由无偿转向有偿，国家采取招标、拍卖的竞价形式出让了一些空白地、部分国家出资勘查形成的矿产地以及非国家出资勘查形成的却依法收归国有的矿产地的矿业权。这些形式虽需管理机构确认，却是按市场流程与秩序完成的矿业权价款成交制度。矿业权价款制度从此发生了适用范围扩大和出让方式增加的重大变化，保留了传统的"申请授予"方式，增加了招标、挂牌、拍卖等竞争性的矿业权出让方式。

**4. 出让收益阶段**

2017年2月以来，围绕改革和完善矿产资源有偿使用制度，国家在短期内先后出台了《矿业权出让制度改革方案》（厅字〔2017〕12号）等多个文件，取消了矿业权的申请授予取得制度，要求以招标、拍卖、挂牌等方式为主，全面推进矿业权竞争出让，严格限制矿业权协议出让，下放审批权限，强化监管服务；提出用3年左右时间，建成"竞争出让更加全面，有偿使用更加完善，事权划分更加合理，监管服务更加到位"的矿业权出让制度。

矿业权出让环节将矿业权价款调整为出让收益，占用环节将其动态整合为收费标准累进的矿业权占用费，开采环节则实施了资源税改革，将矿产资源补偿费纳入资源税。

## 二、矿产资源定价存在的问题

### （一）现有准则对矿业权价值评估的指导性弱

由于我国矿业权评估工作起步晚、利益关系复杂以及受计划经济体制影响较重，因此对矿业权评估理论的研究和政策指导还缺乏完整、全面、权威的阐释。以最具权威性的文件《中国矿业权评估准则》为例，将矿业权价值划作对资源开发利用所得的货币化收益，认为矿业权具有用益物权的性质，矿业权价值取决于矿产资源开发价值但又并非其价值的全部。这种解释由于采取了概括式、原则性的表述方式，对矿业权的价值构成缺乏清晰的交代，因此对我国矿业权价值评估过程中各级政府和组织的具体操作指导性较弱，容易导致评估结果间差异较大的情况。因此，亟待对矿业权价款的内涵及矿业权评估等制度设计加以完善，并对矿业权价款征缴、矿业权出让等管理制度及行为加以规范。

### （二）过度强调竞争性而忽视政府引导

2017年2月以来，矿业权的定价完全采取市场化竞争模式。《矿产资源权益金制度改革方案》等规定的出台，以全面实施招拍挂的出让方式取代了之前的矿业权申请授予取得制度，对于高风险类矿产地也以招拍挂方式出让探矿权。尽管市场化竞争可以获得更多溢价性收入，但是过度的竞争导致暗箱操作问题仍然存在，监管难度更高。因此，亟须政府引导，创造良好的企业竞争环境。

### （三）评估方法的选择主观性强

矿业权价值评估按类型与阶段划分，一般采用折现现金流量评估采矿权和勘查程度较高的探矿权，以成本途径评估技术与经济参数难以评估勘查程度较低的探矿权。但不同层级的市场倾向采用不同的评估方法，例如，关于矿业权出让价款评估的问题，一级市场强调向矿业权适度倾斜，二级市场坚持利益最大化。

矿业权评估影响参数过多，导致评估师难以把握，因此在实践中存在较多评估师根据个人对情境的理解，靠个人从业经验，带有主观性地选取不同参数调整定价的情况，导致评估结果差异大。由此容易使人们产生对国有资产流失的担忧，对评估方法、评估行业的公信力存疑。

## 三、矿产资源定价的优化

### （一）国家统筹完成勘查四环节，再对矿业权招拍挂

矿业权市场建设中，要以市场为主体发挥资源配置作用，同时也要更好地发挥政府作用。如何发挥有为政府的引导作用呢？以电力市场为例，分为发、输、配、售四个环节。其中输电环节属于自然垄断，22

万伏以上的高压线路需要跨省市输送，各省之间难以协调配合，而由国家统筹则能够在成本和收益上形成"1大于2"的效果，因此输电环节需要由国家统一管制，其他环节都可以逐步放开。例如，在售电环节，电力企业可以上市、可以推出电力期货。

借鉴电力企业改革中"有形的手"和"无形的手"对立统一的关系，矿业权出让应当在中央和省市两级"国家队"完成勘查四环节之后，再进行市场化的招拍挂。应把投入相对较小的预查环节作为勘查的前端，交给中国地质调查局统筹，由财政拨款，属公益性质。把投入相对较大的普查、详查和勘探三个环节作为勘查的后端，引入企业经营模式，交给由中国煤炭地质总局、中国冶金地质总局等行业机构整合而成的中国矿产勘探集团公司运营，并形成矿业资料和评估报告。这样做的目的是防止滥采乱挖，让国家心中有数。

中国矿产勘探集团公司，由国务院授权其代理履行矿产资源所有权，统一组织探矿和采矿权的招拍挂。在矿业权出让环节，产权交易的主体是采矿权，但采矿权实质上是以采矿权为主，同时附带探矿权，探采合一，采中有探。在招拍挂这一过程中，部分回收资金上缴国家财政，专户专用，用于财政支持中国地质调查局在勘查的前端，即预查（及国家有关部门安排的必要普查）环节的公益费用支出。另一部分通过矿业权协议转让作价入股，形成国有法人股，并通过混合所有制吸引民营、外资资本参与矿产资源勘探开发，最终成为公众上市公司。需要强调的是，公开竞价的目的在于选定最佳投资主体，而非片面地追求最大利益。

### （二）完善矿业权出让收益评估方法

矿业权出让收益评估应在评估勘查风险、勘查程度与资源储量后，按可比价格测算有效勘查出资。勘查出资是否有效与勘查实施方案是否合理、探明资源的储量及品位有关，明显不合理的投资和未取得找矿成果的投资则归入成本。

矿业资源只有达到普查程度以上的地质成果才可列入矿业权价款

的评估范畴，而无进一步勘查价值或勘查程度较低的探矿权不计缴矿业权价款。

### （三）探索免除矿业权转让的资质门槛

应在依"两权分置"原则对探矿权、采矿权权利结构进行调整的基础上，积极探索实施资本介入并主导的矿业权出让管理新方式，以资本价值促进市场选择功能，更好地发挥市场配置资源的决定性作用。

对申请人不再一并作出勘查、开采资质方面的限定和要求，而要强调其资金实力因素。具有金融许可证的投资公司在按规定取得探矿权、采矿权后，可以依托探矿权勘查项目或者采矿权项目设立私募基金或者公募基金，进行风险勘查和滚动开发。

### （四）建立基准价体系

我国应当按照矿产地的地区、矿种、勘查阶段、储量级别、生产规模，分级评估与确定勘查开发风险系数、生产力水平等参数，并且试点进行、逐步扩大范围，收集、分析交易资料以修正参数，降低技术误差。同时，还应参照国务院《关于加强土地调控有关问题的通知》（国发〔2006〕31号）中关于确定出让最低价标准的相关规定，完善矿业权价款评估管理。

对于竞拍底价或者保留价，以及作为竞价结果的价款数额，应当在充分考虑矿产开发的成本与预期收益等要素后合理设定，而且要统筹考虑相关的资源税费结构的合理性问题，以免影响矿业投资的积极性。

### （五）加强对矿业权评估机构的监管力度

应建立矿业权评估机构评级抽查、矿业权双重评估会审制度。矿业权机构评级抽查制度中，有关行业协会会责令发现存在重大瑕疵和失误的评估报告限期整改，若是失误严重且发生多次或该失误造成严重影响的评估报告，则相关的评估机构与负责人会被行业协会作出负面评价并向社会公示；造成严重后果的，依法移交有关司法机关。矿业权双重评估会审机制是当评估报告或其结果存在异议时，为保证评估结果的客观、公正与准确，行业协会会选出两个以上评估机构进行评估比对，或请专家组评定。

## 第二节　矿产资源资产负债表的编制

### 一、矿产资源资产的分类及其账户设置

#### （一）矿产资源的核算特征

矿产资源属于递耗型资产，大多数是不可再生资源，主要包括能源、金属、非金属类矿产资源，如煤矿、铁矿、石油、天然气等。

递耗型矿产资源资产的核算特征表现在，资源储量在得到开发利用之前会随着地质勘查工作的进程而逐渐增加。资源储量在开发利用过程中也并非单纯减少，而是会随着开采过程中的发现而增加新的储量。已经发现的资源储量会随着开发利用的进程而逐渐减少。

#### （二）矿产资源资产类科目的设置

矿产资源资产负债核算遵从"矿产资源资产＝矿产资源负债＋矿产资源权益"的平衡公式。

矿产资源资产类科目根据现行国家标准分类可以设置四个：能源矿产、金属矿产、非金属矿产、水气矿产。在一级科目之下再分设二级科目，在二级科目下面分设三级科目。此外，考虑到矿山企业对矿产资源开发利用拥有矿业权，还会设置相应的委托权属科目（资产类）。由于自然或人为原因损害或超采的矿产资源储量，在得到核销处理之前，可计入待处理矿产资源资产科目。即在一级资产类科目里增设"待处理矿产资源资产"和"某类矿产资源资产矿业权"科目。

#### （三）矿产资源资产类账户结构

根据矿产资源资产类科目设置相应的盘存类账户，左方为增加，右方为减少。矿产资源资产类账户记录的对象，其存量和变量之间符合"核算期初存量＋核算期内增加数量＝核算期内减少数量＋核算期末存

量"的四柱平衡关系。

## 二、矿产资源权益分类及其账户设置

### （一）矿产资源权益分类及科目设置

在通常的政府主管部门核算的矿产资源资产负债表中，资产类和权益类科目是经常项目，而负债类项目在没有环境欠账的年度可能并不会发生。因此，权益类科目设置的重要性仅次于资产类科目。也就是说，"矿产资源资产＝矿产资源负债＋矿产资源权益"的平衡公式，是从"矿产资源资产＝矿产资源权属"演变而来的，这里也将着重论述矿产资源权益分类及科目。

矿产资源权益是矿产资源权属扣除矿产资源负债之后的净权属。其科目设置既要与矿产资源资产类科目相互对应（表示对应的权属关系），又要与矿产资源负债类科目衔接（否则计算不出净权属）。一级科目是某类矿产资源资产的权益，二级科目是具体的受托权益主体名称——在政府主管部门的账户中是受托的归全民所有的矿产资源所有权，在矿山企业的账户中则是受托的矿业权。三级科目是具体矿种的矿产资源资产权益。

### （二）矿产资源权益类账户结构

根据矿产资源权益类科目设置相应的盘存类账户，右方为增加，左方为减少，余额在右方。在此结构下，矿产资源权益类账户记录的对象，其存量和变量之间符合"核算期初存量＋核算期内增加数量＝核算期内减少数量＋核算期末存量"的四柱平衡关系。

## 三、矿产资源负债分类及其账户设置

### （一）矿产资源负债分类及科目设置

对于不可再生的资源，存在权属关系中的债权债务关系。矿产资源负债产生的原因，主要包括三个。一是矿产企业超额开采。在矿产资源所有者责任追溯和责任处理完毕之前，超额开采不能核销，只能由权益转为负债；待处理完毕允许核销时，再将其从负债中移出。这种负债的实质是，矿业权人损害了未来的利益，是对后人的负债。二是矿山企业因多开采而增加了储量，但瞒报被发现。在完成责任追溯和处理之前，先列入负债，待处理完毕允许登记时，再将其转入权益。这种负债的实质，也是矿业权人侵犯了所有权人的利益——将不属于自己的资源据为己有。三是矿山企业（矿业权人）未经矿产资源所有者（政府主管部门）的同意，私自将矿业权转让给第三者，所有权人向矿业权人追索过程中矿业权拥有者变成债务人，所有权人变为债权人，矿山企业的资产负债表中的权益转变为负债——欠所有权人的债务。这种负债的实质，是矿业权人侵犯了所有权人的利益——至少是增加了国有资源资产流失的风险。

在这三种情形中，为了保持双方账户记录的一致，政府主管部门也要做相应的账户记录。矿产资源负债核算要考虑责任主体和责任客体（责任的对象物）两个方面。责任对象（客体）就是矿产资源资产，责任主体则可能是组织、个人或虚拟方（子孙后代的代表）。因此核算科目的设置，一方面要明确责任主体，另一方面要清楚具体的矿产资源资产，如果有可能，还要明确产生负债的原因。设置科目的方式是，按照矿产资源资产类别名称设置一级科目，再根据具体的责任单位或责任人设置二级科目或三级科目，以此保证矿产资源负债一定要有承担者。

（二）矿产资源负债类账户结构

根据矿产资源负债类科目设置相应的盘存类账户，右方为增加，左方为减少，余额在右方。在此结构下，矿产资源负债类账户记录的对象，其存量和变量之间符合"核算期初存量＋核算期内增加数量＝核算期内减少数量＋核算期末存量"的四柱平衡关系。

## 四、我国矿产资源资产负债表的设计与试编

（一）矿产资源资产负债核算分录与账簿登记

涉及矿产资源资产及权属的八种事项以左右记账法示范如下。

（1）某地级市政府自然资源主管部门（以下简称"政府"），将某煤矿区的矿业权（探采合一）出让给A企业，该矿区煤的储量为6 800万吨。

政府账务处理：左记"能源矿业权（探采合）——A企业——煤资源权益6 800万吨"，右记"能源矿产资源资产——固态能源矿产——煤6 800万吨"。

A企业账务处理：左记"能源矿产资源资产——固态能源矿产——煤6 800万吨"，右记"能源矿业权（探采合）——政府——煤资源权益6 800万吨"。

政府期末编制报表时有两个口径：一是根据政府的账户记录直接汇总编制，这样在政府的矿产资源资产项目里，会出现"矿业权"项目，表明已进入开发利用的资源数量；二是在编制报表之前进行企业与政府之间的对账与轧账，以此还原实际矿产资源资产实际数。前者适合于责任追溯，可用于管理；后者适合于政府向矿产资源所有权委托方报告受托的矿产资源资产存量与变量。

（2）A企业报告新增煤矿储量425万吨，经核实入账。

政府账务处理：左记"能源矿业权（探采合）——A企业——煤资源权益425万吨"，右记"能源矿产资源权益——本级政府——煤资源权益425万吨"。

A企业账务处理：左记"能源矿产资源资产——固态能源矿产——煤425万吨"，右记"能源矿业权（探采合）——政府——煤资源权益425万吨"。

（3）发现A企业瞒报新增煤矿储量85万吨，经核实等待处理。

政府账务处理：左记"能源矿业权（探采合）——A企业——煤85万吨"，右记"能源矿产资源负债——本级政府——煤资源负债85万吨"。

A企业账务处理：左记"待处理能源矿产资源资产—固态能源矿产——煤85万吨"，右记"能源矿产资源负债——A企业——煤资源负债 85 万吨"。

（4）瞒报事项责任追溯并处理完毕。

政府账务处理：左记"能源矿产资源负债——A 企业——煤资源负债 85 万吨"，右记"能源矿产资源权益——本级政府——煤资源权益 85 万吨"。

A 企业账务处理：左记"能源矿产资源资产——固态能源矿产——煤 85 万吨"，右记"待处理能源矿产资源资产——固态能源矿产——煤 85 万吨"；同时，左记"能源矿产资源负债——政府——煤资源负债 85 万吨"，右记"能源矿业权（探采合）——政府——煤资源权益 85 万吨"。

（5）A 企业正常开采减少煤矿储量 595 万吨，报告核实。

政府账务处理：左记"能源矿产资源权益——本级政府——煤资源权益 595 万吨"，右记"能源矿业权（探采合）——A 企业——煤 595 万吨"。

A 企业账务处理：左记"能源矿业权（探采合）——政府——煤资源权益 595 万吨"，右记"能源矿产资源资产——固态能源矿产——煤 595 万吨"。

（6）发现 A 企业超采煤矿储量 170 万吨，等待处理。

政府账务处理：左记"能源矿产资源权益——本级政府——煤资源权益 170 万吨"，右记"能源矿产资源负债——A 企业——煤资源负债 170 万吨"。

A 企业账务处理：左记"待处理能源矿产资源资产——固态能源矿产——煤 170 万吨"，右记"能源矿产资源资产——固态能源矿产——煤 170 万吨"；同时，左记"能源矿业权（探采合）——政府——煤资源权益 170 万吨"，右记"能源矿产资源负债——政府——煤资源负债 170 万吨"。

（7）超采事项责任追溯并处理完毕，核销超采储量。

政府账务处理：左记"能源矿产资源负债——A 企业——煤资源负

债 170 万吨"，右记"能源矿业权（探采合）——A 企业——煤 170 万吨"。

A 企业账务处理：左记"能源矿产资源负债——政府——煤资源负债 170 万吨"，右记"待处理能源矿产资源资产——固态能源矿产——煤 170 万吨"。

（8）政府下属的独立核算的勘查单位提交新增石煤矿储量 340 万吨，报告经核实入账。

政府账务处理：左记"能源矿业权（探矿权）——B 单位——石煤资源权益 340 万吨"，右记"能源矿产资源权益——本级政府——石煤资源权益 340 万吨"。

勘查单位账务处理：左记"能源矿产资源资产——固态能源矿产——石煤 340 万吨"，右记"能源矿业权（探矿权）——政府——石煤资源权益 340 万吨"。

如果该勘查单位直属于政府，并不独立核算，则不做账。

### （二）矿产资源资产负债核算报表的编制

按照矿产资源的分类：能源矿产、金属矿产、非金属矿产、水气矿产，可以分别编制四套报表。每一套报表由三张报表组成，即一张主表（即某矿产资源的资产负债表）和两张分表（即矿产资源的资产变动表和某矿产资源的权属变动表）。然后将这些报表汇总成一套报表：矿产资源资产负债表、矿产资源资产变动表、矿产资源权属变动表。

**1. 分类报表**

由于汇总报表是四大类分类报表的加总，以下将以其中一种——能源矿产资源的报表为例进行编制。主表为能源矿产资源资产负债表（见表 3-3-1），是对特定时点能源矿产资源的负债、权益与资产进行核算的静态报表，该报表遵从"能源矿产资源资产 = 能源矿产资源负债 + 能源矿产资源权益"恒等式。它是一级政府对辖区范围内能源矿产资源资产负债核算成果的反映。按照我国已探明的能源矿产资源种类来看，包括固态能源矿产资源：煤、油页岩、石煤、铀、钍、油砂、天然沥青等；液态能源矿产资源：石油；气态能源矿产资源：煤层气、天然气（含页岩气）等。地热可呈液态或气态。因此，能源矿产资源的分类报表可以按照固态、液态和气态能源矿产资源进行科目设置。

表 3-3-1　能源矿产资源资产负债表　　　　　　单位：万吨

| 能源矿产资源资产 | 期初 | 期末 | 能源 矿产资源负债和权益 | 期初 | 期末 |
|---|---|---|---|---|---|
| 一、固态能源矿产 | | | 一、能源矿产资源负债 | | |
| （一）煤 | | | （一）固态能源矿产资源负债 | | |
| 1. 煤矿 | 7 650 | 850 | （二）液态能源矿产资源负债 | | |
| 2. 煤矿业权 | | 6 545 | （三）气态能源矿产资源负债 | | |
| （二）石煤 | | | 二、能源矿产资源权益 | | |
| 1. 石煤矿 | | 340 | （一）固态能源矿产资源权益 | | |
| 2. 石煤矿业权 | | | 1. 本级受托三级国有 | | |
| … | | | 2. 本级受托集体所有 | | |
| 固态能源矿产资源资产合计 | 7 650 | 7 735 | 3. 本级受托其他所有 | 7 650 | 7 735 |
| 二、液态能源矿产 | | | （二）液态能源矿产资源权益 | | |
| （一）石油 | | | 1. 本级受托三级国有 | | |
| … | | | 2. 本级受托集体所有 | | |
| 液态能源矿产资源资产合计 | | | 3. 本级受托其他所有 | | |
| 三、气态能源矿产 | | | （三）气态能源矿产资源权益 | | |
| （一）天然气 | | | 1. 本级受托三级国有 | | |
| … | | | 2. 本级受托集体所有 | | |
| 气态能源矿产资源资产合计 | | | 3. 本级受托其他所有 | | |
| 能源矿产资源资产合计 | 7 650 | 7 735 | 能源矿产资源负债和权益合计 | 7 650 | 7 735 |

分表有两张，第一张是反映核算期内资产动态变化的资产变动表，数量关系满足：期初资产存量 + 资产本期增加数 = 资产本期减少数 + 资产期末存量。

现根据联合国 SEEA-2012 的环境资产报表格式，编制煤、石煤等资源资产的变动表，如表 3-3-2 所示。

表 3-3-2　能源矿产资源资产变动表　　　　单位：万吨

| 项目 | 期初 | 期内增加数 ||||  期内减少数 |||| 期末 |
|---|---|---|---|---|---|---|---|---|---|---|
| ^ | ^ | 新发现 | 向上重估 | 重新分类 | 其他 | 开采 | 灾害损失 | 向下重估 | 重新分类 | ^ |
| 一、固态能源矿产 | | | | | | | | | | |
| （一）煤 | | | | | | | | | | |
| 1.煤矿 | 7 650 | | | | | | | | 6 800 | 850 |
| 2.煤矿业权 | | 510 | | 6 800 | | 765 | | | | 6 545 |
| 煤矿资源资产合计 | 7 650 | 510 | | 6 800 | | 765 | | | 6 800 | 7 395 |
| （二）石煤 | | | | | | | | | | |
| 1.石煤矿 | | 340 | | | | | | | | 340 |
| 2.石煤矿业权 | | | | | | | | | | |
| 石煤矿资源资产合计 | | 340 | | | | | | | | 340 |
| 固态能源矿产资源资产合计 | 7 650 | 850 | | 6 800 | | 765 | | | 6 800 | 7 735 |
| 二、液态能源矿产 | | | | | | | | | | |
| 液态能源矿产资源资产合计 | | | | | | | | | | |
| 二、气态能源矿产 | | | | | | | | | | |
| 气态能源矿产资源资产合计 | | | | | | | | | | |
| 能源矿产资源资产合计 | 7 650 | 850 | | 6 800 | | 765 | | | 6 800 | 7 735 |

能源矿产资源权属变动表是其第二张分表（见表 3-3-3），反映了核算期间内能源矿产资源权属关系的动态变化情况，数量关系满足：权属期初存量 + 能源矿产资源权属本期增加数 = 能源矿产资源权属本期减少数 + 能源矿产资源权属期末存量。

表 3-3-3　能源矿产资源权属变动表　　　　单位：万吨

| 项目 | 期初 | 期内增加数 ||| 期内减少数 ||| 期末 |
|---|---|---|---|---|---|---|---|---|
| ^ | ^ | 新发现 | 待处理事项 | 瞒报 | 正常开采 | 人为超采 | 重新分类 | ^ |
| 一、能源矿产资源负债 | | | | | | | | |
| （一）固态能源矿产资源负债 | | | | | | | | |

续表

| 项目 | 期初 | 期内增加数 |  |  | 期内减少数 |  |  | 期末 |
|---|---|---|---|---|---|---|---|---|
|  |  | 新发现 | 待处理事项 | 瞒报 | 正常开采 | 人为超采 | 重新分类 |  |
| 1. A 企业负债 |  | 170 | 85 |  | 170 | 85 |  |  |
| （二）液态能源矿产资源负债 |  |  |  |  |  |  |  |  |
| （三）气态能源矿产资源负债 |  |  |  |  |  |  |  |  |
| 能源矿产资源负债合计 |  | 170 | 85 |  | 170 | 85 |  |  |
| 二、能源矿产资源权益 |  |  |  |  |  |  |  |  |
| （一）固态能源矿产资源权益 |  |  |  |  |  |  |  |  |
| 1. 本级受托三级国有 | 7650 | 765 |  | 85 | 595 | 170 |  | 7 735 |
| 2. 本级受托集体所有 |  |  |  |  |  |  |  |  |
| 3. 本级受托其他所有 |  |  |  |  |  |  |  |  |
| （二）液态能源矿产资源权益 |  |  |  |  |  |  |  |  |
| （三）气态能源矿产资源权益 |  |  |  |  |  |  |  |  |
| 能源矿产资源权益合计 | 7 650 | 765 |  | 85 | 595 | 170 |  | 7 735 |
| 能源矿产资源权属合计 | 7 650 | 765 | 170 | 170 | 595 | 340 | 85 | 7 735 |

能源矿产资源权属变动表的期初数和期末数，与能源矿产资源资产负债表（并列式）右端的期初数和期末数一致。它是能源矿产资源资产负债表的补充说明，用于说明能源矿产资源资产负债表中能源矿产资源权属期初和期末存量差异形成的原因。

### 2. 汇总报表

汇总报表的主表矿产资源资产负债表是反映政府在核算期末某时点（如某年12月31日）对辖区内矿产资源的权益、资产、负债存量予以核算的静态报表。该报表是"矿产资源资产＝矿产资源负债＋矿产资源权益"恒等式的项目列示。它是一级政府对辖区范围内矿产资源资产负债核算系统核算成果的综合反映，是整个矿产资源资产负债核算系统的统领。

由于涉及四大类矿产资源，因此只有将这些不同类型的矿产资源的价值量化，才能够将其同时合并进一张报表，此时的报表体现为价值量表，如表3-3-4所示。政府部门在现实操作中，存在一定的难度。

表 3-3-4　矿产资源资产负债表　　　　　　　单位：万元

| 矿产资源资产 | 期初 | 期末 | 矿产资源负债和权益 | 期初 | 期末 |
|---|---|---|---|---|---|
| （一）能源矿产资源 | | | 矿产资源负债 | | |
| 1.煤炭 | 110 000 | 90 000 | （一）能源矿产资源负债 | | |
| 2.石油 | | | （二）金属矿产资源负债 | | 400 |
| 3.天然气 | | | （三）非金属矿产资源负债 | | |
| 4.油页岩 | | | （四）水气矿产资源负债 | | |
| … | | | 矿产资源负债合计 | | 400 |
| （二）金属矿产资源 | | | 矿产资源权益 | | |
| 1.铁 | 33 000 | 32 500 | 1.本级受托三级国有 * | 173 000 | 154 800 |
| 2.铜 | 20 000 | 19 000 | 2.本级受托集体所有 | | |
| 3.铝 | | 4000 | 3.本级受托其他所有 | | |
| （三）非金属矿产资源 | | | | | |
| （四）水气矿产资源 | 10 000 | 9 700 | | | |
| … | | | 矿产资源权益合计 | 173 000 | 154 800 |
| 矿产资源资产总计 | 173 000 | 155 200 | 矿产资源负债与权益总计 | 173 000 | 155 200 |

注：按照委托代理关系，全国人大作为全民资产所有者的代表，行使委托权；自然资源部拥有一级受托所有权，各省级政府主管部门拥有二级受托所有权，以此类推。本级受托某级国有，则代表本级自然资源管理部门受上级管理部门委托的权益。

汇总报表的分表是矿产资源资产变动表和矿产资源权属变动表。这两张报表都是动态报表，分别反映核算期间内矿产资源资产及其权属的增减变动情况。两张报表编制的数量关系基础也是四柱平衡，即"期初存量＋本期增加数＝本期减少数＋期末存量"。矿产资源资产变动表反映核算期内资产动态变化情况。矿产资源权属变动表的期初数和期末数，与矿产资源资产负债表右端的期初数和期末数一致，是矿产资源资产负债表的补充说明，用于说明矿产资源资产负债表中矿产资源权属期初和期末存量差异形成的原因。

# 第四章
# 矿产资源资本化路径及对应市场体系的构建

## 第一节　按公益与经营属性分离矿产勘查的四个环节

### 一、厘清矿产资源勘查组织管理体系

本书提出，应把勘查的预查、普查、详查、勘探的四环节适当分离，重新划分，并区分公益性和经营性，然后事业单位经营和企业经营两种模式分而治之。

依托我国体制优势，把投入相对较小的预查环节作为勘查的前端，交给中国地质调查局统筹。中国地质调查局在公益性地质调查的基础上，将其功能延伸到地质勘查中的预查（及国家有关部门安排的必要普查），对矿产资源勘查中的预查统一规划，统筹管理，由财政拨款，属公益性质。把投入相对较大的普查、详查和勘探三个环节作为勘查的后端，引入企业经营模式，交给由中国煤炭地质总局、中国冶金地质总局等行业机构整合而成的"中国矿产勘探集团公司"运营。

### 二、依托中国地质调查局统筹推进矿产勘查中的预查环节

从国家矿产资源安全和生态环境发展综合角度，由自然资源部下的中国地质调查局在上游勘查中的预查环节整合分散管理的省市矿产资源勘查单位资源，对省级勘查单位业务和技术上统一指导管理。形成在勘查前端，即预查（及国家有关部门安排的必要普查）环节实行大一统的指导性管理。由国家财政出资，在预查环节进行公益性功能的统一规划布局，就为我国矿产资源健康发展奠定坚实基础。

需要指出的是，中国地质调查局正处于机制体制改革的转型之中，财政资金投入相对不足，导致管理队伍相对薄弱。因此，尤其应在公益性财政拨款和管理队伍培育上加大投入。财政部门则应设立专户，专项

支持中国地质调查局。在公益性地质调查业务功能的基础上，进一步向地质勘查的前端环节预查延伸，最终形成地质调查与预查、勘查双向功能并重的业务格局。

### 三、组建中国矿产勘查集团公司统筹普查、详查和勘探环节

在我国矿产资源勘探阶段同样存在缺少统一组织布局，政府部门多头管理、各类资源品种企业分散勘探，不同行业各行其是的问题。例如，煤炭、油气、冶金分散勘查等，效率低下。建议将国务院国资委下属中国煤炭地质总局、中国冶金地质总局合二为一，在此基础上组建中国矿产勘探集团公司。在勘查的后端，即普查、详查与勘探环节整合现有分散的勘查资源。

新组建的中国矿产勘探集团公司，履行国务院赋予矿产资源所有权，统一组织探矿和采矿权的协议转让与招拍挂。在招拍挂这一过程中，部分回收资金上缴国家财政，专户专用，用于财政支持中国地质调查局在勘查的前端，即预查（及国家有关部门安排的必要普查）环节的公益费用支出。另一部分通过矿业权协议转让作价入股，形成国有法人股，并通过混合所有制吸引民营、外资资本参与矿产资源勘探开发，最终成为公众上市公司。

## 第二节　矿产资源资本化对应市场分析

近些年来，需求和价格"双高"的矿产品，驱动着大量社会资本涌向矿业，矿业也将走向资本多元化、产权交易市场化和中介咨询服务规范化"三位一体"的新局面，一艘以矿业权为核心机构、以矿业资本为能源动力、以中介咨询服务为桥梁的市场格局巨轮，即将破浪前行。同时，在矿业权制度改革过程中，国家应支持将矿业权资产引入市场，通过多种形式的金融产品设计，吸纳社会资金参与矿业投资，鼓励资本运

作，加快矿业资本流动，以弥补国家投资不足。生产要素的加快流动对整个产业起到了激活作用，可以促进矿产资源优势转化为经济优势，使中国矿业加快融入世界矿业经济体系。但是，矿业投资的盲目性、矿业权市场竞争的无序性以及市场监管的滞后性等问题依然存在，需要进一步改善。应构建多层次的矿业资本市场体系，借鉴和移植发达国家市场经济发展的成功经验，构建多层次的矿业资本市场体系，是促进我国矿业持续健康发展的必由之路。

我国资本市场体系由三大部分组成。一是股票交易市场，以京、深、沪三个交易所为主。二是以地方省市为主的非公开募集和公开交易市场，主要包含招拍挂、非公开、产权转让挂牌等。三是期货市场，目前我国共有6家期货交易所，分别是郑州商品交易所、上海期货交易所、上海能源交易所、大连商品交易所、广州期货交易所和中国金融期货交易所，如表3-4-1所示。

表3-4-1 我国资本市场体系概况

|  | 交易所/场所 | 板块定位或交易品种 |
| --- | --- | --- |
| 股票交易市场 | 上交所 | 主板：成熟的大型企业<br>科创板：硬核科技企业 |
|  | 深交所 | 主板：成熟的大型企业<br>创业板：创新、科技企业 |
|  | 北交所 | 原"新三板"精选层：创新型中小企业 |
| 以地方省市为主的非公开募集和公开交易市场 | 各省市及地方 | 北京产权交易所、天津产权交易中心、上海联合产权交易所、重庆联合产权交易所等 |
| 期货市场 | 郑州商品交易所 | 强筋小麦、普通小麦、PTA、一号棉花、白糖、菜籽油、早籼稻、玻璃、菜籽、菜粕、甲醇等16个期货品种 |
|  | 上海期货交易所 | 黄金、白银、铜、铝、锌、铅、螺纹钢、线材、燃料油、天然橡胶沥青等11个期货品种 |
|  | 上海能源交易所 | 原油、天然气、石化产品等能源类衍生品 |

续表

| 　 | 交易所/场所 | 板块定位或交易品种 |
| --- | --- | --- |
| 期货市场 | 大连商品交易所 | 玉米、黄大豆1号、黄大豆2号、豆粕、豆油、棕榈油、聚丙烯、聚氯乙烯、塑料、焦炭、焦煤、铁矿石、胶合板、纤维板、鸡蛋等15个期货品种 |
| | 广州期货交易所 | 工业硅，及其他15个在研品种（碳排放权、电力、中证商品指数、能源化工、饲料养殖、钢厂利润、多晶硅、锂、稀土、铂、钯、咖啡、高粱、籼米、国际市场产品互挂类品种） |
| | 中国金融期货交易所 | 股指期货、国债期货 |

我国矿产资源资本化所对应的市场主要有四个：一是产权交易市场，主要解决矿业勘探资源即矿业权的招、拍、挂问题；二是股票交易市场，主要解决矿业企业的股票交易问题；三是商品期货交易市场，主要解决我国矿产资源产品的定价权问题；四是海外资本市场。

这四个市场既是我国目前资本市场体系的重要组成部分，也是我国矿产资源资本化后，相应要建立的资本市场体系的重要组成。本书将围绕这四个市场体系，重点探讨矿产资源资本化路径及对应市场体系的构建。

第一，产权交易市场（矿业权资本化）。矿产资源产权流转又可以分为出让和转让，需求者需要向国家购买由国家管理经营的矿产资源的矿业权，从而构成了出让市场。矿业权二级市场的形成主要是为了满足矿产权的转让，可通过招标、拍卖、挂牌、协议出让、直接转让等方式实现矿业权资本化。

第二，股票交易市场。股权性资本化涵盖风险投资、股票发行、股票信托、杠杆收购等方式。

第三，商品期货交易市场。它的作用是在矿产资源产权明晰的前提下，将矿产资源转化为资本。在矿产资源资本化过程中，可进行矿产商品期货交易。

第四，海外资本市场。从资本价值形态角度来看，矿产资源不仅应包括国内的矿产资源，还应包括国外的矿产资源。可通过提高矿业企业产业集中度参与国际竞争，也可通过对海外矿产公司股权的收购增强铁矿石的供应等方式，丰富矿业企业海外资本市场，如图 3-4-1 所示。

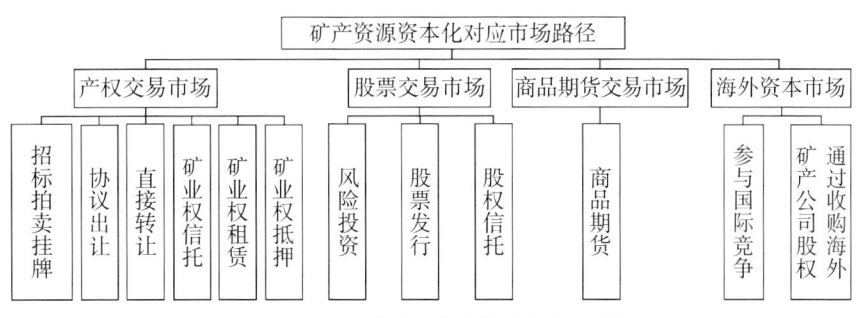

图 3-4-1 矿产资源资本化对应市场路径

## 第三节 矿业权招拍挂的产权交易市场

### 一、矿业权招拍挂依赖的产权交易市场的沿革与现状

矿业权产权交易市场是矿业权交易行为和经济关系的总和。矿业权市场的主体是矿业权人、市场管理者及中介机构。矿业权是矿业权市场交易的对象，交易主体通过申请、出让等一系列交易行为建立经济关系。矿业权中的关系人涵盖矿业投资人、矿业资源所有人、矿业资源管理部门和中间组织，各方表现为平等、监管、服务的关系。

我国的交易市场也不仅限于沪、深两家证券交易所，"三板"市场（含"新三板"市场）、产权交易市场以及股权交易市场也会加入其中，成为我国的场外交易市场。截至 2021 年年底，在全国中小企业股份转让系统中挂牌的公司有 6 932 家，融资总额为 259.67 亿元。投融资渠道的缺失和匮乏，一定程度上加速了各地以产权交易机构为主体的小规模场外交易市场的良好发展。

## （一）产权交易市场的沿革

2001年我国建立了矿业权交易平台。我国矿业权市场建设共分为四个阶段，分别是筹措阶段、政府组织阶段、公司制阶段、扩张与完善阶段。

### 1. 筹措阶段（1998—2001年）

1998年前，探矿权、采矿权的交易是被严格禁止的。在1998年相关法律政策开放后，出现了矿业权市场。

### 2. 政府组织阶段（2001—2005年）

在各省国土资源厅及国土资源管理局的引导操作下，我国开始进行矿业权的有偿交易，多地开始建立自己的矿业权交易中心，协助地方矿政管理部门进行矿业权的出让。

### 3. 公司制阶段（2006—2010年）

矿业权交易场所创立的热情达到了前所未有的高度，并逐渐从政府操办转化为公司制模式。

### 4. 扩张与完善阶段（2010年至今）

2010年发布的通知，要求各地方建立矿业权有形市场并将其公示于信息服务系统或者政务服务窗口，要求公开矿业权转让相关信息。在"两整治一改革"专项行动中，要求矿业权交易机构开展网上交易，随后颁布的交易规则，为建立稳定的交易市场提供了有力保障。

## （二）矿业权专业性中介机构的构建

我国矿业权评估业自诞生以来，经过20余年的蓬勃发展。截至2017年年末，全国已有112家评估机构和37家储量评审机构。2020年6月16日，我国印发了《矿业权登记信息管理办法》，进一步规范了勘查许可证、采矿许可证编码及矿业权登记信息系统数字证书管理，实行统一编码制度。

我国矿业权评估的主导机构是中国矿业权评估师协会，其成员除了矿业权评估的专门机构外，还有矿产储量评估、资源开发等机构或人员。矿业权专业性中介机构在政府、社会以及自身的监管下，建立了完善的管理模式。

### (三) 我国产权交易市场的现状

我国矿产资源属于国家所有,矿产资源的所有权和使用权相对分离。国家以一定的方式转让采矿权,实现矿产资源的布局,维护国有权益。在当前经济全球化快速发展的大背景下,矿业权已逐步融入我国资本市场交易。矿业权是以矿产资源为基础,以市场为主导,按照市场规律将资源作为资本的一种新型价值财产权,矿业权市场是反映矿业经济活跃程度的重要载体。

截至 2022 年 7 月,国内的产权交易所数量约为 300 家,其中具有国有资产处置资质的交易机构达 76 家。经过十几年的发展,产权交易所形成了省级/副省级、地市级、县级三级市场。其中,北京产权交易所、上海联合产权交易所、广东联合产权交易中心、山东产权交易中心、重庆联合产权交易所、深圳联合产权交易所共六家机构是国务院指定的中央企业资产权益的交易场所,以几个交易所为例,概况如表 3-4-2 所示。我国各产权交易中心矿业相关业务主要涵盖以下几个部分:一是国际、国内的采矿权、探矿权交易,矿业企业产权交易,矿产品交易,探矿、采矿技术交易,以及矿业领域其他权益交易;二是为矿产品、金属及其制品、化工原料及化工产品现货交易提供场所及配套服务;三是为矿业企业提供交易信息服务、交易结算服务、交易咨询服务、项目评估服务和投融资服务等。

表 3-4-2 产权交易所举例

|  | 成立时间 | 概况 |
| --- | --- | --- |
| 北京产权交易所 | 2004 年 | 交易所控股股东为北京市国有资产经营有限责任公司,从成立之初的 200 多亿元交易额不断跨越,2021—2022 年连续两年突破 10 万亿元,已成为全国要素交易市场的中心市场和领先机构。业务主要涵盖国有资产板块、知识产权交易、绿色交易等 |
| 上海联合产权交易所 | 2003 年 | 2017 年 12 月改制为市属国有企业,是集股权、物权、债权、知识产权等交易业务以及增资扩股等融资业务于一体的专业化市场平台 |

续表

| | 成立时间 | 概况 |
|---|---|---|
| 天津产权交易中心 | 1994年 | 主要项目板块包括产权转让、企业增资、企业资产、公务车、司法罚没、技术交易、知识产权和小宗资产 |
| 重庆联合产权交易所 | 2004年 | 是重庆市政府批准设立的市属国有重点企业集团,涵盖各种权益交易和配套金融服务,是一个综合性的要素资源交易市场,累计形成了8大类20多个交易品种 |
| 江苏省产权交易所 | 2011年 | 2019年实施"事改企",业务范围涵盖产权交易、资产交易、企业增资、房产招租、金融资产交易、体育资源交易、企业阳光采购等 |

我国矿业权交易平台的建设起步于2001年,据不完全统计,目前我国已建立的矿业权交易中心有近20家,呈现出地域强的特点,已建立的矿产交易中心主要采用的是公司制和事业制形式。2022年度,中国探矿权和采矿权数量分别达到10 564和33 920个。其中,2022年全国新立探矿权362个,同比下降了22.5%;出让收益达126.1亿元,同比下降了23.1%。新立采矿权1 384个,同比下降了3.4%;出让收益达1 338.9亿元,同比下降了5.1%。从出让方式看,以招拍挂方式出让探矿权172个,占探矿权出让总量的47.5%;以招拍挂方式出让采矿权1 083个,占采矿权出让总量的78.3%。

我国几大矿业权交易所现状如下。

截至2022年年末,北京国际矿业权交易所市属项目232个,主要为采石场采矿权出让、地热勘探探矿权出让、地热采矿权出让等项目。上海联合矿权交易所主要从事矿权转让、矿权出让、矿权供需、商品供需等业务。天津国际矿业权交易所业务板块分为矿业权出让、项目转让融资、土石料交易及矿产品供需,除此之外,它还通过建立面向国内企业从事境外涉矿项目的投融资平台,搭建了利用外汇储备与全球矿业资源相结合的快速通道,为境内外矿业企业提供了多种形式的个性化金融服务,且通过单宗贸易、单宗竞拍、产品商城等形式搭建了矿产品交易市场，发挥了平台聚集效应。江苏省矿业权交易中心于 2011 年 4 月在南京正式揭牌成立，截至 2021 年，江苏已发现各类矿产 133 种，其中查明资源储量的有 69 种。江苏省矿业权交易中心的成立进一步推进了矿业权管理的规范化。

## 二、矿产资源产权交易市场现存问题

### （一）法律法规较为滞后

现行《矿产资源法》及其配套法规，是在计划经济年代制定、在计划经济体制向市场经济体制转型阶段进行修改的，因而存在着各种所有制类型的矿山企业的法律地位不平等、矿业权流转制约较多、有关审批登记制度设计不合理等一系列问题，不利于矿业权市场和矿业资本市场的健康发展。其中迫切需要解决的问题包括《矿产资源法》对矿业权、物权性质的认定不足，需要分离矿业权的物权与特许经营权性质，厘清矿业权价款的内涵等。

### （二）管理协调机制有待建设

我国尚未建立统一的矿业权市场交易机构，各类交易机构均在没有统一法律规定的环境下进行交易活动，从而导致多方面问题。其一，地方政府可能为了局部利益而令其下属主管部门违背国家统一规则配置资源；其二，各地矿业资源机构的发展很大程度上依赖于各地政府的扶持，政府支持力度的大小一定程度上决定了机构办理业务的大小。因此，各地交易机构的发展也有所不同。随着矿业权交易种类的增多，也将增加各级政府的监管负担。

### （三）信息透明度差

我国并无统一合理的矿业权交易市场信息披露制度，对于信息披露的形式、内容等均无统一规定。这样的模式不仅为政府监管增加负担，而且投资者也需承担较大风险。

### （四）矿业权价值评估公信力不够

国内部分评估机构在分析判断、专业能力、评估方式等方面都存在一定问题。究其原因，主要是目前我国在职评估人员数量稀缺且能力水平有限，对于诸多矿业方面的专业知识理论及实际操作研究不深，仅以简单方式进行评估，与真实数据存在较大误差。此外，我国股权交易市场和矿业权交易市场尚未成熟、政府监管力度不足、信息披露致使风险增大等因素，都将造成矿业权价值评估公信力不够。

### （五）交易体制与信息公开平台建设不健全

按照"两整治一改革"专项行动和做好矿业权有形市场出让、转让信息公示有关工作的要求，采用矿业权电子信息系统进行信息公示，并上传到自然资源部配号系统，这一做法本意是对全国交易体系和交易信息平台进行统一管理，但由于现实操作中各省情况各不相同，导致无法达到预期效果，统一工作还有待完善。

## 三、完善矿产资源（矿业权）产权交易市场的对策

### （一）建设统一的矿业权交易信息平台

扩大市场信息密度、维度共享性，有利于提升交易效率；集中矿业权市场，可将管理权和收益权分离。管理权直接由国家管控，与地方形成领导关系，集中管理，使市场良性发展。除了建立集中的矿业权市场，还需建立集中的矿业权市场交易平台，用于发布和查询相关的信息，包括但不限于勘验信息、行业分析、年度报告、政策制度等，以实现各区域内的信息共享，提高交易的效率，使个人、企业、政府都可以便捷地享受到平台的服务。

### （二）建立健全的中介服务体系

提高中介机构业务能力，使之成为矿产权交易市场中的重要平台机构，推动整个矿产权交易市场向好发展，从而逐渐形成综合性强、效率高、制度完善的中介服务体系。

### （三）完善矿业权交易制度

进一步完善矿业权交易制度，包括管理制度、代理机构相关制度、信息管理制度等。此外，在交易费用标准、安全保障等方面也需充分考

虑加以完善。

### （四）完善矿产资源法律制度

充分利用理论研究成果，加快以《矿产资源法》修改为核心，配套法规的完善同步进行的矿业立法进程。

一是与《物权法》相应和，让矿业权性质在《物权法》中有所体现，构建以特定许可为前提的矿业权设定、变动、消灭及保护体系。通过保障和促进矿业权人发挥市场主体作用，达到从弱化资源实物型直接管控转变为资产化与资本化间接调控为主的管理方式的目的。

二是实施"三权分管"，而非"二位一体"。根据《公司法》和《物权法》的要求，将采矿权、矿产勘查开发监管权、勘查许可权与采矿许可权分开管理。这三项权利分属于物权性质、行政权性质和勘查开发行为资质管理。此举旨在通过工商部门与矿业主管部门的联合管理，避免部门之间的归责问题，提高矿业权变动的工作效率。此外，要响应"投资权放宽，开采权从严"方针，降低矿业权抵押和公司股权抵押担保的闸口，采矿权人仅需备案即可转让。

三是梳理相关法律法规，对于一些不合理的越权行为，如矿业权出让、税费征收和矿产开发监督管理等进行修改补正，为矿业投资和矿业资本市场建设营造有利的法治环境。

四是厘清探矿权价款、采矿权价款和矿业权出让收益的内涵并完善相关规定。一套完善的矿业税收以及产品价格制度，能够真实反映市场状况、资源状况等信息，帮助矿业权人更好地了解市场行情、界定权益，帮助政府更好地进行监管。这就要求我国要制定相关法律法规进行规制，深化研究管理理论，厘清部门间的权责，突出权利金在体系中的地位。

### （五）完善矿业权登记制度

矿产权登记作为行政许可登记，不似《物权法》中的登记具有强制性，并未引起足够重视。因此登记所带来的明确权利归属、保证交易安全的效果无法充分体现。此外，即使是作为行政法许可登记的要求，矿产权登记仍然存在效力不清的问题，此问题亟待解决。一方面要明确登记的法律效力，另一方面要着重强调登记的重要性，在保障自由原则的前提下，逐渐向物权的登记公示转变。对此，可建立类似于中国登记结算公司的统一矿业权登记公司，保护交易主体之间的各项权利，降低风险，优化市场交易环境。

### （六）建立诚信数据库

矿业权交易中极易滋生不诚信甚至违法行为。一方面是由于矿业权需要大量的资金投入，另一方面是因为矿业勘探的收益具有很大的随机性，不能准确预测。这就诱惑一些人罔顾市场规则、法律规定，故意发布虚假信息或进行财务造假，给整个矿产权交易市场带来了负面影响，也阻挡了部分交易者进入市场。基于此，国家对于交易信用问题采取了相关举措，国务院部署了推动矿产行业信用信息系统建设的相关工作，将搭建市场主体的信息数据库平台，用于发布相关信用信息。诸多举措使市场主体有了更大的获利机会，也可以减少因欺骗造成的损失。同时，加大对欺骗者的惩罚力度，也有利于打造诚信交易市场。

## 第四节　矿产企业进行股权交易的股票市场

矿产资源的开发及利用具有投资大、周期长、风险高等特点，建立资本市场并发挥其融资功能这一举措，对资源的勘查、开发的顺利启动和推进至关重要。由于资源产业资本密集型的特点，筹资渠道并不唯一，商业贷款只是其中之一。进入资本市场并且通过发行股票等方式来筹资，从而吸引社会资本投入商业性勘查开采，才是共担风险、共享收益的最佳筹资渠道。

自然资源产权交易及资本市场，已经成为有效降低资源勘查风险、推动资源健康发展的动力源泉，也是提升资源企业能力的重要平台。它不但是一个社会性公众化的融资场所，还是一个资本和资源主管部门用于资源配置优化、服务企业提高收益的重要平台。建立完善的资源资本市场，实行有效的社会投入和资本运作，实质上是过去靠国家财政、银行等计划融资的体系，转变为通过价格发现功能进行市场化资源配置的管理方式的重大变革，也是对我国证券市场的重要补充与发展。相关举措包括：构建统一监管下的全国性场外交易市场；逐步探索和扩大股权交易市场，拓展股权交易市场的功能，为非上市公众公司股份的转让和流通提供助力；积极推进全国统一矿业权交易市场的建设，逐步形成公开交易市场和场外市场有机联系、相互补充的多层次资本市场体系。

## 一、股市中矿业企业股票现状

自 20 世纪 90 年代初深、沪股票交易所创办至今，中国资本市场已走过 30 多年历程，今天已形成了深圳、上海、北京三足鼎立的格局，挂牌企业已达 5 000 余家，资本市场的资源配置功能和服务矿业实体经济的能力也不断增强。相关法规体系的日臻完善，无论是一级市场 IPO 融资的能力，还是二级市场的成交额都发展迅速，为我国矿业企业资源资本化创造了条件。中国地质调查局国家矿业研究中心矿业金融研究组的《全球矿业发展报告 2020—2021》中统计，中国主要矿业上市公司（不含石油、天然气企业）除 st 股和 *st 股外共 127 家，其中煤炭 32 家、钢铁 18 家、大宗有色 18 家、贵金属 13 家、新能源 10 家、稀有稀土 22 家、农用矿产 7 家、其他重要非金属 7 家。2020 年矿业上市公司股价平均上涨 20.33%，呈现二八分化态势，总市值约 3.23 万亿元，同比增长了 20%，低于整个 A 股 34% 的市值涨幅。

## 二、矿业企业股权交易市场现存问题

### （一）深、沪、京三所矿业板块建设不足

截至 2023 年 5 月，我国上市矿企仅有 170 家，在规模以上的 12 000 多家各类矿业企业中的占比不足 2%。我国上市矿企主要分布于采矿业

和有色金属冶炼和压延加工业。截止至 2023 年 5 月底，国内共有采矿业企业 83 家，分别在上交所和深交所上市。其中，上海证券交易所主板共计 54 家，其总市值占上海证券交易所总市值的 8.73%；深圳证券交易所主板 24 家，创业板 5 家，共计 29 家，其总市值占深圳证券交易所总市值的 1.10%；北京证券交易所暂无采矿类上市公司。国内共有有色金属冶炼和压延加工业企业 87 家，分别在上交所、深交所和北京证券交易所上市，其中上海证券交易所主板 31 家，科创板 4 家，共计 35 家，其总市值占上海证券交易所总市值的 1.21%；深圳证券交易所主板 40 家，创业板 10 家，共计 50 家，其总市值占深圳证券交易所总市值的 2.44%；北京证券交易所 2 家，其总市值占北京证券交易所总市值的 1.48%。

以国外证券交易市场数据作为比较（2016 年年底的数据），澳大利亚证交所矿业企业市值占比 29.6%，多伦多证交所主板市场矿业企业市值占比 15.5%，创业板市场（TSXV）矿业企业市值占比 48%。我国目前矿业企业上市规模尚不能与几年前国外证券交易所矿业企业上市规模相比。

由此可见，近年来我国矿业企业整体上市规模小，虽有发展但矿业板块总体建设不足。

**（二）风险勘查板块缺失**

由于矿产勘查风险高、周期长，而且在勘查阶段主要是投入而无产出，待完成矿山建设、进入采矿阶段才可能产生利润，因此难以满足创业板上市关于产生高额营业收入的要求，由此决定了只拥有探矿权包括尚未赢利的矿产开发项目仍不能上市融资。即便是对于正常生产的矿业企业，因其易受市场波动影响的特点，主板上市制度也不完全适用，这就导致所有探矿权人和九成以上的矿业权人被拒之门外。相比于国外，我国矿产勘查开发所需资金支持并非来自资本市场，而是主要来自企业和国家，中小勘查开发企业的上市融资能力基本上达不到境外的标准。因此，我国亟待开发风险勘查市场。

### （三）矿山企业资本运作意识和能力亟待提高

国外矿业巨头与金融行业互相并购、参股，以及矿业发达国家的矿业公司对衍生品业务的开拓与应用早已成为常态。在当今国际市场上，企业用来规避风险的重要手段之一，便是正确运用金融衍生工具。公司经营者如果不运用各种金融衍生品进行套期保值，那么将受到董事会的直接干预。相比之下，大多数国内矿山企业对资本运作还不够熟悉，尚未提升到企业发展战略的高度，融资方式仍以传统的自筹资金和银行贷款为主。由于不熟悉国外矿业投资规则以及缺乏专业人才等原因，进行海外矿业投资和项目运营难度很大，矿业并购仍面临巨大挑战。据统计，从多数省份来看，矿业投资主体多为矿山企业及与之相关联的企业，非矿企业投资不到10%，外资所占比例极小。所有投资主体的资金来源主要是银行贷款，而股市融资、民间借贷或私募资金占比很小。

## 三、完善矿业企业股权交易市场的对策

首先，在京、沪、深三个股票交易所中为矿业开设专有板块，对矿业公司上市管理降低门槛、独立审核，将矿业主板做大做强，鼓励并支持主板上市公司优质化，以此推动更多行业领袖上市，或通过并购重组的方式将矿业资源进行整合，淘汰生产落后、产能过低的企业。

其次，加速推进风险勘查资本市场建设的进程。为创新型和高成长型企业提供良好的融资渠道，建立并逐步完善各种适应创新型企业高成长需求的发行上市、交易和信息披露制度。

最后，提高矿企资本运作意识，培养专业资本运作人才。各矿业企业应根据其项目特点选择不同的资本管理模式。地质工作程度相对较低的项目，适合自筹资金和使用财政资金；地质工作程度相对较高的项目，适合使用私募股权等方式筹措资金；矿山开发生产阶段，相对适合上市经营。

# 第五节　矿产商品期货市场

期货市场可以通过预测风险、发现价格等功能为企业提供市场信息，在企业的产品交易中发挥着十分重要的作用。随着世界经济的发展，英国和美国分别成为世界原材料和农产品市场的期货交易中心，两地的价格也决定了世界价格。国际矿产资源市场主要分为金属期货和能源期货，金属又可以分为有色金属和贵金属，两者都有专门的期货市场，而期货作为国际市场中的主要交易方式，得到了各国的一致认可。

矿产资源是具有特殊属性、经济地位重要的战略性大宗商品，在产业安全、金融安全与经济安全等方面具有较大作用。而且矿产资源也在不断约束我国的经济增长，同时，受国家政策与矿业市场的影响，其在宏观经济上的表现也更为突出。在这些因素的综合影响下，矿产品具有价格波动较大的特点。

## 一、矿产商品期货市场的发展与现状

从最初的铜、铝、锌等有色金属期货，再到2008年黄金期货合约，我国的矿产资源期货市场在不断扩大。随后螺纹钢、线状材料、钢材期货也加入其中，我国期货、期权市场不断扩容，品种体系日趋完善。2020年以来我国还先后上市了液化石油气期货、低硫燃料油期货、动力煤期权、铝期权、锌期权、国际铜期货。目前，我国已基本构建起涵盖有色金属、贵金属、能源三大板块的矿产资源期货市场框架。本篇所研究的矿产商品期货的主要交易场所为大连商品期货交易所及上海期货交易所。从表3-4-3可以看出，我国主要金属矿产期货主要在上海期货交易所上市交易，而焦炭、焦煤、铁矿石等则在大连商品期货交易所上市交易。

表 3-4-3 我国主要金属矿产品期货、期权上市情况表

| 品种 | | 上市时间 | 交易所 |
|---|---|---|---|
| 铜 | 期货 | 1993 年 3 月 | 原上海金属交易所，现主要在上海期货交易所交易 |
| | 期权 | 2018 年 9 月 21 日 | 上海期货交易所 |
| 铝 | 期货 | 1992 年 10 月 | 原深圳有色金属交易所，现主要在上海期货交易所交易 |
| | 期权 | 2020 年 8 月 10 日 | 上海期货交易所 |
| 锌 | 期货 | 2007 年 3 月 26 日 | 上海期货交易所 |
| | 期权 | 2020 年 8 月 10 日 | 上海期货交易所 |
| 锡 | 期货 | 2015 年 3 月 27 日 | 上海期货交易所 |
| 镍 | 期货 | 2015 年 3 月 27 日 | 上海期货交易所 |
| 铅 | 期货 | 2011 年 3 月 24 日 | 上海期货交易所 |
| 黄金 | 期货 | 2008 年 1 月 9 日 | 上海期货交易所 |
| | 期权 | 2019 年 12 月 20 日 | 上海期货交易所 |
| 白银 | 期货 | 2012 年 5 月 10 日 | 上海期货交易所 |

### （一）有色金属期货市场的发展现状

有色金属是矿产资源期货市场的开端，可追溯到原深圳有色金属交易所和原上海金属交易所的成立。自 1999 年后，上海期货交易所是我国唯一的有色金属交易场所，这样的模式也充分发挥了期货交易的优势，如规避风险、不断更新可参考价格等。我国有色金属期货市场交易的对象是铜、铝、铅、锌、锡、镍。其中，铜标准期货合约最早出现且最为活跃，我国铜市场生产销售、原料采购、贸易流动等环节的定价基准，都由上海期货交易所决定。铝价随市场行情波动巨大，根据市场调查发现，中国铝和伦敦铝在市场行情、价格波动方面都呈现出同步性。根据相关系数分析，我国的铝价基本反映铝的国际、国内市场供求关系。我国铜、铝期货交易市场发展至今，已经成为稳定、高效、风险收益有保障的市场。

### （二）贵金属期货市场的发展状况

我国贵金属期货主要是指黄金期货和白银期货。我国是主要的黄金

生产国和消费国之一，但我国相关市场发展起步较晚。国际金价起伏不稳，使得我国黄金行业面临大量风险，亟须自有黄金期货交易发挥发现价格、规避风险的作用。我国黄金期货合约在证监会批准后于上海期货交易所上市，从全年交易吨数看，与全球排名较靠前的黄金期货交易合约还有较大差距。此外，我国黄金市场的法律政策环境较为严格，要求对进行黄金交易的客户免征或即征即退增值税，但也规定满足一定条件的商业银行可从事境内黄金期货交易业务，这便扩大了期货市场主体资格。白银供应的主要来源是铜、金、铅、锌等金属矿产和白银生产回收。在白银需求中，工业需求占到白银总需求的一半以上。白银期货自2012年上市以来一直活跃，月度交易量较高，在上海期货交易所乃至全国都占一定比例。2016年年底以来，白银期货月度交易量呈下降趋势。这主要是由于投资者对贵金属的投资需求略有下降，受2017年上半年牛市的影响，许多投资者将目光和资金转移到了股市。此外，由于中国实体经济的下行压力，对白银的工业需求也有所减少。

### （三）能源期货市场的发展状况

我国能源期货市场经历了发展、停滞、再发展的演化进程。

**1. 发展阶段**

1992年，第一家煤炭交易所在上海成立，这标志着我国能源期货市场从无到有。我国第一家能源期货交易所——上海石油交易所于次年成立，该交易所上市了原油、汽油等多种能源期货。

**2. 停滞阶段**

能源期货市场发展过快造成投机热，期货价格动荡导致现货价格极不稳定。国家为了稳定市场物价，自1995年5月起关闭了原油、汽油等能源期货交易。

**3. 再发展阶段**

进入21世纪后，由于发展建设急需能源支持，我国燃料油期货于2004年在上海期货交易所重新上市。同时，石油、煤炭等期货品种缺位，能源期货市场发展空间较大。

这十几年来，我国通过建立矿业能源与产品的现货和期货市场等措施，获得了一定的国际定价权和话语权。但国内期货市场的发展总体较为落后，资源企业接触国际期货市场的渠道较为匮乏，较难发挥期货市场价格发现及风险规避作用，且缺乏资源品的战略储备，在金融安全、资源安全、产业安全等方面都有一定风险。

## 二、矿产商品期货市场现存问题

### （一）期货市场起步晚，发展过程曲折，总体落后

期货市场的产生源于商品经济，同时也是商品经济所能达到的最高形式。要想真正地发展并发挥期货市场积极的社会功能，只有在市场经济体制较为成熟、法律法规较为完善的情况下才能够实现。由于我国社会政治制度和经济发展方面等诸多原因，从新中国成立到改革开放，经济发展逐渐走上正轨，矿产资源期货市场也得以起步发展，并逐渐成熟。从表3-4-4中可以看出，我国期货市场与国外相比较为落后，市场交易规模较小、上市品种较少、金融期货发展相对滞后等问题层出不穷，这也导致了当下我国期货市场的投资者比例与资质不相符、期货市场本应具备的风险规避以及价格价值发现功能难以实现等问题。

就整个金融市场行业来看，期货市场的长期繁荣程度，很大意义上取决于期货种类。期货种类增多会加大整个市场的容量，不仅能够提供套期保值服务，还可以吸引其他投资者、以投机为目的的投机商人进入期货市场，为市场积聚一定的人气。与之相悖，期货种类过少，矿产资源期货交易的参与者过少，就会导致期货交易套期保值的空间过于狭窄，从而不利于矿产资源期货交易套期保值功能的顺利实现，还会导致矿产资源期货交易的过度投机，不利于期货市场的流动，从而会进一步影响市场的长期发展。期货品种种类较丰富，包括有色金属、贵金属、能源类燃料以及螺纹钢和线材等。我国矿产资源期货单就品种来说还较

少，与国际发达矿产资源期货市场还有一定差距。

表 3-4-4　中外矿产资源各期货品种的起步时间差距

| 期货市场 | 国外 | | | 国内 | |
|---|---|---|---|---|---|
| | 最早品种 | 产生时间 | 产生国家 | 最早品种 | 产生时间 |
| 有色金属类 | 铜、锡 | 1977 年 | 英国 | 铝 | 1992 年 |
| 贵金属类 | 黄金 | 1974 年 | 美国 | 黄金 | 2008 年 |
| 能源类 | 燃油 | 1974 年 | 美国 | 燃油 | 2004 年 |

### （二）期货市场功能发挥不足

大宗商品定价权实质上是大宗商品的金融定价权，大宗商品定价已经由以往的以现货定价为主转变为以期货为主，金融衍生工具逐渐成为商品价格的决定性因素。迄今世界几大期货交易所基本上控制着整个国际市场的定价，其中，国际金属价格的确定主要由伦敦期货交易所的期货价格所决定，国际石油价格则主要由纽约期货交易所与伦敦期货交易所的期货价格共同决定。经过几十年的努力，尽管中国已经设立了不少现货和期货交易所，且许多品种的交易量已跃居世界前列，但还处在相对封闭状态，与国际期货价格之间难以产生有效的联动关系。因此，在各种世界贸易中心和全球商品交易规则的掌权国家面前，面对各种规则，我国目前只有遵循并且逐渐适应。到目前为止，仅有上海期货市场中铜的价格发现功能在国内企业间得到广泛应用，其他期货价格在国际贸易活动中的影响能力依然相对较低，国际定价中心地位不明显。

除此以外，我国期货市场也难以充分发挥其风险规避功能，其套期保值量总体规模也相对较小。而且，套利交易规模偏小，套利投资者偏少，矿产资源期货市场就难以稳定和活跃。

### （三）法制制度指导有待完善

与国际市场相比，我国矿产资源期货市场的相关法律规范依然需要进一步完善。1999 年 6 月 2 日，国务院令第 267 号《期货交易管理暂行条例》发布,这也是我国第一次发布相关条例规范。2007年3月6日,国务院令第489号《期货交易管理条例》正式颁布。然而,以上法规都没有将条例上升至法律的高度,同时也没有与其配套的法律法规。我国还未颁布诸如《期货交易法》《期货交易所法》《矿产品期货交易法》等与矿产资源期货市场相关的法律及相应实施的细则,这是我国矿产资源期货业快速且规范发展的最大障碍。放眼全球,日本于1893年颁布了《交易所法》,美国于1921年颁布了《期货交易法》,新加坡于1984年颁布了《金融期货交易法》。以上几部法律的颁布与实施,无疑为对应国家期货市场的发展规范化取得重大突破作出了巨大贡献。

(四)期货市场相关指数体系尚未建成

国际基金力量一定程度上可以左右大宗商品价格的涨跌。我国股市发展了20余年,各类指数及相关指数基金应运而生,种类繁多。但我国现货、期货交易发展较慢,缺乏发达的信息体系和权威的统计分析机构,只有少数金融机构自行编制了一些指数,仅能起到参考作用,而石油期货市场基本没有编制相关指数。没有指数,也就罔谈指数基金。故而需要尽早引进商品期货指数、基金,并完善、健全其指数基金,这是充实金融资金数量的必要举措。

## 三、完善矿产商品期货市场的对策

### (一)制定以提升定价权为目标的期货市场战略

作为世界重要的大宗商品和原材料进口国、出口国、消费国,中国应当极力提升对商品价格的影响力,使之与其市场地位相符。为此首先,应当充分借鉴国际规则和市场经济国家的通行做法,高度重视以大宗支柱性矿产品为主的重要商品的国际定价权问题,确立加快发展期货市场、增强大宗商品价格国际话语权的战略发展规划。其次,逐步建立起投资者结构合理、现货市场夯实、法律法规配套完善、创新意识较强的国际化期货交易市场。再次,根据我国实际期货市场供求状况,将期货市场的价格发现功能充分利用起来,把零乱、分散的现货市场的价格信息进行汇总，提高其准确性，增强其时效性，最终形成一个相对统一的基准价格，进而参与国际竞争。其中重点措施如下。

第一，积极研究开发以战略性资源为主的各类矿产品期货品种，加快推出并且逐步完善以锌、铝等有色金属为主导的矿产品指数期货、期权等新品种，从而更好地为期货市场服务。国家应引导和支持资本与产业之间的对接，鼓励银行、券商、基金参与期货交易中的商品定价。加强对期货及金融衍品的专业技能的培训，引导理性投资，促进期货投资者结构合理化，培养和增强国内企业参与大宗矿产品交易的信心和竞争力，并帮助他们有效运用期货交易工具。

第二，在夯实现货市场基础的前提下，规范各类矿产品现货市场和矿业权市场，建立完善统一、规范、有序的矿产品期货市场。由交易市场统一面对境外矿产品供应商，促进价格公平、公开，制定并及时发布中国矿产品价格指数，同时政府部门应为交易市场提供金融服务和政策支持。借鉴国际成熟期货市场的经验，积极发展我国期货市场的私募基金，着力培养我国的大宗商品交易基金以及一定规模的综合性投资银行，鼓励现有的银行、券商、基金等积极参与，做大产业资本规模，支持我国企业与境外矿产品供应商之间交叉持股，构建战略联盟。开放国内资本市场，鼓励境外矿产品供应企业在我国境内上市。

第三，对期货交易所的运行机制进行改良，使其创新性和国际化得以加强。借鉴国际惯例，并且对业务规则内容进行合理把握，提升期货交易技术，推进交易全程电子化，从而全面促进交易网络化。香港证券交易所有着较为先进的交易治理机制、较为健全的电子交易平台以及较为完善的交易结算能力，创新能力和运行效率优势明显。我国既可以利用其成熟的金融市场，使更多的内地资本参与进来，也可以借助其成功收购作为有色金属定价中心的伦敦金属交易所的有利条件，使其成为国内连接大宗商品定价中心的通道。

期货市场战略发展规划如图 3-4-2 所示。

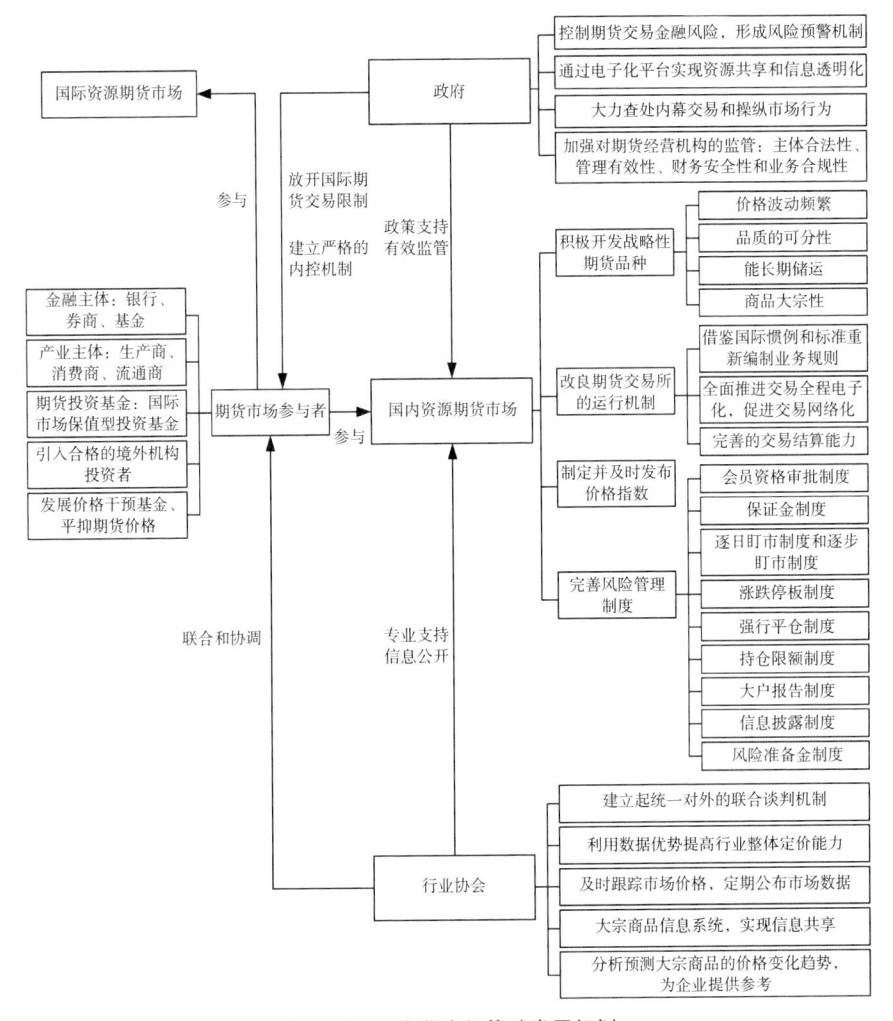

图 3-4-2 期货市场战略发展规划

## （二）加快制定期货市场法规，完善管控期货市场的体制

我国应尽快建立健全有关矿产品期货市场的法律法规体系，包括颁布《期货交易法》及其相关法律实施细则，不断规范矿产商品期货交易所、期货结算所、相关保证公司和经纪公司以及投资者的各项章程和制度，并使其逐步完善，从而使得我国矿产品期货市场能够做到有法可依、有法必依、有章可循、有章必循。同时，还要建立一套宏观上由政府主导监管、中观上由期货行业协会自由监管、微观上由矿产商品期货

交易所自我管理相统一的监管体系，并且通过多层监管体系使期货监管最终得以法制化、规范化、市场化。

### （三）丰富期货合约设计，创新期货服务模式

期货交易所应根据市场情况和行业发展的变化，对已经上市的期货合约进行优化和补充。首先，各交易所尤其是涵盖矿产商品期货品种的大连商品期货交易所及上海期货交易所，可在现有期货合约的基础上，可推出迷你型、微型期货合约，降低期货市场门槛，以吸引更多客户参与。其次，在已有期货品种的基础上，尽快推出相应的期权产品，实现期权上市常态化，同时大力推进互换市场和场外交易市场的发展，构建多层次衍生品市场体系。最后，积极创新期货服务模式。可整合市场资源，建立由上海期货交易所牵头，期货公司、科研机构和高校共同参与的开放式矿产商品期货技术研发体系，支持区块链技术在矿产商品期货领域的先行先试。

## 第六节 海外资本市场

国外资源资本市场已较为成熟，虽然我国资本市场和资源产权市场的建设进展较快，但资源融资所急需的资源板块的建设、勘查融资市场，与国外相比仍有较大差距，需进行深入研究。

### 一、鼓励矿业企业借力股票市场并"走出去"

矿业企业是参与矿产股票市场的重要主体，他们对股票市场的认识和积极性会在很大程度上影响矿业企业的股票市场参与度及融资效率。因此，有必要鼓励和引导矿业企业把握股票市场融资机会，提升对股票市场的利益效率。

此外，到国外投资获取资源与进入国际资本市场获取开发资源的资本，是"走出去"的必然手段，也是国内企业走向成熟的标志。部

分国内企业及社会资本已经进入国际市场。同时，由于国内申请取得矿业权的环节较多、成本增加，国内矿企和非矿企业除在国内融资以外，也可在国外进行资本或者股本运作。不少企业在加拿大、澳大利亚、越南、泰国、柬埔寨等国家和地区的矿业融资项目就取得了实质性成果。由此可见，还应该通过制定相关政策，积极鼓励我国矿业企业走出去。

## 二、提高产业集中度，合力参与国际竞争

第一，将矿产品的生产、加工、贸易、消费各方整合到一个平台，形成真正的产业链。对于油气等传统的垄断行业，一方面要进一步推进企业重组改制，保持一定的产业集中度；另一方面要尽快打破几家油气公司的垄断格局，放宽民营企业原油进口限制，解放地方炼油生产能力，激活各类油企在市场中的活力。作为影响民生与经济的重要领域，有关部门应当进一步推行政策信息公开化，增强油气价格调整依据及决策的科学化、规范化。

第二，充分利用行业协会，连线并整合各类企业，建立一致对外的联合谈判机制。利用互联网及技术、数据优势，克服信息不对称、机会不对等等弊端，提高行业整体商品定价能力，在国际价格谈判中掌握话语权，降低市场价格波动风险。

第三，制定统一的矿产品进出口政策，调整矿产品的进出口模式，以此提升经济效益。正视矿产资源全球化配置的客观要求，适应竞争与合作的国际矿业发展主题，坚持"互通有无、合作互利"的原则，统筹协调我国优势资源出口与紧缺资源进口，务实有效地开展矿产品贸易和境外资源勘查开发。

## 三、通过海外矿产公司股权收购增强铁矿石的供应

从资本化角度认识我国自然资源的分布，不仅应包括物权形态的自然资源，从财产权角度看，还应包括资本价值形态的矿产资源。而从资

本价值形态的矿产资源来看，不仅应包括国内的矿产资源，还应包括国外的矿产资源。收购海外矿产公司股权是我国自然资源资本化的重要内容。

海外重点地区市场矿产资源丰富，我国需要从勘查环节入手，通过对富矿国家和地区海外矿产公司的股权进行收购，以期拥有由我国公司控股或具有单一第一大股东地位的矿产资源战略储备点公司。拥有储备点公司的意义在于，可以加大战略性资源储备，当国际市场价格发生波动时即可增加产量，从国家战略需求出发平抑矿产资源价格，保障我国的经济安全和战略利益。

## 第七节　完善矿产资源资本化的对策建议

### 一、利用省级产权交易所整合现有矿业权交易机构

我国应逐步探索和拓展矿业公司股权交易市场，为非上市公司的股权转让和流通提供渠道。由国务院主导将全国已组建的 200 多家矿业权交易机构并入各个省、自治区和直辖市统一的产权交易所（四板市场），在省级产权交易所集中设立矿产资源板块。

### 二、在京沪深三个股票交易所设立矿业板块

截至 2023 年 5 月，我国上市矿企仅有 170 家，在规模以上的 12 000 多家各类矿业企业中的占比不足 2%。年平均成功获得上市融资的矿业企业较少，主要为煤炭、钢铁及石油、贵金属类矿业企业；且这些企业主要从事矿产开发及加工贸易，因为勘查风险大等因素。鉴于矿产资源对我国经济发展和安全的重要性，必须在资本市场及相应政策上给予大力扶持，矿产行业才能快速发展并与大国崛起的战略地位相适应。

我们可以学习加拿大等国资本市场的成功经验，在上海、深圳、北京三个交易所开辟矿业板块，并对探矿企业上市适当放宽进入条件，走

出我国探矿企业融资难的现实困境。

## 三、依托期货交易所上市新品种，增强大宗矿产品市场的主导权

我国作为全球重要的大宗商品和原材料进口国以及消费国，应努力形成与其市场地位相符的对矿产商品价格的影响力。对此，我们遵守国际规则和市场经济国家的通行做法，充分借鉴以大宗支柱性矿产品为主的重要商品国际定价权，加快发展期货市场，围绕定价权制定战略规划，增强对大宗商品价格国际话语权的主导能力。

首先，依托上海期货交易所和大连商品期货交易所，积极推出新的矿产资源期货品种，根据实际供求状况，规范各类矿产品现货市场和矿业权市场，形成基准价格，参与国际竞争。然后逐步建立起期货品种齐全、法律法规完善、投资者结构合理的国际化期货交易市场。其次，利用期货市场的价格发现功能，弥补目前现货市场价格信息分散，准确性不高、集中性不够、时效性不强的问题。最后，开发废钢期货商品并建立废钢期货指数，形成以中国为中心的全球废钢交易中心，确保我国在钢铁原材料上的定价主导权。

## 四、组建矿业产业投资基金，开通风险勘查企业上市绿色通道

首先，我国地质勘查成功率低，市场、技术和经济风险高，难以获得社会融资；而且我国的风险勘查投资市场尚未形成，缺少政策扶持。以上因素导致我国的矿产勘查业发展严重滞后。

因此，需要中央和各省级政府制定相关支持政策，例如，在中央和各省级政府设立矿产资源风创投的引导基金，金融政策上给矿业企业特别是风险勘查企业上市开辟绿色通道，并在税收上给予优惠支持。

近年来，一些地方政府为鼓励和扶持创业而出台了一系列投资引导基金、股权类投资政策，股权私募投资基金也借此机会得以快速发展。

除中投公司、中科招商等介入矿业投资以外,也有以中矿联合基金为代表的专门以矿业股权投资为主的股权私募基金,以及华锡北京矿业私募基金、山西吕梁矿业基金等矿业投资基金。据有关统计数据统计,时至今日我国共有私募基金投资 4000 多例,然而,其中涉及矿业的私募投资不足 20 例,且大多是矿产开发公司,勘查公司寥寥无几。对此,可以积极倡导地方政府,继续出台相应政策支持,鼓励和扶持针对矿业产业的基金,尤其是针对勘查市场和海外市场的投资基金,补充股票市场对矿产企业的投融资服务功能。

第五章

# 矿产资源资本化及对应市场制度建设

## 第一节　完善矿产资源相关法律制度

首先，我国现有的矿产资源法律相对单一，例如，我国于1986年制定了《矿产资源法》，并于1996年和2009年对其进行了修订。此后数年，《矿产资源法》没有得到完善和细化。除此之外，一是对于一些重要的战略性矿产没有具体的法律法规，二是缺少有关矿地复垦与生态修复的法律。因此，亟待完善现有法律，并制定新的矿业有关法律，为我国矿业的可持续发展提供良好的法律基础。

其次，随着我国社会主义市场经济的深入，矿产资源资本化进程的加速，以及勘查和开发主体的多元化，也就出现了许多现有法律体系难以调节的新问题，不利于新形势下我国矿产资源的开发和利用。

建议根据我国《物权法》明确界定探矿权、采矿权的物权性质，因此适用《物权法》有关用益物权的一般规定。在此基础上，确立探矿权、采矿权"两权分置"的权利结构，确立矿业投资权的主导性，鼓励和保障矿业权合理流转和促进矿业权融资，并促进矿业开发主体优化组合，以利于市场有效竞争。

再次，为了做到充分体现市场经济在资源配置中的主导地位，应当完善矿产资源的有偿出让和流转制度。应明确和规范矿产资源有偿转移程序和方式，适度扩大使用权的出让、转让、出租、抵押、担保、入股等权能，以确保矿业权二级市场有序发展。

## 第二节　优化矿产资源管理体制

### 一、注重顶层设计，加强部门协调

鉴于矿产资源是促进中国经济增长和社会发展不可缺少的物质基

础，我国应当根据社会经济发展的需要，制定中国矿产资源战略规划。加强矿产资源规划顶层设计，有利于根据经济发展情况及时调整矿业发展方向，把握矿业经济发展趋势，合理研究判断，促进我国矿业经济健康可持续发展。矿产资源开发规划应由自然资源部主导，国家发改委、生态环境部、财政部、国资委等有关部门辅助、协同制定，在充分听取各个省级政府意见的前提下，提出中央和省自然资源的总体规划思路。

### 二、明确中央和地方政府管理权限

本书的建议是，根据十八届三中全会关于"矿产资源属于国家所有"的法制原则，进一步探索中央和省级政府建立并健全具有监督管理权的矿产资源勘查开发监管机构及矿业权资源管理机构，以此达到对矿产资源勘查开发的有效管理。

另外，还要明确中央和省级政府对"自然资源属国家所有"原则下的所有权委托代理制度的权限，优化矿产资源有偿使用获得的收入（补偿费用等）在中央和地方政府之间的合理分配机制。应在中央和地方现有分成的基础上，在明确矿产资源有偿使用收益的使用方向的前提下，向地方政府进一步倾斜，以促进地方政府承担起监督采矿的重要责任，补偿当地居民收入、修复生态环境，促使我国矿产资源的开发利用得以可持续发展。

## 第三节　逐步健全战略性资源储备制度

建立国家战略储备体系，能够很好地在短期内解决国内战略性矿产资源短缺、现货价格波动过大等问题，同时也能增强我国矿业企业向国际进出口的谈判实力。放眼全球，大多数发达国家均已实施矿产品储备制度。其中，美国的储备品种大约有25类80种，法国储备铜、锌等有色金属，德国储备锰、矾、蓝石棉等，日本储备镍、钼、矾等，上述国家的储备目标均为在国内消费 2 个月及以上的用量。除此之外，美国在矿产资源战略基地储备上建立了更为完善的制度。

针对我国的物资储备管理制度及执行情况，当前应根据国内外矿产品市场需求状况及趋势，制定国家战略性目录，形成战略储备的 4 个层次，特别应重视资源金融储备。灵活使用各种收储手段，收储对象不仅包括资源产品，还应包含资源金融产品、资源产权、资源合作等。具体如图 3-5-1 所示：

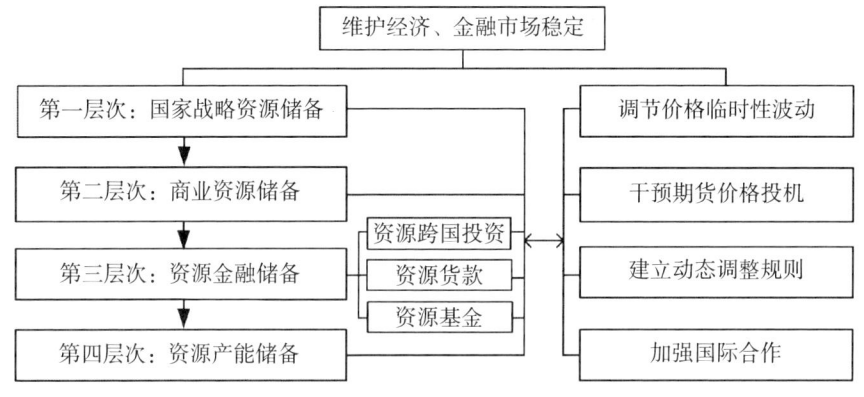

图 3-5-1 国家战略性资源品储备制度

## 第四节 健全矿业权定价体系和信息披露制度

### 一、健全矿业权定价体系

第一，在明确矿业权价款的性质与内涵的基础上，坚持社会主义市场经济体制，尊重国际市场惯例和价格，应充分遵守市场经济规律，同时发挥行业协会的指导作用。第二，参考国有建设土地使用权出让定价方式，用试点的方式对地区、矿种、勘查阶段、储量级别以及生产规模均不同的矿区，进行矿业权的价值评估基数调查与评定。第三，确定相关参数（如开发矿产地质风险系数、折现率等）的标准，建立市场交易数据并对各项参数进行动态修正与调整。

为了实现国家对矿产资源的所有者权益，在采矿权招拍挂这一过程中，部分回收资金应上缴国家财政。另一部分则通过矿业权协议转让作价入股，形成国有法人股，并通过混合所有制吸引民营、外资资本参与矿产资源勘探开发。

## 二、完善中介服务体系

在矿产资源资本化市场，我们应当发展财务、地矿和法律咨询公司以及证券经纪公司等各类中介服务机构，并加强对中介服务机构的监管力度，从而打造一个集独立、诚信、专业于一体的国际化矿业资本市场服务体系。

特别是在矿产风险勘查投资市场，矿业勘查权评估、上市融资信息披露、勘查风险评估和融资管理等，都需要专业、独立的第三方机构来运作和实施，其专业、客观的评估有利于吸引投资者进入这一领域，从而有助于构建规范、健康的中国风险勘查投资市场。对此，可在我国已实行多年的勘查技术负责人制度、专业技术职称制度、专业技术岗位等级制度以及地质勘查资质、地质实验测试资质、矿产资源储量评审及备案制度的基础上，适度借鉴加拿大、南非和澳大利亚等国在矿产资源储量评定和"认证职业地质师"（Competent Person）等方面运作成熟的制度、规范和标准，对现行矿产资源储量评审认定、矿业权价值评估等制度加以规范和完善。

## 三、注重信息披露

矿业信息披露在矿业管理中占有重要地位。例如，在审查和批准采矿权时，澳大利亚和加拿大等国在进入最终审批流程之前，必须对矿业企业提交的数据和信息进行社会公告和社会辩论，而矿业公司的矿业权申请文件必须经过严格的社会审查和监督。

我国应借鉴发达国家矿业管理的经验，一是加强矿业权转让信息披露力度，发挥社会监督、管理的作用。对于地方矿业，逐步规范矿业权审批和转让程序，实行开采前"公开听证"制度，确保资源开采与当地人民利益相结合。

二是建立矿业权人、矿业权资产交易人以及中介服务机构诚信守法档案和信用评价系统，对作为矿业市场主体的探矿权人、采矿权人、矿业权资产交易人履行法定义务的情况做出正面或者负面的评价并向社会公开。对于弄虚作假、违反诚信原则的主体应公开披露。

三是矿业权交易信用系统应同工商、税务、金融证券等部门实现联网联控，并逐步纳入金融、司法、工商、税务以及公用事业单位的相关数据系统，从而形成大数据征信体系，以便强化社会监督和行政监管。

# 能源资源篇

第一章

# 能源资源资本化及对应市场建设概论

人类的历史就是利用能源、发展能源、合理利用能源的历史。人们对能源资源的利用从火开始，经历了木炭、煤炭、石油三个阶段。但是随着时间的推进，不可再生能源会消耗完，所以可再生能源和新能源就被提上日程。能源是一个国家发展的重要基石，也是人类发展的重要物质基础。研究能源利用、推进能源资源资本化，是为了在增长的能源需求和有限的能源资源间寻求更好的平衡。

## 第一节　能源资源的基本概念

### 一、能源、能源资源的内涵

《能源百科全书》将"能源"定义为"能源是可以直接或间接提供光、热、动力的载体"。资源是可以被人类开发利用的物质和能量，能源资源包括没有进行过开发的自然能源和经过加工后得到的能源产品。能源资源化管理，就是将能源作为特定的形态进行管理，核心是确定能源的价值量。

能源可以作为商品和其他商品一样在市场进行交易，这个交易形成的市场包括实物交易市场与围绕商品和服务产生经济联系的市场，也叫能源系统。全国科学技术名词审定委员会给"能源系统"的定义为，"能源系统是指能源开发、生产、输送、加工、转换、贮存、分配和利用等诸多环节所构成的系统"。

### 二、能源资源的主要分类

#### 1. 一次能源与二次能源

一次能源存在于自然界，可以直接获取，不需要改变形态，如原油、天然气、煤炭、水能等；二次能源是指满足人类生产生活前，对一次能源进行改造升级，形成的另一种形态，如电力、煤气、石油制品等。一次能源既可以直接使用，也可以通过加工为二次能源，更好地被运输和使用。对能源市场来说，一次能源更多的是作为生产资料进入市场，二次能源则是作为产品进入市场。能源市场的大部分商品是二次能源，二次能源作为人工能源，成了终端能源的主体。

### 2. 可再生能源与不可再生能源

可再生能源是在自然界循环再生、可以不断补充的能源，如太阳能、水能等。可再生能源是一个相对的概念，不是绝对意义上的循环再生。按照系统学的观点，能源的利用过程中熵值在增加；按照能源守恒定律，能量是不会减少的，但是可利用的能源在不断减少。可再生能源受周围的环境影响也较大，受制于时间和空间。

不可再生能源是短期内无法恢复的能源，如煤炭、石油、天然气，随着开采会慢慢枯竭。现在全球主要的能源资源是化石能源，交易品种也多以化石能源为主。

### 3. 燃料能源和非燃料能源

燃料能源是用来燃烧发热、做功的能源，包括化石燃料（如煤、石油等）、生物燃料（如木材、沼气等）、化工燃料（如汽油、柴油等）、核燃料（如铀、钍等）。

非燃料能源是指以不以燃烧为途径获取热量、做功为目的的能源，主要包括获取机械能的能源（如电力、风能、水能）、获取热能的能源（如地热、海洋热能、太阳能）、获取光能的能源（如太阳能、电力、激光、化学物质）这三大类。

根据人类的需求，能源的分类方法还有许多种。比如，根据排放物还可分为清洁能源和非清洁能源。能源分类作为一种工具，不仅是传统能源市场的基本前提，也可以帮助我们抓住能源的属性，更好地对其加以利用。

### 三、能源资源的基本属性

能源资源与其他物质或商品相比，具有一些独特的性质。比如，大部分能源都必须通过特殊的管道进行运输并配送给用户，这就导致能源运输具有垄断属性。同时，能源还具有以下特点（这是它能够被资本化的主要原因）。

一是具有稀缺性。石油、天然气、煤炭这些能源在能源消费中占据了较大比例。石油、天然气和煤炭作为自然资源，在自然界中分布不均衡，是具有地域性的。能源丰富的国家是能源输出国，能源不足的国家是消费国，国家之间会因为能源的问题发生冲突。石油、天然气和煤炭是不可再生能源，国家必须对其加强监管，界定好能源产权。

二是具有交易性。能源商品是对能源进行加工后形成的产品，可以在市场上进行交易，商品属性决定了能源市场建设的必然性。各国都希望建立统一的能源市场，开发电力和天然气市场，加强能源竞争。能源改革是整个国家能源体系改革的组成部分。我国能源市场存在的主要问题是受计划经济影响，市场化程度低，能源的市场调节机制没有建立起来，所以要进一步加强能源的市场化改革，适应现代社会发展模式。

三是相互替代性。能源的主要作用是提供能量，能源之间是可以相互进行替代的。纵观能源发展历史，可以看到的是煤炭替代了木炭，石油又替代了煤炭。放眼未来，可再生能源也会慢慢替代不可再生能源。同时，能源之间还可以进行一定程度的相互转化，例如，煤炭可以液化或者气化；天然气也可以液化；煤炭、石油、天然气还可以转为电力；风能、太阳能等可以转化为电能。能源的可替代性意味着国家开发能源要统一规划，监督管理要统一安排。

## 第二节　当前我国能源市场的基本格局

### 一、我国能源资源需求与消费情况

截至 2022 年年底，中国能源消费总量为 54.1 亿吨标准煤，同比增长了 2.9%，与过去 5 年年均 2.8% 的增长率保持同步，但不同品种的能源占比呈现不同趋势。其中，非化石能源消费占能源消费总量的比重较上年提高了 0.8 个百分点，自 2017 年以来始终保持着小幅稳步的增长幅度。煤炭消费量增长 4.3%，原油消费量下降 3.1%，天然气消费量下降 1.2%，电力消费量增长 3.6%。煤炭消费量占能源消费总量的 56.2%，比上年上升了 0.3 个百分点。

5 年以来，国内化石燃料产量保持着增长态势，进口数量比例则趋于减少。2022 年，原煤产量为 45.0 亿吨，比上年增长 9.0%；进口量为 2.9 亿吨，下降 9.2%。原油产量为 20 467 万吨，比上年增长 2.9%；进口量为 50 828 万吨，下降 0.9%。天然气产量为 2 178 亿立方米，比上年增长 6.4%；进口量为 10 925 万吨，下降 9.9%。

2022 年，中国可再生能源的应用，总体来说取得重大进展，全年水电、核电、风电、太阳能发电等清洁能源发电量达 29 599 亿千瓦时，创历史新高。长江干流上的 6 座巨型梯级水电站已形成世界最大"清洁能源走廊"，我国生产的光伏组件、风力发电机、齿轮箱等关键零部件占全球市场份额的 70%。同时，我国可再生能源发展为全球减排做出积极贡献，2022 年我国可再生能源发电量相当于减少国内二氧化碳排放约 22.6 亿吨，出口的风电光伏产品为其他国家减排二氧化碳约 5.73 亿吨，合计减排 28.33 亿吨，约占全球同期可再生能源折算碳减排量的 41%。

2017—2022 年我国能源资源概况如表 4-1-1 所示。

表 4-1-1　2017—2022 年我国能源资源概况

|  | 绝对值 2017 | 绝对值 2022 | 占能源（发电）总量的比重（%）2017 | 占能源（发电）总量的比重（%）2022 | 同比增长（%） |
|---|---|---|---|---|---|
| 主要能源品种消费量（单位：亿吨标准煤） | | | | | |
| 原煤 | 27.62 | 30.40 | 60.6 | 56.2 | 4.3 |
| 原油 | 5.22 | 5.44 | 18.9 | 17.9 | −3.1 |
| 天然气 | 0.36 | 0.46 | 6.9 | 8.5 | −1.2 |
| 水电、核电、风电 | 6.19 | 9.25 | 13.6 | 17.1 | 0.4 |
| 主要能源品种生产量 | | | | | |
| 原煤（亿吨） | 35.24 | 45 | 69.6 | 67 | 9.0 |
| 原油（亿万吨） | 1.9150 | 2.05 | 7.6 | 6.6 | 2.9 |
| 天然气（十亿立方米） | 148.04 | 217.8 | 5.6 | 6.1 | 6.4 |
| 水电、核电、风电（单位：万亿千瓦） | 6.24 | 14.01 | 17.4 | 25.9 | 2.2 |
| 发电量（单位：亿千瓦） | | | | | |
| 水电 | 3.41 | 4.14 | 19.2 | 16.13 | 5.8 |
| 火电 | 11.06 | 13.32 | 62.24 | 51.96 | 2.7 |
| 核电 | 0.36 | 0.56 | 2.02 | 2.17 | 4.3 |
| 风电 | 1.64 | 3.65 | 9.21 | 14.25 | 11.2 |
| 太阳能 | 1.30 | 3.93 | 7.33 | 15.31 | 28.1 |
| 碳排放（单位：十亿吨） | | | | | |
| 二氧化碳排放 | 10.5 | 11.48 | | | 1.3 |

数据来源：中华人民共和国国家发展和改革委员会；国家能源局；中国煤炭工业协会以及个人计算。

## 二、我国能源资源开发利用所处的历史阶段

现阶段，化石能源仍然是世界经济发展的推动力，石油、天然气在能源消费中占据重要位置。随着经济发展速度的加快和能源消费的增长，各国在世界能源市场中的斗争会变得更加激烈。我国作为发展较快的发展中国家，仍处在工业化进程中，经济社会发展对能源的依赖比发达国家大得多。按照我国的人口发展估计，未来能源需求会不断增长，

能源消费也会随之有较大增长，因此面临的约束也会更加严峻。总体来说，我国一次能源消费和电力消费都在增长中，而我国的能源储量和需求存在巨大的缺口，且该缺口正呈现出不断扩大的趋势。

如果从较长的时间维度看，能源革命需要协调能源结构调整、经济周期和人口发展本身。一个国家的碳排放与人口的数量、经济发展的情况、单位 GDP 能耗的情况、单位人口的碳排放强度等息息相关。大量研究表明，要达到人均 GDP 3 万美元，才可以达到"碳达峰"，或者库兹涅茨曲线中环境污染—经济发展的"相关性拐点"。大量预测显示，2030 年中国人均 GDP 才能刚刚达到 2 万美元，中国的能源转型在横向对比上，既不同于高收入、高碳排放的发达国家，也不同于低收入、低排放的落后国家，面临的是总经济高速增长模式下的人均 GDP 远低于发达国家的"剪刀差"现实，即低收入、高排放。因此在碳中和的路径中，我们面临比其他发达国家更多的挑战，必须实现追赶式的增长。

发展中的中国能源市场，必然需要更合理的资源配置、更稳定的风险管理系统、更精确的价格发现，来引导稀缺的能源资源向更高效率的地方进行流动。所以中国的能源发展，更加需要能源资本化，更要利用电力、碳排放来引领能源交易，形成科学合理的能源价格机制。

## 第三节　能源资源资本化的主要路径

### 一、推进能源资源资产负债表的编制

能源资源资产负债的核算离不开核算主体，即对能源资源资产负债具备监管权力的管理当局。本项研究的目的是编制和使用政府辖区范围内的能源资源资产负债表，第一核算主体是政府。在现代市场经济中，企业尤其是股份公司，是资产负债表的主要运用主体，重要的具有价值的能源资源进入企业，天然地就是资产负债表中的一部分。在政府对能源资源进行资产负债管理时，以能源资源为重要科目的企业对其建立资

产负债表也是必要的，并且要通过这种资产负债表的建立，搭建起资源利用有效性和环境补偿必要性之间的桥梁。

在资产负债表中，能源资源本身价值的体现，以及未来可以进一步开展经济活动、创造经济价值的潜在投入，都可以列为能源资源资产。

能源资源负债是会计主体在一个时间点上，应该对能源资源承担的义务，这个义务是核算主体在能源开发、使用过程中，应该承担的责任。相对于一般企业的资产负债，能源负债是开发、使用能源中环境负外部性影响的量化体现。

能源资源净资产，是一国或地区所拥有的全部能源财富的总和（绿色能源财富），它在数量上应该等于能源资源资产减去能源资源负债，即全部能源资源资产减去全部能源资源负债后的净值。

## 二、完善基础化石能源资本化市场体系

中国化石能源资源市场有各自的特点，比如，天然气仅推出了现货市场，煤炭在期货市场和电子现货市场同步发力，石油则已经比较完整地推出了期货市场。在资源性商品不断实现市场化的新阶段，其面临的价格风险波动问题更多的还是需要通过期货市场来解决。我国能源资源期货市场的发展与一般金属矿产资源大宗商品市场类似，必须适应国际资源储备金融化的趋势，建立起更为灵活的资源储备调节机制。通过灵活增加和减少资源产能储备数量，影响市场预期，在保障资源安全的同时争夺资源定价权，保障经济安全。

很多国外资源商品交易决定着我国国内能源和原材料的成本，进而会影响到下游商品的价格。高企的商品价格带来了输入性通胀，进而会影响到普通群众的生活。因此，获得大宗商品的定价权，扩充大宗商品的战略储备，对维护国家经济安全、增强国内企业的国际市场竞争力十分重要。故而应以定价权为目标，制定和实施期货市场战略发展规划并完善相关制度。作为世界重要的大宗商品和原材料进口国、出口国、消费国，中国应当力争符合其市场地位的商品价格影响力，高度重视以大

宗支柱性矿产品为主的重要商品的国际定价权问题，确立加快发展期货市场的战略发展规划，逐步建立起投资者结构合理、现货市场夯实、法律法规配套完善、创新意识较强的国际化期货交易市场。另外，还要利用期货市场的价格发现功能，弥补现货市场价格信息分散、零乱，准确性不高，时效性不强等问题，根据我国实际供求状况，形成统一的基准价格，参与国际市场竞争。

### 三、创新组建二次能源电力期货交易所

电力期货市场是我国能源资源资本市场的牵引绳。电力市场化体制改革正当时，加大电力市场建设是电改的重要内容。针对发电权以及电力期货交易市场的研究既能缓解电力供需中的预测难题，共担风险，又能优化发电资源，促进电源结构调整，在资源配置的过程中实现降耗能、减排放，最终引领我国能源资源资本市场建设。

电力能源的复杂性，使得水、火等不同发电来源的电力之间需要更稳定的电力交易市场，而不同的交易用户也需要一个更便捷的交易市场。从集中式和分布式电源的角度看，仍然需要在电力市场上实现创造性突破。电力能源的"二次"特殊性，决定了传统能源资源都能向电力转换。因此，电力市场的快速发展，一定程度上可以代表传统能源的资本市场。如果能够在电力市场上达到好的效果，那么还能绕过传统能源交易市场建设的许多难点。所以说，电力期货市场是我国能源资源资本市场的总牵引。

### 四、推进完善全国统一碳排放交易市场

能源资源资本化离不开环境保护问题，自然资源资产负债表的核心是关注到环境成本并且把对环境的补偿作为负债。而能源资源在传统自然开发中，除了一般环境破坏，可以把二氧化碳排放作为负债的会计列示，在此基础上也提出了碳排放权交易和碳市场建设，从而建立了碳市场和能源资源资本化之间的关系。

大体上来看，全球各个碳排放交易体系（尤其是欧盟体系）的设想、建立、运行和完善都是一个循序渐进的过程。碳排放配额的分配方法以及碳排放权定价，均是制约各体系发展的重要因素。中国碳交易市场尚处于一个探索发展的阶段，过程中面临着许多政策和机制上的问题，中国可以参照国际碳排放交易体系的经验，首先明确碳排放配额的分配方法与定价方法，制定相关法律法规和监管办法，同时制定各阶段碳减排的具体目标。在逐步扩大中国碳交易市场的覆盖区域和产业的过程中，中国政府需要根据运营和发展反映出来的问题，一步一步完善碳交易市场运作机制。中国碳交易市场是一个必须扎根在中国具体国情下的交易市场，在中国特色的社会主义经济体制下，要想稳定健康地发展和推动碳市场建设，需要着重平衡碳排放额分配、碳定价权以及地方经济发展这三个因素。

# 第二章

## 石油资源资本化及对应市场建设

石油也称为原油，主要被加工成燃油和汽油使用。基于其稀缺性和重要性，石油资源又被称为"工业的血液"，对人类经济社会的发展起了非常大的促进作用。现今社会各行各业都离不开石油化工行业的支持，所以石油资源的合理使用和石油经济的健康发展甚为关键。相比于其他各类能源资源，全球开发利用石油资源的历史较长，在各类能源资源中石油资源的资本化进程也相对更为完善。

## 第一节　石油资源资产定价与产权改革

石油资源资产是具有明确属性的国有资产，属于广义的资源资产类别。资源性国有资产，是指通过开发能够带来一定经济价值的国有资源。从财务上则体现为，国家为了保证其所有者权益，需要向矿业权（主要是采矿权）占有人征收相关的资源使用税费。因此，矿权持有人获得了矿权（主要是采矿权），以换取开发该领域的报酬。

石油资源资产最重要的特点是复杂性，主要表现在以下几个方面。首先，在采矿权的转让和转移过程中，所有者需要面临不同利益相关者和投资主体之间的股权关系，这就使这一过程变得非常复杂；第二，石油资源是一种流动性资源，因此相邻地区之间的石油储量具有一定的关联性；第三，石油资源资产是经过复杂的自然和社会条件才得以形成的，其动态性和可变性十分突出。

### 一、石油资源资产定价历史追溯

在金融领域，资本和货币这两个概念实际上是与产权联系在一起的。我国制度中产权的明晰不仅是一个制度研究的课题，也是一个资本问题。基于石油资源的属性，其产权流动不仅是一个资源配置问题，也是一个金融问题，两者之间的联系便是价格。石油价格一直是世界各国争论最多的议题，我国作为能源消费大国，高度依赖石油进口，而石油资源的定价权最终要落实到金融链条上。那么，石油的定价权究竟是怎么来的呢？

### （一）美元与石油挂钩

国际石油的定价权与美元挂钩，因为美国跟沙特阿拉伯有一个协议，协议中规定了两个条件。第一个条件是，美元与黄金不挂钩以后，所有的石油交易都要由美元来定价；第二个条件是，美元与石油挂钩以后，美国向沙特阿拉伯承诺，保证沙特阿拉伯的权益和利益不受损失。正是这样的协议形成了"石油—美元体系"，所以全球的石油定价权定价是以美元为基础的。

### （二）后疫情时代，定价权的角逐

中国要想干预国际石油的定价权，首先必须打通的路径是以人民币作为重要货币来确定石油价格。研究发现，国内现有的石油期货市场，尽管是以人民币做交易，但都是人民币先跟美元挂靠才能定价，并非真正地以人民币为基础来进行定价。当以人民币为基础进行定价而不再跟美元挂钩的时候，中国积极组织石油期货市场才有可能对世界石油价格产生影响。

以最近一次后疫情时代油价的飙升为例，本次油价大幅度提高的一个重要的因素是，在美国量化宽松以后，美国超发的货币进入了这些市场。此外，油价的提升也与疫情恢复后期全球需求增长有关。在全球遭遇新冠疫情期间，疫情的影响导致市场消费需求减少，进而导致上游投资减少。而在疫情过去之后，需求也随之增长，产量跟不上导致供小于求，油价飙升。我们必须密切关注这次油价高涨的原因，因为它也可能与华尔街收回在美国原油市场上的投资有关。

此外，美国的实体经济发展也需要由石油相关公司做支撑。基于现阶段美国的页岩油情况，石油的利润主要集中在美国页岩油公司手里，上游公司会比其他环节高出许多利润。但是从总体来看，进口石油要掏的外汇依然比较高，因此中国应该反思并思考如何构建全球统一的石油市场，建立统一的定价机制。

## 二、石油资源资产价值的构成

一般而言，石油资源资产的价值是指从石油资源的勘探和生产中可以获得的额外利润。石油资源资产又区别于石油资源，石油资源具有天然的自然属性，而石油资源资产则是已经被经营的石油资源，具有一定资本的介入，因此它的产权属性是确认的。经研究，我们可以把石油资源资产的价值分为四个部分（图4-2-1）。第一部分是石油资源资产的现实社会价值，具体指石油资源资产的地勘劳动价值；第二部分是石油资源资产的潜在社会价值，具体包括石油资源资产的自身价值和所有权价值；第三部分是石油资源资产的环境（补偿）价值；第四部分是石油资源资产风险价值。

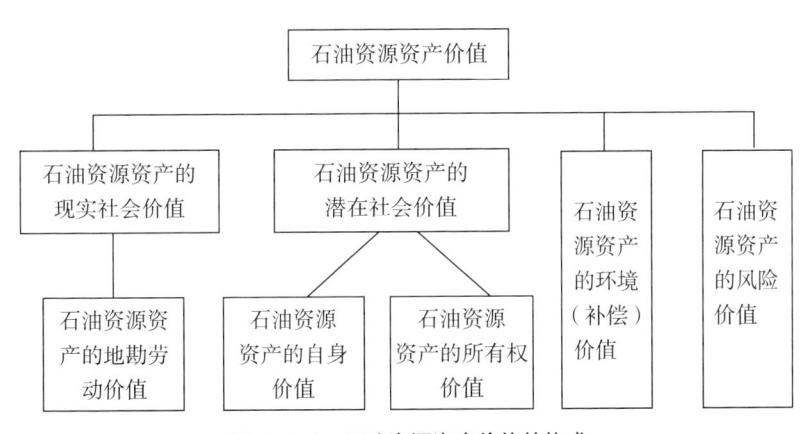

图 4-2-1　石油资源资产价值的构成

## 三、石油资源定价面临的主要压力

过去、现在及今后一个时期，石油资源的定价都面临许许多多的困难与压力，主要体现在下面这三个方面。

第一，资源定价和价格调控的双重压力。资源价格是基本价格和指导价格的组合。对它的调整，哪怕是其价格的微小波动，都会产生连锁反应，非常容易导致 CPI（Consumer Price Index，消费物价指数）调控目标向坏的方向发展。同时，资源定价还能够抑制资源破坏和浪费，从而达到控制价格上涨的目的。这两种矛盾的关系要求石油相关公司在两者之间找到正确的平衡，以实现最大的利益。

第二，资源价格成本核算与资源垄断经营之间的矛盾。石油资源是一种战略性资源，本身是由政府所监管的。换言之，它是由政府所垄断的。这样的客观条件就使得如果对它进行成本核算和价格调整，那么给部分国有企业的成本核算和垄断经营也会带来影响，这就意味着资源价格改革与国有企业改革密切相关。在对石油资源价格进行成本核算时，要同时考虑其对于这两者（资源价格改革、国有企业改革）的影响。

第三，进一步加强市场决定价格与保障居民能源供给的矛盾。保障低收入阶层的基本需求和合法权益是我国的当务之急。同时，石油资源作为一种战略资源，保障石油资源市场化配置改革稳步进行也同样重要。这样的外在要求就使得资源价格改革需要找到能够同时满足有效应对市场配置、价格调整与保障基本需求这三者的平衡点。

## 四、石油资源定价的发展方向

当前，针对石油资源定价所面临的困难与压力，为了能够更好地做好石油资源定价，应从以下六个方面发力。

### （一）完善资源价格形成机制

针对石油资源定价面临的种种困难，政府应该加快完善资源价格形成机制，深化改革，建立以市场为基础的价格调控机制。其中，机制改革主要包括两个方面：价格自由化和价格调整。其中，价格调整是指价格的合理化，重点是协调各方的关系，处理好各方的差价关系，从而构建合理的价格体系。

### （二）合理界定资源成本

资源成本主要由三个方面组成：一是直接开采（生产）资源的成本；二是资源开发利用的生态环境成本；三是安全生产成本。大多数公司往往不会过多关注后两者甚至忽略它们，这就经常会导致生产过程污染严重、事故频发。因此，资源成本不应由企业或市场决定，而应由国家监管，要合理界定这三方面的成本。

### （三）理顺资源比价关系

要按照资源可持续利用的要求，协调各方，统筹大局，正确处理价格差异和价格比较。只有这样，才能建设健全的资源价格体系，促进我国资源产业的完善发展以及经济的平稳健康发展。

### （四）规范政府定价程序

只有使资源定价过程标准化，政府定价才能真正做到科学合理。要想让各利益相关方接受定价，那么定价的过程就必须符合合法、公开、公平、公正的规则。为了使定价更合理，政府在制定或调整资源产品价格前，可以组织有关领域的经济学专家和资源专家进行综合分析，讨论资源价格。在此过程中还应征求独立第三方的意见，确保真正的公开与公平。同时，也可以划出一个区域进行试点，最后在全国范围内实施制定的价格或者调整的价格。整个过程都应该公开、透明。

### （五）资源价格交由市场决定

要想真正地将资源的价格交给市场决定，研究认为应该进一步缩小政府定价目录和资源定价范围，扩大资源资产市场化定价范围，健全资源资产市场体系的建设，尤其要重点推进石油、煤炭和天然气等资源或者相关资源性产品的市场化建设。

### （六）改善政府对资源价格的监管

在国际上，为了确保资源的稳定以及国防安全，各国政府都会在资源价格上做一些干预或监管。我国的资源价格改革也应如此，紧跟时代潮流，在一些重点资源，如石油、天然气等资源的价格方面健全政府监管工作。

## 第二节 石油资源资本化的路径选择

### 一、石油资源资本化的内涵和定义

#### (一) 石油资源资本化的前提是资产转换

由于人们对石油资源价值认识的缺乏,导致大量的石油资源被开采却不能被高效地利用,有很大一部分无效物质混杂在开采出的石油中,同时也有很大一部分有用矿物因被留在地下而流失。这样掠夺式的开发与低效利用,导致现如今石油资源匮乏。但是如果为了满足需求,对石油资源进行大规模的开采,将会引发一系列严峻的生态环境问题。面对这一系列问题,实现石油资源高质量可持续发展,已经成为人们关注的重点。

近年来,越来越多的学者开始进行关于石油资源资本化的研究。研究发现,石油资源并不能直接资本化,只有先将实物形态的石油资源,按照市场规律,转化为价值形态的资产,然后通过市场交易转化为具有增值属性的资本,实现生产要素价值,才能最终形成石油资源的资本化。

#### (二) 石油资源资本化是能源利用的核心环节

中国作为社会主义国家,计划手段是过去很长一段时间经济发展的主要手段。这种对资源高消耗、高投入的经济增长模式,虽然短时间内会带来极为可观的经济增长,但会造成大量资源浪费,不符合我国资源可持续发展的战略目标。因此,我国现今要改变这种资源配置方式,引导我国的资源产业走上可持续发展的道路。

石油资源资本化是自然资源资本化的关键环节。实现石油资源资本化是将我国的资源产业引导上可持续发展的道路的重要一步。实现石油资源资本化,将对我国资源利用和经济发展产生重大影响,具有里程碑意义。我国的资源产权交易市场已经实行多年,发现了很多问题,也总结了许多经验教训,这些都为我国石油资源资本化进程打下了坚实的基础。虽然在石油资源资本化发展过程中仍存在一些问题，但是只要坚定信心，找准问题关键，从而采取适当的措施，我国的资源产业发展一定会越来越好。

## 二、影响石油资源资本化进程的因素

石油资源资本化进程一直受到国内外学者的广泛关注。国内外许多学者对制约石油资源及其他有关资源资本化的因素进行了研究。沈振宇、王秀芹提出了应加快推动我国自然资源使用权的转让过程，改善使用权转让体系的观点；严立冬提出了表现生态资本特性的营销机制和管理形式既是确定生态资源价值的关键考量，也是推动生态资源资本化进程的重要环节的观点。学术界众多学者研究发现，自然环境要素和社会经济要素制约着土地的价格，从而制约着自然资源资本化的过程。当前，对我国石油资源资本化进程进行深入调查、讨论、分析，得出我国石油资源的资本化程度相较于世界发达国家依然处于落后位置的结论，这表明我国石油资源的资本化进程还有许多问题需要解决。

对此，如何将石油资源更好地转化为资本，这一过程将是一个极其复杂的联动过程。为了更好地解决石油资源资产化进程中的问题，必须理清影响石油资源资本化进程的因素，才能对症下药。

影响石油资源资本化进程的主要因素包括以下几个。

### （一）资源总量

总资源的数量通常与资源的转化成正比。特别是，石油资源本身的禀赋及其生态状况也会影响到转化率。

### （二）产权结构

产权结构的问题主要表现在，资源的所有者缺位，进而导致资源的权责不明确。一旦相关的权益得不到落实，便会引发较多的产权纠纷，直接影响甚至会决定资源转化和资金效率的表现。

### （三）生态保护

一旦监管保护制度不健全导致资源保护乏力，开发者为了追求利益便会无止境地开发资源，极易导致生态环境恶化，同时也会影响到资源本身作为商品的价值，从而影响到资源资本化的进程。

### （四）社会人文因素

具体包括文化水平和社会条件、人文环境、治安管理等因素。这些因素都或直接或间接、或大或小地影响着资源资本化进程，制约着资本效力的发挥。

## 三、推进市场建设，加速石油资源资本化进程

市场工具是深化石油资源资本化进程的经济有效的手段。确定性、安全、自由和平等是资源转化为资本的前提条件，而基于市场的经济机制是资源转化为资本、实现其有效性的前提条件。为了促进中国石油资源资本化进程快速发展，可以从以下几个方面入手。

### （一）搭建石油资源变资产、成资本的市场化交易平台

首先，建立一个石油资源交易管理平台，将那些散落分布的生态资源集中起来并包装成优质资产包，通过资金的流入以及专业代理商的管理，从而将资源转化为资产与资本。这样的平台不但是一个多功能的资源转化和交易场所，还是一个融资平台。其次，通过促进生态资源的整合和生态资产的增加，并与金融和资本市场接触，从而在确保生态系统价值长期稳定的基础上，建立更加多元化、市场化的生态产品价值实现机制。

### （二）破解生态资源价值实现的关键难题

第一，在前端交易部分，要明确石油资源产权。基于全国的石油资源数据，绘制出全国石油资源的"一张图"，只有这样才能有效处理石油资源储量模糊、权属模糊等问题。

第二，在中端交易部分，通过租赁、信托、股权合作、特许权等方式，将零散的石油资源经营权集中交易到一个市场化的管理平台或交易机构，聚集成片，转化为优质资产包。然后利用石油资源资产的聚集效应，聚零为整，进而有效地改善零散化石油资源难集中、优质化资产难

增强的情况。

第三，在后端，基于"政府搭台+市场运作+企业主体"的形式，建立一个资源管控、归并、转变、增强的多功能交易平台。然后利用该平台推进市场化和可持续发展进程，增强资源利用效率，提高行业发展水平，有效改善优质化资产难增强的情况。

第四，建立"自然资源管理公司+项目公司+金融机构"的营销体系。在整个营销过程中，通过专业的市场化交易平台，与市场、项目连接，进而可以有效改善社会化资本难引进的情况。

### （三）创新石油资源资本化融资主体

通过重新构建石油资源资本化融资主体，一方面能将最初的政府融资平台转换成现代化市场主体，并且通过资金的流入以及专业代理商的管理，可以很快形成一种多功能的专业管理机制。另一方面，鼓励人才与资金流入自然资源，不但能推动乡村振兴和地区发展，还能提高务农人员的收入，实现"生态美""百姓富"的宏伟蓝图。

### （四）突破政策壁垒与体制障碍

在石油资源资本化的建设进程中，仍旧面临许多政策壁垒和体制障碍。要处理这些壁垒与障碍，就需要地方政府努力突破、创新，寻找新的石油资源价值实现形式，敢于突破制约石油资源资产转变的体制障碍和政策壁垒。

## 第三节　我国石油资源期货交易市场建设

### 一、石油期货产品与市场的基本情况

#### （一）石油期货的内涵与交易品种

20世纪70年代曾发生过严重的石油危机，导致油价剧烈波动，对世界经济产生了极其不利的影响。为了减轻这场危机的影响，石油期货被引入资本市场。石油期货（OilFut）本质上就是一种期货合约，只不

过它的交易对象是石油。而如今，石油期货交易量已经稳居世界商品期货交易品种首位。

如今全球主要的石油交易所包括纽约商品交易所、伦敦国际石油交易所、东京工业品交易所、新加坡交易所及上海期货交易所等。由于石油自身属性的多样性，不同的石油交易所交易的类别也会不一样。纽约商品交易所交易品种为布伦特原油、无铅汽油、天然气、热油和轻油；在东京工业品交易所，主要交易品类为原油、石蜡、柴油和汽油；在伦敦国际石油交易所，交易量最大的是柴油和布伦特原油；在新加坡交易所，主要交易品种是中东原油，中国上海期货交易所也主要交易原油。

（二）石油期货市场的主要功能

一是价格发现。在石油期货的交易中，会集着各种身份的人，如商品生产商、商家与投机分子。他们凭借各自的经验不断地对石油在未来一段时间的价格进行预测，并且通过公开竞标的方式确立石油期货的售价，该价格通常会被看作是石油期货市场的标准价格。由此可见，价格导向是石油期货的主要功能之一。

二是风险规避。石油是当今社会离不开的一种资源，它的需求量巨大。假使其价格震荡较大，就会造成生产成本失控的局面。因此，大多数企业往往会在买入石油现货时，卖出相应的石油远期期货合约，采用套期保值的方法达到降低价格风险的目的。

三是满足投机。投机性需求是资本的自然属性。通过石油期货市场，可以引入大量资金，促进石油行业的健康发展。

## 二、我国石油期货交易的历史沿革

### （一）我国石油期货产品实践

1993年3月6日，原南京石油交易所发生了中国第一笔石油期货交易，使中国成为亚洲第一个推出各种石油期货的国家。此后，各大期货交易所纷纷涌现。其中，原上海石油期货交易所（成立于1993年5月）的交易量最大，其发行的90号汽油、0号柴油、250号燃料油和大庆石油等四个标准期货，市场份额可观，当时原上海石油期货交易所已慢慢成为占全国石油期货交易量70%左右的大型石油期货交易所。

随着期货投资者的不断涌入，加上我国早期严重缺乏期货市场监管制度，期货业发展不规范，投资者缺乏基本的风险管理意识，大量资金涌入期货市场，导致期货市场迅速过热，期货市场的风险也凸显出来。同时，国内出现了比较严重的通货膨胀，对我国经济的平稳运行造成了很大的威胁，控制通货膨胀是当时我国政府的首要任务。

石油是一种特殊的商品，其价格变动对经济和政治有很大的影响。我国的石油期货市场看似繁荣，实则危机四伏。为了避免石油期货市场的大幅波动影响石油现货市场，石油现货价格进一步影响其他商品的价格，自1994年4月起，我国就已经开始对石油流通体制进行大刀阔斧的改革，这次改革最终以我国第一个石油期货关闭的结局画上了句号。

虽然中国第一个石油期货被迫关闭，但在吸取了第一个石油期货失败的教训后，中国对石油期货的探索从未停止。考虑到燃料油在我国石油产品中是属于市场化程度较高的品种，交易所决定推出燃料油期货交易品种。通过燃料油期货的实施积累经验，在市场条件成熟时再推出其他期货。从2004年开始，每年的中央一号文件都涉及要发展期货市场，在中国石油期货交易沉寂了10年之后，中国的燃料油期货于2004年正式上市。

从2004年以后10年之久，中国再也没有出现过其他的石油期货类别。随着中国经济的快速发展，在石油进口和消费不断增长的背景下，创建中国自己的石油期货类别，争夺石油价格的话语权，无疑具有重要意义。2009年12月18日，我国又在渤商所推出连续现货合约品种，但是好景不长，该所在诸多不利因素的刺激下被叫停。2013年11月初，在相关企业和政府部门的领导下，上海能源交易所完成了石油期货的初步设计工作，并作为主要负责单位，负责中国石油期货平台的筹备工作。2018年3月26日，在国内外石油和金融市场的共同关注下，上海原油期货终于正式上市交易。

### （二）我国石油期货市场的交易机制

上海原油期货遵循国际平台、竞价交易、保税交割的原则，对全球投资者和交易者开放，以人民币为计价货币，对人民币的国际化进程有很大的推动作用，上海原油期货按照国际惯例进行竞争性交易，原油期货市场报价没有关税和增值税，依靠保税油库进行原油交割。其设计符合国际惯例，操作简便，给个人投资者和外国投资者带来极大的便利。

国际平台计划旨在使原油期货面向全球，吸引中国以外的参与者参与中国的原油期货交易，从而提高上海原油期货的国际影响力。同时，上海原油期货也有自己的特点，其计价和结算货币为人民币，在计价和结算之外还可以使用其他货币，如仓单质押和保证金。这将为国内外交易者提供便利，而对于中国的交易者来说，可以有效避免和减少汇率风险带来的损失。同时，以人民币计价也可以增强人民币作为硬通货的实力，促进人民币的国际化；使用外币做保证金等政策也会给外国投资者带来便利，对于外国投资者来说，可以将中国的原油期货与其他成熟的国际原油期货进行比较。为提高中国原油期货合约的活跃度，上海原油期货交易所实行做市商制度，表 4-3-1 所示为上海原油期货合约细则。

表 4-3-1　上海原油期货合约

| 交易代码 | SC |
| --- | --- |
| 交易品种 | 中质含硫原油 |
| 交易单位 | 1000 桶 / 手 |
| 报价单位 | 元 / 桶 |
| 最小变动价位 | 0.1 元（人民币）/ 桶 |
| 涨跌停板幅度 | 不超过 / 小于上一交易日结算价 4% |
| 合约交割月份 | 最近 1~12 个月为连续月份以及随后 8 个季月 |
| 交易时间 | 上午 9：00—11：30，下午 1：30—3：00，以及上海国际能源交易中心规定的其他交易时间 |
| 最后交易日 | 交割月份前一月的最后一个交易日 |

续表

| 交割日期 | 最后交易日后连续五个交易日 |
|---|---|
| 交割品质 | 中质含硫原油 |
| 交割地点 | 上国能源交易中心指定交割仓库 |
| 最低交易保证金 | 合约价值的5% |
| 交割方式 | 实物交割 |
| 上市机构 | 上海国际能源交易中心 |

## 三、发展石油期货市场的现实诉求

### （一）有利于保障中国石油战略安全

中国石油市场40多年的发展，是一个不断走向市场化的过程。但是，与西方许多发达国家相比，我国石油供应市场的竞争主体相对单一，并且国内石油、成品油价格都是由政府制定的。但是，近年来随着中国经济的快速崛起，国内石油市场也一直朝着市场化方向发展，尤其是在石油管理机制、石油企业经营以及石油国际合作等层面都取得了重大进展与突破。从发展趋势上来看，我国国内的石油和成品油市场已经渐渐接入国际石油市场的轨道，并且与国际市场越来越融合。

中国作为世界上为数不多的主要石油消费国之一，石油金融市场的发展潜力不可估量，所以构建恰当的石油交易平台用来迎合企业与社会的发展需求就显得尤其重要。我国在石油领域主要涵盖现货市场、远期市场和期货市场等多种石油交易形式，其中期货市场是核心市场。

虽然我国石油消费比重不断提高，但是在世界石油价格体系中的定价能力亟待提升。如前述提及，全球石油定价主要与美元挂钩，正是这种"美元—石油"定价体系，使得当前的全球石油定价体系并没有充分考虑东亚石油供应的比重。我国进口石油占比较高，但是相较于其他国家，进口石油价格明显偏高。此外，国际油价也波动频繁，这使得国内企业只能寻求更可靠的国内价格对冲手段。我国虽然建立了中国金融期货交易所、上海期货交易所、郑州商品期货交易所和大连商品交易所四大期货交易所，但在上海期货交易所上市的与石油金融相关的期货产品只有燃料油期货。在这种环境下，我国应该加快自己的石油期货市场的建设。

### （二）有利于取得石油定价权，提高国际竞争力

中国已成为第二大石油消费国，但成品油和原油的价格标准仍大多采用国外原油的价格标准。

第一，国产原油的价格。中石化与中石油集团之间生产销售的原油的定价，是由二者根据国内原油运至炼厂的运输成本和国外原油运至炼厂的运输成本基本持平的原则讨论决定的。二者的最终价格主要是由原油标价与升贴水两部分决定的。原油标价由国家发改委参考相关国际标准决定；升贴水根据国内外油种质量差价与国内市场环境来判断。

第二，成品油的价格。一般来说，我国的通行规则是，在国际市场上原油平均价格在22个工作日内波动频繁，并且价格波动的幅度已经高于4%的情况下，对国内成品油价格进行调整。

由于自身的这种关于原油和成品油的定价原则，我国只能被动采用国际油价标准，缺乏价格话语权。这种不对等的局面将会对我国经济的健康发展产生严重的制约。随着我国原油进口量的不断增加，构建一个高效可靠的原油期货市场刻不容缓。

### （三）有利于实现套期保值，规避风险

根据油炼企业成本的大数据分析，原油成本占95%以上。原油的定价直接影响炼油的效率与收益。

原油定价直接影响油炼企业资产的质量。因为我国原油与成品油定价机制比较透明化，油价不能及时调整，国内油价可能会十分轻易地就被国外的投资机构操控，这会严重影响到我国石化行业的资产安全。因此，现今最重要的是建立我们自己的石油期货市场，这样才有利于石油企业对冲价格变动的风险。

### （四）有利于提高石油领域经济效率

期货市场可以降低因为自然、技术因素带来的价格波动风险，有利

于缓解价格持续变化的情形，从而确保价格能够更精准地表现出市场的供求情况，增强产业和企业竞争力，提高经济效率。并且，通过构建期货市场，可以提供更加方便、简单和规范的交易流程，帮助生产者与消费者节约交易成本，不仅有助于提高经济效率，还可以为社会创造额外的价值，为交易者提供更多的收益。

总之，利用石油期货对冲石油价格持续变化带来的风险，对政府和相关公司都是有意义的。同时，分析和预测石油期货价格的变化及其与国外市场的联系，有助于我国经济健康发展。

## 四、石油期货市场面临的主要问题

### （一）市场机制不完善

#### 1. 石油市场有限开放

我国的石油市场处于有限开放的阶段。国内原油绝大部分由中石油、中石化和中海油开采、加工、生产，而国外原油主要由中海油、中石油、中化、中石化和珠海振戎等企业主导进口工作。在这种背景下，纵然推出新的石油期货，参与主体数量较少仍会严重制约石油市场的有效性。所以，在当前国内市场化进程较为落后的前提下，石油期货的推出仍然面临很大的困难。

#### 2. 石油定价机制非市场化

由于"亚洲升水"，我国进口原油的价格往往高于欧洲和美国进口的原油。而且政府对中国的原油和成品油定价负全责，这种定价方式使得我国贸易价格的定价变得极其公开、透明，极易导致大量投机分子操控国外原油价格，最终引发大范围的投机，导致其他正规投资人对我国原油价格失去信心，降低我国的国际影响力。另外，由于定价无法表现出国内市场的供需情况，极易将国外市场的不稳定性带到国内期货和现货市场，从而制约我国期货市场的发展。

### （二）石油储备不到位

石油储备不足也是制约石油期货市场长期发展的一个因素。截至

2023年，中国的石油储备量约为8500万吨，与美、日两国相当。但因中国人口基数大，这一储备量则相对较低。加之中国是制造大国，石油消耗量巨大，8500万吨石油储备量仅够国内使用一个月左右。

石油储备的缺乏给期货市场带来的制约主要有以下三点。

第一，市场不易稳定。石油市场中存在着一部分投机分子，他们通过分析一个国家对石油价格波动的操控能力来决定是否进行投机。一旦我国石油储备严重缺乏，剧烈的价格波动就会导致我国期货市场出现大量的投机，严重影响我国石油市场的健康发展。

第二，不能满足稳固油价、调节市场的目标。如果石油储备不到位，就不能采用兜售储备石油的方式来调整油价；同时也没有能力在石油价格较低时收购石油用来增加储备，降低储备成本。

第三，难以完成期货和现货的搭配运作。储备石油的缺乏，会使一个国家在面对某个突发事件时束手无策，没有能力通过石油储备来调节期货波动，使得额外的储备无法以期货的交割库形式搭配运作。

### （三）期货市场固有风险

**1. 基差风险**

我们一般将基差定义为现货交易价格和期货价格之间的差异。基差风险是由于被套期的商品和被套期的工具之间价格不一致而产生的风险。这种风险对套期保值者来说是不可避免的，并且会直接限制套期保值的效果。

**2. 投机风险**

投机是期货市场的一个重要组成部分，它的存在对于资本市场尤其是期货市场来说并不总是有害的，投机同样也可以充当价格风险承担工具，增强市场的流动性，保持石油价格体系的稳定性。但是一旦资本市场上出现了过量的投机，就会引发资本市场的动荡，引起投资者的恐慌心理。如此，投资者便会积极采用调整期货市场价格的方法，但这样会加剧期货价格不稳，严重扰乱市场的整体运行秩序，同时其他期货交易主体的合法权利或经济利益也会受到威胁。

## 五、健全石油期货市场的举措

### （一）推动市场进一步开放

石油期货市场的进步，是市场上每一个相关者的功劳。中国的市场现在仍然位于垄断阶段，所以要实现石油期货市场长远、健康、稳定地发展，就需要坚定不移地推动我国石油市场开放，吸引越来越多的人才和企业流入，慢慢除去国有石油企业的特权。

### （二）健全相关法律体系及市场监管体系

中国是社会主义国家，历来实行法治，依法治国已经深入到我国的每项事务之中。同样地，对于实现石油期货市场的健康发展，完善的法律法规是最好的保障。关于期货市场监管体系，我国主要由政府、期货协会以及交易所负责。并且政府在其中担任主导角色，制定相关的法律予以规制。而期货协会和期货交易所则是以行业规章或行业自律的形式进行监管。但随着市场经济的高速发展，政府相关部门在期货市场中主要只是起间接调控的作用，因此要加强对期货协会以及交易所的监督与管理。

### （三）完善石油期货风险控制制度

期货市场的特性之一是具有较大的市场风险。对此，可以从两个方面着手。一方面，增强政府的监督与管理力度，尽可能地将因无法预期市场风险所导致的损失降至最低；另一方面，加强石油期货市场的微观风险管控，如对清算公司和交易所进行风险管理，这也是降低风险方法中不可或缺的一部分。总之，必须健全和完善石油期货风险控制制度。

# 第四节 对策建议

## 一、保稳定、增产量，确保国内石油资源的"压舱石"地位

未来 10~20 年将是全球大国争锋对抗最激烈的时期，也是我国最具挑战性的时期，特别是在石油安全方面。石油资源开发的主体就是中

石油、中石化、中海油，包括延长石油，领域包括在陆上和海上勘探开发，内容包括常规石油资源，以及非常规石油资源（包括页岩气、煤层气和致密气）。石油工业发展上，石油产量必须千方百计保持稳定，确保"压舱石"地位不垮。

中国政府提出，我国二氧化碳排放在 2030 年前将达到峰值，力争到 2060 年实现碳中和的目标。大量研究预测，即使我国到 2060 年实现碳中和，石油也仍然是一种紧缺资源。在"双碳"目标下，如果到 2060 年我国能实现碳达峰、碳中和，那么按照发展趋势预测，我国到 2060 年仍然需要 3 亿吨石油，2050 年需要 4.5 亿吨，2040 年需要 5.9 亿吨，2030 年需要 7.7 亿吨，可见需求量仍然很大。依靠目前的石油开采地区，到 2060 年要维持 2 亿吨年产量相当困难。专家推断，到 2060 年我国 2 亿吨的产量极有可能减少到 1.5 亿吨以下，而我们的需求量仍将超过 3 亿吨。因此，不难得出结论，即便在"双碳"目标下，石油在我国仍面临资源紧缺的形势，必须保障其长期产量在安全线以上。

传统领域能源开发包括陆地和海洋，"海陆并举，常非并重，稳油增气"，这就是我们国家应该做的能源开发整体战略。"海陆并举"，就是陆地和海上两个都要做；"常非并举"，是指常规油气资源与非常规油气资源同等重要；"稳油增气"，是指要千方百计稳住石油 2 亿吨年产量，保持最大可能的增长。具体办法是国家继续建设油气重大专项，围绕"稳油增气"，把原油产量稳住，把天然气的产量提升上去。气体能源逐步替代同为化石能源的煤炭和石油，本身就可以降低碳排放量，而能源的利用效率也会非常高。天然气的生产，要求在未来 10 年左右，按照 5%~6% 的速度增长，产量的增长速度要力争达到我国产量的峰值，也就是 2500 亿 ~3000 亿立方米。2020 年，我国的天然气产量是 1888 亿立方米，在现有基础上，每年将以超 5% 的速度增长，也就是 100 亿 ~120 亿立方米。5 年后增量是 500 亿 ~600 亿立方米，10 年后将是 1000 亿立方米。由中国油气资源的质量和资源潜力决定，结合很多业内人士的预测，我国天然气的峰值产量可以达到 2500 亿 ~3000 亿立方米。

## 二、开辟油气资源，积极构建新领域"三驾马车"

在传统石油资源的开放外，我们要开辟油气资源新领域，积极构建"三驾马车"，努力实现国家油气产量的有规模增长，并且应该为石油资源的"三驾马车"设立重大专项，对新资源抓紧进行探索准备。对于这个领域，若有私营资本愿意进入，国家也应允许，利用新领域带动整个石油产权体制进行改革。

第一驾"马车"：中低熟页岩油。中低熟页岩油是传统技术无法开发的，需要一种地下岩加热改制的办法，才能把地下的物质变成油并提取出来，因此，可以形象地把它称为"地下炼厂"。该资源量在我国巨大，主要分布在鄂尔多斯盆地和松辽盆地。

这两大盆地的优势在于：第一，它们是我国石油主要的生产基地，地面的管网设施比较完善；第二，它们对老油田实现可持续发展是非常重要、可以倚重的资源；第三，它们处在我国大陆腹地，安全性比较好。像松辽盆地，基本上处在中国大陆靠近俄罗斯和朝鲜的腹地。所以一旦在这些地方形成资源，便有助于加强国防安全性。并且在这些地方，资源数量庞大。现在由于技术优化问题尚不能开采，在实现经济有效的开采前还需要一段时间的准备。

第二驾"马车"：富油煤。我国有一种煤含有焦油，它的焦油含油率可达 7%~15%，这种煤炭资源在我们国家有 5 000 亿吨。每年我国因正常取暖或者是发电烧掉的这种富油煤就有约 5.2 亿吨。将这部分煤通过中高温的热转化，就能把其中的焦油提出来，剩下的焦炭也可以正常生产各种煤气和化工产品，即只有焦油被取出。所以，如果我们把每年用于供热和发电的 5.2 亿吨富油煤全部转换，我们就可以生产 5000 万吨石油，而我国这种富油煤资源有 5 000 亿吨，因此可以从这方面着手打造第二驾"马车"。

第三驾"马车"：煤炭的地下气化。我国进入到"双碳"发展以后，煤炭的利用和使用减量，意味着我们国家有相当一部分煤炭将会在地下气化。无论是人工采煤还是机械采煤，煤矿在开采过程中都有深度限制。我国大部分地区煤炭都在1千米左右的深度，超过1千米的煤炭不能够开采。经测算，全国有3.2万亿吨的煤炭是在煤矿企业经济采煤线以下的，这部分煤炭在地下气化，我们便可以把它产生的甲烷提取出来，这是一大笔可利用的资源。据测算，对于采煤线以下的这部分煤炭资源，如果我们只开放其中的1%，就可以产生7万亿~8万亿立方米的天然气。如果每年动用其中的3亿吨，把它变成天然气，它的产量就可以达到1000亿立方米。

### 三、创新体制机制，整合独立的能源服务公司

我国现有的体制、机制使得我国石油资源品质在变差，低效或无效的石油资产在不断增加。我国石油公司技术创效的速度和意识，不如西方公司和国内民企强，内部的产业链参与方并没有完全按照市场的机制在规范关系，如中石油、中石化、中海油，基本上都是服务公司和油公司一体化的机制。这种机制既有好处也有弊端，好处就是统一指挥，弊端就是价格难降。但整体来说，现有的体制机制与资源品质的现状不适应国家发展需要，亟待引入更加具有竞争力的体制机制。因此，需要深化国企改革，对于给中石油、中石化提供服务的服务公司，可以将它们整合成独立的相当于美国斯伦贝谢、贝克休斯这样大的服务公司，推行市场一体化机制。

西方石油公司在应对低油价逆周期的时候，采用甲乙方产业链抱团取暖的方式，石油销售方需要根据低油价政策，要求产业链上端降低成本，服务端就会自行加码降成本。并且后端可以承诺前端，以重大的技术突破保证足够的采购量。在产业链分工的情况下，前端更有压力和意愿进行技术创新，而后端可以依靠技术创新升级自己的技术能力来降成本，支持扩大生产。这样虽然产业链分属不同公司，却形成了良性机制。乙方通过承担更多的工作量来弥补他们因成本降低所造成的损失，这就是典型的甲乙方抱团取暖的成功案例。在中国也急需这样的产权改革机制。

### 四、松绑资本准入，鼓励多元的能源开发模式

当前，各大石油公司正在从事的领域，主要围绕相对成熟的开采领域，对于一些重大挑战和资源潜力巨大并存的领域，投入相对较少。大量研究呼吁成立第三方的联合公司，采用中方出资、外方经营的方式，与周边国家联合对海域资源等难度较大的区域进行勘探。

整体而言，要松绑固有的资本准入和市场门槛，鼓励更加多元的资本准入方式。

#### （一）成立国家层面的勘探公司，统领风险勘探

为了更好地解决国内石油供不应求的矛盾，不妨尝试在我们国家在三大石油公司之上成立一所国家层面的勘探公司来统领我国的风险勘探。具体而言，就是把国内的三大石油公司风险勘探的功能集中起来，成立一个国家层面的统筹公司，这样的话就能够加快信息传递效率，使我国加快资源准备的节奏。

#### （二）放松私营资本探索低品位石油资源

过去，我们一味追求高品位资源的资本化，忽视了许多低品位资源。石油领域低品位资源，在石油公司眼中不一定有利可图，加之国企工作人员的包袱较重，石油本身的开发成本也较高，故而一直被忽视。但低品位资源资本化之路，无论是对于我国国内石油严峻的供需矛盾还是对于解决油气安全问题都是至关重要的。国家可以拿出私营资金去探索低品位资源，毕竟私营企业"轻车轻装减重"，效益肯定不会差。

#### （三）引入具有技术性优势的资本

国外已经有一些技术能够提高石油的采收率。在提高单晶产量方面，我国国内的技术可能只有 3~5 吨，但是国外的技术就可以翻倍，达到 10~15 吨，效益相差巨大。所以在石油资源资产产权体制改革上，国内亟须引入具有技术性优势的资本。尤其是如果将这些拥有技术性优势的资本引入民企，放在一些资本市场上去运作，一定会比现在的效益有更大幅度的提升。

# 第三章

## 煤炭资源资本化及对应市场建设

煤炭资源在我国利用时间较长，在我国的工业崛起中扮演了不可磨灭的角色，同时也经历了一段野蛮生长的历史。研究我国煤炭资源资本化及对应市场，必须从我国煤炭资源产业发展现状和历史过程谈起。结合2021年三季度煤电供需矛盾实例，本部分指出要以煤炭资源资本化推动我国煤炭产业发展。一方面，结合中国煤炭资源产权发展的特点，煤炭资源资本化发展必须以产权的明晰为前提、以市场建设为基础，推进煤炭资源产权改革。另一方面，应构建多层次、多体系、期现结合的煤炭资源的市场交易体系，以煤电联营解决煤电供需中的体制机制问题，以期实现结合化解煤炭、电力周期轮动问题，进而逐渐完善煤炭价格市场机制，推进能源体制改革。

## 第一节　我国煤炭资源产权改革与资产转换

### 一、煤炭资源产权改革的主要阶段

**（一）煤炭所有权与使用权两权合一，煤矿资源无偿开采（1949—1978年）**

新中国成立后，我国采用计划经济体制，并且确立以优先发展重工业作为战略目标。政府根据当时的经济发展状况制定了一系列价格政策以及分配制度，从价格、分配两个角度直接干预国民经济发展中各企业的日常经营。在这一时期，我国先后颁布法律法规，对矿床的所有权以及管理等予以规定，如表4-3-2所示。

表4-3-2　计划经济时期矿业主要法律规定与条例

| 时间 | 部门 | 法律法规 | 主要内容 |
| --- | --- | --- | --- |
| 1951年 | 政务院 | 《中华人民共和国矿业暂行条例》 | 规定了全国矿床均为国家所有，并提出了相应的矿业管理制度 |
| 1954年 | 全国人大 | 《中华人民共和国宪法》 | 矿藏属于国家所有，即全民所有 |

在该时期，以上述法律法规为参考，国家按照生产计划，定期向煤矿所属的地质勘探单位以及矿业相关的企业拨付费用，费用主要用来生产经营而不涉及其他业务。在此前提下，地质勘探部门将其勘探成果无偿交付给国家。国家拥有矿床的所有权，并且具有无偿使用权利。在这种背景下，矿业企业按照国家生产经营计划进行矿产开采，开采所得的所有矿产及其制品都由国家统一调配及流转。相较于矿业产品，矿业权的管理更加绝对，矿业权在该时期由政府部门分别授权给地质勘探单位以及矿业企业，仅能由他们单独享有，不能进行转让与交易。

这一时期，我国矿产资源产权制度主要有三个特点：一是矿产资源属于国家所有；二是矿产资源并没有两权分离，在计划经济时代，地质勘探部门与矿产企业所进行的勘探、开采等生产活动以及流转均由国家计划管控；三是地质勘探单位及矿产企业的勘探、开采等生产活动都属于无偿行为。这三个特点也表明，在计划经济时代，政府的行政安排是勘探、开采等所依赖的唯一制度模式。实行这种产权制度的后果就是，会使矿产的勘探与开采是行政规划的结果，因缺乏激励机制而带来矿业资源要素配置效率较低、生态破坏、环境压力较大等后果。但是在百废待兴的时刻，这种产权制度能够借助国家的行政权力，为全社会的复工生产提供必要的支持。

**（二）矿产资源有偿使用和矿业权有偿取得制度逐步确立阶段（1979—1995年）**

鉴于计划经济时代矿产与矿业权产权制度带来的一系列问题，十一届三中全会之后，中央部门对工业部门效率低下、激励制度欠缺、生态破坏等问题加大了关注，经历了针对原有的矿产资源无偿使用以及矿业权无偿取得的重大变革。这个时期从无偿到有偿，从放权到明晰产权始终是改革的重点。相关法律法规如表4-3-3所示。

表 4-3-3　十一届三中全会后矿产资源有偿使用制度相关法律法规

| 时间 | 单位 | 法律法规 |
| --- | --- | --- |
| 1982 年 | 国务院 | 《对外合作开采海洋石油资源条例》 |
| 1984 年 | 国务院 | 《中华人民共和国资源税条例（草案）》 |
| 1986 年 | 全国人民代表大会 | 《矿产资源法》 |
| 1987 年 | 国务院 | 《矿产资源监督管理暂行办法》 |
| 1994 年 | 国务院 | 《矿产资源补偿费征收管理规定》《矿产资源法实施细则》 |

随着一系列法律法规的颁布，我国矿产资源勘查和开采许可证制度逐渐设立。另外，矿产企业有偿开采制度、矿产税费制度以及相应的监督管理制度的制定，使得矿产资源有偿使用和矿业权有偿取得制度逐步得到确立。

这一时期的矿业资源产权制度，主要体现为 3 个特色。一是将矿产资源和矿藏的所有权、使用权逐步分离，并同时通过从企业或政府有关单位处取得许可证的方法，完成了二者的分离；二是国家逐步承认了矿业资源所有者的身份，并对矿产资源所有者收缴矿区使用费和资源税，这也就代表了和改革开放以前的不同，这一时期国家已不再直接插手矿产公司的生产经营计划；三是矿业权体系的逐步形成，不过其使用权的流转受到非常严厉的约束。总之，这一时期的变革促使矿产公司的生产运营效益和积极性获得了很大提高，但很多制度仍然带有很多计划经济色彩，在矿业开采秩序、矿业权益保护、生态环境保护等方面仍存在很多不足之处。

### （三）矿产资源产权制度和矿业权改革深化阶段（1996 年至今）

1996 年，国务院对原有的《矿产资源法》做了一定修正，与之前版本不同的是，修正后的《矿产资源法》不仅明确了矿产资源属于国家，而且明确了矿产资源所有权的行使主体为国务院。在此基础上，进一步完善了矿业产权管理制度等，甚至，修正后的《矿产资源法》允许矿山在满足一定条件时交易使用权，其形式包括拍卖、出租以及抵押等。一系列的补充与修订使得矿产资源产权制度得到了进一步深化。可以看到，煤炭资源资本化在这一时期主要完善了煤炭资产确权到户和产权交易的过程。

继《矿产资源法》修正案后，国家又颁布了一系列与矿产资源产权制度相关的法律法规，如表 4-3-4 所示。

表 4-3-4　继《矿产资源法》修正案后矿产资源产权制度相关法律法规

| 时间 | 单位 | 法律法规 |
| --- | --- | --- |
| 1998 年 | 国务院 | 《矿产资源勘查区块登记管理办法》<br>《矿产资源开采登记管理办法》<br>《探矿权、采矿权转让管理办法》 |
| 2000 年 | 国土资源部（现自然资源部） | 《矿业权出让转让管理暂行规定》 |
| 2003 年 | 国土资源部（现自然资源部） | 《探矿权采矿权招标拍卖挂牌管理办法（试行）》 |
| 2006 年 | 国土资源部（现自然资源部） | 《关于进一步规范矿业权出让管理的通知》 |

《自然资源法》修正案通过之后，也代表着我国矿产资源产权制度和矿业权的深化改革到了关键转折点，矿产资源的产权制度以及矿业权的深化改革都朝着市场化的方向转变。这一时期矿产资源的产权制度特点主要体现在以下几点：一是强化矿产资源国家所有，明确矿产资源的权利主体，并且实现了矿产资源无偿使用到有偿使用的重要转变；二是矿业权的交易逐渐走向市场化，产权交易市场的建立标志着煤炭资源资本化的进程已经来到了"资本化"的阶段。

## 二、产权改革中国有煤炭企业面临的突出问题

当前国有煤炭企业产权改革仍存在较多问题。几十年来，我国坚持走社会主义市场经济路线，"公司制"的发展取得了明显的成果。随着社会主义市场经济改革的不断深入，国有煤炭企业通过放权等形式提高了股权结构的丰富性，民营资本也加入了国有企业的血液中。但从产权改革的角度来看，仍存在国家调控过多、市场化程度较初级等问题，煤炭企业建医院、建学校等都给企业的经营带来了巨大的压力。

除此之外，当前我国国有煤炭企业产权改革的发展，仍存在以下几点问题。

### （一）国有资产产权代表职能不够清晰

1996年修正后的《矿产资源法》明确表示，矿产资源属于国家所有，并且矿产资源所有权的行使主体为国务院。国务院下设国有资产监督管理委员会（以下简称国资委）作为国有企业产权的代表，并行使相应的所有者职能。但是当前国资委的定位并不足够清晰，特别是面临"管资产"还是"管资本"。党委的职责以及董事会、监事会和高级管理人员之间的关系也并不是特别清晰。作为国有企业的产权代表，国资委应该起到转达国家与政府对企业生产经营发展相关政策的作用，并通过"董监高"的现代企业制度对国有企业进行监管，把握企业的发展方向，实现国有资产的保值增值。基于此，国有煤炭企业应就生产、经营、战略等状况定期向国家汇报。

### （二）国有煤炭企业产权结构多元化难以推进

我国国有煤炭企业在现阶段仍缺乏非国有成分的投资主体，依然存在较为严重的产权单一和"一枝独秀"的状况。以中国神华能源股份有限公司为例，其由国家能源投资集团有限责任公司百分之百控股。现阶段来看，我国大多数煤炭国有企业均为国资委全资控股，产权结构相对单一。由于行业的特殊性以及国企相对行政化的管理模式，使得国有煤炭企业在股权结构控制上受到了更多的限制，整体来讲，民营资本参与度较低。

### （三）国有煤炭企业法人治理结构不够健全

鉴于当前国有煤炭企业股权结构的状态，国有煤炭企业无法在产权较为单一的情况下实现有效、完善的现代公司制度及法人治理结构。现代公司制度的"三会一层"，无法在国有煤炭企业中发挥充分的作用。股权的单一性造成企业长期处于较为集中的管理状态，股东之间相互制衡的机制受到很大的限制。特别是在一些企业当中，董事长与总经理往往由一人担任，甚至监事会与股东之间也有重叠，这使得国有企业不能利用现代公司制度完善企业的法人治理结构、健全公司股权结构乃至防控外部风险。

### 三、煤电联动改革的背景和历史进程

#### （一）煤电联合的初步探讨（2004—2018）

2004年，电价市场化改革的大幕徐徐拉开，煤电联动是这场电价市场化改革的核心。以电煤的坑口价为基础，通过公式调整系数最终划定上网电价的方式为当时电价的决定方式。按照规定，电力企业要自行消化煤价上涨因素的30%，这种煤电联动的初衷在一定程度上回应了存在于电价与煤价之间的症结。同时政策还规定，电价和煤价之间有一个不低于半年的联动周期，但是煤价每天快速波动，市场会有价格的充分发现功能，所以，每半年一个周期的煤电联动，导致电价的调整频率处于较低的频率，从而无法跟上煤价的波动速度。因此后面10年长期出现一个现象：当煤价进入上涨周期时，火电企业成本上升，而当煤价步入下跌周期的时候，舆论对于电价的关注又开始向电价问题发难。

#### （二）煤电联合的深化发展（2018—2021）

从2018年到2021年，电价在煤价上涨的背景下连续下调，当初推出的煤电联动改革机制实际上已经背离最初的政策设想。在这样的背景下，2019年年底，煤电联动的机制进一步调整为基准价基础加上下浮动的机制，浮动的范围为上浮不超过十个点，下浮不超过十五个点。这次改革一定程度上给了火电企业相对宽松的定价自主权。在2021年电煤危机之后，国家发改委发了〔2021-1439〕号文。该文件对之前的基准价加上下浮动机制进一步放大了范围，把调价的比例扩大到20%，这在原来的基础上又向前迈出了一大步，这是煤电联动十几年改革的发展脉络。

总的来说，从2004年一直到2021年，这17年里煤跟电两个行业的博弈始终跟着煤炭价格的周期循环，并且始终没有解决这个模式本身逆周期的问题。特别是在2015年，煤电供求矛盾到了特别尖锐的时刻，

中央层面开始大力提出清洁能源的概念，这一系列的概念还包括"绿水青山""金山银山"等内容，火电被逐渐认为是产能过剩的行业，因此按照供给侧改革"一去一降一补"的要求，开始逐渐整改煤炭行业的产能。

回顾改革脉络可以看到，火电企业的体制改革处于一个未立先破的局面。其内涵就是在新能源还未充分发展时，火电企业的发电量已经处于较强的去产能阶段。同时又由于过度强调"双碳""减碳"，一些运动式的政策调整使得很多问题在此过程中暴露出来。综观我国电力供应状态，可以总结为传统能源投资比重下降，新型能源投资加速的切换已经完成，但是新型能源供给比重并没有得到切实的保障。煤电在很长的一段时间内都是支撑我国经济发展的主力军，煤也是支撑新能源继续快速发展的主力资源。

### 四、产权改革基础上的煤炭资源资本化

煤炭资源资本化主要包括几个过程：资源变资产、资产变资本、资本变产品等。从煤炭资源资本化宏观的角度来分析，首先煤炭资源的稀缺性和价值性得到人们的认可，进而人们想要获取并占用煤炭资源。对资源获取并且占有的过程就涉及相应的产权保护，这就需要对煤炭资源进行产权界定。产权界定的过程所导致的结果，即煤炭从一种资源转化成一种具有价值的资产。在生态、生产技术的驱动下，煤炭资产被投入到人类生产生活等各种活动中，实现了煤炭资本要素价值。在此过程中，经过市场化的发展与运作，煤炭资产要素价值最终形成了煤炭资本化的雏形。在上述转化过程中，除了技术要素、市场转化等方面协同发力，相应的制度保障也应该加以实施。总之，煤炭资源资本化的实现过程需要产权明晰、市场流转、技术支持、制度建设四个方面协同并进。

#### （一）明晰产权

产权的明晰是煤炭资源资本化的前提，煤炭资源资本化的本质是煤

炭资源产权的资本化。产权明晰是为产权流转做的准备工作，在产权明晰的基础上，产权主体在煤炭资源资本化过程中才会获得稳定的收益预期，产权主体参与煤炭资源资本化过程的积极性也会被充分调动。

从上述分析可以看出，煤炭资源的产权明晰是煤炭资源资本化过程中至关重要的一步，而产权的明晰需要更严谨、严格的产权制度建设加以保障。当前我国资源产业的产权制度仍不完善，煤炭资源所有权虚置较为严重，煤炭资源的矿床使用权与经营权的关系并不十分清晰。因此，产权制度改革亟待启动。从煤炭资源资本化的实现过程来看，产权制度改革可以从两个方面发力。一是明确产权主体在资本化过程中的权利、地位、作用等，充分调动其在煤炭资源资本化过程中的积极性；二是通过产权制度改革，构建煤炭资源所有权、经营权、使用权分离的产权体系，实现产权清晰、层次分明、流转顺畅的产权制度结构，从而推动自然资源资本化进程。

### （二）市场建设

煤炭资源资本化过程中，资源变资产、资产变资本这两个过程都离不开对应市场建设。对应市场建设是为了实现煤炭资源、资产、资本的增值，这些都是由以煤炭资源本身为基础的经济属性带来的。市场是在煤炭资源经济属性的基础之上，充分发挥煤炭资源、资产、资本内生动力的有效载体。企业必须借助金融市场的功能，才可以使企业资金的投入、流转、扩张不受时间与空间的约束，从而最大限度地增加企业金融市场容量，提高煤炭投资的增值率。但由于煤炭资源交易市场尤其是煤矿资产交易市场体系还不够完善，具有传统市场规则陈旧、新兴市场功用不足、交易市场结构简单、场外市场发育迟缓等各种缺点，而煤炭资源流程中又牵涉到产权关系交易市场、产品要素市场、融资交易市场和产品交易市场等多种交易市场，且各种交易市场功用割裂现象严重，导致了在煤矿资产价值增值过程中，交易市场功用无法高效体现，进而抑制了煤炭资源市场价值的体现。可见，推进相应的交易市场建立，优化交易市场平台，从而使煤炭资产进行有效增值就更加必要了。

### （三）政策支持

在煤炭资源资本化进程中，不但涉及对煤炭资源、煤炭资本、煤矿资产、煤炭商品等四个资源形态的依次转换，同时还必须符合所有权划分、生态技术支持和市场构建等要求。因此，在煤炭资源资本化价值实现过程中，单一的市场调节必然会产生一系列的弊病，很容易造成"市场失灵"。煤炭资源资本化价格需要通过市场机制的利用才能达到。但是，由于煤炭资源具有公共物品的非排他性属性，体现在市场交易中所形成的交易税费偏高，因此仅靠市场促进经济难以达到价值的最优化利用和资源优化配置。

党的十八届三中全会通过的《中共中央关于全面深化改革若干重大问题的决定》（简称《决定》）和2016、2017年中央一号文件涉及"农业供给侧改革"的内容给煤炭矿区土地产权制度改革指明了方向。推行中央关于土地所有权、承包权、经营权"三权"分置办法，对维护矿区农民土地承包经营权合法权益，发挥土地经营权的资本性作用，改革矿区土地无偿供给制度，提高土地利用率、产出率，增加矿区农民财产性收入有重要的意义。解决煤炭矿区"矿权""地权"不协调管理问题的根本途径是：改革煤炭矿区土地供给侧管理体制，由煤矿经济实体产权运作向整个矿区"矿权""地权"资本化协调运作转化。《决定》第二十条规定："依法维护农民土地承包经营权"，"赋予农民对承包地占有、使用、收益、流转及承包经营权抵押、担保权能"。将矿区土地进行资本化运作的目的是改革矿区土地无偿供给体制为资本化有偿运作体制，"提高土地产出率、资源利用率"，维护开采区域各主体的正当权益。政府以宏观经济调节方法，通过机制优化、效益协同，以提升资源资本化率，确保资源资本化的价值最大限度增值，通过改变资源使用方法，以提升资源效率，在考虑环保节能的前提下，通过合理减少资源交易税费使得资源达到可持续发展的资本化目标，为煤炭资源资本化价值实现提供保证。

## 第二节　我国煤炭资源现货交易市场建设

### 一、煤炭资源现货价格评估

#### （一）煤炭价格种类

在煤炭市场上，买卖双方按照煤矿销售中交割位置的不同，大致形成了三个类型的价格，即坑口价、车板价、平仓价。

1. 坑口价

煤矿坑口价格亦叫出厂价，是指煤从地下开采到坑道入口，买卖双方可以从坑道入口直接实现买卖的价值。企业所披露的坑口价多是包括增值税的价，煤炭坑口价 = 煤炭完全生产成本 + 利润 + 政府各种投资基金 + 资源税 + 增值税 + 政府各地的行政收费。

2. 车板价

煤炭车板价，是指已煤炭装上列车并发走或在发车前，除列车运费之外的所有在本地产生的成本费用。车板价 = 坑口价 + 车辆短途运价 + 车站运费 + 当地煤运收费 + 代发运费 + 税金。

3. 平仓价（FOB）

煤炭平仓价，是指将煤炭运往中转港并装货到船上（即越过船舷）的价值，涵盖上船以前的全部成本费用（如港杂费及堆存费等），但不涉及其后的有关成本费用（如航运费等）。

#### （二）长协合同定价

基础性的各种原材料物资产品的价格波动频繁，为了降低因产品价格波动而造成的负面影响，市场上下游企业往往会采用通过长协合约制定的采购量、长协价或长协价的价格制定机制。采用这一方法的商品如铁矿、煤、天然气等，在通过长协合约所拟定的长协价期间或很长时间内，价格维持不变，又或在某一市场固定价格的基础上随着现货价格的变动而进行适当调节，上述定价方法均将影响市场的平均交易价格。

从神华集团、中煤集团等中央国企长协价实施情况来看，长协价包括全年长协价和每月长协价。

### 1. 全年长协价格

采用全年长协价格的情况下，月度变动就是在 535 元/吨基准价的基础上，依据上个月的煤炭价格指标作出调节，具体的计算公式是：全年长协价格 =535×50%+ 上个月月底的煤炭价格指标 ×50%。其中，上个月的煤炭价格指数中，多是两种物价指数的平均值，而不同煤矿公司为了发展而选择的参考指标也不同。

### 2. 月度长协价

月度长协价是直接在现货价基础上降低相应幅度的价格，其中降低幅度随行情变动，常为 10~20 元/斤。当供应严重不足时，价格可以和现货价相当。

从实际效果来看，长协价对稳定现货价格影响有限，对现货价格的影响仍主要依靠供求关系及其他市场化因素。但长协价对于遏制交易市场中煤价的上升具有一定效果。在煤矿购销合同中，长协合同占比特别高的电厂，或将因此获益。当交易市场报价严重背离政府意愿时，国家发改委如果能够采取政府手段调控月度长协价，那么交易市场中将有大约 75% 的煤矿成交被价格管制，对短期内交易市场均衡煤价的上升将具有一定的平抑效果。

## （三）主要煤炭价格指数

中国市场上的煤炭价格指标大致包括产区、中转地和市场消费三种指标。下面将对三种价格指数分别加以说明。

### 1. 中转地煤炭价格指数

在国际市场上，常见的中转地煤炭期货报价指数一般有三种，依次为 BSPI 环渤海地区报价指数（以 5500 大卡为代表）、CCI 指数（对标环渤海港口动力煤的离岸平仓价）、CCTD 秦皇岛动力煤综合交易价格指数。三个指数之间在发布机构、编制方式、数据样本、定价口径等方面都存在一定差别，从而使得指标的波动与指数值之间存在一定差异。

### 2. 生产地及消费的煤炭价格指数

生产地区定价指标一般是根据"三西"经济区域相应的煤炭交易情况公布的定价指标,而消费的定价指标则一般是指国内电煤定价指标。从比较价值与现实价值的角度考虑,由于山西太原煤炭贸易价值指标与陕西煤炭资源价格指数均将统计的基期价值定为 100 点,因此价值指标中体现的是煤炭资源比较价值;而鄂尔多斯动力煤炭价值指标由于在制定时并没有选择统计基期,所以体现的是煤炭资源比较现实价值;我国电煤价格指数虽然也选择了统计基期,但是基期产品价格仍然是当月的现实产品价格,随后又按照当月现实产品价格的变动做出后继价格指数的调节,所以我们可以认定该物价指标基本上反映的是煤炭资源比较现实产品价格。电煤价格指数,在反映我们国内和省内的电煤到厂价(热值为 5000 千卡)等工作领域方面,都具有较好的参照性。

## 二、区域性煤炭电子交易市场

我国煤炭资源电子贸易金融市场的建设,是我国进行煤炭资源市场化改造的必由之路和有效途径。自 2005 年 6 月,国务院办公厅印发了《有关推进我国煤炭产业发展的几个建议》,第一次明确提出"构建以我国煤炭资源交易中心为市场主体,以地方交易市场为互补,以网络为平台,利于政府部门宏观调控、市场经济主体自由国际贸易的我国现代化煤炭资源交易方式系统",我国已陆续组建起 40 个功用迥异、规模不等、涵盖地域有所不同的煤炭资源电子贸易金融市场。基本上形成了我国(太原)煤炭资源交换中心,内蒙古、陕西等大煤炭资源产品类的煤炭资源交易市场;秦皇岛海运煤炭市场,天津天保大宗、徐州华中等消费集散地煤炭资源交换;与沈阳煤炭资源交换,鲁中、华中、华南等消费地煤炭资源交换并存的交易市场空间布局。

总体来说,随着中国对煤炭资源市场化机制的进一步探索与发展,中国煤炭现货交易市场已经初步实现了其在中国煤炭流通中的主要功能,并开始更多地运用市场经济的手段调整或控制煤炭流通,使中国煤炭购销途径、购销模式、交易方法越来越灵活多样，贸易效率日益提升，交易成本不断下降，贸易环境越来越公平，贸易信息越来越全面，贸易价格也越来越接近于市场经济。但由于中国煤炭交易地域性较强，且部分煤炭交易中心由当地领导，交易业务区域受限，导致市场的定位与服务功能也受约束。因此中国虽有近30个煤炭交易中心，但市场的服务功能尚有待进一步发挥。

## 三、我国煤炭电子交易市场及存在问题

### （一）交易服务核心功能发挥不利

一般有以下几点体现：第一，电子产品市场的"集中度"和"市场流动性"不高。重要原因是大多数煤炭产品电子商务交易平台的交易者集中程度不足，这与煤矿产品的价格特点、交易者传统的买卖习惯和线下稳定的煤矿产品供求链条等原因有关。第二，商品交易金融市场的开放性不够。这主要体现在中国煤炭电子商务交易中心多为主要的煤矿生产、运销公司斥资组建，但现阶段仍处于"中小企业电商"发展阶段，与真实含义上的"第三方企业网络平台"尚有一定发展距离。以陕西省的煤炭电子交易为例，在成交金额中，基本上是由陕煤化公司及旗下煤炭企业在外销售的电子交易。第三，电子交易的"量多质低"问题凸显。全国煤炭电子交易市场数量众多，但许多以地方性煤炭交易为核心的电子交易功能仍然不足，只是信息发布平台。此外，电子交易专业化程度低下、经营模式简单等问题也普遍存在。第四，煤炭贸易的"市场化"还没有完成。煤炭电子商务交易的蓬勃发展为中国煤炭行业市场化改革发挥了重要的推动作用，但中国煤炭贸易真正意义上的市场化还没有完成。这主要是上述三个表现共同作用的结果。中国仍存在部分地区煤炭电子交易靠"行政干预促发展"的现状。

### （二）物流服务配套功能面临瓶颈

煤炭资源铁道运力资源匮乏也是影响并制约中国煤炭资源交易中心蓬勃发展的主要瓶颈问题。尤其是对部分依靠煤矿资源生产大省蓬勃发

展起来的煤炭资源电子交易而言,由于煤矿资源铁道运力存在着明显欠缺,对电子交易的正常运作与发展影响也相当大。由于中国煤炭行业运输还处于蓬勃发展的初级阶段,因此生产成本相对较高。以陕西省的煤矿资源外送市场为例,运输成本占到了煤矿资源最终市场销售价格的28%。而煤炭行业运输过程中的重要阻碍还有,煤矿资源的不均衡分布、煤矿商品消费的季节性不同、高铁运力欠缺、煤矿运输技术和供应链管理滞后等。2013年12月,国家发改委颁布了《煤炭物流规划》,对中国煤炭物流未来的发展空间布局、重点任务、保障举措等进行了具体部署,并将着重破解中国煤炭资源交易市场在发展进程中所遇到的运输瓶颈难题。

### (三)金融保障功能亟待健全

依托中国煤炭资源国际电子商务交易平台的金融支持功能,应包括征信、投资、贷款、支付等几个主要方面。依托煤炭资源电子商务贸易的供应链融资业务发展速度很快,是全国各煤电贸易企业发展的重点服务之一,而依托煤炭资源电子商务贸易的征信、贷款、支付等服务则亟待继续健全。另外,值得注意的是,全国煤矿电子交易企业仍面临"高效率贸易与无效支付"的现实问题,而根据煤炭行业电子商务支付的特点,加速建设全省统一的煤炭行业的第三方电子商务支付体系具有至关重要的意义,它将在解决大额投资支付风险问题的时候,进一步提高煤炭行业电子商务交易的服务效益。

## 第三节 我国煤炭资源期货交易市场建设

### 一、煤炭期货市场的推出及意义

#### (一)煤炭期货产品整体推出时间较晚

煤炭期货交易市场与全球原油期货交易市场比较,前者的发展水平与后者差距甚大,发展历程亦较短暂。国际煤炭期货出台较晚的原因主要有以下三个。

第一，比较经合组织中国家 OECD 的能源消费结构可发现，最主要的能源消费结构是原油和天然气，二者均占据了 OECD 中各国能源消费接近 70% 的份额，但相对而言，煤炭消费份额还不到 20%。

第二，煤属各种散装商品、品种和级别很多，但针对动力煤这样的大类商品而言，品质级别分类具有一定的模糊性，由于各地方煤炭交易存在价差以及受海运价等各种因素直接影响而无法确认。且由于没有统一规范权威的价格规范，故期货基准标的也无法确认。

第三，因为煤自身的物理、化学特点，长久储藏有较大的危险，主要包括热值降低较多，而且气温过高时也具有自燃危险。上述原因都给期货品种的设计造成一定障碍，延缓了中国煤炭期货的发展。

### （二）煤炭期货交割的优势

#### 1. 价格发现

因为中国期货市场的主要参与者来自全国各地，数量庞大，而交易市场的供求信息的来源渠道多样，所以产生的交易市场价值信息有着较广泛的代表性和权威性。同时，商品期货的交易市场价值信息还存在一定程度的提前性。一般来说，当煤炭行业现货市场疲态还没有显现的时期，期货价格就已开始呈现下降的态势；而当现货交易市场价格还一直保持下行的趋势时，期货价格就会及时接收到行业形势改善的信息，从而形成了上涨的态势。由此可见，通过调整期货价格可以预知煤炭行业的国内外市场供求趋势和价格走向，从而预知国内外未来的市场供需情况，地方政府部门和企业也能够据此更好地做出政策调整和决定，从而引导社会生产和消费，达到对资源的优化配置。

#### 2. 风险规避

企业可以利用商品套期保值，来避免因现货市场数量或产品价格变动造成的市场经营风险。以生产方为例，期货市场的套期保值功能是指生产方在期货市场上买或卖与其生产现货数量相等、交割期相近但交易方向完全相反的货物。在这样的操作下，现货市场与期货市场收支相抵，进而可以保障生产的稳定性，规避由单一产品市场价格波动而带来的生产经营风险。从煤炭生产企业的视角来说，可以作为卖方套期保值，即卖出期货合约，这样可以锁定未来一段时间内生产经营所计划的煤价，进而将市场风险转移给煤炭投资者。总之，对于煤炭企业来说，生产资料价格的平稳、季节性波动的熨平都是可以通过期货市场达到的相应目标。

### 3. 减少资金占用

一般来说，在现货市场购进大批煤炭，必须短时间内缴纳大笔的购煤费，不利于资金流动。期货交易者则只需要向交易所预先缴纳少量的成交保证金，就可以开展各种期货合同买卖，这样既可以保障以后对正常生产运营的需求，也可以减少大量资金被占用的程度和煤炭存货，从而加速周转。焦煤、焦炭和动力煤期货的最低成交保证金，均在原合同价格的5%~6%，同现货交易相比，资金占用程度已大为降低。

## 二、煤炭期货产品现状与分析

改革开放40多年来，煤炭资源为中国工业发展创造了70%以上的能源供应，是中国国民经济高速发展的重要燃料资源。2013年，主要的煤炭期货品种逐步上市，这标志着我国煤炭价格正式走向市场化。但不同煤种所影响的行业不完全相同：焦煤、焦炭主要影响钢铁行业；动力煤主要影响电力、化工和建材等行业。国内已经上市并进行交易的煤炭相关期货品种主要有三种，分别是大连商品交易所的焦炭期货、焦煤期货，以及郑州商品交易所的动力煤期货，如表4-3-4所示。

表4-3-4　我国煤炭相关期货产品统计

| 上市时间 | 期货类型 | 上市地点 |
| --- | --- | --- |
| 2011年4月5日 | 焦炭期货 | 大连商品交易所 |
| 2013年3月22日 | 焦煤期货 | 大连商品交易所 |
| 2013年9月26日 | 动力煤期货 | 郑州商品交易所 |

数据来源：根据公开资料整理。

## （一）焦炭期货

为完善焦炭价格形成机制，为现货企业提供有效的避险工具，2011年4月15日，焦炭期货在大连商品交易所挂牌交易。它是我国最早上市的煤炭相关合约，同时也是世界上第一个焦炭合约，合约信息如表4-3-5所示。

表 4-3-5　大连商品交易所冶金焦炭期货合约

| 交易品种 | 冶金焦炭 |
| --- | --- |
| 交易单位 | 100 吨 / 手 |
| 报价单位 | 元（人民币）/ 吨 |
| 最小变动价位 | 1 元 / 吨 |
| 涨跌停板幅度 | 上一交易日结算价的 4% |
| 合约月份 | 1、2、3、4、5、6、7、8、9、10、11、12 月 |
| 交易时间 | 每周一至周五 9：00—11：30、13：30—15：00 以及交易所公布的其他时间 |
| 最后交易日 | 合约月份第 10 个交易日 |
| 最后交割日 | 最后交易日后第 2 个交易日 |
| 交割等级 | 大连商品交易所焦炭交割质量标准 |
| 交割地点 | 大连商品交易所焦炭交割指定仓库 |
| 最低交易保证金 | 合约价值的 5% |
| 交割方式 | 实物交割 |
| 交易代码 | J |
| 上市交易所 | 大连商品交易所 |

## （二）焦煤期货

焦煤是中国工业生产中的基本原材料。近年来，中国钢铁企业生产能力迅速扩大，煤炭的总产能逐渐提高，市场对焦煤的需求量也在逐渐增大。焦煤期货的推出，和原来的煤炭、钢材等现货种类一起完善了中国炼焦和钢材产品的期现货品种体系，为相关公司提供了一种功能上较为完善的风险规避工具。基于中国煤焦油现货交易市场的前期培育和良好的市场基础，焦煤期货（见表4-3-6）在2013年推出之后就引起了现货交易商的强烈关注。大连商品交易所的统计分析结果显示，和其他工业品上市后第一年来的成交状况相比，焦煤最为活跃。

表 4-3-6  大连商品交易所焦煤期货合约

| 交易品种 | 焦煤 |
| --- | --- |
| 交易单位 | 60 吨 / 手 |
| 报价单位 | 元（人民币）/ 吨 |
| 最小变动价位 | 1 元 / 吨 |
| 涨跌停板幅度 | 上一交易日结算价的 4% |
| 合约月份 | 1，2，3，4，5，6，7，8，9，10，11，12 月 |
| 交易时间 | 每周一至周五 9：00—11：30、13：30—15：00 以及交易所公布的其他时间 |
| 最后交易日 | 合约月份第 10 个交易日 |
| 最后交割日 | 最后交易日后第 3 个交易日 |
| 交割等级 | 大连商品交易所焦煤交割质量标准 |
| 交割地点 | 大连商品交易所焦煤交割指定仓库 |
| 最低交易保证金 | 合约价值的 5% |
| 交割方式 | 实物交割 |
| 交易代码 | JM |
| 上市交易所 | 大连商品交易所 |

### （三）动力煤期货

在中国，煤炭行业资源消费水平约占了一般能耗总额的 70%，同时动力煤资源占了全部煤炭行业资源消费水平的 70% 以上，范围覆盖水力发电、冶金、油气化学、建材等工业应用领域。动力煤虽然是中国煤炭行业最大的资源品种，但长期以来缺乏相关的期货市场，且缺乏合理的风险回避工具，成了影响相关产品发展乃至煤炭行业链内公司长期平稳发展的主要原因所在。由于中国煤炭资源产品市场化变革逐步向纵深推动，加上国际动力煤产品价格的逐步放开，动力煤期货市场推出的机会已经形成。在 2013 年 1 月，动力煤挂牌的立项申报得到了中国证券监督管理委员会的批复，并于 9 月 26 日在郑州商品交易所挂牌，相关合约信息如表 4-3-7 所示。从动力煤挂牌上市至今，运行情况相对稳定。

表 4-3-7　郑州商品交易所动力煤期货合约

| 交易品种 | 动力煤 |
| --- | --- |
| 交易单位 | 200 吨 / 手 |
| 报价单位 | 元（人民币）/ 吨 |
| 最小变动价位 | 0.2 元 / 吨 |
| 涨跌停板幅度 | 上一交易日结算价 ±4% 及《郑州商品部交易所期货交易风险控制管理办法》相关规定 |
| 合约月份 | 1、2、3、4、5、6、7、8、9、10、11、12 月 |
| 交易时间 | 每周一至周五 9：00—11：30、13：30—15：00 以及交易所公布的其他时间 |
| 最后交易日 | 合约交割月份第 5 个交易日 |
| 最后交割日 | 车（船）板交割：合约交割月份的最后 1 个日历日标准仓单交割；合约交割月份的第 7 个交易日 |
| 交割品级 | 见《郑州商品交易所期货交割细则》 |
| 交割地点 | 交易所指定交割地点 |
| 交割方式 | 实物交割 |
| 交易代码 | TC |
| 上市交易所 | 郑州商品交易所 |

## 三、国际煤炭期货交易现状与启示

海外的煤炭资源现货发展比中国早了十多年，国际上共有三个主要现货交易所开展了煤炭资源期货交易，分别为美国 CME 推出的以中部阿巴拉契亚煤为标的的期货，ICE 推出的以南非里查兹贝港、鹿特丹港煤炭和澳大利亚纽卡斯港煤炭为标的的三个煤炭指数期货以及澳大利亚 ASX 推出的以纽卡斯港煤炭为标的的煤炭期货。目前最具有市场影响力的是由 NYMEX 和 ICE 两个交易所联合推出的全球煤炭资源期货合约。

### （一）美国煤炭期货市场

美国纽约洲际交易所（Intercontinental Exchange，ICE）创立于 2000 年 5 月，公司总部设在美洲佐治亚州亚特兰大。环球煤炭资源电子交易平台（Global COAL）公司总部设在伦敦，企业的主要股东是世界煤炭资源贸易巨人必和必拓和英美资源集团公司（Anglo American），它的社员包含世界领先的国际大商业银行和经纪公司。

2001年，ICE上市了中部阿巴拉契亚煤炭期货，简称CAPP煤炭期货。它以俄亥俄州河或西弗吉尼亚州的卡纳华河附近码头的交易价格为定价标准。该期货品种的运行使得市场交易信息更加透明，多主体参与市场使得市场交易机制更加完善，故而期货市场的价格得以反映出市场真实的价格波动与供需状况，最终可以为现货市场提供一个有意义的参考价格。

**1. 美国煤炭期货市场基础情况**

美国煤炭市场历经数十年的发展，现已逐步完善。煤矿产出、消耗量、进出口率均趋于缓慢上升趋势，在没有太大的国际政治、经济情势变化的情形下，该国煤炭市场一直在稳定中前进。美国前十大煤矿生产公司的占有率均超过50%，而阿巴拉契亚地区的煤矿生产公司占据了美国全国总产量的1/3以上，且由于交通运输便捷、经济发展，更有利于发展煤矿期货交易。

美国将90%以上的煤矿资源用于发电交易市场，并保障了全国50%以上的电能供应。自20世纪90年代末期开始，其年成交量一直都在十几亿吨，而根据现代经济金融市场的发展趋势来看，仅现货交易已无法很好地适应人类的实际需要，而期货交易便是一种新的交易形态。煤炭期货市场为能源领域提供了一种企业风险管理的新选择。它通过利用有效、竞争的期货交易运行机制所产生的价值，体现了金融市场供需变化趋势；通过在期货市场上开展的套期保值服务，能够帮助厂商和投机者更有效地规避、传递或扩散现货市场上产品价格波动性造成的市场经营风险。同样，利用期货市场上较快的消息传播速度、严密的履约保障、公平公开的集中竞价、简单便利的交易方法，可以快速合理地抹平区域性交易市场不合理的价差，从而取得有效资源配置的效益。

**2. CAPP煤炭期货上市运行情况**

CAPP煤炭期货合约的标的物是美国中部阿巴拉契亚地区的山脉电煤。国际上在20世纪90年代中期，曾出现煤炭柜台交易市场（OTC）。

CAPP 于 2001 年 7 月在纽约商业交易所挂牌上市交易。这是国际市场上从规避煤炭价格风险开始探索的开端。CAPP 煤炭期货上市后，当时由于纽约商业交易所对合约的报价过低，导致开始交易量一路下跌。通过多年的运作，2014 年 7 月，CAPP 煤炭期货价格总体在 40—80 美元 /（sh.ton）范围内波动；2022 年 5 月，CAPP 煤炭价格已升至 140 美元 /（sh.ton）的高点。

CAPP 煤炭现货交易的正常运作，为来自四面八方的交易商提供了大量供需信息，而标准化合同的转让也提高了市场流动性，期货交易中产生的报价信息在某种意义上，也更加真实地体现了实际的供需情况，同时也给现货交易市场提供了参考价格，从而基本上实现了"发现价格"的功能。同时，利用期货交易信息预测煤炭的供求趋势和价格变化趋势，政府部门和企业就能够更加顺利地做出宏观调控和微观决定，以进行社会资源的优化分配。而煤炭贸易双方利用期货交易进行的煤炭期货贸易活动，即在下一个产能循环启动以前，就使买卖双方可以依据期货价格信息预测未来的供需情况，从而引导市场的生产与消费，即体现了期货市场平衡供需的功能。随着投机者的大量参与以及期货合同的多次转换，便将买卖双方所承受的定价风险，平均分散在了参加交易过程的多个交易商头上，从而可以降低产品价格变化的幅度以及各个交易商所承受的经营风险，实现了套期保值，进而可以减少煤炭价格周期性波动所造成的经营风险。

不过，由于煤炭现货市场的整个系统，相比于其他现货品种来说并不完善，所以如果发生了大面积的现货市场供需不均衡，煤炭期货市场的价格必然会急剧振荡，从而对现货市场与其他有关市场和政府部门或者是整体国民经济造成极大的损害。同时，大量的投机活动也会损害现货市场的供求平衡，从而导致产品价格脱离现货市场正常的价格波动范围，进而对国家有关政府部门造成严重的损害。此外，CAPP 煤炭期货市场在世界范围内的价格流动性并不强，在较大程度上表现和影响的也只是全球的煤炭需求状况，并没有对全球范围内的煤炭需求情况和相关状况做出具体反应、衡量和调整。

## （二）欧洲煤炭期货市场

2006年7月，洲际交易所（ICE）的欧洲期货分部引入了针对欧洲市场的两种煤炭期货合约，主要定价基准是荷兰鹿特丹和南非Richards Bay。理查兹湾煤炭期货合约和鹿特丹煤炭期货合约具体信息如表4-3-8所示。

表4-3-8　洲际交易所（ICE）的鹿特丹&理查兹湾煤炭期货合约

| 合约规模 | 最少5手（每手为1000吨） |
| --- | --- |
| 交易单位 | 1000吨/手 |
| 报价单位 | 每吨以美元和美分计价 |
| 交易时间（伦敦时间） | 每天早晨7：00—17：00 |
| 交易期间 | 按月度循环挂盘6个连续合约；按季度（四个季度）循环挂盘3个连续合约和3个到期合约；按季节（夏季和冬季）循环挂盘6个合约；按年度挂盘连续12个合约 |
| 最小价格波动 | 每吨0.05美元 |
| 最后交割日 | 在交割月期满之后的两个交易日内 |
| 交割方式 | 现金交割（Rotterdam合约以API 2价格指数来进行现金结算并交割；Richards Bay合约以API 4价格指数来进行现金结算并交割） |

# 第四节　对策建议

## 一、多方发力联动推进煤炭电子交易市场建设

总的来说，我国煤炭电子交易市场已经处于较为成熟的阶段。虽然在煤炭电子交易市场整合发展过程中面临诸多困难，但是国务院、发改委已经制定了一系列政策，支持我国煤炭交易市场体系的建设与完善。我国煤炭电子交易市场的发展需要各方共同努力，特别是行业协会、地方政府、煤炭交易中心等几大主体有效协调，进一步推进煤炭交易市场发展的整合与完善。

### （一）煤炭行业协会加强监督统筹并协调推进

建立并完善一个全国性的煤炭交易市场并非易事，作为一个复杂的系统工程，全国煤炭交易市场的建立与推进需要大量的统筹协调工作。以国家发改委牵头、以中国煤炭工业协会为基础而建立的全国煤炭交易市场体系建设协调机制已经逐渐发挥作用，而煤炭工业协会更是该协调机制的主要落脚点。因此，在全国煤炭交易市场建设及整合过程中，煤炭工业协会应该发挥统筹协调的作用，助力煤炭交易市场体系的建设。

具体来讲，第一，协会应积极牵头组织由全国主要煤炭交易市场参与的反馈机制，针对各交易市场上出现的各种实际问题，联合其他煤炭交易中心形成"问题—协调—反馈"机制，强化各交易中心之间的互助与合作，促进煤炭交易中心强化发展，形成煤炭中心之间互联互通的机制。第二，煤炭工业协会应该强化对煤炭市场的研究，及时公开煤炭行业的各种信息，助力市场推进建设，加强对整个市场的深度调查。第三，针对煤炭交易的具体方案，应该从煤炭交易规则、制度设计等方面实现更专业化的建设。

### （二）地方政府强化政策落实并助力建设

区域性煤炭交易整合的完成离不开地方各级市场的健全发展，所以各地人民政府应从物流、资金、人员等方面，对区域性、地方性的煤炭交易予以相应扶持。

首先，当地人民政府应当根据省内情况，对所辖区煤炭交易的发展状况进行摸底研究，并依据资源、区域等综合优势，明确所辖区市场的功能定位和发展目标。其次，应当积极响应我国对煤炭物流空间布局规划的需求，积极开辟投融资途径，并采取财政引导基金等多种形式，积极引导民间资金投资煤炭物流系统建设。再次，各地政府还应从信贷补贴、税费优惠等方面予以合理扶持，地方政府作用的主要对象包括煤炭贸易、运输、金融、质检等有关企业，特别是采取优惠政策吸纳交易商的资金加入，以增强煤炭电子交易的市场集中度。最后，煤炭交易的发展与壮大，离不开熟练掌握计算机技术、电商、运输工程、新能源经济管理等学科知识的复合型人才，因此各地人民政府应当通过促进"产学研"的联合，针对性地培育一批专业对口、创新能力较强的煤炭行业的电子商务复合型人才，并制定相应课题进行全省性煤炭交易战略规划与方案的制定工作，以有效地缓解交易中遇到的困难，从而实现区域性、地方性煤炭交易的高速健康发展。

### （三）交易市场要开放平台并完善功能

我国许多地区的煤炭行业电子交易仍面临着开放性欠缺的问题，如我国陕西省煤炭资源交易中心隶属于黄陕煤化集团公司，国家（太原）煤炭资源交换中心则隶属于晋能集团公司。在中国国内煤炭市场融合的大背景下，这些商品交易市场都应该尽快转型为真实含义上的第三方企业的煤炭资源商品交易市场，并通过丰富贸易、配送、融资等业务功能，吸纳更多的交易者加入，以达到煤炭资源期货市场集中成交、企业价值发现的基本功能。另外，具备一定前期发展优势的地区性煤炭资源电子交易，也应该参与到全国性煤炭资源电商贸易的尝试性构建当中，为尽早完成国内煤炭资源贸易融合的总目标而贡献一定力量。最后，还应该说明的是，针对地区性煤炭资源贸易而言，政府不能一意孤行，而是应该更多地做好国家与地区性煤炭资源贸易之间的互联互通工作，并在交易商授信、运输协作、煤炭资源质检等领域的相关方面进行实质性协作。

## 二、加快发展煤炭金融衍生品市场

在中国金融市场全方位对外开放的重大形势下，中国煤炭金融服务衍生产品的市场发展却较为滞后，原因有二。一方面，由于品种数量稀少，期货交易市场仍处在培育阶段，掉期交易才刚刚开始发展，而期货交易更未起步；另一方面，由于金融市场内部结构发展失调，期货市场和期货交易市场之间发展并不对称，场边和行内的发展步调不一，导致中国煤炭行业金融服务衍生产品功能相对欠缺，无法适应市场化背景下中国煤矿运营企业风险管理的实际需要。未来，中国煤炭期货市场的发展不但要在品种数量上取胜，还要在质的创造上有所突破。而中国煤炭金融衍生产物交易市场的建设，在充分考虑我国能源结构体系自身特点的同时，也要全面参考海外较成熟市场中发达国家的有益经验。

### （一）推行股指期货，克服现货合约弊端

国外曾经发生过的以实物方式交割动力煤期货总共有两种，分别为美国 CME 阿巴拉契亚中心山脉期货和澳大利亚股票交易动力煤炭资源期货。但受制于煤炭品种、等级的复杂性，再加上重宗散货运输瓶颈问题，两种合约在上市以后价格一直处于下行状态。中国国内推出的动力煤炭资源期货，在产业内的领导地位随着国外现货市场趋势的变化而有所增强，但交易状况一直不温不火。从金融市场属性看，未来煤炭行业指数期货也应该作为金融市场发展的新焦点，通过这种现金交割的方法，不但能够规避金融市场逼仓风险，还能够减少交割操作环节，均衡买卖双方收益，便于国内外投资人的积极参与，从而进一步提高中国国内煤炭市场的国际定价权。尽管如此，中国煤炭股指期货的发行，仍有待于市场化的有着较广泛代表性的煤炭价格体系的进一步确立，而中国煤炭现货市场定价机制仍有不足，在较大程度上抑制了期货交易的有效发挥，并且将进一步影响中国煤炭企业长期发展风险管理的有效实施。

### （二）创新场内煤炭期权市场

一直以来，业内人士都指出，煤炭期货上市面临一定技术性障碍。规范化是发行中国煤炭期货的重要前提，但单煤的同质及品种在价格确定上仍面临着许多困难，这也是制定中国煤炭期货的主要技术问题。而中国煤炭期货的顺利发行，和中国国内现货、期权发展的有益经历可以证实，根据现货市场运行特点来操作，基于单煤品种或同质标准化的期货合同还能够建立起来。

### （三）发展场外期权市场

随着全国煤矿现货交易中心的逐渐成熟，加之现代化的电子信息平

台和政策性力量的推进,全国煤矿的生产企业与消费企业都能够形成年供应协议,在一定程度上避免市场价位剧烈震荡的风险。但由于中国煤炭行业市场化节奏加快以及国内两个市场融合度提高,中长期的市场价格协定已渐渐无从应对瞬息万变的市场局势。所以,政府有必要促进中国煤炭行业场外期货市场的建立与发展,并借此与投资银行合作实现对冲,以化解风险,并改善单一期货市场的布局。

### (四)建立以碳排放权为核心内容的碳金融衍生市场

随着中国经济结构的转型与升级,以及中国在世界节能减排工作中社会责任的增强,建设并健全我国自身的国际碳排放权益交易市场,将是必然趋势。作为基石的碳融资及衍生品市场不但能转移企业环境经营风险,激励企业减排热情,还有助于达成社会的环保目标,将碳排放权演变成产生巨大经济价值的金融产物。

## 三、以煤电联营推进能源体制改革

煤电联动已经有近20年的历史,从实际情况看,煤电联动的方向是要坚持的。但上文提到的改革很难从根本上解决煤电矛盾。要解决"市场煤"与"计划电"间的矛盾,简单上调终端电价或可让"电荒"现象稍有延后,但并未能触动电力市场的问题肌理。从长远看,只有在煤电市场全方位引入市场竞争机制,才可能畅通价格传导渠道。出路在于能源体制市场化改革,让资源品价格尽早走上市场化道路。更具体地讲就是,加强煤电联动是机制层面,并不能完全解决煤电矛盾。改变煤电两大行业间长期顶牛问题的根本办法,是煤电联营和一体化重组,这是深入体制层面的改革。

### (一)加快煤电一体化模式

我国煤电联营主要有六种模式,分别为煤电一体化运行模式、煤炭企业办电厂模式、电力企业办煤矿模式、煤炭企业参股电厂模式、电力企业参股煤矿模式和煤炭电力企业互相参股模式。国电集团与神华集团有限责任公司合并重组为国家能源投资集团有限责任公司,是煤电一体化运行模式中的第一种。2017 年，国家能源投资集团有限责任公司成立，国电集团和神华集团合到一起的机制使得很多煤电成本内部化，进而成为上下游一体化的纵向产业链。无论是煤价的跌或者涨，还是电价的调节，都可以通过企业内部的方式解决。这就是未来进一步推进能源体制市场改革的重点方向。在 2021 年之后，神华与国电合并重组的模式可能是未来推进的重点参考模式。

### （二）探索一体化重组模式

一体化重组主要回应的是中央电力企业与地方国有煤企之间利益的博弈关系。在 2021 年三季度煤电危机之后，发改委颁发了一些行政手段严令涨价。虽然受限于现在由中央统调的发电厂和地方国有煤炭企业之间的利益关系协调，但实际上很多电力价格还是在往上涨。未来可以通过在能源行业进行上下游的协调改革来解决相应的问题，比如，五大发电集团，或者大型煤炭集团（如国家能源集团、中煤集团等）对地方的国企进行整合重组，这是一个可能的模式，是推进未来能源体制改革的路径。

### （三）鼓励民营企业积极参与

无论是煤电企业的合并重组，还是中央电力企业与地方国有煤炭企业的煤电一体化重组，最根本的目的就是打破"电老虎"的单方面话语权，激活电力市场竞争。从根本上来讲，电力体制改革是解决煤电矛盾的最终出路。该路径也可以通过让民营企业参与电力行业改革的方式来实现，让民营企业跟国有电力企业在同一个市场框架内进行相对充分自由的博弈。此外就是电力市场本身价格传导机制的顺畅性、风险管控、风险管理完善程度等方面也存在一定的问题。未来我们可以通过把更多的工商业用户、煤电企业用户推到市场里去，加大市场主体的范围，从而推动一种顺畅且闭环的价格传导机制的形成。无论是国家发改委还是国资委，其核心职责其实都应该回到运作秩序的监管上。一旦电价理顺了，市场调控在电力资源里能够发挥主导作用了，就可以从根本上改观有煤不卖、有电不发的现象。最后，发改委可能就不必再为探寻合理的电价而出一个又一个行政文件，国资委也不会在每年的特殊时段组织发电企业搞大规模的供电保卫战，对于政府部门来讲也有一个很好的职能归位。

### 四、探索完善煤炭价格市场化机制

2021年11月份，国家发展和改革委员会价格司召开会议，探讨如何完善煤炭市场价格形成机制等一系列问题。煤炭作为我国重要的能源产品，要充分发挥市场与政府两只手的双重作用，一方面要完善市场在资源配置中的决定性作用，另一方面要发挥政府政策的协调作用。

#### （一）以市场化手段引导煤炭价格形成机制

近年来，为了稳定煤炭价格，保障电力供应，国家发改委与国家能源局颁发一系列政策。2021年10月11日，国家发改委发布了《国家发展改革委关于进一步深化燃煤发电上网电价市场化改革的通知》，2021年11月11日，国家发改委与国家能源局印发了《售电公司管理办法》。一系列政策的出台也为稳定煤炭市场价格、保障电力供应提供了有力支撑。从我国现实情况来看，煤炭行业集中度较高，国内市场是影响我国煤炭供给与需求的主阵地，要坚持应用市场化手段引导煤炭价格走向，辅之以经济、法律多重手段，对煤炭市场化价格走向进行有效的区间调控。在此过程中既要遵循市场经济运行的内在规律，又要将政府、市场有机结合以引导煤炭价格市场化运行。

从煤炭市场运行规律来看，煤炭价格长期以来存在客观运行的合理区间。当煤炭价格处于较为合理的区间范围内时，煤炭产供销体系均保持平稳状态，煤、电上下游的协同发展也能够处于平稳状态。在这种背景下，本书提倡建立煤炭价格长效调控机制，以机制体制改革引导煤炭价格长期处于较为平稳的状态，以煤炭实际价格反映煤炭市场实际供需状态。从两个角度来看，如果煤炭价格过高甚至超出价格合理区间，则可以根据《中华人民共和国价格法》(简称《价格法》)相关规定对煤炭价格进行政策性调节干预；如果煤炭价格过低甚至跌出价格合理区间，则可以采取多重手段但不限于政策、期现货市场调节等，从而引导煤炭价格恢复到合理区间。

### （二）充分发挥期货在煤炭价格中的发现功能

期货的功能主要是价格发现、规避风险和投资。2013年郑州商品交易所上市的动力煤期货对于火电企业而言是非常重要的产品种类，它也很好地实现了期货的一些基本功能。比如，在动力煤期货里，投资功能就可以起到活跃市场的作用，避险功能可以起到风险对冲与转移的作用，而价格发现功能又能起到对煤炭现货市场价值投资引导作用。动力煤的期货市场概括为几句话，叫作"因投资而活跃，因套利而平稳，因套保而存在"。以市场化的实践手段，我国现在基本形成了以长协价格为基础，以现期货市场价格为补充的价格双轨制。这样的双轨制经过多年的完善，可以定义为是一种以基于煤炭价格指数来确定长期价格为基础，并以动力煤期现货价格为补充的相互促进、相互完善的市场化价格机制，未来通过更进一步、更彻底地退出行政干预限制，从而最终实现以市场供求来影响期现货市场价格的形成，推动社会煤企充分利用长协的期现货市场价格来完善自身的价格形成机制，同时实现产供销储备体系的构建。由此可见，动力煤扮演的是煤电市场的"润滑剂"或者"减压阀"的角色。

### （三）积极应对煤炭市场价格的波动

与煤炭相关的企业通常分为两类，一类是煤炭生产企业，另一类是煤炭消费企业。

对于煤炭生产企业来说，在期货市场主要做两件事。一是实现保价的目标，除了通常行业的减产、限产、保价以外，煤炭的生产企业还可以在期货市场买入套保。反之，为了实现稳价目标，除了通常提的增产、保供、稳价之外，煤炭生产企业还可以在期货市场卖出套保。这是两个通过对未来市场煤炭走向不同的判断进行的操作。此外还可以利用动力煤期货的储备进行价格的风险管理，动态优化煤炭储备，通过不断的平仓，以及对实时的价格走势做预测，更好地实现动态储备的最优化。通过动力煤期货市场化的价格实现机制，在稳定市场、稳定自身储量的同时达到销售经营业绩的提升。

作为煤炭消费企业，则可以利用好期现货两个市场，充分发挥期现货市场的价格形成机制，实现期现结合的采购。通过"三条腿"协同发展，降低采购成本，从而实现经营业绩的提升。

第四章

# 天然气资源资本化及对应市场建设

随着世界政治经济形势的复杂多变，逆全球化的贸易保护主义也有愈演愈烈的势头，全球暴发的疫情也加剧了各个国家的封闭状态。但是能源整体的需求弹性小，天然气整体供应市场并不会因此而转向紧缩。随着我国"双碳"目标的制定，建立清洁低碳、经济高效、智慧运行、安全稳健的能源体系，都需要大力发展天然气市场。回顾"十三五"规划期间，中国天然气产业的整体高质量发展成果显著，市场化程度和资本化程度均有所提高。进入"十四五"，我国天然气发展将继续遵循"四个革命、一个合作"的整体能源安全战略，并从打造交易中心以获取定价权、建立战略储备体系、北斗追踪内需市场、开放基础设施四个维度发力，在对外开放、保障安全中寻找平衡。

## 第一节 我国天然气资源的产权改革

1988年，以政府改革为背景，我国石油、天然气产业的市场结构和管理体制发生了巨大变化，以打破垄断、充分发挥市场活力为目的，但由于天然气行业的特殊性，主要还是政府主导天然气产业。

### 一、天然气产权即将从垄断走向逐步放开

综合分析我国的天然气产权结构变化，总结为所有权结构的主体不变，下游的多种所有权结构逐渐形成。1988年大规模能源结构改组后，上游及中游天然气生产及管道网络领域主要由中国石油、中国石化、中国海油三家国有企业运营，改革持续进行。中国石油、中国石化、中国海油旗下均有多家股份制公司在境内或海外成功上市。跨国企业和非国有企业确立合作关系，开展合作项目。产权多样化明显增强了市场上的

企业竞争力，同时强化了几个企业的垄断地位。上游天然气生产主要是由多家企业负责，天然气供应量在逐渐增加。中游天然气长途输油管主要是由新组建的国家管网公司管理，负责省际的大部分长距离输油管运输及部分省内管线。例如，中国石油公司负责四川省等部分长距离输油管运输，海底输油管主要由中海油负责，因此天然垂直生产领域，运输、批发是垄断性项目。在下游销售环节，各运输公司垄断经营于不同的城市，拥有特许经营权。这些企业从三大石油公司为主的气源方购买天然气后销售给最终消费者。虽然这些配送公司仍被地区垄断，但是其所有权正在多样化。政府鼓励天然气公司引进民间资本或外资，政企分离，完全参与市场指向性竞争。一般来说，天然气上游所有权的主体并没有改变，但多元化的主体逐渐形成，特别是在下游企业，民间资本和外资都有机会进入，有助于提高市场竞争力和企业活力。

## 二、天然气开发"全国一张网"基础上的自由流动性配置

国家石油天然气管网集团有限公司（简称国家管网公司）的成立，是展示中国天然气市场改革新阶段、市场起到决定性作用的划时代的事件。在天然气领域，改革的目标是建立一个集成的"$X+1+X$"石油和天然气市场系统。该系统具有多主体和多通道的上游的石油和天然气资源、中央集成的管道网络，以及完整的功能，用于高效收集和运输。从国家的角度来看，在一些沿海地区，这个"$X$"除了传统的三大企业外，区域性的民营企业占比越来越高。随着占比的提高，逐渐达到了至关重要的水平。中间的"1"是指管线网络，"1"作为管线传输实体、作为"统一调度、分层管理"系统，用于监视，或者作为垄断链路的通用表示，有必要进一步深入研究。但是，最终目标是在"全国一张网"中实现不同来源的天然气的自由流动，在物理连接和调度操作方面不会出现"故障"和"瓶颈"。构建无阻的"全国网络"将促进我们国家天然气改革的进展和成功。

我国在31个省级行政区中共设立了35个省级天然气管道公司（简

称"省级管网公司")。在过去的几年里，部分地方的输油管网络企业和沿海地区的大规模城市煤气公司，积极推进了从海外直接购买 LNG 资源和建设 LNG 接收站的工作，计划进行上游的勘探与开发、天然气收集源的供应和地区输油管运输，并整合下游销售的垂直企业。在省级天然气管道的建设与运营方面，省级天然气管网公司和国家管道网络公司之间存在博弈，而一些省级天然气管道网络公司可能正在利用自身管道运输的优势，逐渐形成区域垄断市场。

在改革过程中，为了避免在打破垄断的同时又形成新的垄断，有必要将焦点放在处理地方的管网公司、国家的管网公司以及三个主要石油公司之间的关系上。2020 年 8 月 18 日，时任中共中央政治局常委、国务院副总理韩正强调说："引导和推动地方管网以市场化方式融入国家管网。"该声明指出了省级管道开发方向。在"十四五"期间，从减少终端气体成本的角度出发，有必要对"指导和促进"的方法进行彻底的研究，形成有效的开发模式。

根据国际经验，即使垄断天然气管道网络从运输和市场营销中分离了出来，为了形成具有竞争力的天然气市场，也需要市场设计和政策支援。因此，全国管网公司成立后，如何确立具有竞争力的天然气市场是下一个改革的首要课题。

国家管网系统基本模式如图 4-4-1 所示。

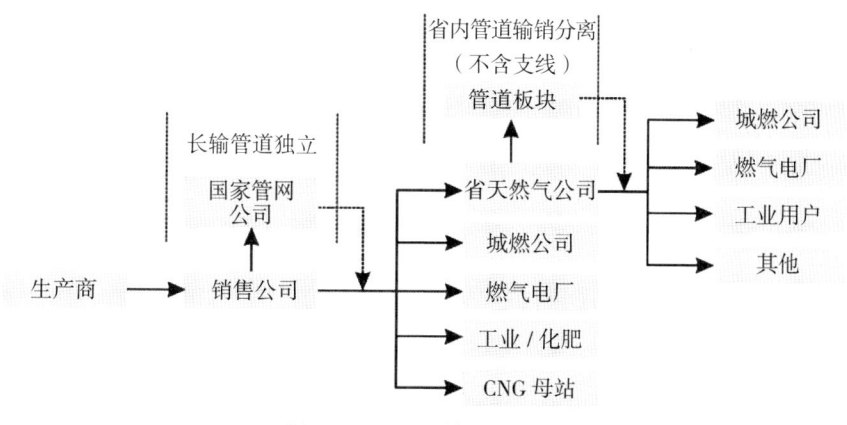

图 4-4-1　国家管网系统基本模式

### 三、天然气产权改革:"管住中间,放开两端"

根据政府的规定,要形成科学合理的制度保障,促进天然气产业的长期稳定发展。产权、市场竞争和政府规制的有效组合,基本上可以保证天然气产业的整体发展和表现。现在我国的天然气产业中,行政垄断和产业垄断并存,石油、天然气公司不仅是行业规则的制定者,也是市场竞争的参与者。这是破坏市场竞争公平性的表现,要求政府和市场的双重力量,护卫我国天然气产业的发展。

天然气生产和运输主要是综合垄断事业,天然气流通也趋向于垄断性质,为了打破这一垄断性质,解决垄断问题,可以进行天然气运输和流通等产业的垂直分离。在产品分离、批发零售分离、运输和销售的分离等方面,政府控制管道运输成本,以"准许成本+合理利润"的成本加成模式,引入市场基础竞争。

放开两端主要面临的是行业的高风险性。放开两端后,会导致更多的资本涌入天然气上游和下游。在上游,勘探开发企业为了获得最重要的石油和天然气资产,会加大投资,可能会导致无法找到商业可回收的储量。根据历史经验和数据,探矿投资支出的20%以下可以商业化,存储量的20%以下可以商业化生产。在很多情况下,大量投资只能找到极少量存储量,导致相关企业的投资无法收回,损害企业投资经营的积极性。同时,下游也会涌入更多销售企业,企业如何占领一定的市场份额,从竞争者中脱颖而出,也衡量服务和销售能力。此外,开放下游市场,在市场竞争者较多的环境下,要保证销售价格的统一与服务的统一,需要政府、企业共同协调,保障消费者权益,维护天然气市场高水平、高质量发展。

## 第二节 我国天然气资源的定价机制改革

天然气是价格存在地域性的产品,整体并没有实现完全的市场化。

通常情况下，天然气的价格分为合同商品价格和现货价格；根据形态，天然气又可以分为管道天然气、LNG、CNG等。

## 一、国际通行的天然气定价机制

### （一）主要的天然气定价机制

根据国际天然气协会（IGU）的规定可知，全球主要有3种"市场"价格和一种"管制"价格的定价方式。

**1. 天然气—天然气竞争定价机制：**

价格主要来自市场的竞争，天然气交易在天然气实体交易中心和天然气虚拟交易中心进行，如美国的Henry Hub和英国的NBP。天然气交易有短期交易和长期交易两种，月度价格主要是由物价指数决定。天然气—天然气的价格竞争是由市场竞争形成的，对于本国天然气市场环境的自由度与可靠性有更高的要求，需要更为成熟的市场。

**2. 油价挂钩定价机制：**

通过基准价格与原油等挂钩，有时包括煤炭价格和电力价格，天然气主要的价格随着相应能源价格的波动而产生变化，变化与能源波动一致。

**3. 双边垄断定价机制：**

价格由大宗买主和大宗卖主协商决定，固定一段时间（通常为1年）。与多方买方和多方卖方的双边气—气定价不同，双边垄断价格至少有一方是市场上唯一的买方或卖方。

**4. 管制价格定价机制：**

此机制下有三种价格模式。第一种是成本加价，价格主要由政府确定，政府按照一定的生产成本加上合理的利润进行定价；第二种是政府确定价格后，还会有市场和社会经济要素对其造成影响；第三种是实际价格低于成本。

天然气市场的发展趋势是从管制价格走向市场竞争价格，从与油价挂钩，转变为天然气—天然气竞争，主要原因是越来越多的天然气交易中心成立，更多的天然气交易在交易中心内进行，交易量和现货数量不断上升，许多与油价挂钩的交易采用天然气交易中心的价格指数。

### （二）影响定价的四大主要天然气区域

国际天然气交易大部分是通过管道或船运进行的，正是由于天然气运输、保管成本高，世界天然气市场的发展受地理划分限制，形成了4个独立的天然气定价系统。北美正在形成以 Henry HUB 为核心的定价系统，虚拟平衡点（NBP）由英国的定价系统形成。东北亚设定与从日本进口的原油加权平均价格（JCC）相关的价格。俄罗斯和中亚地区则采用双边垄断定价模式。从国际天然气联盟（IGU）提供的公开信息来看，不同区域体现了四种天然气定价系统的特点。

第一类，北美（美国、加拿大）和英国在不同的天然气来源之间实施具有竞争力的价格。这三个国家的政府过去曾制定过一定时间的进口价格，但是随着天然气市场的发展和规制政策，出现了充分、具有竞争力的多种供给，使用者可以自由选择许多供应商。管道运输系统向各个方向扩展，实现无差别的"第三方准入"。

第二类，欧洲大陆为了发展天然气贸易，采用与石油价格挂钩的价格设定方针。该方针是将天然气价格调整，与燃料的市场价格百分比联系起来。该模型对东北亚的 LNG 定价产生了较大影响。欧盟由于分割，至今仍未实现同样的自由存取和所有权，至今不能做到自由准入和较高的市场流动性，而美国已经实现了相关的要求。

第三类，东北亚的 LNG 贸易定价系统采用了根据日本进口原油（JCC）加权平均价格计算价格的方式。由于该方法对于亚洲其他国家来说，存在不适应的情况，因此有一定局限性，但目前没有其他方法可以同时满足供买需求和供应需求，因此主要还是采用 JCC 加权平均法进行计价。避免风险的唯一方法就是设定 JCC 上限价和最低价。

第四类，俄罗斯和中亚采用双边垄断、定价模式，通常通过政府间协商决定提供给非欧盟用户的天然气价格。

由于四个主要地区的市场之间没有相互交易或竞争关系，因此各地区市场的价格非常不同，呈现较大的地域性差异。随着世界天然气开采地区和天然气消费地区的变化，天然气价格之间的地域性差距会逐渐缩小，上述天然气价格模式也会发生变化。

### （三）天然气价格机制发展规律

进入 21 世纪以来，随着全球天然气市场的发展和国际天然气贸易的持续增长，全球天然气价格形成机制显示出以下特点。

（1）世界各国的天然气价格形成机制，取决于国家经济形态和天然气市场的状况。北美、欧洲等发达国家的天然气价格形成机制中，主要有气—气竞争和油价挂钩两种，前者占比超过 90%。亚太地区的一些国家主要的天然气价格与油价挂钩；在非洲和中东地区主要采用管制定价。

（2）天然气价格形成机制的发展趋势，是从管制价格向市场价格转变，以及从与油价挂钩向气—气竞争转变。现在北美的天然气主要是通过天然气竞争价格机制购买的，大部分的交易都在天然气交易中心进行。例如，在欧洲，从一开始的与油价挂钩转变为了天然气—天然气竞争，主要是由于天然气中心发展快速，在 NBP 的天然气交易越来越频繁，现货储量也逐渐增多。

（3）国际天然气交易，逐步向气—气竞争定价转变。在国际管道天然气贸易中，使用气—气竞争进行的交易比重从 2005 年的 23% 急速上升至 2021 年的 64%。其中，欧洲的管道天然气交易量中气—气挂钩比重从 2005 年的 7% 增加到了 2021 年的 77%。

## 二、我国天然气的"双轨"定价模式

我国采用的是基准门站价格和市场价格的"双轨"天然气定价机制。

### （一）基准门站价格机制历史沿革与现状

基准门站价格机制经历了三个阶段。第一阶段是根据替代能源（燃料油和液化，权重为 60% 和 40%）的价格，将之前实施的天然气"成本加成"价格变更为"市场净回值"价格。第二阶段是将天然气价格由出厂环节调整为门站环节，价格由政府主导，政府会对最高价格进行限制。第三阶段是变更为基准门站价格管理，不限制门站价格。天然气门站的价格机制规定，必须根据替代能源的价格变化动态调整门站的价格。因此，该机制是与油价挂钩的价格设定。

2013年全国范围内推行的天然气门站价格机制是中国天然气价格改革过程中的划时代事件，既解决了当时天然气价格改革中存在的一些问题，又适应了结构特点。包括：（1）通过"市场净回值"定价，价格和替代能源关联，解决长期困扰中国天然气开发的天然气价格低的问题；（2）天然气管道连接后的多气源混合输送中气源的区别难度，及一直存在的价格无法衔接的问题；（3）遵循与上游中游一体化运营。出厂价格和管道运输费一起的价格是保持一致的；（4）实施天然气价格与油价捆绑，遵循着天然气价格市场改革方向。各个省份的基准门站的价格水平基本上反映了该地区的经济状况、资源存量以及市场需求情况。

然而，基准门站的价格机制在具体实施过程中仍存在以下问题。

（1）天然气门站的价格系统达不到要求。天然气产业链上游由市场竞争决定价格。中游管道是垄断的，阻碍了市场改革。（2）未实施与替代能源价格变动相应的规定价格调整机制。天然气门站的价格只跟随油价调整了两次，但国内成品石油价格却调整了数十次。仅实施的2个价格调整也没有根据已确立的价格调整式，例如，根据2011年建立机制时的石油价格联动公式，石油价格相关气价的折扣系数为0.9，但在2013年和2015年价格被调整时，折扣系数为0.85和1.0。（3）供求关系人之间的"涨20%，浮动无限"价格协商虽然提高了市场供求价格变动的灵活性，但由于中国天然气供求差距较大，买方的发言权非常薄弱，天然气价格上涨基本上由卖方决定。总的来说，天然气门站的价格机制还存在一些问题，但它们通常与中国的天然气系统和市场状况兼容，并且被大多数市场参与者所认识和接受。

### （二）双方协商定价机制

市场形成价格是指为了调整市场价格，供应商和需求者之间进行价格协商。协商价格最初用于煤层甲烷、页岩气、煤炭到天然气等非传统天然气，之后逐渐扩大到 LNG 天然气资源的价格、直接提供给非居民用户的价格、海上气价格及福建省天然气门站价格。

价格放开是根据市场情况和门站价格机制开始的。当时中国的天然气价格大体上较低，市场需求大，供求差距较大。国家决定天然气价格改革的最终目标是由市场形成定价。一些非传统型天然气的价格自由化，以市场价格销售。一是液化天然气的来源价格可以用来调节需求，刺激页岩气等非传统性气体的开发。二是测试天然气市场定价的可行性，这是符合中国天然气市场实际供求和改革方向的。

但是，随着天然气量和价格自由化以及用户的持续增加，价格放开开始出现与中国天然气市场的不兼容性。（1）市场导向的价格机制不能脱离市场导向的制度，虽然有机制和法规，但中国的机制和法规还不完善或需要完善；（2）三大主要石油公司（中石油、中石化、中海油）在天然气供应上占绝对优势，因此在天然气定价方面也占绝对优势；（3）中国天然气市场长期缺乏天然气供应源或供应商，买方缺乏谈判能力。在这种情况下，价格的"开放"意味着上涨，市场形成的价格不匹配实际情况。实际上，随着非居民天然气价格的暴涨，使用者产生不满情绪，因此不仅引起国家的介入，对天然气市场的消费预期也产生了影响。2019 年中国天然气需求的急剧下降和增长率锐减，用户对双边谈判价格机制的认识和接受远远少于基准门站价格机制的认识和接受。基于国际天然气价格形成机制基准来分析，中国天然气价格的两种形成机制虽然存在市场导向因素，但真正的市场导向机制尚未实现。

（三）天然气定价最新改革动向

2020 年国家管网公司成立，同年国家发展和改革委员会发布了新的《中央定价目录》，对天然气价格机制产生了一定的影响。天然气价格因受到管网公司成立的影响，可能会产生一定的变化。例如，天然气价格结构变更。管道运输与上游天然气供应的分离，表明天然气的门站价格可以进行拆分，一部分是气源价格，另一部分是运输价格。下游用户可以委托第三方购买天然气源,将天然气托运到门站。再如,管道运输价格也会产生一定的变化。国家管网运营后,无论是在输油管网络入口端还是在出口端进行商品天然气交易或配送,都需要申请和购买,支付给国家管网"传输容量费"和"管道传输费"。因此,需要重新建立天然气管线运输定价机制。

2020 年的《中央定价目录》体现了"管住中间,放开两端"的天然气价格改革理念。目录仅保留了"跨省(自治区、直辖市)输油管道输送价格",气源价格受市场自由化影响。根据该目录,中国的天然气价格形成机制有三个开发动向:(1)来自中俄的输油管道天然气不再使用原来的价格机制。(2)拥有多种气源的省或地区的天然气市场,可能开发及形成新的价格机制。(3)当前基准门站价格会存续一段时间,不会马上废止。

2021 年 6 月 9 日,国家发改委发布了天然气管输《价格管理办法》和《成本监审办法》,上述两个办法于 2022 年 1 月 1 日实施,有效期为 8 年。新定价模式是对天然气管道运输定价机制的进一步规范,显然是为了适应"全国一张网"乃至整个天然气产业链的改革和发展,本质是为了推动管网体系的建设,让天然气"两头"都受益。持续推进天然气管道运输定价机制,是适应我国天然气管网不同发展阶段和改革进程的需要,有利于解决行业发展过程中面临的突出矛盾,一方面保证管道运输企业合理收益,另一方面也降低了用户的管输成本。

## 三、我国天然气价格机制改革态势

### (一)逐步取消以门站价格作为主要定价方式的作法

门站价格将逐渐被取消,在不久的将来,上游和下游的直接谈判仍然是主要的定价方式。国家正在实施的基准门站价格(包括长距离输油管道管输费)适应管道网络改革后的市场情况。根据改革方向,国家鼓励天然气上游和下游企业打破井口天然气价格和管输费的统一计费模式,进一步促进天然气在市场上的价格调整。届时,市场上的模式和定价会更加多样化，价格波动也会变大。上游和下游企业通过协商的方式制定价格将成为主要方法，与以前的协商方法相比，下游用户将拥有更多的天然气资源选项和价格协商空间。在通过双方协商确定价格的过程中，交易中心的交易价格将成为主要参考基准。

### （二）长输管道实行"一企一率"，省级管网实施"同网同价"

国家管网公司成立后，中国的天然气输油管网络形成了"一大、N区、众小"的格局。"一大"是指国家的管线网络公司，"N区"是指多个省级管网公司，"众小"指的是许多小输油管道公司。国家管网公司成立之初，供应模式没有大的变化，输油/气管剩余输油能力较小，输油/气管价格采用"一企一率"定价方式。国家管网公司将继续优化资源流，实施容量和用户费用两部分的价格，以降低长距离管道的运营成本，提高经济效益。省级管网公司需要实现协调部署、稳定价格和共同开发的目标，并且省级管网公司传输价格极有可能是"同网同价"。

### （三）天然气由体积计价转变为以热值计价

管道网络相互连接后，管道燃气供求对象会更加多样。输油管的气体符合国家设定的相关标准，但由于各种气体来源不同，导致成分可能也会存在一定差异，因此它们的发热量也会不同。热值的测量和热值的定价确实成为议题。中国在天然气能量测量上没有技术障碍，基本具备标准系统，许多预备调查和模拟测试持续进行，并且得到企业和用户的普遍认可。管道改革实施后，热值定价机制的推广成为趋势。对应地，在管道智能化控制、工业互联网＋安全生产、北斗三芯片在管道漏电巡检中等创新领域，现有管道也面临着向热值计量转变的硬件提升需求。

### （四）差别化的价格体系持续改进

目前，我国天然气上中下游各环节结构比较简单或粗放。气源价格和城镇天然气销售价格只有居民和非居民用气价格之分，管道运输价格不分用户类别和用气的稳定性与持续性，均实行一个运价，缺失反映天然气供需特征和服务差别的天然气差别价格。根据天然气差别价格基本定义，结合当前我国天然气价格结构，可构建季节差价、峰谷差价、调峰气价、可中断气价、阶梯气价、现货交易气价等差异化价格体系。天然气供应和销售方可在政府的指导和监管下，制定天然气差别价格制度及相应的价格表，并根据区域或城镇天然气市场的天然气供需实际及其天然气价格之间的主要矛盾点，选取适宜天然气差别价格形成先试先行、循序渐进的推广和应用。

## 第三节　国内外天然气资源交易市场

### 一、天然气现货市场快速发展

#### （一）上海石油天然气交易中心

具有市场导向特征的中国第一个电子天然气交易平台是上海石油交易所。该平台可用于现场投标交易，满足市场需求的季节性变动。2015年上海石油天然气交易中心正式启动，但由于国内天然气价格受到政府的干预，交易价格不得超过国家基准门站价格限制，天然气各来源之间没有实际关系。从市场竞争的角度来看，管道的第三方访问计划尚未实施。虽然主要活跃在东部地区，根据供求竞争决定价格。上海石油天然气交易中心发展顺利，平台上天然气交易会员人数和规模迅速扩大，成为亚洲最大的天然气现货交易中心之一。

#### （二）重庆石油天然气交易中心

2017年重庆石油天然气交易中心成立，是中国设立的第二个天然气交易中心。重庆天然气资源丰富，相关企业集中，形成规模效应，同时金融市场也较为成熟。天然气的短期现货上市和招标交易正在进行。为了扩大交易规模，重庆石油天然气交易中心设计了天然气、页岩气、试采气等产品，采用多样化交易方式，通过横向和纵向的交易架构的搭建，使得上游企业能够通过平台更加合理地配置资源，下游用户也能获得更加合理、开放的渠道，有利于提高各类主体通过交易平台交易的意愿。

重庆石油天然气交易中心的作用逐步被发挥出来，第一，促进价格发现机制的形成。该交易平台能够更好地发现价格，实现天然气商品交易属性，价格机制能够更加准确地反映市场供需情况，形成更加有国际影响力的价格机制。第二，促进资源高效配置利用，通过天然气各项产品，引导资金关注天然气基础建设，提升天然气的运输、储存等各项能力，同时也能够进一步推动天然气行业发展，吸引更多的投资。第三，促进与国际市场的合作，通过天然气交易平台，对接国外天然气市场，加快与国际能源合作。

### （三）深圳天然气交易中心

深圳天然气交易中心于2020年11月30日成立，主要服务于华南地区及国际市场，是国内首个市场化的跨境天然气交易平台，和国际天然气接轨并进行探索。该交易所致力于打造政府与市场、供需双方、能源金融相互融通的交易平台，也有助于建立更加清洁高效的能源体系。同时深圳天然气交易中心上线包括重量、体积、热量等6个不同计价方式的品种，将充分利用国际化优势，通过人民币进行结算，开展跨境天然气交易，推动创新天然气交易的方式，注重风险管理与控制，解决当前天然气各个交易环节的问题，更有助于提高中国在国际天然气市场的话语权，为中国现有的天然气市场提供更好的方案、探索新的模式。

## 二、天然气期货市场呼之欲出

现货预售由于交易种类有限，实现长期正规交易仍然很困难。与现货的交易不同，期货交易具有集中交易、合同标准化、双向交易等特点。在实际操作中，期货交易还具有高交易透明度、集中需求和供应、强大的市场流动性、高信息质量、公开价格报告和价格预测的持续反映等特点。另外，实际供需状况及价格变化趋势，对市场参与者具有强大的指导作用。

天然气期货市场有如下作用：

第一，期货可以合理设定季节价格，有助于限制市场的需求。在基准门站价格系统中，非住宅用燃气价格不受限制，但只能上涨20%。天然气储藏设施不足，我国资源供给和管制能力有限，很难有效地调整市场需求。期货交易的发展可以实现期货和现金的组合。基于现货市场，现货与期货共存、补充、协调发展。

第二，提前制订供应保证计划，促进提前安排生产。提前安排天然气注入用储气，制订气田的开发及生产计划。在国际市场上购买或销售LNG，减轻季节变动对天然气的供给或销售造成的压力。提前预测有助于改变市场供需平衡。

第三，为市场参与者提供风险对冲工具。不同企业对风险的需求不同。由于没有风险套期保值工具，市场参与者就无法根据市场状况积极管理自己的风险，只能是被动性地面对风险。仅凭现货交易，国有企业承担了上游所有的风险，因此很难向风险偏好对象传递价格变动风险。

## 三、全球主要的天然气贸易中心

### （一）美国天然气贸易中心设立的启示

美国是世界上第一个设立天然气贸易中心的国家之一，美国最早、最大的天然气交易中心是成立于1988年的Henry Hub，该公司为参与天然气交易的所有相关人员提供现场天然气管理服务、所有权交易服务和所有权交易查询服务。天然气交易中心的设立，主要伴随着美国能源管制当局的天然气市场管制政策的阶段性进展。2016年以后，美国逐步转变成了能源出口国，天然气产业业绩突出，天然气的大量生产和供应成为美国的能源自立和美国国内天然气贸易市场的"转折点"。1992年，美国能源管制委员会颁布第636号政令，规定管道运输公司不能再从事天然气批发零售，只能从事单一运输服务。这样，天然气供应商就可以享受相同质量的运输服务。天然气行政定价的模式逐渐被取代，形成了竞争竞价的模式，交易中心发挥着越来越重要的作用。

美国有超20个天然气交易中心，天然气交易中心的设立，促进和改进了天然气价格形成机制和系统的市场化，充实了天然气市场参与者的投资选择。基于天然气现货交易和价格形成，天然气期货等金融工具逐渐产生，这些商品的交易形成了天然气期货市场。天然气衍生金融商品市场大量的交易量、大量的交易实体和广泛的交易商品选择，使得市场可以更广泛地参与天然气定价。市场能够更快地传达天然气价格的变化，更及时地发现和掌握天然气价格，减少市场交易的滞后性和盲目性。天然气现货相关机制也会随着天然气市场的成立进一步得到发展。

### （二）英国多种类天然气交易渠道

英国天然气商品交易主要包括场外交易、交易所交易和长期合同。10年以上的合同被称为长期合同，主要用于荷兰、俄罗斯、阿尔及利亚、挪威等资源国的天然气交易。交易所交易主要有现货和期货两种交易。现货交易通常分为两种类型，一是交易所在1天至2天内分发的短期现货，另一种是即期现货交易。

NBP成立于1996年，被称为英国的天然气交易中心，但实际上只是虚拟中心，成立的目的是保持天然气交易的平衡发展。它是英国国立天然气管道网络整体，也是在纽约证券交易所上市的公共事业公司。英国国家电网作为管道网络运营商，集中处理买方和卖方提交的管道发送应用，并集中发送气流。NBP管道网络包括23个压缩站和多个大型气体储存站。NBP的天然气价格对英国市场具有指示作用。NBP是洲际交易所（ICE）天然气期货的四个主要交易地点之一，NBP配送的天然气期货交易量逐渐增加，期货占天然气总配送量（包括现货、前货、期货合同等）的比例超过了30%。

## 第四节　对策建议

### 一、统筹兼顾科技优势，打造天然气供需监控网络

当前能源企业的市场战略已经从"资源为主导"变为"数据为主导"，销售模式正在从传统的广撒网模式向高效的精准营销模式转变，市场决

策与用户生命周期管理，都需要以市场动态数据为基础，以提升决策的科学性和服务的用户体验。我国在卫星数据（北斗、GPS）方面有一定的基础优势，主要应用内容为定位数据和遥感图像数据。在这两方面，国内外均有实践案例。其中，定位数据可形成轨迹数据，通过数据挖掘获取更加丰富的信息；而遥感图像数据可用于目标检测图像识别等应用。

国家应该统筹兼顾，在需求侧和供给侧两端发力，利用北斗和国家管网等基础设施，通过汇集产业链数据，动态生成全量、全网供需数据系统，实现天然气行业的数字孪生与价值挖掘，从而真正实现供给侧的降本增效和需求侧的以需定产。微观应用上，帮助下游企业了解区域市场的稳定气源及历史供气价格，帮助上游企业预测需求，建立用户画像，实现精准营销。宏观应用上，结合基础设施（如管网、储气库、北斗监测）数据，为生产及建设部门的决策提供参考，错峰生产储备，提前部署管容、罐容、库容及运力，有效平抑气荒，并对保供工作提出科学化的建议。以现代科学为基础建立能源系统，是打造中国模式，讲好中国故事，在大国角力中展现体制优势而他国无法复制的新对策。

我国天然气资源监控系统发展路径如图4-4-2所示。

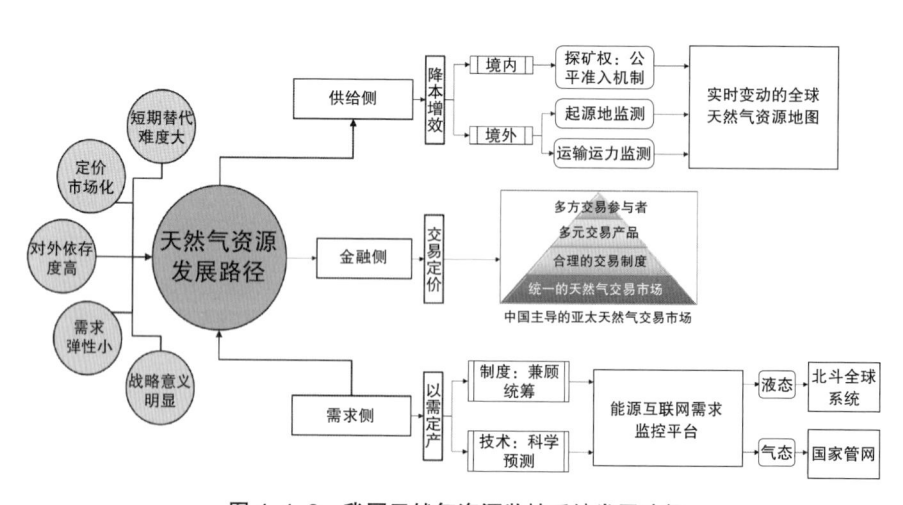

图4-4-2 我国天然气资源监控系统发展路径

## 二、拓宽供给端资本渠道，适度放松勘探准入条件

中国传统采用政府投资天然气生产的模式，从生产到管道建设，资金来源比较简单，主要是直接投资，风险高，长期存在投资收益率低、重复建设、后勤管理欠缺等问题。特别是在上游天然气开采领域，中国政府严格限制其他资本进入。整体来讲，市场化放开，政府将在生产、运输、流通、销售等多个领域减少直接投资，引进民间资本和外国投资，扩大资金筹措渠道。例如，为了筹集天然气资金，可以发行国库券或基金。管道的建设和分配可以通过政府和民间的合作来实现，"省为实体，股权多元，治权统一"。国家资本在一定期间内用于签订实现合作的合同，风险和利益由民间资本承担。

而要想进一步提高天然气保有度，就需要在勘探端适当开放对国内资本的限制，允许民间资本参与探矿和开发的环节。只要放开上游的准入限制，就像亚当·斯密所描述的无形的手推动，市场参与主体会自发地发挥市场控制风险和获取收益的本能，实现整个天然气市场的资源优化配置。在操作上，一方面可以引进更多的资本参与；另一方面，在市场、技术、人力等领域进行全面合作，促进产权主体的多样化，提高企业的活力。特别是一些技术科研机构可以进行公司化改革，发挥员工动能，提高企业竞争力。在下游，需要加强垄断的天然气商品公司的规章制度，促进多样化竞争。在中游的天然气流通领域，国家要维持控制力，避免流通领域市场自由化和因丧失经济利益而引起的盲目竞争。

## 三、推出天然气期货产品，加快天然气资本市场建设

为进一步促进我国天然气产业的市场化，尽快恢复天然气商品属性，从根本上解决"亚洲溢价"问题，我国需要进一步放开基准门站价格，提高竞价话语权，这离不开推进天然气交易市场建立。随着上海天然气交易中心等交易所的建立，可以尽快实现天然气的期货交易，建立对应的金融工具和对应的合约，尽快推出 LNG 的期货品种。天然气期货运用系统不能从金融系统的支持中分离出来，在推出天然气期货品种

的基础上，要尽快形成完整的期货市场运营体系，同时要有效地防止和控制金融风险，不仅需要准备合适的交易品种，还需要形成一系列支持系统，包括结算系统及风险控制系统。

我国的天然气基础设施，尤其是管道和天然气储藏设施还有待完善，短期内很难形成国内整体的天然气市场。现在上海和重庆的天然气贸易中心在中国东部和中国西南部，两个贸易中心可鼓励在该地区形成主要配送点。随着深圳天然气交易中心的设立，实际上正在形成中国南部天然气配送的金融基础设施，未来伴随着更加丰富的交易品种推出，将通过市场机制选择最佳的全国贸易结算点与交割中心。

## 四、共建亚太天然气贸易中心，在国际合作中掌握定价权

从全球来看，当前世界天然气市场存在三大主要竞争关系。在欧洲市场上，主要是美国和俄罗斯，并谋求政治势力；在亚太市场上，主要是美国和中东，并争夺定价权；俄罗斯作为全球重要天然气出口国，为了保障自身地位，抑制出口多元化进程。从亚太地区看，整体迫切需要集中力量，获取自身的天然气定价话语权，中国有着巨大的天然气进口量，是亚太地区的需求龙头，当前主要采用的JKM指数主要由日韩构成，但其船运量不及中国进口量一半。但由于日韩企业在气源地享有权益，可以进行套期保值，并不介意JKM指数走高，甚至会主动抬高现货价格，增加中国大宗能源进口成本，削弱我国制造业竞争力。综上，建议在欧洲天然气市场的改革和发展历程中，进行战略和方向性学习，由我国牵头，在亚太地区建立天然气贸易中心。

第一，应逐渐减少政府的介入，加快天然气市场改革，为天然气交易中心提供发现价格的功能。市场准入的限制放开，会进一步提高天然气市场活力，促进市场发展，最终助力我国确立具有国际竞争力的市场体系。我国已开始推行天然气市场导向改革，主要思路是"控制中间，开放两端"，在统筹供需的前提下，需要学习英国和美国的天然气市场改革经验，加速天然气市场改革，创造具有竞争力的天然气市场。加快

天然气市场化定价，同时又不与战略储备、获取亚太定价权相违背，这一举动还将有效推动我国多层次天然气期货与远期现货市场的健康、可持续发展。

第二，加快我国天然气交易中心的规则和系统的构建。随着我国三个区域天然气交易中心的建立，应该根据公平性和开放性的原则，制定以市场为基础的交易规则，提高流动性和数量，构建更具吸引力的市场，吸引参与主体进入，扩大市场交易量，促进天然气产品价格的发现。在定价方式上，应改善综合价格设定机制，促进以发热量或体积为测量单位的天然气定价方法，开辟多种气源的换价渠道，为期货合同的进一步发展奠定基础。交易产品上，应加快开发现货、长协、期货等多种交易产品，进一步实现交易中心规模和影响力的扩大。

第三，改善天然气市场监管体系，完善相关法律及规章制度。首先要系统制定与天然气行业相关的法律和规定，明确天然气行业交易规则，为天然气市场参与者提供法律保护。其次是要建立信息披露平台，包括公开价格平台、公开交易平台，以便为市场参与者提供必要的市场信息。最后要在价格监督、财务监督等方面发力，通过制度保障，鼓励多个角色参与者进入市场，保证天然气市场和稳定的交易平台的建立。

第五章

# 电力资本化与电力期货交易所设计

电力能源是典型的二次能源，在经济发展方面，我国东西部经济发展程度差异大，用电产业结构差异大。一方面，西部地区一次能源储量丰富，另一方面，东部地区装机无法满足用电需求，天然地形成了"西电东送"的现实需求。东西部地区之间在经济和资源之间具有很强的互补特性的，开发西部能源资源、实施"西电东送"战略，将促进区域能源资源优化配置。不过历史上，电力交易和运输的进程，具有完全的行政色彩。随着电力改革的深入，未来在进一步加快区域电力市场建设的基础上，多方参与的电力市场将发挥促进资源优化配置的主要作用。

## 第一节　电力交易的历史演进与主要模式

20世纪70年代开始，西方国家率先对电力行业进行了市场化改革，在近50年的改革历程中，尽管各国的具体路径各不相同，但改革目标是基本一致的，可概括为降低电力成本、提高电力效率、保障能源供应、维护系统安全。

### 一、电力市场化改革的阶段与主要结构

纵观各国电力改革的发展历程可发现，全球电力市场结构整体来说都是从管制走向市场，参与方逐步多元化，对应不同的阶段，可以把电力供应结构分为五大类：（1）垂直行政垄断型结构；（2）垂直运营垄断型结构；（3）发电独立型结构；（4）配电独立型结构；（5）售电独立型结构（零售竞争型运营模式）。下文将对这五种市场结构分别进行阐述。

#### （一）垂直行政垄断型结构

垂直的行政垄断型电力结构采用的是行政运营模式，整个模式的特

点为独家办电、政企合一、计划经济、垂直垄断。这个模式并不是所有的国家必经的阶段，在我国存在的时候也属于计划经济体制时期，为的是适应国民经济的恢复和发展的需要。历史上中国的电力建设由电力部或者水利水电部独家承办，因此管理上也明显具有政治色彩。同时，这一阶段虽然也区分发电和输配电，但是整体无非是作为一个机构的不同部门，不是分属于不同的独立法人主体。

### （二）垂直运营垄断型结构

随着电力经济的发展，传统的行政模式已经不能适应，开始政企分离，采用垂直运营的垄断结构。这种结构基本是所有国家都经历的电力发展阶段，明显的特点就是发电、输电、配电、售电采用集中式管理，由一家公司（或者某个区域一家公司）负责整体的电力运维。该公司既要负责发电，也要负责送到千家万户；既要负责配电安装，也要负责后期维修保障。中国这一阶段负责的就是"国电公司"。

这种结构方便电力系统统一调度，虽然由公司运营，但是整个电力系统受政府严格控制，电力发挥了较强的社会义务承担能力。这种公司受到政府的大力扶持，在前端建设大型的发电厂，在中端铺设电网，在末端保障供电服务。这种模式下，电力公司非常容易获取高额的垄断利润，对电力技术的更新迭代并不敏感。随着用电量的增大和其他主体参与电力市场的积极性的不断提高，这种模式很快便会遇到瓶颈，整体上使得电价无法降低，资源得不到有效配置，最终影响了经济效率。这段时期的长短往往和所在地区的经济发展水平的高低息息相关，因为电价结构中包含了电厂到售电多个环节，用户不仅无法了解电价的来源，并且还要为电力投资、自然变化等承担风险，同时也和所在区域对公共福利事业的支出高度挂钩。

### （三）发电独立型结构

用电量需求的高居不下，会促使各个国家率先在发电端集中资金或者放开民间资本进入限制，允许建设独立发电厂，而产权结构也会随之从单一到多元，规模结构从超大型到符合市场的中小型演变。这一模式的出现，虽然发电厂仍然必须把所有的电都卖给电网公司，但是迈出了打破电力垄断的第一步。输电网获得发电厂的初始电量后，会将电力传送到距用电户最近的配电网，由此出现了两种模式，即输配一体模式（美国：一个地区一个配电公司）和输配分开模式（爱尔兰：一个地区多个配电公司）。早期的中国电力改革，也进入了这一阶段，在发电公司出现的同时，还进行了区域上的切割，分为了国家电网和南方电网。但是早期无论是国家电网还是南方电网，这个阶段都还是采用更加彻底的输配一体化模式，即一个地区的输配电网都隶属于同一个公司。

这种结构使得电网运营管理机构成为整个电力交易体系的核心，主要是在发电环节引入竞争机制以改善市场效率，能够从发电侧角度降低电力成本，使得风险承担结构较前一种结构更为合理。

（四）配电独立型结构

在发电端放开的情况下，配电公司也逐步放开且引入了竞争机制，输电网则必须向用户开放，提供有偿服务。这种结构削弱了电网运营机构的能力，电力价格由批发商与独立发电厂协商确立，而且市场竞争机制更加完善，进一步改善了电力市场运行效率。同时，承担社会义务的职责开始与市场结构剥离。

该结构的问题在于，配电公司垄断专营的模式仍未被打破，终端用户仍处于相对弱势的地位。从欧洲和日本的经验来看，在电力的输电端和配电端市场化改革，一般路径是先放开用电负荷超过一定水平的用户的供电选择权，之后逐步允许全部用户参与到市场化电力交易当中。

（五）售电独立型结构

随着配电端的放开，其建设功能不再适应多样化的市场交易，于是另一个参与主体应运而生，这就是独立的电力零售公司，他们不一定有建设配电网的能力，但他们可以在发电公司自由进出发电市场的基础上，与其建立明确的购电协议。售电公司和发电公司都有选择对方的权利，售电公司在撮合用电端和发电端的过程中获得差额利润或者服务费用，同时为了适应这个阶段，电力交易中心也从传统的买电方变革为撮合系统，这是未来开发更高级电力产品的基础。

这种结构取缔了配电公司垄断专营的模式，基本实现了全面的市场竞争，是电力运营模式中最为先进的一种。但由于发、输、配、售各环节相互独立，参与主体更加多元化，交易链条较为烦琐，因此这种结构对交易体系、计量结算、应急处理、监管提出了较高的要求，同时有可能带来交易成本的提升。

综上，尽管各国电力市场改革在方法和节奏上有所区别，但价格市场化、市场结构去垄断化的趋势是一致的。中国正处于电力改革的关键阶段，既应吸取国外改革过程中的经验教训，同时也应根据我国自身状况，选择改革方式和节奏。现货市场结构也是期货市场建立的根基，只有现货市场具备了良好的价格传导机制，期货市场才能发挥其最大功效，市场各方才有动力参与期货交易。

## 二、我国电力交易的发展历程与格局

### （一）发展历程

20世纪90年代中期，中国开始在网级、省级电力公司内部模拟电力市场，在浙江、湖南用市场化的方式进行发、供电管理，即对电力公司内部的发电厂和供电局进行独立核算。发电厂在省内竞价上网，对供电局按内部电价结算，以内部利润来评价发、供电企业的业绩，以促进企业加强内部管理，降低消耗，增加产出。

2000年，开始了以上海、浙江、山东、辽宁、吉林、黑龙江六省（市）为发电侧电力市场改革试点的商业化运营，实行了现货竞价交易和政府统筹下的双边长期合约交易。其中10%~20%左右的电量竞价上网，80%~90%的电量通过签订长期双边合同的方式交易。

2003年，区域电力市场建设进入了实质性起步阶段，东北电力市场打破了原有的省级市场框架，2004年采用"实时平衡+日前现货+月度合约+年度合约"的模式，20%的电量通过区域市场的月度、日前竞价交易完成，80%的电量通过年度双边合约方式完成，实时平衡的电量极少。之后，电量交易开始通过区域市场竞价交易完成，不再有年度合约的双边交易。

伴随着 2015 年电改 9 号文的发布，电力市场建设进一步加快，"关注中间，放开两端"的基本态势明确。在此基础上，2015 年 11 月，贵州电力交易中心挂牌成立；2016 年 3 月，广州电力交易中心挂牌成立；6 月，广东、广西电力交易中心相继挂牌成立；8 月，昆明电力交易中心挂牌成立。2016 年 4 月，首次线上交易组织成功；6 月，跨省区月度交易规则印发并首次组织发电权转让交易。

### （二）发展格局

全国 30% 的大工业、部分一般工商业已经进入电力市场需方，煤电、水电进入市场供方，通过中长期交易（集中竞价、双边协商、挂牌）达成交易，初步达到了放开计划、供需形成价格、价格引导生产消费、供给侧改革、改善营商环境的目的，形成了国家、区域交易机构，省级交易机构的两级交易结构。总的来看，电力远期合约已经成为电力市场交易的主流。

在市场交易结构基本形成的基础上，电力交易的规模和比例不断提高。2017 年，市场化交易电量占总售电量的 30%，市场化交易规模持续扩大；2017 年，省内市场化交易电量用户侧平均降价 0.085 元 / 千瓦时，市场化改革红利得到释放。同时，中国不同地理区域的发电、用电差仍然存在，良好的电力交易系统协助实现了资源配置。2017 年，"西电东送"电量达 2028 亿千瓦时，清洁能源占比 86%，清洁能源消纳有力推进。

我国电网系统由国家电网和南方电网两家公司承担，以南方区域为例，广州交易中心负责跨区跨省交易，各省交易中心负责省区内交易。省交易平台注册市场主体 13 210 家，广州交易中心注册市场主体 272 家。

在市场初步形成的情况下，市场参与主体也逐渐增多。国家发改委和能源局于 2021 年 11 月发布的《售电公司管理办法》（发改体改规

〔2021〕1595号），在售电主体经营的规范方面进行了明确，既允许多个售电公司在同一区域内售电，也允许同一售电公司在多个配电区域内售电，打破了过去"一地一售电公司"的隐形规则。交易对手方面，售电公司自主选择各级电力交易机构进行跨省和省内购电，进一步加强了售电公司的市场参与度和自主权。在交易方式方面，规定售电公司可以采取多种方式，通过电力市场购电、售电，既可以开展双边协商交易，也可以通过电力交易平台进行集中交易。值得一提的是，上述《售电公司管理办法》还要求售电公司以其售电量为基数，承担一定的可再生能源电力消纳，这一规定体现了对售电公司社会责任的考察。

## 第二节　能源资本化与电力期货产品的推出

对中国而言，电力价格的加速放开，使得规模巨大的电力市场参与者暴露在价格不确定、价格预期缺失的风险之中。国外的实践经验表明，电力期货市场的建立在化解风险、发现价格方面发挥着重要作用，其功效已获得全世界的认可。随着电力体制向市场化进一步迈进，中国电力期货市场的建立已成为必然趋势。

### 一、建立中国电力期货市场的必要性

#### （一）电力行业需要期货市场价格发现的功能

价格是资源配置的重要手段，单一的现货市场价格容易受到临时性因素的影响，从而无法反映商品的实际价值。同时，现货市场价格由于缺乏前瞻性，对资源配置的引导性不强。期货市场建立以后，金融机构的参与者进入市场，在买卖中体现电力价格，电力市场价格体系会更加完整。电力用户也可以根据现货市场与期货市场价格状况来优化自己的用电计划，电力企业则可以合理调整经营规模与方向，从而使电力系统的运行效率大大提升。

## （二）电力市场参与者需要期货产品的风险规避功能

市场参与者能够通过期货合约的操作实现套期保值，有效规避风险。中国的商品期货已经开发了 47 种，基本囊括所有交易活跃的大宗商品，唯独电力产品缺失。商品期货已成为相关行业参与者、金融投资者进行价格趋势分析最重要的依据，及进行风险对冲最有效的手段。换言之，中国的市场参与主体已形成了期货交易的习惯，并具备了足够的期货操作经验。电力作为一个全民参与并且影响全部经济产业链的重要行业，期货市场的缺失是不合理的。市场有强烈的要求和意愿引入电子期货产品，合理应用期货合约。

## （三）电力期货市场的建立有助于电力改革，也有利于激发市场活力

期货市场的建立有助于电力市场形成统一规范，市场参与者也能够在公开、透明的统一规则下，通过自由合约达成交易。建立期货市场的过程有利于国家电力区域划分、电力区域价格的形成。同时，电力期货市场中的参与者会更加多元化和分散化，大型电企的市场力能够得到有效遏制，市场竞争效率会得到改善。另外，期货市场机制能够对供给双方行为进行自行调节，能够很大程度弱化政府职能，使政府完成从"市场操控者"到"市场监管者"的转型，减少电价中非经济的因素。最后，期货产品的独特魅力将吸引大量金融机构、投资者参与市场，从而有助于电力市场受关注度、电力交易活跃度的提升，电力市场研究的视角和思路也会更加丰富。

## 二、电力期货产品推出的构成要件

传统的期货商品一般有几点特征：市场需求较大、价格市场化、存在波动性、可标准化、易于储存。电力作为一种商品，具有天然的标准化属性，且从中国电力市场现状来看，电力需求规模庞大，价格波动大，有被开发为期货商品的潜质。而从中国期货交易市场顺利推出的期货商品看，主要有以下几个特点。

第一，商品要有较大的规模与价值量。期货单一品种的市场规模要在 200 亿元以上。若市场规模太小，就容易出现操纵交易的现象。

第二，商品所处产业的市场准入没有太多限制。如果市场准入限制太多，就会出现行政人为主动操纵期货市场的现象。

第三，商品供给和需求的贸易流要很清晰，以确保产品的供需因素不会受到第三方人为操纵。

第四，产品要容易进行标准化设计。因为期货是标准化合约，同一产品的不同合约，其产品的最低等级应该相同。

从以上四个条件来看，电力市场的规模和价值量已经远远超过 200 亿元。2017 年 2 月 22 日，国家发改委、国家能源局联合在云南召开了电力体制改革现场会。会议讲话中指出，全国包括直接交易在内的市场化交易已突破 1 万亿千瓦时，约占全社会用电量的 19%。其中，直接交易电量接近 8 000 亿千瓦时。从产品的供给和需求的贸易流来看也很清晰。

## 三、电力期货市场发展的影响因素

电力市场远期合约与电力市场期货合约具有极大的相似之处，不同之处仅仅在于后者是标准化合约。当前的电力市场期货合约和电力市场远期合约面临着诸多共同的障碍。

首先，各省区域内的电力远期合约，其损益会受到电力市场现价的影响。而供电方或购电方的寡头地位，决定了他们可能会联合起来操纵市场价格，从而使电力远期合约成为市场套利的工具，也成为签约另一方的风险所在。

其次，省级电力市场的远期合约，同样会受到地方政府的影响。例如，由于地方政府对本地外输电量的控制，致使已经签订的合约无法履行，或者影响电力现货价格。

最后，电力远期合约相较于电力期货合约的另一风险在于，电力远期合约仅由交易双方的信誉来保证执行，无法像期货合约那样有交易所的保证金制度来保证执行，因此存在较大的违约风险。

虽然电力市场远期合约具有以上风险，但相比于电力市场期货合约来说，它仍是更为稳妥的方式。因为无论如何，参与电力市场远期合约的交易各方均是电力的实际供给者和需求者，且每年的交易时间是固定的，所以投机因素相对较少，由交易者操纵市场或政府干预市场而导致的风险可以被控制在一定范围之内。而如果贸然推出电力期货产品，则可能会因为大量投机资金的参与而放大交易额，从而使得因交易者操纵市场或政府干预市场而导致的市场风险大大增加。由此可见，如何解决电力市场远期合约面临的障碍，在本质上也就是解决电力市场期货合约面临的障碍。两者面临的问题大体一致，只有形成多个区域统一的电力市场，尽量减少政府主观化的市场干预，电力市场的交易才有可能真正地健康发展。

## 第三节　国外电力期货市场开展情况及启示

电力期货市场的建立是电力市场化改革中很重要的一部分。一方面，现货市场逐步市场化的环境，使得金融衍生品拥有了基本的生存条件；另一方面，现货市场参与者需要诸如远期、期货这样的金融衍生品来对冲价格风险，引导的价格预期。所以说，期货市场既是电力改革的产物，又是电力改革的催化剂。

### 一、全球电力交易市场的整体格局

国外电力期货市场已有近 30 年的历史，第一份电力期货合约于 1995 年 10 月在北欧推出。从各国电力期货市场发展历史来看，远期合约先于电力期货被应用于市场，但远期合约的运行中存在诸多问题。比如，交易合约的非标准化、参与群体的单一化使其流动性不足，以及缺乏第三方监管和违约惩戒机制，使其风险性较高。为了解决这些问题，标准化的期货合约被引入市场，世界主要电力期货交易所及其推出电力期货的时间如表 4-5-1 所示。

表 4-5-1　世界主要电力期货交易所及其推出电子期货的时间

| 市场名称 | 交易所 | 推出时间/年 |
| --- | --- | --- |
| 美国加利福尼亚—俄勒冈边界电力市场、PJM 电力市场、保罗福德地区电力市场、亚利桑那州电力市场 | 纽约商业交易所（NYMEX） | 1996 |
| 美国共和爱迪生电力市场、田纳西峡谷电力市场 | 芝加哥期货交易所（CBOT） | 1996 |
| 挪威、瑞典、丹麦、芬兰和冰岛电力市场 | 北欧电力期货市场（Nord Pool） | 1996 |
| 荷兰电力市场 | 阿姆斯特丹电力交易所（APX） | 1999 |
| 英国电力市场 | 英国电力交易所（UKPX） | 2000 |
| 德国电力市场 | 欧洲能源交易所（EEX） | 2000 |
| 波兰电力市场 | 波兰电力交易所（TGE） | 2000 |
| 英国电力市场 | 伦敦国际石油交易所（IPE） | 2000 |
| 英国电力市场 | 自动化电力交易所（UKAPX） | 2001 |
| 新南威尔士电力市场 | 悉尼期货交易所（SFE） | 2002 |
| 澳大利亚电力市场 | 澳大利亚阿德里亚能源交易所（EXAA） | 2002 |

## 二、不同国家的电力交易模式

根据国情的差异，各国电力期货市场开展状况各有不同。

### （一）用金融结算替代现货结算的美国电力期货市场

1996 年，为了适应电力市场快速发展的需求，纽约商业交易所和芝加哥商品交易所分别推出了特定区域范围内的电力期货合约。2000 年，纽约商业交易所将电力期货业务拓展至东部，设计并推出了 PJM 合约。美国的电力期货最初采用物理交割方式，但由于期货交易量和物理输送量不匹配，而且交割电量无法根据每日负荷的不同进行调整等原因，合约流动性较差，曾中断交易。之后，交易所将每月合约涉及电量根据该月天数进行调整，并统一采用金融结算的方式，不再进行物理交割，市场功能才得到改善。美国的电力期货产品主要在纽约商业交易所（NYMEX）及芝加哥期货交易所（CBOT）进行交易。

## （二）引入做市商以提高市场交易频率的北欧市场

北欧电力期货市场（Nord Pool），又称北欧电力交易中心，起源于1993年挪威率先建立的电力远期合约市场。1996年，挪威和瑞典两国电力市场合并，成为世界上第一家进行跨国交易的电力期货市场。北欧电力期货市场包括挪威、瑞典、丹麦、芬兰和冰岛五国，是当今世界上市场制度较为完善、品种较多、市场流动性较高的电力期货市场。北欧电力期货同样均采用金融结算，并引入了做市商制度，增强了合约的流动性和价格的连续性。据数据统计，北欧电力金融市场交易量是现货市场的5倍，足以证明其市场机制的有效性。

## （三）开设多种风险预防机制的澳大利亚电力市场

1991年，澳大利亚开始了电力市场改革，2002年，澳大利亚悉尼期货交易所（SFE）、新西兰输电公司旗下的D-cypha公司以及澳大利亚证券交易所（ASX）先后推出了电力期货合约，大大解决了澳大利亚电力市场的信息不对称问题，电价的剧烈波动得到了抑制，违约现象大幅减少。值得一提的是，澳大利亚证券交易所还设计了场外非标准化合约转场内标准化合约的机制，可以帮助OTC交易者对冲场外合约的违约风险。

世界主要电力期货合约要素如表4-5-2所示。

表4-5-2 世界主要电力期货合约要素

| 电力市场 | 期货种类 | | | 停止交易日 | 交易所 | 引入时间 |
|---|---|---|---|---|---|---|
| | 按交割时段 | 按交割期长短 | 按交割方式 | | | |
| 北欧（挪威、瑞典、丹麦、荷兰） | 基荷期货 | 日期货，周期货月期货，季期货年期货 | 金融结算期货 | 到期前最后1个交易日 | 奥斯陆证券交易所 | 1995 |
| 美国（PJM, New England & New York） | 峰荷期货基荷期货 | 月期货 | 金融结算期货物理交割期货 | 到期前倒数第4个交易日 | 纽约商业交易所，芝加哥期货交易所 | 1996 |
| 澳大利亚/新西兰 | 峰荷期货基荷期货 | 季期货 | 金融结算期货 | 到期前最后1个交易日 | 悉尼期货交易所 | 1996 |
| 英国 | 峰荷期货基荷期货 | 月期货，季期货半年期货 | 物理交割期货 | 到期前倒数第2个交易日 | 伦敦国际石油交易所 | 2004（再次引入） |

### 三、国外电力交易市场建设的启示

各国电力期货市场在设计上虽有相似，但是不同阶段应对不同问题的做法却带来了不同的启示。特别是为了保障交易进行的多种交易机制的设计，为电力期货市场功能最后能够真正发挥，发挥了至关重要的影响作用。

第一，基荷、峰荷合约的设定充分体现了电力市场的特征，但在电力期货市场运行初期也应根据合约流动性的好坏来决定是否做这样的合约细化。

第二，期货合约交割方式的选择至关重要，政府既要考虑其电力供需的波动特点，也要考虑其电力基础设施的完善程度及电力系统运行效率。但总体而言，金融交割对于电力期货这样的产品有着先天的优势，在全世界范围内运行较为普遍。

第三，由于电价具有短期波动剧烈、长期变动平缓的特点，近期的电力期货合约对于市场参与者往往具有较高的吸引力，也更有利于期货功能的发挥。各国往往会根据自身电力系统运行特点设计合约期限，以保证期货产品的运行效果。

第四，做市商制度有效地保证了期货市场的流动性，值得学习借鉴。

国外诸多学者的实证研究表明，电力期货市场的价格发现与风险规避功能发挥良好，帮助市场形成了合理的价格预期，有效降低了现货市场的波动性。同时，电力期货合约的推出也扩大了电力市场的总体交易规模，削弱了大型电企的市场力，激活了电力市场的流动性。比较各国电力期货运行的效果后，不难发现，期货市场的有效性受各国现货市场条件相互制约。期货市场的发展并不是越快越好，而是要适应电力现货市场改革的节奏。反观现货市场，也要根据期货市场的运行状况即时做出调整。一旦二者出现不匹配的情况，期货市场的功能便难以发挥，电力改革的进程效率也会难以提升。

## 第四节 对策建议

在研究中国电力市场远期合约或期货合约面临的障碍，探讨如何形成多个区域统一的电力市场，尽量减少政府主观化的市场干预前，需要先搞清楚当前中国电力市场的交易规则。

### 一、设计关键交易机制，关注地方诉求

中国远期合约交易事实上已经成为电力交易的主流，只不过这种远期合约并不太规范。但既然是能签订年为期、月为期的合约，那它就的的确确是远期合约。现货交易作为远期合约交易的补充和调整，也正在发挥着作用。但地方政府的保护主义，使得其有动力主动干预市场，从而威胁着远期合约市场的发展，更谈不上期货市场的建设。要使地方政府摒弃保护主义，就必须照顾他们合理的利益诉求，设计相应的制度。远期合约或期货合约的目的本来是要"熨平"市场波动，但如果在合约签订以后，再人为地改变市场要素，这将置合约于不公平的场景，破坏远期合约市场，尤其是破坏期货合约市场。综合来看，设计电力市场远期合约，核心是要设计能保证地方合理利益诉求的交易机制；设计期货合约，核心就是要设计能保证地方合理利益诉求的交易机制和标准的期货合约。

### 二、考虑地方电力的基本保障预算

地方政府的利益诉求在于以本地区可以接受的电价，供应本地区经济发展的电量。像云南等电力供应大省，可能会立足于保护本省产业，压低电价，限制本省电力输出。而电力短缺的省份，如果有大量本地区电力企业或者有大量电力相关就业，那么也不一定乐意参与省际电力市场交易。因此，各省地方政府首先需要做出本区域在一定时期内需要电力的基本保障预算（这个时期适当长一点，会更有利于电力市场的稳定

预期）。基本保障预算应当落实到具体用电客户和供电企业身上，以远期合约的形式表现。为方便起见，这里可称为基本保障远期合约。

供电企业在满足基本保障远期合约之后，如果还有多余电力，就可以自由进行省内或省际交易。用电客户在签订基本保障远期合约之后，如果还有多余需求，也可以自由进行省内或省际交易。此省际交易既可以是远期合约，还可以是期货合约，也可以是现货合约。如果实际执行过程中，本省因为天灾等因素而导致发电量过低，则首先满足基本保障远期合约，有多余电力的话再向省外输出。基本保障远期合约不可转让，也不可买卖。换言之，基本保障合约中规定的电力接收方，必须是签约者自己。

### 三、省内省际联立，探索电力市场交易制度

当基本保障预算完成，基本保障远期合约签署以后，剩余的电力就可以自由进入省内和省际电力交易市场。交割方式上，电力现货市场的交割自然是实物交割。现在电力远期合约的交割，则是以实物交割为主，现金交割为辅，期货交割则应实行现金交割。交割地点上，通常一个省内的电力价格比较趋近，因此可以每个省确定一个交割地点，作为期货合约的标准电力交割地。交割时间上，远期合约的标的物是交割区间各个时段的电量，此时段应精确到小时，更细致的还有约定电力交易（调度）曲线的。而期货合约因为采用现金交割方式，在交割时间的选择上要灵活得多。在以上交易制度下，省内、省际市场合为一体，各省的电力市场价格亦将逐渐趋于一致，差别将主要在于电网的运输成本。

### 四、建立发电权转让交易市场

发电权交易也称为发电权转让交易、替代发电交易，是以市场方式实现发电机组、发电厂之间合同电量替代生产的金融交易行为。对于电力短缺省份、地区的电力企业的利益保护，可通过发电权交易市场来进行调整。即国家可以根据各区域每年发电量的加总，再平分（或按一定

加权比例）给各省，作为各省的发电权。各省的供电企业可以买卖发电权。发电权交易的结果，是电力充足地方的供电企业向电力短缺地方的供电企业购买发电权，从而形成对电力短缺地方的供电企业的补贴，满足电力短缺地方保护自己供电企业及其就业的利益诉求。

### 五、稳步推进全国电力市场建设

首先，从规划步骤上讲，应当建立并切实履行基本保障远期合约，确保地方政府所关心的地方利益，同时又要将其政府行为限定于市场交易之前，而不是市场交易之后，从而避免人为主观地干预市场。政府干预市场并不可怕，事实上市场存在的价值，就是要提供价格信号给政府，使得政府研判自己的干预行为是否合适。我们建立电力远期合约市场、现货市场、期货市场，目的都是给政府提供干预信号。只有明确市场的作用，我们才可能设计出切实可行、各方都能接受的方案。

其次，要加快制定发电权分配制度，甚至还可以考虑建设发电权期货市场。发电权期货市场之所以仅仅是可以考虑而非必建，是因为发电权毕竟仅仅是二级市场对一级市场分配权利的部分调整，且其仅仅是发电的权利，而非必定要发的电量，所以伸缩的余地已经很大，调整的频繁性就不大，未必能形成频繁交易的期权市场，因此在短期内恐怕还是以远期合约为主。但是，如果在远期合约市场中发现有频繁交易发电权的需求，则发电权的期货合约设计比电力期货合约设计要简单得多。首先，发电权期货合约的交割方式可以是实物交割；其次，发电权期货合约无须交割地点；最后，发电权期货合约的交割时间不受限制，可以依据合约要求具体规定。

最后，要构建股权合作基础上的电力期货交易所，从深圳到上海，证券交易所的出现极大推进了当地金融水平和经济发展，因此不同于简单的电力交易中心，电力期货交易所的推出和当地政府的利益高度挂钩，地方政府也有动力进行。要推出独立的电力期货交易所，就应和多个电力交易所共同合作，才有可能形成统一的市场。在提高电力远期合约和现货市场的水平，降低远期合约的风险基础上，率先形成区域内的省内、省际统一市场，并为进一步催化出期货市场提供可能。完成区域内的省内、省际统一市场后，就可以稳步推进电力期货市场建设，并最终建立独立的电力期货交易所。

第六章

# 碳排放权及碳交易市场建设

碳排放交易，又称碳交易，是指用于交易的温室气体排放权。碳交易市场，又称碳排放权交易市场，即用于交易的温室气体排放权进行金融活动所构成的市场。伴随着人类经济的快速发展和大量化石能源的开发利用，全球极端气候的发生引发了人们对可持续发展的关注，坚持节能减排低碳发展已经成为共识。通过限制区域碳排放总量，构建碳交易市场，被多国实践证明是高效的市场化减排手段。

## 第一节　碳交易、碳市场的概念和背景

### 一、碳交易和碳交易市场的概念

#### （一）碳交易的内涵

1992年5月，《联合国气候变化框架公约》（以下简称《公约》）的通过，奠定了世界范围内对温室气体排放和气候变化的共识。1997年12月，《京都议定书》作为《公约》最早确定的附加协议，在日本签署。"碳交易"和"碳交易市场"这两个概念最早均可追溯至《京都议定书》（以下简称《议定书》），特指《议定书》附件A中规定的"温室气体排放权交易"，并具体列出了以二氧化碳为主的共计六种气体的排放权在市场上进行买卖。《议定书》把引入市场化安排，通过市场经济解决二氧化碳等温室气体减排问题作为解决问题的新途径，将该类温室气体排放权作为一种可交易的货物，以市场机制作为引导，形成排放权的交易。其中，由于二氧化碳系整个减排气体中的最大宗气体，故而通称为"碳交易"。碳交易以每吨二氧化碳当量为计算单位，"碳市场"亦因此得名。

#### （二）碳交易的基本机制

碳交易遵循市场交易原则，双方通过支付对价获得温室气体的减排

量配额。在市场机制当中，规则永远是最重要的，也是核心要素的伊始，碳市场的构成要素也不例外。而《议定书》便是碳市场的主要规则，也是碳交易机制的运作基础。其规定了各个缔约国的量化减排指标，并且《议定书》中还派生出了其他子项指标，例如，欧盟排放交易体系就是欧盟为将《议定书》中规定的排放均值下降要求分配给各成员国而设立的，从而衍生出了各国对于碳交易的进一步需求。

（三）碳交易的经济原理

碳交易主要遵循了科斯定理。科斯定理认为经济的外部性或者非效率性可以通过参与方的谈判而得到纠正，即通过明确产权可以达到实现资源市场均衡分配的理想状态。因此，如果把温室气体造成的环境恶化问题看作外部性问题，那么根据科斯定理，明确碳排放权即是改善该外部性问题的有效方式。

碳交易理论认为，不同企业治理温室气体的成本不同，因此对于一些治理成本低、治理效率较高的企业，便会有更多的空间参与温室气体的治理。根据通常的商品交易规则，如果把温室气体排放权当作一种商品，那么在碳权交易当中，商品报酬的交换即是温室气体排放权和治理能力的相互交换。在外部环境变量可控的情况下，基于以二氧化碳为代表的温室气体排放，需要可控可治的方针政策，导致碳排放权和排放配额开始稀缺。而这种资源数量的短缺，逐渐形成了有价产品，称为碳资产。本质上，碳交易仍然是一种金融活动。不同于一般考虑企业盈利能力的股权投资，碳交易是将金融资本投资于创造碳资产的项目与企业；另外，可以通过创设金融工具来将这些创造碳资产的项目与企业进行组合设计，进入碳金融市场进行交易。而《议定书》的出现，使碳资产产生了交易的可能。由于发达国家肩负着减排的主要责任，而发展中国家却一身轻松，因此产生了碳资产的分布失衡，国际碳交易市场由此产生。

## 二、碳交易市场建设的国际背景

在国际治理领域，全球气候治理永远是一个绕不开的议题，长期被世界各个国家均报以高度关注。自20世纪70年代第一届世界气候大会召开以来，为了能够系统地管理、规划、设计关于气候治理的各项安排，联合国政府间气候变化专门委员会（Intergovernmental Panel on Climate Change, IPCC）于1988年成立，旨在通过形成清晰明确的科学观点，在全面、客观、公开、透明的基础上，将由气候变化所引起的系列问题以及潜在影响等进行客观评估和反映，提供适应或减缓影响的相关建议，从而有效地应对变化的到来。除此之外，各国政府也陆续达成了《联合国气候变化框架公约》《议定书》《巴黎协定》等多项重要的国际公约，以期携手共建互联互信机制，以应对全球性环境问题所带来的威胁。

虽然气候治理工作一直在不间断地展开，但随着工业和经济全球化的迅猛发展，新问题和新危机也不断出现。气候变化涉及的不仅是当下气候变暖产生的各种威胁，更对整个世界的可持续发展造成了不可估量的影响。IPCC公开的数据显示，仅有全球温室气体排放总量1/3左右的国家排放量达到峰值，这意味着世界各国的减排计划均难以保证如期实现。然而，在实现《巴黎协议》2030年减排目标都仍有相当大距离的当下，2017年美国却宣布退出《巴黎协定》，澳大利亚同样在气候问题上推三阻四，以及仍然有少部分国家在气候全球变暖问题上主观能动性较差，这些都使得全球气候治理工作困难重重。

### 三、碳交易市场建设的国内背景

1997年，碳交易以《京都议定书》为契机正式开启，中国亦开始关注碳交易市场。在此之后，我国将节能减排的工作重心放在了碳排放治理上，相应政策不断出台，例如，2006年通过了《国民经济和社会发展第十一个五年规划纲要》，对建设资源节约、环境友好型的社会提出了翔实的指导；2002年颁布了《中华人民共和国清洁生产促进法》，对清洁生产的推行和实施提出了具体要求；2009年，呼应世界气候大会主题，我国承诺，2020年国内生产总值二氧化碳排放较2005年将下降不低于40%，并在多个场合提出加大节能减排的政策方针。

2013年以来，以北京为代表的主要城市相继开展碳交易试点工作；2012年，我国已经明确将始终坚持走绿色低碳的可持续发展之路；2017年12月，我国碳排放权交易体系正式确立；2021年7月16日，全国碳交易市场宣告开市。上述发展目标的如期实现，离不开在节能减排道路上的不断努力。

中国自始至终都在全球气候治理工作中积极献计献策，并通过建设中国碳市场，致力于低碳经济的可持续性发展。当下，中国在国际气候变化谈判中的话语权越来越举足轻重。气候治理工作从来都不仅仅是生态环境的问题，更是社会和谐、人类进步发展的综合问题。习近平总书记在党的十九大报告中作出了"我国经济发展方式已经由高速增长阶段转向高质量发展阶段"的重要指示，减排工作也即将面对新的要求和挑战。因此研究碳交易市场经济发展具有重要意义，对我国新时期下的节能减排工作也同样具备重大参考价值。

## 第二节　碳交易市场的参与主体与交易过程

2021年7月16日，中国的全国碳交易市场启动仪式在北京、上海、武汉三地同时举办，采用了交易中心设置在上海，但是碳配额登记系统设在湖北武汉，由北京作为国家核证自愿减排量（CCER）交易中心的三方模式。我国启动的统一碳交易市场，启动线上交易，直接成为全球规模最大的碳市场之一，市场统一采用基准法进行配额分配，纳入发电行业重点排放单位的有2162家，覆盖约45亿吨二氧化碳排放量。

上线首日，上海环境能源交易所发布信息显示，碳交易开盘价为48元/吨。2021年12月15日数据统计，全国碳市场碳排放配额累计成交量超1.07亿吨（全国碳排放权交易市场上线的第102个交易日），累计成交额突破40亿元大关，达到44.26亿元。碳交易最高收盘价为 2021 年 8 月 4 日的 58.7 元 / 吨，最低收盘价为 2021 年 12 月 8 日的 41.46 元 / 吨。成交量逐步放大，价格趋于稳定，波动率适中，市场平稳运行。

与此同时，越来越多的高排放企业纷纷组建碳资产管理团队，积极参与到全国碳交易当中来，典型的发电企业如大唐集团、中广核集团、华能集团等，旨在加强碳排放管理人才队伍的建设，提升企业自身碳排放管理能力。2021 年 3 月，"碳排放管理员"也正式列入国家职业序列，但是统一的碳排放管理员国家职业技能标准还没有确定，其起草工作已列入日程。碳排放管理员可以申报的单位包括中国电力企业联合会、中国有色金属工业协会等六大单位。

截至 2021 年 12 月 15 日，全国获得国家备案的碳交易机构共 9 家。中国的碳交易市场，炭配额（CEA）现货和 CCER 为两大主要交易品种。在交易方式上，碳配额现货交易包括公开交易、协议转让交易以及拍卖交易三种方式。各交易所根据国家控制温室气体排放的要求，结合自身情况，实行总量控制。排放权的获得有两种方式：无偿和有偿，全国统一碳交易市场初期，两种方式相结合；当市场运行成熟后，将逐步向有偿分配过渡。

## 一、碳交易市场的主要参与方

### （一）碳排放权交易主体界定

在碳排放交易过程中，交易主体被看作是行使交易权利和履行相应义务的机构、个人。根据各市场主体在碳排放交易过程中的法定地位与其所对应的权利、义务的区别，碳排放权益交易主体包括转让方、受让方、辅助方、监管方等四个部分。在碳排放权交易的整个流程中，按照双方如何才能加入碳交易、在市场中充当什么角色、进入市场前必须满足哪些先决条件等具体问题的规定，转让方和受让方是碳排放权交易的核心主体，其直接为碳排放交易中的对手方，具体包括发电、光伏、能源化工等类型的企业。辅助方是指通过提供政策、制度、技术等便利，促成碳交易过程顺利完成的主体,具体包括碳配额核查机构、交易中心、监管部门等。监管方主要是指在碳交易市场中起到维护市场秩序、保障碳交易市场平稳运行的政府部门,主要有生态职能部门、林业相关部门等。

### (二)行政法规对碳交易主体的规定

现阶段对于碳交易主体的规定,在很多文件中已经有较为明确的体现。根据生态环境部相关文件规定,石化、化工、建材、钢铁、有色、造纸、电力、航空等八个行业为重点排放行业。具体来讲,这八个行业任意年度碳排放量达到2.6万吨二氧化碳当量及以上即被认证为碳重点排放范围,在企业得到认证之后便取得碳交易市场的准入资格,也就成了市场的交易主体。

### (三)不同交易模式下的多方参与

当前我国碳排放权交易产品为碳配额(CEA)、核证自愿减排量(CCER)。因CEA、CCER的获取方式不同,两类产品的交易模式各有特点,两种模式下的参与主体也差异较大。

#### 1. CEA的参与主体

CEA以强度管理为基本思路,由省级生态环境厅向特定区域重点碳排放单位配额。在省级生态环境厅的指导下,碳排放配额的分配采取免费分配与有偿分配相结合的方案。其中,在碳交易初期将采取以免费分配为主的方式,随着碳交易市场的不断完善与发展,有偿分配会逐渐成为碳排放配额的主要方式。总之,碳排放配额的获取由政府主导,仅限于在被纳入重点排放目录的单位间流转交易。CEA的交易模式相对简单,模式下的参与主体(见表4-6-1)也比较明确,分配方式如表4-6-2所示。

表4-6-1 碳排放配额(CEA)的交易主体

| 转让方 | 受让方 | 交易辅助方 | 交易监督方 |
| --- | --- | --- | --- |
| 重点排放企业 | 重点排放企业 | 对排放报告进行认证的第三方机构 | 生态环境厅 |

表 4-6-2　碳排放配额分配方式

| 免费分配 ||| 有偿分配 ||
|---|---|---|---|---|
| 历史法 | 历史强度下降法 | 基准值法 | 拍卖 | 固定价格出售 |
| 根据排放单位自己的历史排放情况计算分配配额 | 根据产品产量、历史排放强度值、减排系数计算分配配额 | 以确定的行业排放标杆值作为基础，结合产品产量来计算分配配额 | 由购买者竞标来决定配额价格 | 由出售者确定配额价格 |

### 2. CCER 的参与主体

CCER 主要针对中国境内可再生能源、森林碳汇、甲烷利用等重大建设项目的温室气体减排效应实行定量核证，以及针对在中国温室废气自动减排交易备案登记体系中所记录的温室气体减排量实行定量核证。

CCER 的交易主体如表 4-6-3 所示。

表 4-6-3　核证自愿减排量（CCER）的交易主体

| 转让方 | 受让方 | 交易辅助方 | 交易监督方 |
|---|---|---|---|
| 光伏发电、风力发电、林场等持有 CCER 的企业 | 重点排放企业 | 核证机构、财务投资人、金融机构、碳资产运营企业 | 生态环境部门、林业部门、能源部门等 |

按照"成熟一个批准发布一个"的原则，我国当前被纳入全国碳排放权交易机构的交易主体仅是 2225 家发电行业的企业。原因是发电行业管理规范，数据基础较好，而准确的数据基础是开展碳交易的前提。

未来，随着报告核查能力、政府管理能力、技术水平的提升，碳交易市场将向更多行业开放。近日，自然资源部已向我国钢材工业协会发来《有关委托中国钢铁工业协会开展钢材行业碳排放权交易相关工作的函》。我国钢材工业协会将成立钢材生产企业低碳管理工作促进理事会，在配额方案设计、系统监测、碳排放监测系统建设等方面进行管理工作。

## 二、碳交易的主要过程

碳交易主要包括总量控制、配额发放、配额交易、市场调控、履约核查等环节，具体流程如图 4-6-1 所示。

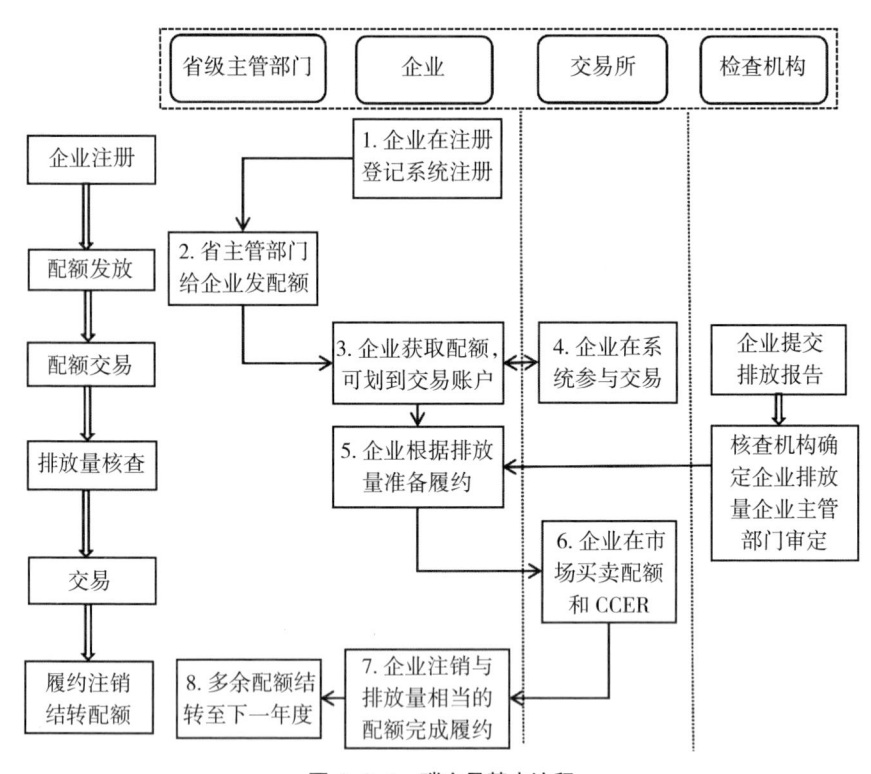

图 4-6-1 碳交易基本流程

### （一）总量控制环节

碳排放的总量管理环节是碳交易进行的物质基础和前提条件，主要功能是确定碳交易管理的基本范畴，是"碳排放权"拟制和确权的重要基础。排放量控制就是限制在一定范围内温室气体排放的总数量。从国外经验出发，既必须依据对温室气体的监控能力来确定管理对象，又必须依据国际相应规范来划定污染的总量目标。

我国按照碳交易制度重点管理了二氧化碳的排放量，并于"十二五"规划期间确立了以"碳排放强度控制规定"为指标的减排准则系统。碳强度的计算为"国内外碳排放总额除以国内所有废气"。由于碳强度的计量可以同时决定国内外碳排放量总额与 GDP 的变动，因此应当把碳排放量总额视为直接指数，而碳强度则可以被视为参考性指数，并在此基础上形成了碳交易的数量监控机制。构建数量控制目标系统是碳交易市场正常运营的初始环节，既可以体现国内外企业的现实需要，又可以产生确有约束力的监控对象，合理的数量监控对象也是形成碳交易的主要基础与前提。

### （二）初始分配环节

在碳排放总量控制目标已确定的前提下，碳排放总量委员会将按照一定的法律规范和程序，向所有符合条件的排碳主体实施"碳排放权"的初次分配，这是碳交易活动正常进行的重要基石。在关于初次分配的立法上，政府必须兼顾四个目标：一是能够产生对减排活动有效的结果激励效应，包括对中小企业加入碳交易制度的鼓励；二是避免对寻租活动，以及其他对碳交易制度和政府目标产生负面效应的经济行为和社会活动产生激励；三是可以降低企业和政府部门的调节成本，为保障市场主体自发运作而提高资源再安排的质量与效率；四是可以"因地制宜"地按照国内各地方的能源结构、产业结构，以及低碳产业实际特点来制定适当的资源配额分配机制。

我国碳交易机制在关于初始分配的立法的制定过程中，必须综合考量市场环境的完善程度，以平衡各种社会市场主体的权益问题，从而尽可能激发社会各市场主体的减排意愿，并提高碳交易的公平效益。欧洲对碳交易的初次分配采用了渐进式的动态分配制度，即在碳贸易发展初期以行政无偿分配为主。之后随着欧洲碳贸易的发展壮大，逐步实行将无偿分配与有偿分配结合起来的新分配制度，以进行过渡。当碳交易体系逐步发育完善之后，就可以按照社会现实，形成以有偿分配为核心的市场化分配制度。

### （三）交易环节

我国碳交易制度现行规定以碳排放权作为碳交易流通的主要客体，分为一级市场和二级市场。一级市场是指政府部门除无偿分配给符合条件的直接排放市场主体外，额外将一部分碳排放配额以有偿分配的方式投入交易市场中流通，并利用政府手段扩大碳交易的供给。而二级市场则是指各种形式的参与主体，利用碳交易带来的碳排放配额商品进行买卖的市场流动环节。

碳买卖行为大多出现在二级交易市场，不同种类的商品在交易规则上也存在区别。碳配额现货仍遵从"全额贸易管理制度"且不作为具有投融资功能的融资性工具。而碳配额派生品则具有较突出的融资商品属性，实行"保证金交易机制"，并采用多元化的商品架构，能够综合满足排放主体的签订合同要求、投资人的利益要求和风险管理者的套期保值要求。

碳排放企业是碳交易的重要核心。首先，碳排放企业能够利用其现实总量和经过初步分摊所得到的总量之间的盈余或短缺，以碳交易活动实现买卖交换，进而实现履约的义务和责任，同时也能够借助市场经济激励机制对碳排放配额的优化选择，继续实现其边际减碳成本费用的最小化，在采用环境改进科技降低污染标准与在更多配额之间做出具有有效性的行为选择，因而可以最终降低碳减排的总成本。除控排主体之外，不负有履约义务的公司和市场融资主体，也是碳交易中主要的一类参与主体。受限于排放主体的投资总量，市场机制也无法进行有效的运作，所以碳交易中的投资主体就给碳交易的市场流动性带来了巨大的保障功能，其广泛参与性也将极大激发碳交易的生命力，进而更好地保障碳交易的市场机制功能，并推动碳排放配额价格制度的进一步优化。从海外市场比较成熟的碳交易角度看，在实际运营流程中，主要的两大交易主体，即为重点排放公司旗下的交易组织和投资银行，它们对碳交易提供了巨大的流动性保障，从而激活了碳交易活力，这也可以促进市场机制发挥调节作用。

### （四）市场调控环节

为保障碳交易市场的正常运作，并避免因系统性风险而对碳排放配额价值造成严重波动冲击，欧洲等较为发达地区的碳市场已研究并设立了政府配额储备制度和国际市场干预制度。在我国特殊的立法体系和市场经济条件下，地方政府部门除成为国际碳交易的建设者和管理者外，也会成为碳交易市场的参与者来更直接地促进碳交易的蓬勃发展和标准化操作。从试点地区碳交易到建立国家性碳市场体系的整个过程中，将突破行政管理壁垒，进行跨省区市的配额流动和交换。在交易市场这双"无形之手"的有效机制功能以外，政府机构将成为"有形之手"，积极参与对碳交易的监督与控制，以确保市场机制的正常高效运转，并有效应对碳交易中的各类系统性风险，为排放主体与融资主体更好地进行自主贸易，实现碳交易市场的经济分配与优化功能奠定基础。

市场干预制度的建设还需要先从碳交易的法规体制和监督制度中，清楚划分政府部门或有关机关的角色地位。从"监管者"和"参与者"两种身份中明晰职责界限，进行相互制衡，并对制度的具体执行条例加以明确规定，以防止因市场干预制度对碳交易产生过分干扰，而对自然形成的市场机制产生过分影响，避免市场干预制度对碳交易的正常健康运营产生影响。

### （五）履约清缴环节

履约清缴环节是碳交易制度中"强制"的表现。控排市场主体应在履约期届满时依照法律清缴与其现实碳排放量对应的"碳排放权"，以落实其碳减排目标和责任。在对碳排出量的监督和核实工作方面，一般由第三方监督机构单独组织实施，并受到行政主管部门的监督。有关部门也有权依据核实结论，对严重违反履约清缴法定义务的控排市场主体进行适当的行政处分。

从碳交易试点情况分析，由于履约清缴是市场排放主体应当承担的强制性义务和责任，因此履约量逐渐增加且总体履约状况保持良好状态，在一定程度上体现了区域立法中对履约清缴制度的规制效应。而从履约清缴与碳交易活动的出现频率的关系分析，由于排放市场主体普遍选择在履约期接近时段开展碳交易活动，而在其他时段的碳贸易活动参与度相对较低，因此具有强烈的"履约驱使性"。

## 第三节　中国碳交易市场建设面临的难点

当前我国碳交易市场建设过程中仍存在诸多问题，主要体现为法律法规不健全、政府监管缺失、交易的产品单一且没有合理的定价机制，以及制定的碳排放总量较为宽泛等问题。

### 一、碳交易市场建立晚，整体法律保障欠缺

促进碳交易的发展，需要从法律层面界定碳排放权的产权属性。关于碳交易市场的规则较为缺乏，碳交易市场处在各地自我发展和管理的阶段。我国关于碳排放权交易市场的规则，有2014年公布的《碳排放权交易管理暂行办法》。2021年，生态环境部根据《碳排放权交易管理办法（试行）》，组织制定了《碳排放权登记管理规则（试行）》《碳排放权交易管理规则（试行）》和《碳排放权结算管理规则（试行）》。在试点地区方面，我国开放的碳排放权交易市场有深圳、天津、重庆、湖北、上海、广州、福建、北京等试点市场。试点市场由当地的主管部门根据实际情况制定规则和法规。

但各试点在企业进入标准、配额分配方面存在差异。例如，湖北对年综合能源消费量达6万吨标准煤及以上的工业企业进行配额管理。广东省是对年排放二氧化碳达5 000吨以上的宾馆、金融等单位进行管理，而深圳市对碳排放量达到3 000吨二氧化碳以上的企业及建筑面积达到1万平方米以上的业主进行管理。各个地方对于配额管理的标准不尽相同。

### 二、监管机制不健全，市场准入规则单一

我国碳交易市场的监管也存在问题。在硬件方面，检测技术、计量方式、核查等技术检测能力不足；在软件方面，没有完善、统一的检测标准。另外，审批手续烦琐，可操作性低，监管体系不健全，信息公布

制度不透明，这些都造成碳交易市场活跃度降低、搭建难度增加。

我国的碳试点多集中在高排放的工业领域，没有考虑农林等行业。对于部分省市来说，工业并不是当地的主要产业，这也导致这些试点的结果与预期相差较大，试点呈现的结果较差。当地政府为了促进交易市场，降低了市场准入门槛。虽然这样做一定程度上可以促进市场的积极性，但是对于企业来说，会导致企业边际成本增加。企业会因此过多地考虑边际成本，而不是考虑总的减排量，这使得市场交易的效果降低。这样会导致市场的动力不足，不能有效降低生产成本和节能减排，也不能进一步鼓励其他企业参与减排。市场的不公平配置既不利于市场的长期稳定发展，也不利于整个碳交易市场的成熟，更不利于与国际接轨。

### 三、碳交易产品类型单一，缺乏合理定价的机制

碳交易市场普遍存在碳交易产品单一、数量少等问题，没有发挥出市场套期保值、风险规避的作用，碳金融创新程度也较低。我国数据收集不全面，碳交易市场的规则也是按照各地的实际情况由当地进行制定的，各地标准不统一，初始配额不明确，这就造成碳交易市场容易受人为因素影响，实际的价值不能体现在市场上，导致市场活跃度降低。通过对试点的碳交易价进行分析，发现各试点在某些年度出现碳交易价断崖式下跌的情况，主要原因是这些年度的碳排放总量的制定较为宽松，分配情况混乱，对企业来说，如果碳排放额充足，就会降低对碳排放权的需求，导致价格下跌。所以要想发挥碳排放交易市场的作用，就需要对碳排放总量进行调整，收紧企业排放额，刺激企业对碳排放交易的需求或者提高技术减排。

### 四、碳金融支持不足，碳交易相关人才匮乏

碳交易是最近几年新兴的一个行业，熟悉碳金融理论并且能把理论和实践相结合的人才缺乏；碳排放、减排标准需要系统的技术人员，但熟知这个技术并能熟练利用的人员较少；关于市场监管方面，能预

测市场风险，对碳交易市场进行监管的人才缺乏，这些都造成碳交易市场发展滞后。只有充分挖掘和培养这类人才，碳交易市场才能持续发展。

另外，虽然我国金融机构数量众多，金融资本充足，但是金融业对碳的交易涉及较少，它们只对部分产业进行融资。而且我国关于交易的具体细则缺乏，对财务的处理机制缺乏，对金融衍生品（如碳远期、碳期货）的涉及也较少。这些原因都导致碳交易市场的活力缺乏，创新程度低，在实际试点过程中，市场表现不如预期。

### 五、市场发展参差不齐，市场交易不活跃

试点市场向全国市场的过渡有很大的挑战。在试点阶段，虽然配额总量和主要的规则是中央规定的，但是各地可以根据自己的情况分别进行制定，有很强的自主性。因为各试点在市场、经济、环境等方面都存在差异，各试点运行也相对独立，不流通，导致试点在成交量、活跃度、交易价格等方面存在较大差异。这不利于将来建立统一的市场。

根据对试点的分析发现，（1）有效交易天数比例低，成交量占配额总量比例低，整体的碳交易市场活跃度较低。主要是因为交易市场的主体单一，市场主要交易主体是企业，企业更多的是为了完成合约目标而进行的减排，完成后动力缺乏，也就没有交易的动力。（2）市场内以投资为主要目的的投资人及投资机构较少，不能促进市场的流动性。（3）市场交易程度低，不利于市场的健康运行，也容易导致市场的不稳定，极易受个体事件影响，价格和收益率出现不正常的情况，定价机制受到影响，不能很好地反映市场的供需关系。

## 第四节　对策建议

中国的碳交易市场，要想快速稳健地发展，就要有明确的目标和

稳健的保障。在合理政策带动和采用有效市场手段双轮驱动的情况下，最终形成良性价格机制和公平市场，实现我国经济、低碳、绿色发展的整体目标。总结而言，就是要"政策稳健、数据准确、市场活跃、人才充实"。

## 一、完善碳交易法律法规体系

在交易市场建设之前，我国的环保主要采用的是行政处罚措施，也就是强力减排。未来中国碳达峰之后，就要形成总量减排的模式。碳交易市场与其他交易市场相比，是一个配额市场，采用总量确认与交易（Cap and Trade）这样一种全新的模式，总量就是碳交易市场有效性的核心基础，因此相关政策一定要非常严格、准确。碳交易市场和其他交易市场一样，短期的价格因需求而改变，长期的价格因供给而改变，但是配额的供给、需求，完全由政策来最终决定，所以碳交易市场有一个"政策到市场"的过渡，或者说有两个阶段，市场要充分发展，政策就要足够稳健，值得推敲，因此必须要有一个完善的碳交易法律法规体系。

在气候变化相关法律、节能减排相关法律、能源相关法律、污染控制相关法律的基础上，碳排放交易的相关法律法规呼之欲出，需要通过完善的碳市场法律体系最终确立碳交易的法律地位，真正把参与碳市场的主体明确下来，将其权利和义务固定下来，把交易规则清晰下来，把违反法律后果的责任确立下来，从而真正为碳交易市场保驾护航。除了立法层面，在执法上也要为碳交易主体的注册、登记、监测、交易等多种制度提供便利，为各方主体进入碳汇市场打开通路。对不符合碳交易市场规则的进入行为，或者违反碳交易规则、信息造假等行为，可以参考我国证券业在发展过程中不断补充大量制度的方式，让碳交易市场真正发挥作用。

## 二、提升碳交易监督管理机制

不同于传统的商品市场，碳交易市场是建立在能源数据的统计基础上的一个虚拟市场。如果碳交易的基础数据，在获得、统计、分析过程中出现了问题，影响了数据的真实性、完整性，那么整个碳市场很快就会走向毁灭。特别是碳市场，从一开始的电力行业拓展到大量各式各样的新行业，它们的能源使用方式更加多样，生产过程更加多元，排放的结果更加复杂，对整个碳排放系统的统计、监测都提出了更高的要求。

所以，中国未来的碳交易市场，首先要做到的就是增加更先进的测量方式。目前主要采用的是排放因子核算法和物料质量平衡法，可适当增加以 CEMS 在线监测为代表的直接测量法。同时还要利用云计算、大数据、物联网、人工智能等现代科技，对数据进行更精确、更科学的检测，以搭建更加公平的数据平台，防范市场操纵。另外，从技术上要提高信息的准确度，在制度上要建立碳排放的信息披露制度，对监测管理机制、企业台账制度、信息造假的惩处制度也要进一步完善，加大监督管理的力度。同时，要定期对减排企业实行碳排放碳交易的情况进行报告追踪，让碳排放的企业有账本、监管部门有账本、交易市场有账本，账目形成相互印证的数据链条，让企业有动力、监管部门有责任、交易市场有压力。

## 三、引入更多参与者，激活流动性

我们国家形成了区域碳交易试点和全国碳交易市场的双层次安排，对各个市场来说既有缺陷和问题，也有经验。因此，要逐步消除区域差异，整合优秀的成果，扬长避短，特别是要把各个区域如何鼓励当地参与方，提高市场交易活跃度、增强流动性的做法进行整合。这样做的目的是引入更广泛的行业，纳入更多元的企业，逐步引入合格机构和个人投资者，以交易主体的增多和市场"无形之手"来提高交易频度和交易量，推动市场的流动性和市场活力，形成以市场决定的价格机制。

对于企业而言，要积极拥抱碳交易市场，加强对碳配额的主动管理和对从业人员专业知识的培训。《2023 年香港上市公司环境、社会及管治报告调研》显示，中国香港和海外都极大关注中国内地的碳交易、碳排放话题。香港上市公司独立董事协会正在探索在董事会下设 ESG 专门委员会，关注环境和社会责任问题。

### 四、扶持碳金融发展并加快人才培养

行业的长远发展离不开基础人才，加大碳交易市场的资金投入是基础工作，而加快碳交易市场的人才培养是长远发展的根本保障。

推动碳交易、碳金融的发展，各行各业应形成合力，营造氛围，比如，税收部门可以在相关领域推行免税或者税收降低政策，金融机构进一步提升对碳排放金融、绿色金融的扶持力度等。我国碳金融产品还相对单一，还不能够满足企业对风险对冲、套期保值的复杂需求，了解碳金融产品的人才也较少。从监管部门的角度来看，应该鼓励金融机构创新碳金融产品，满足不同客户的不同需求，在碳期货、期权、基金等多个方面探索新的金融产品，提升碳金融在整个金融领域的市场影响力，并且要培养更多的碳金融人才。除此之外，也可以从海外引进先进的碳金融制度，推广碳汇市场相关理念。

# 参考文献

［1］（英）劳森，（英）拉登著，施天涛等译. 财产法［M］. 北京：中国大百科全书出版社，1998.

［2］蔡竞. 产业兴旺与乡村振兴战略研究［M］. 成都：四川人民出版社，2018.

［3］陈小沁. 能源战争：国际能源合作与博弈［M］. 北京：新世界出版社，2015.

［4］董锋，乔均. 区域碳配额分配和中国碳市场研究［M］. 北京：科学出版社，2019.

［5］段毅才. 西方产权理论结构分析［J］. 经济研究，1992（08）：72-80.

［6］高晓燕. 能源金融导论［M］. 天津：南开大学出版社，2017.

［7］国际能源署（IEA）. 数字化与能源［M］. 北京：科学出版社，2019.

［8］国土资源部矿产开发管理司. 矿产资源开发管理常用法律法规文件汇编［M］. 北京：地质出版社，2011.

［9］赫尔南多·德·索托. 资本的秘密［M］. 于海生译，华夏出版社，2007.

［10］胡丽霞. 北京农村可再生能源产业化发展研究［M］. 北京：经济科学出版社，2010.

［11］华彦玲，王江飞. 农村土地确权流转改革背景下的基层治理创新研究［M］. 南京：江苏人民出版社，2016.

［12］黄贤金，汤爽爽等. "三块地"改革与农村土地权益实现研

究［M］.南京：南京大学出版社，2016.

［13］孔祥智，钟真，李宾.当代中国农村［M］.北京：中国人民大学出版社，2016.

［14］林伯强，黄光晓.能源金融（第2版）［M］.北京：清华大学出版社，2014.

［15］林伯强.能源变局［M］.北京：科学出版社，2015.

［16］刘洪涛，柴建.中国能源消费系统及革命［M］.太原：山西经济出版社，2020.

［17］刘诗白.社会主义商品经济与企业产权［J］.经济研究，1988（03）：37-42.

［18］刘守英.土地制度与中国发展［M］.北京：中国人民大学出版社，2018.

［19］刘文勇.关于中国农地流转的一个制度分析［M］.北京：中国人民大学出版社，2013.

［20］刘欣.矿产资源资本化管理［M］.北京：法律出版社，2018.

［21］刘兴勇.石油企业发展研究及重要法律事务分析［M］.银川：宁夏人民出版社，2009.

［22］陆益龙.制度、市场与中国农村发展［M］.北京：中国人民大学出版社，2013

［23］罗浩轩.中国农村土地节约集约利用研究——以城乡一体化为视域［M］.成都：四川大学出版社，2018.

［24］潘皞宇.我国矿产资源产权及权益分配制度研究［M］.北京：法律出版社，2014.

［25］齐建民，刘国红.大型石油公司可持续成本战略研究［M］.成都：四川大学出版社，2014.

［26］屈学书.我国家庭农场发展问题研究［M］.北京：新华出版社，2018.

［27］全球能源互联网发展合作组织.中国碳中和之路［M］.北京：

中国电力出版社，2021.

［28］施泉生，李江.电力市场化与金融市场［M］.上海：上海财经大学出版社，2009.

［29］宋志红.中国农村土地制度改革研究——思路、难点与制度建设［M］.北京：中国人民大学出版社，2017.

［30］王彪.任凤珍.产权交易学［M］.北京：中国财政经济出版社，2004.

［31］王国敏等.统筹城乡视域中的农村土地综合整治研究——以成都为例［M］.成都：四川大学出版社，2015.

［32］王利明.民法学［M］.北京：中国人民大学出版社，2020.

［33］王利明.中国民法典学者建议稿及立法理由—总则编［M］.北京：法律出版社，2005.

［34］邢伟."农村所有权人集体"制度研究［M］.北京：中国政法大学出版社，2020.

［35］熊焰.低碳之路：重新定义世界和我们的生活［M］.北京：中国经济出版社，2010.

［36］熊焰.低碳转型路线图：国际经验、中国选择与地方实践［M］.北京：中国经济出版社，2011.

［37］徐国良.农民土地依恋问题与征地制度改革［M］.南京：南京大学出版，2019.

［38］徐汉明.中国农民土地持有产权制度研究［M］.北京：社会科学文献出版社，2004.

［39］杨世忠，温国勇.自然资源资产负债核算［M］.北京：人民出版社，2023.

［40］殷雄，谭建生.能源资本论：人类文明进步的能量源泉［M］.北京：中信出版集团，2019.

［41］刘伟，平新乔.经济体制改革三论：产权论、均衡论、市场论［M］.北京：北京大学出版社，1990.

［42］余胜海.能源战争［M］.北京：北京大学出版社，2012.

［43］张建华.市场分割下农户农地流转行为研究——以河南省郑州市为例［M］.武汉：武汉大学出版社，2017.

［44］张伟伟.中国碳市场的机制设计、市场对接及减排绩效［M］.北京：社会科学文献出版社，2019.

［45］张卫民.森林资源资产负债表及其核算系统研究［M］.北京：中国林业出版社，2020.

［46］张文明.生态资源资本化研究［M］.北京：人民日报出版社，2020.

［47］张希栋.中国天然气价格规制的减排效应及经济效应分析［M］.上海：上海社会科学院出版社，2016.

［48］张耀光.中国海洋经济地理学［M］.南京：东南大学出版社，2015.

［49］张瑜.三农热点问题研究——大连做法及经验［M］.南京：东南大学出版社，2016.

［50］赵宏图.新能源观：从"战场"到"市场"的国际能源政治［M］.北京：中信出版集团股份有限公司，2016.

［51］郑新业，陈占明.中国能源经济展望［M］.北京：中国人民大学出版社，2014.

［52］中国尽早实现二氧化碳排放峰值的实施路径研究课题组.中国碳排放：尽早达峰［M］.北京：中国经济出版社，2017.

［53］中国人民大学国际能源战略研究中心许勤华主编.中国能源国际合作报告［M］.北京：中国人民大学出版社，2018.

［54］中国人民大学国际能源战略研究中心许勤华主编.中国能源国际合作报告［M］.北京：中国人民大学出版社，2019.

［55］周冯琦，刘新宇，陈宁等.中国新能源发展战略与新能源产业制度建设研究［M］.上海：上海社会科学院出版社，2016.

［56］周守华.环境资源会计研究［M］.辽宁：大连出版社，2020.

# 后 记

改革开放以来,我始终在资本金融和现代大公司组织及战略创新的理论与实践中打拼,并成长为股份制和公司问题方面的专家。从20世纪90年代初开始参与中国资本市场的早期创建至今,已是三十几度春秋。在此期间,我先后主持了海尔集团、海南航空、万向钱潮、李宁公司、国家电力公司等270多家企业的股改融资上市、公司战略、重组等方案设计。正是这样的经历,使我认识到资本是能够为社会主义国家和人民创造利润的生产要素,是发展市场经济必不可少的组成部分。要将自然资源转化为作为生产要素的资本,就要坚持以国有资本为主体、包容其他多种资本共同开发和利用,如此才能"做大蛋糕",最终实现全体人民共同富裕。这一思想贯穿了全书始末。

在此,要特别感谢与我共同攻坚的几位教授和青年学者,他们为本书的完成做了许多工作。首先要感谢首都经济贸易大学原副校长杨世忠教授,恰巧由于他主持了一项国家社科基金重点项目"国土资源资产负债表编制及其运行机制研究",于是我便邀请他来主导完成自然资源资产负债理论。还要感谢中国矿业大学(北京)决策科学与大数据研究院执行院长黄胜忠教授,他为矿产资源资本化部分的修订做出了突出贡献。

特别感谢我的博士后胡历芳、刘彪对整个课题开展的组织工作,在本书中,他们还分别对概论篇、能源资源篇初稿的完成做出了重要贡献。感谢华忆昕关于自然资源产权理论的探讨。感谢我的博士后邓晓、杨义兴分别为矿产资源篇、土地资源篇初稿的完成付出的努力。我要对他们在课题开展中踏实严谨的工作表示感谢。

然后，还要感谢几位校外专家学者对本书所贡献的智慧。他们都结合各自领域的实践经历及前沿动态，为本书提供了宝贵的建议，特别感谢中国改革基金会国民经济研究所王小鲁副所长，中国五矿集团副总经理、总会计师刘才明，大连商品交易所原理事长、对外经贸大学李正强教授，中国人民大学农业与农村发展学院原院长温铁军教授，国家电网能源研究院副总经济师马莉，石油地质与油气勘探专家、中国工程院赵文智院士，中国自然资源经济研究院余振国教授。

最后，还要感谢东方出版社的编辑袁园，她对出版本书付出了很多艰辛的劳动。

这本书坚持问题导向、抓住新时代中国社会经济发展中的主要矛盾，在千头万绪中选取了土地、矿产、能源三类典型自然资源作为突破口进行了深入探讨。衷心希望本书能为自然资源市场建设的实践提供参考借鉴，而我也将因此深以为傲。

图书在版编目（CIP）数据

自然资源资本化的中国模式探索 / 刘纪鹏著 . —北京：东方出版社，2024.5
ISBN 978-7-5207-3824-8

Ⅰ. ①自… Ⅱ. ①刘… Ⅲ. ①自然资源—资本市场—研究—中国 Ⅳ. ① F124.5

中国国家版本馆 CIP 数据核字（2024）第 024751 号

## 自然资源资本化的中国模式探索
（ZIRAN ZIYUAN ZIBENHUA DE ZHONGGUO MOSHI TANSUO）

| 作　　者： | 刘纪鹏 |
|---|---|
| 责任编辑： | 袁　园 |
| 出　　版： | 东方出版社 |
| 发　　行： | 人民东方出版传媒有限公司 |
| 地　　址： | 北京市东城区朝阳门内大街 166 号 |
| 邮　　编： | 100010 |
| 印　　刷： | 番茄云印刷（沧州）有限公司 |
| 版　　次： | 2024 年 5 月第 1 版 |
| 印　　次： | 2024 年 5 月第 1 次印刷 |
| 开　　本： | 710 毫米 ×1000 毫米　1/16 |
| 印　　张： | 29.5 |
| 字　　数： | 350 千字 |
| 书　　号： | ISBN 978-7-5207-3824-8 |
| 定　　价： | 72.00 元 |
| 发行电话： | （010）85924663　85924644　85924641 |

版权所有，违者必究
如有印装质量问题，我社负责调换，请拨打电话：（010）85924602　85924603